Constitutionnalisme et la révision constitutionnelle sous la Constitution du 18 février 2006 en République Démocratique du Congo

Préface de

Léon Matangila Musadila

Célestin EKOTO LOLEKE

Constitutionnalisme et la révision constitutionnelle sous la Constitution du 18 février 2006 en République Démocratique du Congo

Préface de

Léon Matangila Musadila

L'Harmattan

5-7, rue de l'École-Polytechnique ; 75005 Paris

www.editions-harmattan.fr

ISBN : 978-2-336-41549-9
EAN : 9782336415499

Sigles et abréviations

%	: Pourcentage
§	: Paragraphe
A.N	: Assemblée Nationale
Al.	: Alinéa
AMP	: Alliance pour la Majorité Présidentielle
Art.	: Article
C.T	: Cours et Tribunaux
CDHC	: Campagne pour les Droits de l'Homme au Congo
CEI	: Commission Électorale Indépendante
CENI	: Commission Nationale Électorale Indépendante
CNS	: Conférence Nationale Souveraine
CODESRIA	: Conseil pour Développement de la Recherche en Sciences Sociales en Afrique
Const.	: Constitution
CSAC	: Conseil Supérieur de l'Audiovisuel et de la Communication
CSM	: Conseil Supérieur de la Magistrature
DIC	: Dialogue inter congolais
DUDH	: Déclaration Universelle des Droits de l'Homme
Ed.	: Édition
ETD	: Entités Territoriales Décentralisées
EUA	: Éditions Universitaires Africaines
HCM	: Haute Cour Militaire
Ibidem	: Œuvre déjà citée ici même (utilisée pour éviter les répétitions lorsque la ou les notes précédentes renvoyaient exactement à la même référence avec différence de pages).
Idem	: Œuvre déjà citée

IDGPA	: Institut pour la Démocratie de la Gouvernance, la Paix et le Développement en Afrique
JORDC	: Journal Officiel de la République Démocratique du Congo
LGDJ	: Librairie Générale de Droit et de Jurisprudence
MP	: Majorité Présidentielle
MPR	: Mouvement Populaire de la Révolution
N°	: Numéro
NTIC	: Nouvelles technologies de l'information et de la communication
OHADA	: Organisation pour l'Harmonisation du droit des affaires en Afrique
OIT	: Organisation Internationale du Travail
Op. cit.	: Document déjà cité.
P.	: Page
Pp.	: Pages
PALU	: Parti Lumumbiste Unifié
PPRD	: Parti du Peuple pour la Reconstruction et la Démocratie
PUF	: Presses Universitaires de France
PUK	: Presses de l'Université de Kinshasa
R. Const.	: Rôle Constitutionnel
RDC	: République Démocratique du Congo
T.	: Tome
UDEMO	: Union des démocrates Mobutistes
UDPS	: Union pour la Démocratie et le Progrès Social
UKA	: Université du Kasaï
UNIKIN	: Université de Kinshasa
Vol.	: Volume

Préface

Il m'a été agréable de répondre à la demande surprise du Professeur Célestin EKOTO LOLEKE de préfacer son ouvrage qui a pour matrice le Constitutionnalisme et la révision constitutionnelle sous la Constitution du 18 février 2006 en République Démocratique du Congo.

Pour l'auteur, le constituant du 18 février 2006 consacre la séparation des pouvoirs et en impose des limitations aux différents détenteurs : législatif (Assemblée Nationale et le Sénat), exécutif bicéphale (Président de la République et Premier Ministre : au sein du pouvoir exécutif, séparation des pouvoirs du Président de la République de ceux du Premier Ministre qui est le Chef de Gouvernement et en assume la responsabilité devant le Parlement) et le pouvoir judiciaire.

Seulement, à la suite de Babacart Kanté, le Professeur Célestin EKOTO LOLEKE est bien conscient d'un fait : la banalisation de la Constitution est une première tare presque congénitale qui caractérise aujourd'hui les Constitutions africaines.

Ce qu'il faut bien voir, affirme l'auteur, « L'absolutisme que visent souvent les dirigeants africains, en général et congolais, en particulier, n'est pas un principe constructif du constitutionnalisme. Ce dernier veut que les règles relatives à la limitation des mandats et aux droits fondamentaux soient rigoureusement respectées, encore faut-il reconnaître non seulement les droits de la première génération sinon, il serait négatif, mais aussi ceux de la deuxième et troisième génération, pour être cette fois-ci positif ».

Ainsi, le professeur EKOTO LOLEKE réalise que « Seize ans après la mise en place des institutions politiques prévues par cette Constitution, le bilan de la promotion du constitutionnalisme est mitigé. Les principes du constitutionnalisme ont été quelques fois foulés aux pieds par les animateurs des institutions de la République. Le principe de la séparation et de la limitation des pouvoirs a été violé pour cause d'une concentration à outrance des pouvoirs au profit du Président de la République. Celui-ci est parvenu à concentrer l'essentiel des attributions exécutives et législatives, notamment grâce au phénomène de la *majorité*. Les députés et les sénateurs de la majorité qui dominent le Parlement ont perdu leur indépendance lorsqu'ils décident d'obéir au mot d'ordre de *l'autorité morale* au moment de se prononcer sur des questions promouvant la démocratie et le constitutionnalisme ».

Aussi, grâce à sa majorité, le Président de la République a également confisqué certaines attributions des provinces, une soumission institutionnalisée par la révision constitutionnelle du 20 janvier 2011 : en concertation avec les Présidents des chambres parlementaires nationales, le Président de la République peut dissoudre les Assemblées provinciales et relever les gouverneurs de province de leurs fonctions en cas de crise persistante. Dès lors, l'autonomie des provinces se trouve vidée.

Comme si cela ne suffisait pas, « On a assisté, en quelque sorte, en une véritable personnalisation des pouvoirs d'État par leur concentration au sein d'une seule institution qui se confond, par ailleurs, avec la personne qui l'incarne. Ainsi, sonna le glas de l'État de droit voulu par le peuple congolais. La volonté du Président de la République et son programme politique paraissent se substituer à la Constitution et aux lois de la République. Les violations constantes de la Constitution et des lois régissant l'État sont une manifestation de la subordination à la volonté des dirigeants politiques ».

Ce qu'il faut bien voir, note l'auteur, la détérioration du climat politique depuis 2007 en RD Congo a une conséquence directe sur la situation, la promotion et la protection des droits humains, sur le respect des droits civils et politiques avec le retour du monolithisme idéologique. En effet, l'exercice des libertés publiques a été restreint, les médias publics confisqués par les tenants du pouvoir pour raison de propagande politique. Les médias privés, donnant la voix aux opposants et aux activistes de la société civile, ont été réduits au silence, en violation des textes juridiques en matière de la régulation du secteur des médias. Les droits économiques, sociaux et culturels ne sont que rarement respectés « Il en est de même de tous les autres droits de la deuxième génération. Ceux de la troisième génération dits droits collectifs connaissent le même sort. Ainsi par exemple, le droit de jouir des richesses nationales que l'État a le devoir de redistribuer de manière équitable est chimérique ».

L'évaluation du constitutionnalisme confronté à la récurrence des révisions constitutionnelles abusives et déconsolidantes ne peut manquer d'intérêt, surtout si l'on prend en compte le contexte dans lequel elles sont menées. L'objectif théorique de l'ouvrage est la plaidoirie pour « la consolidation de l'État de droit démocratique en alertant contre les révisions ou les menaces de révisions constitutionnelles déconsolidantes. Il s'agit d'alerter à la fois les gouvernants dont la boulimie du pouvoir conduit souvent à des tripatouillages constitutionnels qui ont une inclinaison vers l'autoritarisme, mais aussi les gouvernés dont les droits sont menacés chaque fois que les pouvoirs des gouvernants sont renforcés à l'occasion des révisions constitutionnelles ». Aux gouvernants ou pouvoirs publics, l'interpellation leur adressée consiste à rappeler l'importance de la Constitution en tant que norme fondamentale qui constitue[1] et protège. Et puisqu'elle protège, les pouvoirs publics sont censés mobiliser aussi tous les mécanismes disponibles pour la protection de la Constitution[2]. »

L'objectif pratique « est de susciter dans le chef du peuple congolais une véritable « conscience constitutionnelle »[3], un « patriotisme constitutionnel »[4] sans failles face aux dangers qui guettent la Constitution et le constitutionnalisme en RD Congo ».

L'auteur lance un appel à la responsabilité des intellectuels dans un contexte de crise constitutionnelle et crise du constitutionnalisme. En effet, écrit Omar Diop[5], l'observation du positionnement des intellectuels dans l'espace public (congolais) finit par convaincre de leur passiveté qui mène à la complicité. Pourtant, ils ont une responsabilité sociale[6] à défendre la Constitution et ses valeurs face aux menaces que font peser les révisions constitutionnelles opportunistes.

En guise de problématique, l'ouvrage répond à juste titre aux questionnements soulevés par l'auteur notamment celui de savoir :

---

[1] Cfr METENA M'NTEBA, S.P., « Une Constitution, c'est qui constitue : le sens politique d'une tautologie », *Congo-Afrique*, n°488, octobre 2014, pp. 659-675.

[2] Sur la protection de la Constitution, lire utilement LE PILLOUER, A. (dir), *La protection de la Constitution. Finalités, Mécanismes, Justifications*, Poitiers, Presses Universitaires Juridiques, 2018.

[3] DIOP, E.H.O., *L'instrumentalisation de la Constitution dans les régimes politiques africains*, Dakar, Crédila-Ovipa, 2017, p. 323.

[4] Sur le patriotisme constitutionnel, lire utilement HABERMAS, J., « Citoyenneté et identité nationale. Réflexions sur l'avenir de l'Europe », in LENOBLE, J. et DEWANDRE, N. (dir), *L'Europe au soir du siècle. Identité et démocratie,* Paris, Esprit, 1992.

[5] DIOP, E.H., *Op. cit.,* p. 330.

[6] Sur la responsabilité sociale des intellectuels et des universitaires, lire avec intérêt Mbata Mangu, A., "La République Démocratique du Congo en péril : responsabilité sociale des universitaires et d'autres intellectuels congolais, *Revue africaine de la Démocratie et de la gouvernance (RADG),* Volume 4, n°3 et 4, 2017, p. 11

« Toute Constitution est-elle appelée telle par la volonté du constituant ou parce qu'elle serait entourée d'une certaine protection la plaçant au-dessus d'une loi ordinaire ? » Comment en effet comprendre le constitutionnalisme ? L'instabilité constitutionnelle tant décriée n'est-elle pas liée à la personnalisation du pouvoir et surtout au renforcement du rôle du Chef de l'État, tout puissant et à l'abri de tout contrôle ? En quoi le constitutionnalisme peut être un véritable contre-pouvoir face à la dictature des dirigeants ? Dans le cadre des préliminaires, quels sont les concepts indispensables à clarifier ? En quoi une étude diachronique de la révision constitutionnelle et l'État de droit en RD Congo peut enrichir ces pages ?

Comme hypothèse notamment de l'ouvrage est la conviction selon laquelle « Le changement constitutionnel ne vient pas pour se démarquer de la révision, ni d'une voie juridique, mais plutôt par celle dite politique. Il suit une logique selon que l'on est dans un État démocratique ou dans celui non démocratique et n'entretient des rapports avec le constitutionnalisme que lorsqu'il a pour ambition d'instaurer un État démocratique car il n'y a pas de démocratie sans constitutionnalisme. Il faut aussi avouer que les changements qui viennent par le biais d'une violation des règles n'ont toujours pas eu pour effet l'instauration d'un régime démocratique. L'objectif souvent poursuivi est celui de rester longtemps possible au pouvoir ». Cependant, comme seconde hypothèse, « Soutenant l'idée de durabilité, la Constitution, entendue comme la norme des normes, doit bénéficier d'une protection plus accrue pour ne pas rompre assez facilement les équilibres fondamentaux qui ont concouru à dégager le consensus politique sur lequel s'accordait majorité-opposition sur la gestion de l'État ».

Comme limite, le professeur Célestin EKOTO LOLEKE est bien conscient que la question du rapport du Constitutionnalisme et de la révision constitutionnelle se pose à travers plusieurs pays africains. Il circonscrit ses recherches en RD Congo, à partir du 18 février 2006, date à laquelle la Constitution congolaise actuelle a été promulguée. L'auteur reconnait cependant que les résultats de ses enquêtes peuvent se vérifier aussi ailleurs. Il fait l'aveu des limites de ses recherches et souhaite les voir compléter par les apports des autres. Il reste donc modeste et conscient d'avoir laissé des questions ouvertes et de n'avoir pas clos le débat.

Ces pages se corsent sur une recherche en science juridique et plus particulièrement en droit constitutionnel. Elle exige, pour son aboutissement, le recours aux méthodes de droit qui bénéficient alors du concours de méthodes de science politique pour éviter de s'incruster dans un juridisme déconcertant. Parmi ces méthodes, celles juridique et sociologique ont apparu nécessaires. L'approche sociologique choisie ici est le béhaviorisme qui permet d'analyser et d'interpréter les comportements ainsi que les attitudes des hommes politiques à l'égard des prescriptions constitutionnelles.

La technique juridique aura permis d'analyser toute l'armature juridique relative au constitutionnalisme, plus concrètement les textes relatifs à l'organisation et au fonctionnement des institutions constitutionnelles relevant de tel ou tel autre pouvoir étatique, les traités et accords internationaux, notamment ceux relatifs aux droits de l'homme, ratifiés par la RD Congo. Cette approche aura contribué à déterminer le contenu de ces différents instruments juridiques afin de mieux en évaluer la mise en œuvre, par le recours à une autre approche méthodologique, en l'occurrence, la sociologie du droit, qui confronte les règles juridiques ou des concepts du droit à la réalité sociale existante.

L'auteur a usé des techniques documentaires et de l'observation directe. La technique documentaire a servi à l'exploitation des ouvrages, des articles, des textes officiels et d'autres documents obtenus au moyen des Nouvelles technologies de l'information et de la communication (NTIC)[7]. La technique de l'observation directe a consisté dans le suivi du fonctionnement réel des pouvoirs publics et de l'application effective de la Constitution et d'autres textes juridiques ayant trait à la matière. Cette observation aura été d'une grande importance dans les comportements et attitudes des acteurs politiques, y compris le peuple congolais.

Outre les préliminaires consacrées aux définitions notionnelles et à la revue de littérature, cette étude comprend deux parties. La première a pour pierre de touche le constitutionnalisme : théories et pratiques. La deuxième s'articule autour de l'étude diachronique de la révision constitutionnelle et l'État de droit en RD Congo.

La conclusion générale regroupe certaines propositions de l'auteur. Il suggère notamment que la révision constitutionnelle soit une contribution au renforcement du processus démocratique et à la promotion des droits et libertés fondamentaux des citoyens, au renforcement de la paix et de la

[7] ESAMBO KANGASHE, J.L., *La Constitution congolaise du 18 février 2006 à l'épreuve du constitutionnalisme. Contraintes pratiques et perspectives.* Academia- Bruylant, 2010, p.33.

cohésion sociale. Il faut, par conséquent, éviter toute initiative de révision susceptible d'engendrer l'instabilité institutionnelle, qui ne reflète que l'intérêt des acteurs politiques, animateurs des institutions de la République. Il rappelle le rôle prépondérant de la Cour constitutionnelle comme premier pilier mis en place par le constituant pour la conformité de la révision aux règles dont la limitation des mandats et la protection des droits humains. Le peuple est le souverain primaire pour le changement de constitution.

Le professeur EKOTO LOLEKE propose que la révision Constitutionnelle soit amendée seulement après quatre mandats successifs après l'observation de certaines failles. C'est à cette condition qu'une commission ad hoc peut déjà s'y mettre pour l'amender. Elle doit être « une contribution au renforcement du processus démocratique et à la promotion des droits et libertés fondamentaux des citoyens, au renforcement de la paix et de la cohésion sociale. Il faut, par conséquent, éviter toute initiative de révision susceptible d'engendrer l'instabilité institutionnelle. Il faut cependant éviter toute révision constitutionnelle qui ne reflète que l'intérêt des acteurs politiques animateurs des institutions de la République ».

Je suis bien conscient de la difficulté de la mise en œuvre des intuitions responsables du professeur EKOTO LOLEKE et des résistances éventuelles. Ce qu'il faut bien voir, je l'affirme avec conviction, le monde scientifique, juridique et les acteurs politiques ne peuvent que se réjouir pour cet œuvre d'information, de formation, de responsabilité et d'inspiration dont je recommande vivement non seulement la lecture, mais surtout la mise en œuvre pour une RD Congo et une Afrique prospères, paisibles et plus belles qu'avant.

Léon Matangila Musadila

Professeur des Universités

Doyen Honoraire/Faculté des Lettres et Sciences Humaine/
Université de Kinshasa

Directeur de L'Harmattan RD Congo.

Introduction générale

Le texte que je donne à lire a pour matrice Constitutionnalisme et la révision constitutionnelle sous la Constitution du 18 février 2006 en République Démocratique du Congo

Certaines raisons justifient ces pages. En effet, il est certes vrai que l'État de droit est celui dans lequel la justice occupe la première place, étant donné que celle-ci est rendue au nom du peuple[8]. Mais, le plus important est la soumission de tous à la norme suprême du pays qu'est la Constitution, sans laquelle l'on risquerait de revivre la situation de l'état de nature dominée par la loi du plus fort. Dans le souci de ne plus revoir cet aspect de choses, il serait impérieux de faire prévaloir la notion de la suprématie de la Constitution. C'est en ce sens que la théorie du constitutionnalisme avait vu le jour.

Cette notion se confond, à quelques égards, avec le simple mouvement de production des textes constitutionnels[9]. Devenu un concept universellement applicable à toutes les sociétés humaines, le constitutionalisme renferme, néanmoins, une certaine philosophie qui se veut libérale et que, dans la fidélité aux enseignements de Montesquieu, l'article 16 de la Déclaration des droits de l'homme et du citoyen de 1789 avait parfaitement exprimée : « Toute société dans laquelle la garantie des droits n'est pas assurée, ni la séparation des pouvoirs déterminés, n'a point de Constitution »[10].

L'idée fondamentale du constitutionnalisme est la limitation du pouvoir des gouvernants par les règles de droit afin d'éviter l'autoritarisme et de garantir la protection des droits humains[11].

Ce qu'il faut bien voir, la dictature du Parti-État en République du Zaïre a, pendant plus de trente ans, plongé le pays dans une situation très embarrassante dont il peine à sortir sans dégâts majeurs. En effet, à partir des années 1990, le pays a traversé une crise multisectorielle, sociale, économique et politique, voire culturelle, qui a entrainé une profonde désarticulation de l'appareil de l'État, un

---

[8] NGOMA-BINDA, *La participation politique, éthique civique et politique pour une culture de paix, de démocratie et de bonne gouvernance*, Kinshasa, IFEP, 2005, p.212.
[9] C'est dans ce sens que semblent l'utiliser CABANIS, A.G. et MARTIN, M.L, *Les Constitutions d'Afrique francophones. Evolutions récentes,* Paris, Karthala, 1999, p.115, lorsqu'ils déplorent le manque d'impact et de l'inefficacité du constitutionnalisme africain, malgré « *son cycle de production soutenue* » cité par KAMUKUNY MUKINAY, A., *Droit constitutionnel congolais*, Kinshasa, EUA, 2011, p.11.
[10] KAMUKUNY MUKINAY, A., *Op. Cit*, p. 12.
[11] *Ibidem.*

marasme économique à la suite des pillages de 1991 et 1993, une hyperinflation et un taux de croissance négatif[12].

Sans en rappeler les différentes manifestations à tous les niveaux[13], il importe de noter que sur le plan politique, particulièrement, la déliquescence de l'appareil de l'État et l'absence de l'État de droit caractérisé, notamment, par le raffermissement de la dictature, l'impunité tous azimuts, les violations massives des droits de l'homme, la confiscation du pouvoir par une minorité, ont été les principaux traits de la manifestation de cette crise.

Avec la perestroïka soviétique et la légalisation du multipartisme partout en Afrique[14], les dynamiques du dedans et du dehors[15] ont conduit le Président Mobutu à une prise de conscience de la situation générale du pays, ce qui l'amena à prononcer, le 24 avril 1990, un discours devenu historique dans lequel il prenait congé du Mouvement Populaire de la Révolution (MPR). À travers ce discours, il annonçait plusieurs décisions, notamment, l'introduction du multipartisme à trois, le pluralisme syndical et l'instauration d'une période de transition allant jusqu'au 30 avril 1991[16].

Pendant seize ans, en effet, les Congolais se sont battus pour créer un nouvel ordre politique, économique et social qui allait induire la construction d'une société propice à leur épanouissement. L'avènement d'une telle société devait être l'œuvre commune de tous les citoyens. Pour ce faire, des initiatives ont été entreprises sans qu'elles n'aboutissent aux résultats escomptés[17]. En effet, la

---

[12] KUMBU ki NGIMBI, J.M., « Bonne gouvernance comme condition d'un développement participatif en République Démocratique du Congo », in BAKANDEJA wa MPUNGU, G., MBATA BETUKUMESU MANGU, A., et KIENGE KIENGE INTUDI, R., *Participation et responsabilité des acteurs dans un contexte d'émergence démocratique en République Démocratique du Congo. Actes des journées scientifiques de la Faculté de Droit de l'Université de Kinshasa*, 18-19 juin 2007, Kinshasa, PUK, 2007, p. 275.

[13] Une telle entreprise étant réservée aussi économistes pour la crise économique et aux sociologues et anthropologues pour la crise sociale et culturelle.

[14] Lire MBATA BETUKUMESU MANGU, A., *Les régimes pluralistes africains. Cas du Sénégal*, Mémoire de Licence, Faculté de Droit de l'Université de Kinshasa, 1986, p. 7.

[15] BANEGAS, R., « Retour sur une transition modèle. Les dynamiques du dedans et du dehors de la démocratisation béninoise » in DALLOZ, J-P et QUANTUM, P., (dir), *Transitions démocratiques africaines. Dynamiques et contraintes* (1990-1994), Paris, Karthala, 1997.

[16] Exposé des motifs de la loi n°90-002 du 05 juillet 1990 portant révision de certaines dispositions de la Constitution du 24 juin 1967, J.O. de la République du Zaïre, n° spécial, Juillet 1990.

[17] N'GBANDA NZAMBO ko ATUMBA, H., *Ainsi sonne le glas ! Les derniers jours du maréchal Mobutu*, Paris, Editions GIDEPPE, 1998 ; VUNDUAWE te PEMAKO,

tenue de la Conférence Nationale Souveraine fut le moment politique pathétique qui avait suscité l'espoir de la refondation de l'État en RD Congo[18]. C'est à juste titre que les travaux de cette grande messe républicaine aient débouché sur une nouvelle conception de l'État. De l'État autoritaire, on est passé, du moins en théorie, à un État de droit démocratique[19].

Ne voulant pas se mettre en phase avec le schéma de la CNS, le Président Mobutu, par son attitude négative, avait occasionné la prolongation de la transition, l'une des raisons de son renversement par la rébellion de l'AFDL. À l'arrivée de Laurent Désiré Kabila au pouvoir, le peuple congolais avait cru s'être libéré du régime dictatorial et ne pensait pas qu'un tel régime méprisant pour la dignité de l'homme pouvait être réinstallé. Son espoir s'envola au fur et à mesure de la maîtrise des arcanes du pouvoir d'État par le Président Laurent Désiré Kabila qui rejeta, à son tour, les conclusions de la CNS pour imposer son schéma de la refondation de l'État, notamment, par la création des Comités des pouvoirs populaires (CPP), une initiative unilatérale dont les différences avec l'ancien parti unique étaient difficilement identifiables[20].

Le régime de Laurent Désiré Kabila avait connu rapidement des oppositions à la fois politiques et armées. Le déclenchement, le 02 août 1998, à Kinshasa, d'une guerre qui finira par plonger la RD Congo dans un cycle infernal de violences à grande échelle était suivi de la naissance de plusieurs rébellions. Le bilan de ces années de guerre est plus que macabre[21], avec plus d'un million de morts. Ce conflit meurtrier dans lequel étaient engagés directement sept États africains[22], interpella la communauté internationale qui poussa les belligérants à

F., *A l'ombre du Léopard. Vérités sur le régime de Mobutu sese seko*, Bruxelles, Éditions Zaïre Libre, 2000, p. 36.

[18] Sur le concept de refondation de l'Etat, lire utilement Makiashi, W., *L'Etat en Afrique, de la crise à la refondation. Cas de la République Démocratique du Congo*, Thèse de doctorat en droit, Université de Kinshasa, Faculté de droit, 2014, 377p.

[19] Pour certains auteurs, en dépit de l'épithète « *démocratique* » restée longtemps collée à son nom officiel les célébrations de l'indépendance du pays n'ont nullement suffi pour transformer le Congo en un pays démocratique, NDAYWEL é NZIEM, I., *La constitution de la 3ème République du Congo-Zaïre adoptée par la CNS,* Volume 1, Paris, l'Harmattan, 2001, p. 50.

[20] BOLA NTOTELE, « De la rupture et de la continuité de l'État », *Afrique et Développement*, n° 14, 2003, pp. 61-83.

[21] MBATA BETUKUMESU MANGU, A., "The conflict in the Democratic Republic of Congo and the protection of rights under the African Charter", *African Human Rights Law Journal*, Vol. 3, n°2, pp. 235-263.

[22] PERROT, S., « Les nouveaux interventionnismes militaires africains. Une redéfinition des conditions de la puissance du Sud du Sahara », *Politique africaine*, n°98 (Juin 2005), pp. 111-130.

la conclusion de l'Accord de Lusaka[23] qui avait deux volets, dont international et interne[24].

Le volet interne de l'Accord de Lusaka prévoyait la tenue d'un dialogue entre les Congolais pour définir, de manière consensuelle, l'ordre politique qui allait régir la RD Congo dans sa troisième République. En effet, les délégués au Dialogue inter Congolais (DIC) avaient pris une résolution qui chargea le Parlement de Transition de rédiger un projet de Constitution et de le soumettre au référendum populaire à travers la Commission Électorale Indépendante (CEI). La Commission constitutionnelle du Sénat avait entrepris les travaux de rédaction de l'avant-projet de Constitution, en septembre 2004. Celui-ci fut adopté par l'Assemblée Nationale, le 16 mai 2005 et soumis au référendum populaire les 18 et 19 décembre 2005. Ce projet de Constitution fut voté à 83% et sa promulgation, par le Président de la République, intervint le 18 février 2006.

Le peuple congolais avait ainsi levé l'option de « … bâtir, au cœur de l'Afrique, un État de droit et une Nation puissante et prospère, fondée sur une véritable démocratie politique, économique, sociale et culturelle »[25]. Cette orientation politique voulait enterrer le système de gouvernance fondé sur « l'injustice avec ses corollaires, l'impunité, le népotisme, le régionalisme, le tribalisme, le clanisme et le clientélisme, par leurs multiples vicissitudes qui sont à l'origine de l'inversion générale des valeurs et de la ruine du pays … »[26].

Le nouvel ordre politique, en RD Congo, est le fruit d'un consensus obtenu à Sun City et qui s'est concrétisé par l'adoption, au référendum populaire, les 18 et 19 décembre 2005, et la promulgation, le 18 février 2006, d'une nouvelle

---

[23] OTEMIKONGO MANDEFU YAHISULE, J., « L'accord de cessez-le-feu de Lusaka et la paix en République Démocratique du Congo », *Congo-Afrique*, (Mai 2000), n°345, pp. 267-277.

[24] BALANDA MIKUIN LELIEN, G., *Les accords de paix en République Démocratique du Congo*, Kinshasa, Cheche, 2003, p.13.

[25] Paragraphe 2 du Préambule de la Constitution du 18 février 2006, *JORDC*, 44ème année, Numéro spécial, Voir MBATA BETUKUMESU MANGU, A., « Suprématie de la Constitution, indépendance du pouvoir judiciaire et gouvernance démocratique en République Démocratique du Congo », in BAKANDEJA wa MPUNGU, G., MBATA BETUKUMESU MANGU, A., KIENGE KIENGE INTUDI, R., (Dir), *Participation et responsabilité des acteurs dans un contexte d'émergence démocratique en République Démocratique du Congo*, (Actes des journées scientifiques de la Faculté de Droit du 18 et 19 juin), Kinshasa, PUK, 2007, p. 402 ; ESAMBO KANGASHE, J.-L., « La protection du projet de Constitution de la République Démocratique du Congo », *Congo-Afrique*, (septembre 2005), n°397, pp.9-16 ; KENGO wa DONDO, L., « Le leadership dans un État de droit », *Congo-Afrique* (Décembre 2008), n°430, pp. 794-812.

[26] Paragraphe 3 du Préambule de la Constitution du 18 février 2006, *Op. Cit.*

Constitution qui réaffirme le principe démocratique selon lequel tout pouvoir émane du peuple en tant que souverain primaire.

Les préoccupations majeures qui président à l'organisation des institutions politiques de la 3ème République sont parmi les principes démocratiques. Il s'agit d'assurer un État de droit, de contrer toute tentative de dérive dictatoriale, de garantir la bonne gouvernance et d'assurer l'alternance démocratique[27].

Ce nouvel ordre politique fondé sur une Constitution démocratique posait véritablement les bases du constitutionnalisme en République Démocratique du Congo[28]. En effet, la Constitution réaffirmait la limitation du pouvoir à travers la séparation des fonctions et des compétences des institutions de la République, elle proclamait clairement que la République Démocratique du Congo est un État de droit et elle avait une forte référence à la promotion des droits et libertés fondamentaux, tant elle en réservait un titre entier qui comptait près de cinquante articles. Cette Constitution accordait également une place de choix au juge constitutionnel comme promoteur de l'État de droit à travers le règlement des litiges constitutionnels pour la protection et la suprématie de la norme suprême.

Tous ces acquis du constitutionnalisme et de la démocratie, en République Démocratique du Congo, n'ont pas tardé à être remis en question par des velléités autoritaires et par le retour du démon du révisionnisme constitutionnel. En effet, un an après l'entrée en vigueur de cette Constitution, en 2007, un député de l'Alliance de la Majorité Présidentielle (AMP) préconisait déjà une révision de la Constitution en vue de faire du Président de la République, le Président du Conseil Supérieur de la Magistrature (CSM) en lieu et place du Président de la Cour constitutionnelle. Un débat s'engagea sur la scène politique au point que le Président de la République fut obligé d'y mettre fin lors de son discours solennel sur l'état de la Nation[29].

---

[27] Exposé des motifs de la Constitution du 18 février 2006, telle que modifiée et complétée par la loi n°11/002 du 20 janvier 2011 portant révision de certains articles de la Constitution de la République Démocratique du Congo in JORDC, 52ème année, n° spécial, Kinshasa, 05 février 2011.

[28] Lire pour d'amples détails, MBATA BETUKUMESU MANGU, A., « Perspectives du constitutionnalisme et de la démocratie sous l'empire de la Constitution du 18 février 2006 », in Bula Bula Sayeman(dir), *Pour l'épanouissement de la pensée juridique congolaise. Liber Amicorum Marcel-Antoine Lihau*, Bruxelles-Kinshasa, Bruylant-Presse de l'Université de Kinshasa, 2006, pp. 26-29.

[29] Pour clore ce débat sur la révision de la Constitution, le Président de la République s'exprima lors de son intervention devant le Congrès, le 6 décembre 2007, en ces termes : « Je ne peux en finir avec les réformes juridiques sans nous mettre tous en garde contre la tentation de vouloir régler tout disfonctionnement éventuel des institutions par une révision constitutionnelle. En principe, la loi fondamentale d'un pays ne devrait être modifiée qu'en cas d'extrême nécessité, et uniquement dans

Hantée par le démon du révisionnisme, l'AMP préconisait une autre révision en 2009, tant une Commission interinstitutionnelle chargée d'y réfléchir se réunit à Kingakati, à la ferme présidentielle mais ne parvint pas à faire aboutir le projet. Comme l'année électorale approchait et que le Président en place, chef de l'AMP n'avait aucune garantie d'une victoire au premier tour, la stratégie de la Majorité ne se situa que dans l'instrumentalisation de la Constitution[30], en vue de faire face aux candidats de l'opposition qui auraient du mal à se rassembler pour une seule candidature susceptible d'inquiéter le candidat de l'AMP.

Le 20 janvier 2011, ce qui devait arriver arriva. À la suite d'une procédure expresse exclusive, le Congrès dominé par l'AMP modifia quelques dispositions constitutionnelles, notamment, celle consacrant deux tours de l'élection présidentielle passant ainsi du système majoritaire à deux tours au système uninominal à un tour. La révision constitutionnelle qui était rampante depuis 2007 fut alors obtenue par l'AMP et ce, pour des objectifs purement électoralistes. En outre, cette révision donna un coup de marteau aux acquis du constitutionnalisme, en RD Congo, dès lors qu'elle avait porté atteinte aux principes intangibles protégés par l'article 220, à savoir, l'indépendance du pouvoir judiciaire et l'autonomie des provinces. D'après Balingene[31], ce type de révision cavalière des normes constitutionnelles, en l'absence de tout consensus politique est interdit par le « code panafricain de la démocratie, des élections et de la gouvernance », notamment, par l'article 23 de la Charte africaine de la démocratie, des élections et de la gouvernance qui qualifie de « changement

---

l'intérêt supérieur de la nation ». Cfr. KABILA, J., *L'Etat de la Nation 2007-2008-2009*, Kinshasa, Edition de la Presse présidentielle, 2010, p. 47.

[30] L'instrumentalisation de la Constitution est un phénomène récurrent en Afrique. Dans la plupart des pays africains, la loi fondamentale est considérée dans la pratique comme un outil au service du pouvoir. En clair, c'est un instrument entre les mains des détenteurs du pouvoir d'Etat. Révisée ou modifiée selon les volontés présidentielles, la Constitution se présente ainsi comme une ressource politique au bénéfice du pouvoir. Pour pérenniser sa présence au sommet de l'Etat, le Président de la République trouve normal de modifier ou d'abroger purement ou simplement telle ou telle disposition constitutionnelle. Cela peut avoir pour objet soit de se représenter aux élections alors qu'au terme du mandat en cours il devrait quitter, soit de supprimer le quart bloquant(annulant le deuxième tour des élections), soit pour changer le mode de scrutin(passant d'un scrutin majoritaire à deux tours à un scrutin uninominal à un tour), soit pour supprimer le poste de Premier ministre ou réduire considérablement ses attributions, soit pour modifier les termes de succession présidentielle, soit pour créer une nouvelle institution afin de caser ses soutiens politiques, soit pour exclure un adversaire sérieux dans la compétition politique. Lire avec intérêt, DIOP, E.H.O., *L'instrumentalisation de la Constitution dans les régimes politiques africains*, Dakar, Crédila-Ovipa, 2017, pp. 107-108.

[31] BALINGENE KAHOMBO, « Les fondements de la révision de la Constitution congolaise du 18 février 2006 », http://www.nomos-elibrary.de , consulté le 20 juin 2016.

anticonstitutionnel de gouvernement », crime international passible de sanctions par l'Union Africaine (UA), « tout amendement ou toute révision des constitutions ou des instruments juridiques qui porte atteinte aux principes de l'alternance démocratique (au pouvoir).

Deux années seulement après cette révision attentatoire aux principes du constitutionnalisme, un ténor de la Majorité Présidentielle (MP) publia un livre plaidoyer pour la révision de la Constitution[32] afin d'obtenir la modification de l'article 220 qui proscrit de briguer plus de deux mandats présidentiels. Il préconisait une révision de la Constitution pour permettre au Président de la République de briguer un troisième mandat, en se fondant sur le principe de la souveraineté du peuple grâce auquel un référendum serait organisé pour obtenir la modification de l'article 220 interdit de toute révision par le constituant, en d'autres termes, Evariste Boshab fustigeait la limitation des mandats présidentiels en la jugeant antidémocratique et en suggérant que la question soit soumise à l'arbitrage du peuple[33].

Ce livre provoqua un débat houleux sur la scène politique congolaise, tant ses idées furent relayées par les partisans de la MP qui défendirent ouvertement l'organisation d'un référendum visant à réviser ou à changer carrément de constitution et permettre ainsi à leur candidat de briguer pour la troisième fois la présidence de la République. Une proposition de loi portant organisation du référendum fut même initiée par deux députés de la Majorité et déposée au Bureau de l'Assemblée nationale.

La crise politique provoquée par ce projet de révision ou de changement constitutionnel s'intensifia à l'approche de la fin du deuxième mandat constitutionnel du Président de la République au point que la MP y renonça mais en changeant de stratégie de maintien au pouvoir de son leader, celle de glissement du délai d'organisation de l'élection présidentielle qui, initialement, devait se tenir en décembre 2016. Le dépassement du délai d'organisation de l'élection présidentielle sans scrutin fut à l'origine d'une véritable crise constitutionnelle qui porta un coup dur au constitutionnalisme émergent en République Démocratique du Congo.

Se fondant sur cette crise politique et constitutionnelle provoquée par l'instinct de révisionnisme constitutionnel dans le chef de la Majorité au pouvoir à l'époque, l'étude que nous menons tourne autour de la question principale ainsi formulée : le constitutionnalisme mis en place par la Constitution du 18 février

---

[32] BOSHAB, E., *Entre la révision de la Constitution et l'inanition de la Nation*, Bruxelles, Larcier, 2013.

[33] La limitation des mandats étant devenue une préoccupation du nouveau droit constitutionnel africain depuis la fin des conférences nationales, il y a lieu de confier cet arbitrage au peuple, au lieu de se complaire des dispositions constitutionnelles qui, dans la plupart des pays, ont été revues. Lire BOSHAB, E., *Op. Cit.,* p. 279.

2006 peut-il se consolider et déboucher sur l'État de droit, en RDC, dans un environnement caractérisé par l'abus des révisions constitutionnelles ?

Cette question principale débouche logiquement sur une série des questionnements susceptibles de lui apporter un éclairage : quels sont les éléments caractéristiques du constitutionnalisme consacrés par la Constitution congolaise du 18 février 2006 ? Quel bilan peut-on faire du constitutionnalisme en RDC pendant les quinze ans d'application de la Constitution du 18 février 2006 ? Le révisionnisme ou l'abus des révisions constitutionnelles peut-il protéger les acquis du constitutionnalisme apportés en RD Congo par l'avènement de la Constitution du 18 février 2006 ?

En effet, les révisions constitutionnelles sont devenues, en Afrique, un virus qui atteint la quasi-totalité des États, surtout ceux de l'Afrique francophone. Cette mobilité constitutionnelle[34] appelle une réflexion approfondie sur la question de la révision constitutionnelle, tant il est vrai qu'un danger guette les États africains concernant leurs propres lois fondamentales, à savoir : l'instabilité institutionnelle et constitutionnelle.

Ne pouvant faire exception à cette réalité, la République Démocratique du Congo a également été régulièrement confrontée au vent de la révision constitutionnelle qui est à la base de l'instabilité institutionnelle et empêche la consolidation d'un État de droit.

Au lieu de servir de repères à la stabilité constitutionnelle en vue de consolider l'État de droit démocratique, la révision constitutionnelle est devenue un meilleur instrument de présidentialisation du pouvoir, d'atteintes aux droits et libertés fondamentaux des citoyens et du principe d'alternance politiques en Afrique, en général, et en RD Congo, en particulier, les faits justificatifs de cette affirmation sont légion[35].

Au Gabon, par exemple, la Constitution a été modifiée en 2003 avec, notamment, la suppression de la limitation du nombre des mandats présidentiels initialement fixés à deux. Le Président Omar Bongo, en fonction depuis 1967, pouvant se représenter à l'élection présidentielle autant de fois qu'il le voulait et réellement, il a réalisé son rêve. Car, il est mort au pouvoir en laissant le trône à son fils Ali Bongo. Ici, l'adoption, par le Congrès, le 29 décembre 2020, d'une réforme constitutionnelle organisant l'intérim du président de la République en

---

[34] Sur la mobilité constitutionnelle, lire DJOLI ESENG'EKELI, J., « La mobilité constitutionnelle en Afrique postcoloniale : dimension structurelle et opportunisme conjoncturel. Cas de la production constitutionnelle congolaise de 1960 à 2014 », *Congo-Afrique*, n°488, octobre 2014, pp. 676-699.

[35] DJOLI ESENG'EKELI, J., « La mobilité constitutionnelle en Afrique postcoloniale : dimension structurelle et opportunisme conjoncturel. Cas de la production constitutionnelle congolaise de 1960 à 2014 », *Congo-Afrique*, n°488, octobre 2014, pp. 676-699.

cas d'indisponibilité a été à la base d'une controverse politique. La nouvelle reformulation de l'article 13 de la Constitution, aménage la gestion conjointe de l'intérim, en cas d'indisponibilité du président de la République, par le président du Sénat, celui de l'Assemblée nationale et le ministre de la Défense nationale.

En Ouganda, la modification de la Constitution intervenue, en 2005, maintient Yoweri Museveni au pouvoir depuis en 1986, et aucun signe positif ne montre qu'il a l'intention de le quitter.

Voulant se donner une virginité politique après avoir révisé la Constitution camerounaise de 1996, Paul Biya avait encore modifié la Constitution afin de faire sauter le verrou de limitation du nombre des mandats présidentiels en 2008[36].

Récemment Denis Sassou N'guesso réélu pour un 4ème mandat après le changement de Constitution de décembre 2016 en violation des principes de démocratie relatifs au nombre et durée des mandats du Président de la République.

La deuxième expérience est enregistrée, en République du Congo, sur pied d'une nouvelle Constitution aux termes de laquelle le président de la République est élu pour un mandat de cinq ans renouvelables deux fois. Cette disposition abroge celle portée à l'article 57 de la Constitution du 20 janvier 2002 selon laquelle le président de la République est élu pour sept ans au suffrage universel direct. Il n'est rééligible qu'une fois.

Paul Kagame a réussi à réviser l'actuelle Constitution rwandaise pour s'offrir un troisième mandat. Le burundais Pierre Nkurunziza avait également emboité les pas à ses homologues de la sous-région de grands lacs, en révisant la Constitution pour un troisième mandat inconstitutionnel constitutionnalisé. D'où, le président de la République, alors en fonction, signe, le 18 mars 2018, un décret convoquant, au 17 mai 2018, le référendum tendant à la modification de la Constitution, avec en toile de fond l'extirpation de la disposition limitant le nombre et la durée de mandats présidentiels.

La Constitution a été modifiée, en 2002, en Guinée Conakry dans l'intention d'autoriser le Président Lansana Conté à se représenter aux élections présidentielles à la fin de son second et dernier mandat. En Guinée, l'élection présidentielle du 18 octobre 2020 a été précédée d'une réforme constitutionnelle réalisée, dans un climat politique agité.

Se fondant sur la nouvelle Constitution promulguée le 07 avril 2020, le président de la République en fonction s'est cru autoriser de se présenter au scrutin présidentiel du 18 octobre 2020 qu'il remporta avec 59,49% des suffrages

---

36 https://cameroun_mon_pays-over_blog.com/article-20471748, consulté le 02 février 2021.

exprimés contre 33,5% attribués à Cellou Dalen Diallo. Comme à l'accoutumée, l'Union africaine et, à sa suite, l'Union européenne a, dans un langage diplomatique bien connu, pris acte des résultats après s'être fait l'écho des insuffisances et irrégularités dans l'organisation du scrutin.

Idriss Deby est resté au pouvoir depuis son coup d'État de 1990, grâce à la modification de la Constitution.

En Mauritanie, la Constitution a été modifiée en 1991 afin de permettre à Maouyia Ould Sid Abmed Taya de rester au pouvoir depuis 1984 jusqu'à son renversement par un coup d'État en août 2005.

Blaise Compaoré, au Burkina-Faso, avait un subtil jeu levé la limitation du nombre des mandats en 1997, avant sa restauration en 2000, mais a été emporté encore par la révision constitutionnelle qu'il se posait d'opérer pour se maintenir au pouvoir.

Au Togo, la Constitution a été modifiée, en 2003, pour permettre à Faure Gnassingbé Eyadema de se faire réélire pour un troisième mandat de cinq ans au terme de 36 années au pouvoir jusqu'à sa mort en 2005.

C'est dire que les dirigeants africains ont, par un excessif usage du pouvoir motivé par l'idéologie du machiavélisme, utilisé la révision constitutionnelle pour s'éterniser au pouvoir comme le chasseur se sert de son fusil de chasse, bouchant ainsi tous les canaux de la promotion d'un État de droit, du constitutionnalisme et de la démocratie qui prône l'alternance politique[37]. Autrement dit, toutes ces révisions passées en revue ont, en réalité, été dangereuses[38], c'est-à-dire, déconsolidantes de la démocratie[39], l'État de droit démocratique, mieux du constitutionnalisme, de sorte qu'il y a véritablement lieu de forger notre opinion en guise d'hypothèse de travail.

Raison ou constat et non hypothèse Les révisions constitutionnelles, en RD Congo, pour les moins que l'on puisse dire, sont opportunistes et voilent généralement la fraude à la Constitution[40], car la présidentialisation du pouvoir constituant dérivé conduit à sacrifier les droits des citoyens[41], le principe de l'alternance politique au profit d'un renforcement du pouvoir du Chef de l'État

---

[37] KAMUKUNY MUKINAY, A., *Droit constitutionnel congolais*, Kinshasa, EUA, 2010, p. 395.

[38] BOLLE, S., « Les révisions dangereuses. Sur l'insécurité constitutionnelle en Afrique », in MABAKA, P.(dir.), *Constitution et risque(s)*, Paris, L'Harmattan, 2010, pp.251-269.

[39] MADIOR FALL, S., *Les révisions constitutionnelles. Révisions consolidantes et révisions déconsolidantes de la démocratie sénégalaise*, Dakar, Crédila, 2011, 221p.

[40] MBATA BETUKUMESU MANGU, A., *Abolition de la peine de mort et constitutionalisme en Afrique*, Paris, l'Harmattan, 2011, p. 34.

[41] KAMUKUNY MUKINAY, A., *Contribution à l'étude de la fraude en droit constitutionnel congolais*, Louvain-la-Neuve, Academia-Bruylant, 2011, p. 391.

et de la pérennisation du régime en place[42]. Cette pratique porte atteinte au principe de séparation des pouvoirs qui est la colonne vertébrale de l'État de droit et du constitutionnalisme[43].

De prime à bord, il importe de noter que la Constitution du 18 février 2006 a posé les bases du constitutionnalisme, tant elle a consacré ses principes, en l'occurrence, la séparation des pouvoirs, la promotion et la protection des droits humains, l'État de droit et la suprématie de la Constitution.

Elle a consacré la séparation des pouvoirs verticale et horizontale. Au niveau horizontal, le constituant a séparé le pouvoir législatif des pouvoirs exécutif et judiciaire et vice-versa. Il a soutenu que cette séparation était exigée et sous-tendue par les préoccupations majeures suivantes :

- Assurer le fonctionnement harmonieux des institutions de l'État ;
- Éviter les conflits ;
- Instaurer un État de droit ;
- Contrer toute tentative de dérive dictatoriale ;
- Garantir la bonne gouvernance ;
- Lutter contre l'impunité ; et
- Assurer l'alternance démocratique.

Au niveau vertical, il a été créé des centres d'impulsion et de développement à la base en structurant l'État congolais en 25 provinces plus la ville de Kinshasa. Ces entités sont dotées de la personnalité juridique et doivent exercer des compétences de proximité prévues aux articles 201, 203 et 204 de la Constitution.

La Constitution du 18 février 2006 a également prévu des dispositions qui protègent les droits de l'homme. En effet, le constituant a tenu à réaffirmer l'attachement de la RD Congo aux droits humains et aux libertés fondamentales contenues dans les instruments juridiques internationaux et régionaux. Elle protège tous les droits et libertés de la personne humaine et a institué des mécanismes de leur protection. La Constitution du 18 février 2006 proclame que la RD Congo est un État de droit[44]. Il s'ensuit que le constituant a souligné le respect du constitutionnalisme comme une exigence fondamentale pour la gestion politique d'un État moderne.

---

[42] DJOLI ESENG'EKELI, J., *Droit constitutionnel : l'expérience congolais*, Paris, l'Harmattan, 2013, p. 29.
[43] DUVERGER, M., *Les constitutions de la France*, Paris, PUF, 2004, p. 32.
[44] Lire article 1er de la Constitution du 18 février 2006, telle que révisée à ce jour.

Au sujet de la suprématie de la Constitution, il existe des dispositions qui la consacrent. Tel est le cas des dispositions qui traitent du contrôle de constitutionnalité des lois et des règlements intérieurs des assemblées parlementaires ainsi que des institutions d'appui à la démocratie[45]. Il en est aussi du règlement des conflits des compétences tant entre les institutions centrales qu'entre celles-ci et les institutions provinciales. Le fait d'instituer une Cour constitutionnelle[46] dédiée essentiellement à la protection de la Constitution, prouve, à suffisance, que cette dernière est la norme fondamentale de l'État et à laquelle toutes les autres règles juridiques doivent se conformer sous peine d'invalidité.

Quant à la légitimité de la Constitution, il y a lieu de noter que la procédure suivie pour l'élaboration et l'adoption de ce texte peut confirmer sa légitimité. Cependant, l'on ne devrait pas perdre de vue que l'organisation du référendum qui avait abouti à l'adoption de la Constitution a révélé qu'une frange de la population avait voté contre. En outre et suivant André Mbata[47], une Constitution peut être légitime, à sa promulgation, et perdre cette légitimité au fur et à mesure des violations dont elle est l'objet par les tenants du pouvoir. Serait-on dans cette hypothèse, en RD Congo, où après de nombreuses violations de la Constitution du 18 février 2006, celle-ci a connu une révision qui ne ressemble pas moins à une fraude constitutionnelle ?

C'est à ce niveau qu'il convient de répondre à la deuxième question de notre recherche qui touche à l'évaluation du respect du principe du constitutionnalisme inscrit dans la Constitution du 18 février 2006. Le constat est que ce principe n'est pas respecté. Ainsi, par rapport à la séparation tant verticale qu'horizontale des pouvoirs, la tendance à la concentration de tous les pouvoirs entre les mains du Président de la République.

En ce qui concerne les droits de l'homme et les libertés fondamentales, ils ne sont pas respectés et parfois leurs violations se font avec la complexité des animateurs des institutions publiques. L'évocation de l'État de droit est devenue une rhétorique pour la consommation des masses et flatter les partenaires extérieurs. L'absence de l'État de droit se manifeste par de nombreuses violations de la Constitution qui a fini par perdre la légitimité qu'elle avait à sa promulgation.

---

[45] Article 160 de la Constitution du 18 février 2006, telle que révisée à ce jour.

[46] Article 157 de la Constitution du 18 février 2006, telle que révisée à ce jour.

[47] MBATA BETUKUMESU MANGU, A., « Perspectives du constitutionnalisme et de la démocratie en République Démocratique du Congo sous l'empire de la Constitution du 18 février 2006 », in BULA BULA SAYEMAN (dir.), *Pour l'épanouissement de la pensée juridique congolaise. Liber amicorum Marcel Antoine LIHAU*, Kinshasa, Bruxelles, PUK, Academia-Bruylant, 2006, pp. 185-224.

Après une soixantaine d'années d'indépendance, l'on constate que les dirigeants africains, en général, et congolais, en particulier, ne comprennent pas, jusqu'à ce jour, la vraie signification d'une Constitution pour un État. La soif du pouvoir considéré comme premier facteur qui conduit à l'hyperinflation des constitutions en RD Congo, donne raison à une partie de la doctrine qui pense que les textes constitutionnels ne sont que des simples instruments de domination politique au service du Chef de l'État dont le pouvoir viager, désormais placé au-dessus des normes, ne sert pas de fois l'intérêt général qu'il prétend incarner.

Une Constitution, dit Maurice Duverger[48], est une reproduction pure et simple du contrat social fondateur de l'État. Les dispositions constitutionnelles ne sont autre chose que la reproduction du pacte social qui fonde l'obéissance civile, étant l'expression de la souveraineté d'un peuple, la Constitution qu'elle soit souple ou rigide doit être touchée parce qu'il n'y a pas de constitution pour l'éternité, immuable.

Le deuxième facteur qui justifie l'empêchement de la consolidation de l'État de droit par la révision constitutionnelle, est le déficit de culture démocratique des dirigeants congolais.

La personnalisation du pouvoir en RD Congo résulte du culte du Chef de l'État et la tendance des partis ou coalitions au pouvoir à vouloir monopoliser le jeu politique manifeste qui, à cause des multiples contradictions, n'a pas été en mesure d'accéder au pouvoir par voies des urnes.

Un autre facteur qui empêche l'assise de l'État de droit démocratique, dans notre pays, est le renforcement du pouvoir du Président de la République, les révisions constitutionnelles en RD Congo visent, généralement, à renforcer ses prérogatives.

Cette confusion du pouvoir viole le principe de limitation des pouvoirs qui constitue la colonne vertébrale de l'État de droit. La concentration du pouvoir entre les mains du Chef de l'État rappelle l'organisation politique du Mouvement Populaire de la Révolution (MPR) qui conduisit le pays à une monarchie présidentielle[49] ayant fait, du Président de la République, un véritable « Tout Puissant » constitutionnel. La réforme constitutionnelle contribue à la prééminence du Président qui est l'une des caractéristiques du droit constitutionnel congolais.

Pour s'en convaincre, la révision constitutionnelle du 20 janvier 2011, avait donné le pouvoir au Chef de l'État de dissoudre les Assemblées provinciales, en

---

48 DUVERGER, M., *Constitutions de la France*, Paris, PUF, 2004, pp. 53-55.

49 MBATA B. MANGU, A., « Monarchies présidentielles et révisions constitutionnelles : le syndrome du troisième mandat ou d'une présidence à vie dans les Etats membres de l'Union Africaine », *Revue africaine de la Démocratie et de la Gouvernance*, vol. I, n°1, 2014, pp. 47-66.

violation de l'autonomie politique reconnue aux provinces par la Constitution dans le cadre du régionalisme constitutionnel instauré par le constituant de 2006. La coïncidence de la majorité présidentielle et parlementaire prise en concert avec la faiblesse des contre-pouvoirs sans idéologie, favorise significativement les retouches constitutionnelles au service du présidentialisme.

Certains objectifs sont poursuivis dans ces lignes. 3 Objectif Une étude portant sur l'évaluation du constitutionnalisme confronté à la récurrence des révisions constitutionnelles abusives et déconsolidantes ne peut manquer d'intérêt, surtout si l'on prend en compte le contexte dans lequel elles sont menées.

Il s'agit, en fait, du contexte où une frange d'acteurs politiques veut remettre en cause certains principes fondamentaux de la Constitution, notamment la limitation des mandats présidentiels et l'autonomie des provinces.

La révision constitutionnelle n'est pas en soi une mauvaise opération juridique. D'après Jacques Djoli[50], les révisions sont nécessaires, tant elles sont effectuées pour rectifier les erreurs et les insuffisances relevées au cours de la mise en application du texte constitutionnel, les manques et les oublis du constituant originaire afin d'accroitre l'efficacité de la loi fondamentale, mieux de consolider la démocratie et la protection des libertés fondamentales.

Les révisions constitutionnelles deviennent un sujet préoccupant en Afrique parce qu'elles sont opérées dans l'intention de torpiller les acquis de la démocratie et de l'Etat de droit. Elles sont parfois source des conflits et des violences politiques au point leur objectif est détourné, voire dévié. Ce révisionnisme frénétique fait que la Constitution qu'on avait très tôt sacralisée, fétichisée, en Afrique, est devenue un texte ordinaire, voire banal, un chiffon de papier[51].

Les rapports entre les révisions constitutionnelles et le constitutionnalisme en Afrique méritent d'être cernés, tant le renouveau constitutionnel des années 1990 avait suscité des espoirs d'émergence du constitutionnalisme en Afrique. En effet, les nouvelles constitutions affirmaient sans ambages le principe de limitation du pouvoir, elles accordaient une place de choix aux droits et libertés fondamentaux et instituaient des mécanismes juridictionnels susceptibles de promouvoir l'État de droit et la démocratie sur le continent.

Mais puisque deux décennies après, on assistait presqu'à un revirement culturel et comportemental dans le chef des acteurs politiques dont les actes étaient de nature à remettre en cause les acquis du constitutionnalisme des années

[50] DJOLI ESENG'EKELI, J., La mobilité constitutionnelle..., *Op. Cit.*, p. 677.
[51] *Idem*, p. 678.

1990, l'intérêt de mener scientifiquement des études sur le constitutionnalisme et les révisions constitutionnelles devint indéniable.

A. Objectif théorique

L'intérêt théorique à étudier la question des révisions constitutionnelles et le constitutionnalisme en République Démocratique du Congo tient au fait qu'il s'agit tout d'abord d'une question de théorie constitutionnelle centrée sur la constitution en tant qu'objet d'étude en droit constitutionnel. En effet, que ce soit la révision constitutionnelle ou le constitutionnalisme, ces deux notions mettent au centre d'intérêt la constitution en tant qu'ensemble des normes qui limitent le pouvoir politique et (ce faisant) protègent la liberté des citoyens[52]. Le constitutionnalisme est dès lors une doctrine qui vise la vénération de la constitution dans ses fonctions de limitation et de promotion et protection des droits et libertés fondamentaux des citoyens.

Théoriquement, étudier ces deux questions dont les imbrications ne sont pas à démontrer, fait participer activement à un débat toujours passionnant en droit constitutionnel et qui se prolonge dans les échanges scientifiques. L'intérêt théorique est que cette étude contribue ainsi à la connaissance approfondie du concept de constitution, de ses valeurs protégées, de sa transformation dans le temps mais aussi de sa disparition. L'étude contribue alors au développement des connaissances sur un concept fondamental dans la science du droit constitutionnel.

De même, le constitutionnalisme en tant qu'il est un concept sémantiquement divergent sera, dans cette étude bien appréhendé et distingué dans son acception authentique et moderne. L'étude contribue à clarifier les notions de constitutionnalisme négatif, hobbésien, cosmétique en les distinguant de constitutionnalisme positif et substantialiste. Elle va également cerner les notions de néo ou rétro constitutionnalisme[53] dont l'usage est récent.

B. Objectif pratique

D'un point de vue pratique, cette étude est aussi intéressante dans un contexte d'émergence démocratique favorisée par l'avènement d'une Constitution démocratique dont les objectifs affichés sont l'instauration de l'État de droit en RDC. En effet, les bases constitutionnelles de l'État de droit et de la démocratie sont tellement plausibles que le recours aux révisions constitutionnelles abusives, intempestives et dangereuses risquerait de remettre en cause les acquis du constitutionnalisme qui procèdent de la Constitution du 18 février 2006.

---

[52] GUASTINI, R., *Leçons de théorie constitutionnelle*, Paris, Dalloz, 2010, p. 107.

[53] CAYLA, O. et HALPERIN, J.L.(dir.), *Néo ou rétro constitutionnalismes ? Mises en perspective de la démocratie constitutionnelle contemporaine*, Paris, Ed. Mare et Martin, 2018, 231 p.

C'est pourquoi, cette étude plaide pour la consolidation de l'État de droit démocratique en alertant contre les révisions ou les menaces de révisions constitutionnelles déconsolidantes. Il s'agit d'alerter à la fois les gouvernants dont la boulimie du pouvoir conduit souvent à des tripatouillages constitutionnels qui ont une inclinaison vers l'autoritarisme, mais aussi les gouvernés dont les droits sont menacés chaque fois que les pouvoirs des gouvernants sont renforcés à l'occasion des révisions constitutionnelles.

Aux gouvernants ou pouvoirs publics, l'interpellation leur adressée consiste à rappeler l'importance de la Constitution en tant que norme fondamentale qui constitue[54] et protège. Et puisqu'elle protège, les pouvoirs publics sont censés mobiliser aussi tous les mécanismes disponibles pour la protection de la Constitution[55].

L'objectif pratique de cette étude en RDC est de susciter dans le chef du peuple congolais une véritable « conscience constitutionnelle »[56], un « patriotisme constitutionnel »[57] sans failles face aux dangers qui guettent la Constitution et le constitutionnalisme en RD Congo.

Cette étude passe également pour un appel à la responsabilité des intellectuels dans un contexte de crise constitutionnelle et crise du constitutionnalisme. En effet, écrit Omar Diop[58], l'observation du positionnement des intellectuels dans l'espace public (congolais) finit par convaincre de leur passiveté qui mène à la complicité. Pourtant, ils ont une responsabilité sociale[59] à défendre la Constitution et ses valeurs face aux menaces que font peser les révisions constitutionnelles opportunistes.

Certaines questions ont été soulevées dans ces pages. Comment en effet comprendre le constitutionnalisme ? L'instabilité constitutionnelle tant décriée n'est-elle pas liée à la personnalisation du pouvoir et surtout au renforcement du rôle du Chef de l'État, tout puissant et à l'abri de tout contrôle ? . En quoi le

---

[54] Cfr METENA M'NTEBA, S.P., « Une Constitution, c'est qui constitue : le sens politique d'une tautologie », *Congo-Afrique*, n°488, octobre 2014, pp. 659-675.

[55] Sur la protection de la Constitution, lire utilement LE PILLOUER, A. (dir), *La protection de la Constitution. Finalités, Mécanismes, Justifications*, Poitiers, Presses Universitaires Juridiques, 2018.

[56] DIOP, E.H.O., *Op. Cit.*, p. 323.

[57] Sur le patriotisme constitutionnel, lire utilement HABERMAS, J., « Citoyenneté et identité nationale. Réflexions sur l'avenir de l'Europe », in LENOBLE, J. et DEWANDRE, N. (dir), *L'Europe au soir du siècle. Identité et démocratie,* Paris, Esprit, 1992.

[58] DIOP, E.H., *Op. Cit.,* p. 330.

[59] Sur la responsabilité sociale des intellectuels et des universitaires, lire avec intérêt Mbata Mangu, A., "La République Démocratique du Congo en péril : responsabilité sociale des universitaires et d'autres intellectuels congolais, *Revue africaine de la Démocratie et de la gouvernance (RADG),* Volume 4, n°3 et 4, 2017, p. 11

constitutionnalisme peut être un véritable contre-pouvoir face à la dictature des dirigeants ? Dans le cadre des préliminaires, quels sont les concepts indispensables à clarifier ? Comment mettre à profit la revue de littérature pour élucider mon propos ?, Que retenir sur les théories et les pratiques du constitutionalisme ? En quoi une étude diachronique de la révision constitutionnelle et l'État de droit en RD Congo peut enrichir ces pages ?

L'hypothèse de cette étude est notamment que les révisions constitutionnelles telles que pratiquées, en RD Congo, dans le passé tout comme actuellement sous le régime de la Constitution du 18 février 2006 sont enclin à porter atteinte aux principes du constitutionnalisme. Non seulement elles mettent en mal l'équilibre des pouvoirs consacré par la séparation fonctionnelle, elles concourent à la prédominance institutionnelle du Président de la République, réduisent l'autonomie politique reconnue aux provinces et entités de base, portent atteinte aux droits fondamentaux des personnes et, finalement, mettent en danger l'État de droit démocratique.

Dans un environnement d'instrumentalisation répétée de la Constitution, où la Constitution n'est pas reconnue comme la norme suprême respectée et vénérée par tous et de tous où, seul, le Président de la République est l'autorité suprême pour l'avantage de qui les modifications constitutionnelles sont opérées, soit pour lui octroyer de nouveaux pouvoirs, soit pour lui accorder des mandats illimités, le constitutionnalisme ne saura nullement émerger. Car, le renforcement des pouvoirs du Président de la République crée forcément le déséquilibre institutionnel et la concentration des pouvoirs est incidemment attentatoire aux droits et libertés fondamentaux et annihile la force du droit.

Le révisionnisme ou l'abus des révisions constitutionnelles engendre une insécurité constitutionnelle, surtout lorsque celles-ci ne sont pas susceptibles de consolider la démocratie. Au lieu de perfectionner la Constitution, les révisions, en RD Congo, se bornent à constitutionnaliser les caprices des gouvernants au pouvoir, à leur accorder un pouvoir illimité dans le temps et dans son exercice. La technique des tripatouillages constitutionnels au profit d'un seul individu au pouvoir déstabilise et discrédite la Constitution et est forcément une source d'insécurité juridique et d'instabilité constitutionnelle hostile à l'État de droit et donc au constitutionnalisme.

La présente dissertation est délimitée dans le temps et dans l'espace. Dans le temps, l'intervalle considéré est celui qui va de l'indépendance de la RD Congo à ce jour, quoiqu'un intérêt soit particulièrement porté sur l'étude de la Constitution du 18 février 2006 pour avoir posé les bases du constitutionnalisme mis-en-mal après coup par les révisions ou les menaces de révisions constitutionnelles. C'est à partir de cette date, suivant les termes de son article 229[60], qu'elle est entrée en vigueur.

Dans l'espace, cette recherche couvre toute l'étendue de la RD Congo. Certes, il est vrai que la plupart des violateurs de la Constitution et de la profanation du constitutionnalisme sont des élites politiques installées à Kinshasa, la mise en œuvre des principes du constitutionnalisme est une entreprise nationale qui appelle la participation de tous les acteurs nationaux.

Les réactions et l'inaction de ces acteurs vis-à-vis du non-respect des principes du constitutionnalisme peuvent inspirer la conception et le développement des mécanismes de promotion du constitutionnalisme. D'où la justification de l'extension de cette étude à l'ensemble du territoire national.

Je n'ai pas la prétention d'épuiser le débat sur les questions du constitutionnalisme en R.D. Congo, ni avoir le monopole de la réflexion. Les apports des autres sont indispensables et souhaitables pour enrichir mes cogitations.

Je reconnais en outre la difficulté de la mise en œuvre de mes cogitations. Je sais l'existence de l'écart entre les travaux de laboratoire, les cogitations intellectuelles et d'école avec la mise en pratique dans la réalité concrète où se comportent différents acteurs et personnages selon leurs intérêts particuliers sans toujours tenir compte du bien commun.

La réalisation de toute recherche scientifique requiert l'usage de certaines méthodes et techniques à suivre en vue de l'obtention d'un résultat bien escompté. C'est pourquoi, comparativement à la science sociale, la recherche scientifique doit suivre une démarche analogue à celle du chercheur du pétrole, tout en apostrophant que, ce n'est pas en forant n'importe où que celui-ci trouvera ce qu'il cherche[61], mais plutôt, en systématisant sa recherche au moyen d'une méthode qu'il utilisera.

A. Méthodes du travail

On peut se convenir aisément, écrit Jean Marie Mboko[62], sur le fait qu'on ne peut pas aboutir à des constructions doctrinales valables sans méthode. Car toute discipline scientifique a un objet et une méthode. En effet, la méthode s'entend de l'ensemble des opérations intellectuelles par lesquelles une discipline cherche

---

[60] L'article 229 de la Constitution est formulé de la manière suivante: La présente Constitution, adoptée par référendum, entre en vigueur dès sa promulgation par le Président de la République.

[61] L. VAN CAMPENHOUF, *Manuel de recherche en sciences sociales*, Paris, 4ème édition, Dunod, 2011, p. 7.

[62] MBOKO DJ'ANDIMA, J.-M., *Principes et usages en matière de rédaction d'un travail universitaire*, Kinshasa, Editions CADICEC-UNIAPAC/CONGO, 2004, p. 21.

à atteindre les vérités qu'elle poursuit, les démontre, les vérifie[63]. Pour d'autres auteurs, la méthode est « une voie particulière en vue d'éclairer l'itinéraire de la réflexion permettant de saisir et de démontrer le soubassement du phénomène sous examen »[64].

L'étude sur le constitutionnalisme dans la Constitution du 18 février 2006 est avant tout une recherche en science juridique et plus particulièrement en droit constitutionnel. Elle exige, pour son aboutissement, le recours aux méthodes de droit qui bénéficient alors du concours de méthodes de science politique pour éviter de s'incruster dans un juridisme déconcertant. Parmi ces méthodes, celles juridique et sociologique m'ont apparu nécessaires. L'approche sociologique choisie ici est le béhaviorisme.

La dogmatique juridique[65] , qualifiée parfois de technique juridique est une méthode qui vise à déterminer le contenu d'une règle à partir de la prise en compte des sources formelles du droit. Elle se préoccupe à renseigner sur l'état du droit tel qu'il existe et à en déterminer le contenu.

En effet, la démarche du juriste consiste au recours au texte, à en donner une explication en vue d'établir ou d'en dégager le sens que lui a collé son auteur (à travers son esprit et sa lettre) ; il est donc question d'arriver à dégager le sens des textes en fonction de l'intention que l'on attribue au législateur (la ratio legis), et à expliquer et systématiser la jurisprudence partant du raisonnement du juge (la ratio decidendi).

La technique juridique nous aura donc permis d'analyser toute l'armature juridique relative au constitutionnalisme, plus concrètement les textes relatifs à l'organisation et au fonctionnement des institutions constitutionnelles relevant de tel ou tel autre pouvoir étatique, les traités et accords internationaux, notamment ceux relatifs aux droits de l'homme, ratifiés par la RD Congo et, auxquels le constituant a davantage affirmé son attachement. Cette approche aura contribué à déterminer le contenu de ces différents instruments juridiques afin de mieux en évaluer la mise en œuvre, par le recours à une autre approche méthodologique, en l'occurrence, la sociologie du droit.

---

[63] GRAWITZ, M., *Méthodes des sciences sociales*, Paris, Dalloz, 1970, p. 20 ; MULUMA MUNANGA, G., TIZI, A., *Le guide du chercheur en sciences sociales et humaines*, Kinshasa, Editions SOGEDES, 2003, p. 89.

[64] SHOMBA KINYAMBA, S., *Méthodologie de la recherche scientifique*, Kinshasa, Edition M.E.S., 2008, p. 33.

[65] La technique juridique appelée aussi dogmatique juridique consiste à déterminer le contenu d'une règle à partir de la prise en compte des sources formelles du droit positif. Elle vise à exposer l'état du droit tel qu'il existe et à en déterminer le contenu. Il s'agit d'établir et d'interpréter une règle juridique, non de l'évaluer ou de la critiquer. Lire aussi CORTEN, O., *Méthodologie du droit international public*, Bruxelles, Ed. de l'Université de Bruxelles, 2009, p. 23.

La sociologie du droit[66] s'est révélée indispensable dans le cadre de cette étude, son objet était de confronter les règles juridiques ou des concepts du droit à la réalité sociale existante. L'on se demandera, d'après Olivier Corten, pourquoi telle règle a émergé ou encore pourquoi telle autre est généralement appliquée alors que telle autre ne l'est pas.

Comme l'indique Masseron[67], l'affirmation de la séparation des pouvoirs, -premier pilier du constitutionnalisme-dans le texte qui organise les pouvoirs publics est un atout important dans la recherche de l'État de droit démocratique. Néanmoins, la distinction entre une disposition légale et son application effective constitue un véritable gouffre. Cette démonstration a plaidé en faveur de l'approche de sociologie du droit en vue d'examiner la réalité du constitutionnalisme en RD Congo dans la période qui intéresse la présente étude.

Recourant à l'approche de science politique, le behaviorisme a été mis en exergue. Cette méthode permet d'analyser et d'interpréter les comportements ainsi que les attitudes des hommes politiques à l'égard des prescriptions constitutionnelles. Le recours à cette approche méthodologique a renseigné sur les différents comportements et attitudes des acteurs, politiques principalement, dans l'explication soit de l'application satisfaisante des dispositions constitutionnelles, conventionnelles, légales ou réglementaires soit de leur inapplication, en vue, dans ce dernier cas, de mieux saisir les défis à résoudre.

B. Techniques de recherche

Les techniques utilisées pour la réunion des données ayant permis à la rédaction de ce travail sont de deux ordres. Il s'agit, d'un côté, de la technique documentaire et, de l'autre, de l'observation directe. La technique documentaire a servi à l'exploitation des ouvrages, des articles, des textes officiels et d'autres documents obtenus au moyen des Nouvelles technologies de l'information et de la communication (NTIC)[68].

La technique de l'observation directe a consisté dans le suivi du fonctionnement réel des pouvoirs publics et de l'application effective de la Constitution et d'autres textes juridiques ayant trait à la matière, objet de la présente étude. Cette observation aura été d'une grande importance dans les comportements et attitudes des acteurs politiques, y compris le peuple. Comme le souligne Mulumbati,[69] « rien ne peut remplacer un contact direct de l'enquêteur

---

[66] CORTEN, O., *Méthodologie du droit international public*, *Op. Cit.*, p. 23.

[67] MASSERON, J.-P., *Le pouvoir et la justice en Afrique noire Francophone et à Madagascar,* Paris, Ed. Pedone, 1996. p. 87.

[68] ESAMBO KANGASHE, J.L., *La Constitution congolaise du 18 février 2006 à l'épreuve du constitutionnalisme. Contraintes pratiques et perspectives.* Academia- Bruylant, 2010, p.33.

[69] SHOMBA KINYAMBA, S., *Méthodologie de la recherche scientifique. Les ficelle de captage et les logiques d'analyse des données,* Kinshasa, PUK, 2012. p. 55.

avec son terrain, et aucune technique n'est capable de suggérer autant d'idées nouvelles ».

En effet, il est difficile d'analyser une recherche de cette grande envergure, où l'observation ne jouerait aucun rôle[70]. L'observation directe, aura donc à rendre facile du fait que nous sommes sur le territoire national de la République Démocratique du Congo et avons la chance de suivre, au quotidien, la gestion politique du pays.

Outre les préliminaires consacrées aux définitions notionnelles et à la revue de littérature, cette étude comprend deux parties. La première a pour pierre de touche le constitutionnalisme : théories et pratiques. La deuxième et dernière s'articule autour de l'étude diachronique de la révision constitutionnelle et l'État de droit en RD Congo.

---

[70] MULUMBATI NGASHA A., *Introduction à la science politique,* 2ème édition, Lubumbashi, Editions Africa, 2006, p. 20.

Chapitre 1 Les préliminaires

Ce chapitre préliminaire est articulé autour des définitions des concepts et de la revue de la littérature.

1. Définition des concepts usités

Une recherche bien menée incite l'auteur à appréhender les concepts fondamentaux et opératoires pour faciliter aux lecteurs la tâche. En effet, les concepts scientifiques étant polysémiques la plupart du temps, leur intelligibilité ne peut relever que de l'effort du chercheur à les pénétrer et à les expliquer.

De par son intitulé, cette étude emploie des concepts qui méritent d'être clarifiés pour que le discours tenu soit, par la suite, capté par les lecteurs. En outre, d'autres concepts connexes, dont l'usage est répétitif demandent également à être expliciter.

A. Les concepts fondamentaux

L'intitulé de cette étude met en exergue trois concepts fondamentaux, à savoir le constitutionnalisme, la révision constitutionnelle et la constitution. Puisque de ces trois concepts, le principal d'où découlent les deux autres est la Constitution, il vaut mieux commencer par la définir en priorité.

1° Constitution

Alors qu'il est prononcé à la longueur des journées, le concept de constitution n'est pas aussi facilement appréhendable. C'est dire que la notion de Constitution est une notion floue, incertaine, variable dans le temps, bien loin d'une notion gravée dans le marbre[71].

Cette notion remonte aux temps immémoriaux de l'antiquité grecque où elle fut employée par le philosophe Aristote pour désigner de manière générique le gouvernement de l'Etat. La Constitution revêt chez Aristote une dimension purement institutionnelle, autrement dit politique. Elle signifie l'ensemble des institutions politiques de l'Etat. Lorsque l'on évoque le concept de constitution dans ce contexte, la tâche consiste à faire la description des institutions de l'Etat.

Mais plus tard, le concept de constitution prit la forme d'une règle juridique, d'un ordre social, mieux d'une norme comprenant des valeurs sous-tendant l'organisation sociale d'un Etat. Sous cette acception, la Constitution vise à

---

[71] MABAKA MUKWABUHIKA, P. et SEFU THSI-B'EM WADDJIBOU, D., *La Constitution de la République Démocratique du Congo du 18/02/2006. Risques et prospectives*, Paris, Editions Publisud, 2016, p. 18.

limiter l'agir des hommes qu'elle est censée régir, et principalement le Prince ou le monarque.

De ce qui précède, la Constitution peut de nos jours être comprise suivant ces deux conceptions, à savoir politique ou institutionnelle et juridique ou normative.

Il s'avère important de relever ici que la notion de Constitution varie selon qu'elle est prise au sens matériel (a) ou formel (b).

a. La Constitution au sens matériel

Du point de vue matériel, la Constitution désigne l'ensemble des normes régissant l'organisation des pouvoirs publics. Il n'est pas indispensable qu'un texte écrit dénommé « Constitution » existe pour que l'on dise que le pays qui en manquerait n'a pas de Constitution. Ainsi, on parle de la Constitution non écrite lorsque l'essentiel de l'organisation étatique repose sur des pratiques, des usages et des traditions considérés comme règle de conduite sociale[72]. Certes, dans un pays régi par une Constitution non écrite ou coutumière, il existe des textes épars fondamentaux qui orientent l'action des gouvernants, mais qui ne sont cependant, pas considérés comme formant une norme constitutionnelle unique qui régit le fonctionnement du régime politique de l'État.

C'est le cas, en Angleterre, de la Grande Charte de 1215, de la pétition de droits de 1628, de Bill of rights de 1689 et de l'Acte d'établissement de 1701[73]. L'Angleterre demeure aujourd'hui le type des pays régis par la Constitution coutumière tout comme la Nouvelle Zélande et l'Israël. Le fonctionnement du régime parlementaire britannique et israélien qui, en dépit des plusieurs tentatives de polycopie ratée dans les États qui l'ont essayé, ne repose sur aucun texte juridique écrit, mais plutôt sur des précédents[74]. En termes clair, il s'agit des pratiques qui, à force d'être répétées, ont acquis une force obligatoire[75]. Le contreseing ministériel et le poste du premier ministre anglais ne sont prévus par aucun texte fondamental. En Afrique, ce type des Constitutions existait dans les sociétés traditionnelles. La Constitution coutumière est donc la cristallisation des règles non écrites caractérisées par une répétition pendant un temps relativement

---

72 MPONGO BOKAKO BAUTOEINGA, E., *Institutions politiques et droit constitutionnel. Tome I : théorie générale des institutions politiques de l'État,* Kinshasa, EU A, 2001, p.76.

73 MPONGO BOKAKO BAUTOLINGA, E., *Institutions politiques et droit constitutionnel, Op. Cit.*, p. 77.

74 VUNDUAWE te PEMAKO (F), *Traité de droit administratif,* Bruxelles. Lancier, 2007, p. 183.

75 NTUMBA LUABA LUMU, *Droit constitutionnel général,* Kinshasa. EUA, 2005, p. 89.

long et qui ont recueillis l'assentiment général d'un peuple par un consensus national[76].

Dans la même veine, il sied d'évoquer la notion des conventions constitutionnelles, qui ne résulte pas du droit constitutionnel strict, mais s'y applique une fois adoptées. Ce sont des racines, d'où proviennent des pratiques britanniques, qui désignent une solution politique dégagée entre les acteurs politiques face à une situation politique[77]. Dans ce cas, la Constitution, existe, mais n'est pas appliquée pour un certain temps. Elle dort sans mourir. Le droit existant est suspendu, sans être supprimé. Il s'agit d'une règle politique d'autolimitation des acteurs politiques résultante de leur quasi-contrat.

b. La Constitution au sens formel

Le sens formel de la Constitution présente celle-ci comme un document élaboré et modifié selon une procédure différente de celle des lois ordinaires, afin de régir les institutions étatiques et d'organiser les pouvoirs publics[78]. De ce point de vue, l'on peut affirmer que tous les États n'ont pas de Constitution, car tous n'en disposent pas souvent sous format écrit.

La Constitution établit et définit les différents organes de l'État, préconise les missions de chacun et détermine les relations entre les dirigeants et le peuple[79]. C'est un document d'organisation pour une société dans laquelle elle détermine le pouvoir et ses limites. L'avènement des Constitutions, au sens formel, ou des Constitutions écrites remonte au 18ème siècle avec la Constitution américaine de Philadelphie du 17 septembre 1787[80]. De là est né le constitutionnalisme : un mouvement qui s'est imposé sur les coutumes et s'y est substitué avec succès. Le mouvement du constitutionnalisme prône dès lors l'encadrement constitutionnel du pouvoir dans une société qui s'avère nécessaire pour la protection des droits humains et des libertés publiques[81]. La forme écrite de la Constitution pose de manière définitive les principes directeurs d'une Nation tout en limitant, une fois pour toutes, l'absolutisme monarchique dans le souci de faire émerger un État de

---

76 DJOLI ESENG'EKELI, J., *Droit constitutionnel. Tome 1. Principes structuraux.* Kinshasa, EUA, 2010, p. 176.

77 BORRELLA, F., *Eléments du droit constitutionnel,* Paris, Science politique, 2008, cité par DJOLI ESENG'EKELI, J., *Op. cit.,* p. 177.

78 MPONGO BOKAKO BAUTOLINGA, E., *Institutions politiques et droit constitutionnel, Op. Cit.,* p.76.

79 MBATA BETUKUMESU MANGU, A., *Constitution sans constitutionnalisme, 'démocratie autoritaire' et responsabilité sociale des intellectuelles en Afrique centrale : quelle voie vers la renaissance africaine ?,* cité par KAMUKUNY MUKINAY, A., *Contribution à l'étude de lu fraude, Op.Cit.*, p. 37.

80 VUNDUAWE te PEMAKO, F., *Op. Cit.,* p.183.

81 ESAMBO KANGASHE, J-L., *La Constitution congolais du 18 février 2006 à l'épreuve du constitutionnalisme. Contraintes pratiques et perspectives* Louvain-la-Neuve, Bruylant-Academia, 2010, p.3.

droit. Ainsi, la charte fondamentale fixe les règles de jeu imposables erga omnes à tous les membres de la communauté.

La Constitution au sens formel, est la Loi fondamentale d'un État, qui est au sommet de la pyramide normative de l'ordre juridique. Elle peut être aussi appelée la Loi des lois pour justifier la fondamentalité de sa valeur pour un peuple dans une Nation. Le mot même « Constitution » désigne l'ensemble des institutions de la Nation[82].

Elle se qualifie de souple ou rigide[83] selon qu'elle peut être ou non révisée facilement. Ainsi, il apparaît que la Constitution organise le pouvoir étatique et détermine le statut des gouvernants et des gouvernés. Il s'agit d'une expression textuelle de la souveraineté d'un peuple et, par conséquent, un pacte national[84]. Elle est la source de légitimité et de légalité de tous les gouvernants, mais aussi la source et le socle structurant des institutions étatiques. La présomption de légitimité s'avère irréfragable pour toute autorité investie conformément à la Constitution qui devient ainsi non seulement le reflet des objectifs politiques et idéologiques, mais encore à la base du regroupement d'un peuple et l'assemblage de ses valeurs communes. C'est un nœud de la communauté et l'idole d'une société qui renferme la croyance[85] de tous les membres de la communauté. Elle est la garantie de la protection des droits et libertés individuelles que les pouvoirs publics sont obligés de respecter.

Sur base de sa valeur suprême, la Constitution connaît une suprématie qui fait d'elle la première norme dans l'ordonnancement juridique interne de l'État. La suprématie de la Constitution est encadrée par le principe de constitutionnalité, qui se rattache à la justice constitutionnelle.

A travers une sanction sans laquelle la Constitution ne serait qu'un programme politique, ou à la rigueur, un simple recueil, la justice constitutionnelle fait des normes constitutionnelles, des véritables protectrices des droits fondamentaux des citoyens.

En réalité, le principe de constitutionnalité consacre la suprématie des règles constitutionnelles à l'égard des actes infra-constitutionnels. Il impose le respect des dispositions constitutionnelles à toutes les autres normes juridiques infra-constitutionnelles. Il s'impose, en outre, sur l'autorité réglementaire dont les actes sont obligés de se conformer à l'esprit de la Constitution. Ainsi, la violation des textes constitutionnels par les autorités publiques doit se heurter à la sanction du juge constitutionnel.

---

[82] DUVERGER, M., *Les Constitutions de la France,* Paris, PUF, 2004, p. 5.
[83] *Ibidem.*
[84] DUVERGER, M., *Les Constitutions de la France, Op. Cit.*, p. 32.
[85] DELPEREE, F., *La Constitution. De 1830 à nos jours,* Bruxelles, Racine, 2006, p.5.

Le contrôle de constitutionnalité vise la conformité de tous les actes législatifs et réglementaires à la loi fondamentale, autrement appelée est la Constitution. Ces actes législatifs et réglementaires, associés au principe de constitutionnalité, constituent des moyens d'encadrement de la suprématie constitutionnelle. Ce contrôle est confié à la Cour constitutionnelle, une juridiction spéciale considérée par les dirigeants au pouvoir comme une épée[86] de Damoclès sur leur tête.

En effet, la Cour constitutionnelle connait la constitutionnalité des traités et des accords internationaux, des lois, des actes ayant force de loi, des édits, des règlements intérieurs des chambres parlementaires, du Congrès et des institutions d'appui à la démocratie ainsi que des actes réglementaires des autorités administratives[87].

Le contrôle de constitutionnalité s'exerce soit par voie d'action, soit par celle d'exception. Le contrôle par voie d'action concerne les lois organiques, les règlements intérieurs des chambres parlementaires, du Congrès et ceux des institutions d'appui à la démocratie ainsi que les ordonnances prises après délibération en conseil des ministres par le Président de la République, en cas d'état d'urgence ou de siège.

S'agissant des lois auxquelles la Constitution confère le caractère de loi organique, elles ne peuvent être promulguées qu'après avoir été déclarées conforme à la Constitution par la Cour. De même, les règlements intérieurs des chambres du parlement, du Congrès et les règlements des institutions d'appui à la démocratie, sont transmis à la cour qui se prononce sur leur conformité à la Constitution avant d'être appliqués[88].

Le recours en inconstitutionnalité peut être intenté par le Chef de l'État, le premier ministre, le président de l'Assemblée nationale ou celui du Sénat, le dixième des députés nationaux ou des sénateurs ainsi que toute personne qui constate 1"inconstitutionnalité d'un acte juridique[89].

Le contrôle par voie d'exception constitue un cas préjudiciel, se déclinant en une exception d'inconstitutionnalité soulevée dans un procès en cours devant une juridiction. La Cour se prononce sur l'acte concerné et, au cas où celui-ci est déclaré inconstitutionnel, ne peut s'appliquer dans un procès en cours.

Somme toute, le contrôle de constitutionnalité et le principe de constitutionnalité garantissent la suprématie constitutionnelle : gage essentiel de l'État de droit.

---

[86] KAMUKUNY MUKINAY, A., *Contribution à l'étude de la fraude..., Op. Cit.*, p. 404.

[87] Article 43 de la loi organique portant organisation et fonctionnement de la Cour, JORDC, 54ème année, n° spécial du 13 janvier 2013.

[88] Article 139 de la Constitution du 18 février 2006, telle que révisée à ce jour.

[89] Articles 47 et 48 de la loi organique..., *Op. Cit.*

La Cour constitutionnelle dispose, en outre, d'un pouvoir de régulation de la vie politique[90] et des actions des dirigeants au pouvoir afin de promouvoir les principes du constitutionnalisme dont l'analyse s'impose.

Au demeurant, dans le cadre des États d'Afrique subsaharienne où la violation des dispositions constitutionnelles (y compris celles intangibles) semble s'ériger en principe, l'unique garantie réside dans la sensibilisation de la population qui doit être en mesure de faire pression sur les gouvernants mal intentionnés en cas des retouches déstabilisatrices de l'ordre constitutionnel établi par le constituant originaire.

La Constitution est certes une œuvre humaine qui est sûrement retouchable, mais il faut que ces retouches, mais à condition que ces retouches soient consolidantes. Le déverrouillage forcé de la Constitution par des modifications intempestives font reculer la démocratie pour instaurer une monarchisation du pouvoir avec un droit constitutionnel inconstitutionnel, et constitue un motif d'intervention de la cour constitutionnelle en vue d'assurer la protection de la Constitution.

Sur le plan formel, la Constitution peut être rigide ou souple.

a. Constitution rigide.

La rigidité de la Constitution tient à la procédure de sa révision. Une Constitution dont la révision est, plus ou moins, soumise à une procédure stricte, difficile à mettre en œuvre et différente de celle utilisée pour la modification des lois ordinaires, est qualifiée de rigide. C'est le cas de la plupart des Constitutions africaines dont fait partie celle de la RD Congo du 18 février 2006. Le constituant originaire impose des exigences comme la convocation d'un Congrès et la réunion d'une majorité qualifiée pour opérer la réforme constitutionnelle. Il sépare le pouvoir constituant originaire de celui dérivé[91]. C'est dire qu'une Constitution rigide se caractérise par l'existence des procédures spéciales dont le respect est impératif pour sa modification.

Il importe de souligner que la rigidité de la Constitution n'est pas à confondre avec l'immutabilité qui ne peut être atteinte du fait que la société est dynamique et que la vie politique est souvent mouvante[92]. L'immutabilité mise en cause ici est celle totale, car dans la mesure où le constituant originaire rend certaines dispositions constitutionnelles intangibles en les revêtant d'une clause d'éternité, il consacre en quelque sorte une intangibilité partielle pour les dispositions concernées.

---

[90] ESAMBO KANGASHE, J.-L., *Traité de droit constitutionnel congolais*, *Op. Cit*, pp. 130-143.
[91] BURDEAU, G., HAMON, F., et TROPER, M., *Droit constitutionnel*, Paris, LGDJ, 1991, p. 56.
[92] ESAMBO KANGASHE, J-L., *Le Droit constitutionnel, Op. Cit*, p. 141.

Ainsi, l'irrecevabilité est l'unique réponse réservée à toute révision constitutionnelle orientée vers des matières déclarées immuables. L'immutabilité constitutionnelle peut aussi être temporelle lorsqu'il est prévu que les dispositions qui la renferment ne peuvent être révisées qu'après l'écoulement d'un certain temps généralement long.

L'avantage de la rigidité d'une Constitution est de traduire sa suprématie sur le plan juridique. Elle place la Constitution au sommet de la pyramide normative de l'État et fait d'elle une Loi fondamentale différente d'autres qui en tirent d'elle leur validité après être passées par un contrôle de constitutionnalité.

Politiquement, la rigidité constitutionnelle renforce l'État de droit[93], dans ce sens qu'elle contribue à la protection des individus et des minorités, qui voient leurs droits protégés avec des garanties suffisantes contre toute violation de la part des pouvoirs publics.

b. La Constitution souple

La Constitution souple se confond avec la loi ordinaire, car sa révision n'exige aucune forme de procédure spéciale ou particulière. Elle se modifie selon la même procédure que les lois simples. La suprématie constitutionnelle, dans ce cas n'entraine aucune conséquence vis-à-vis des actes législatifs, tel que le contrôle de constitutionnalité[94].

Au sens organique ou descriptif, constitution n'est rien d'autre que le gouvernement d'un Etat et en ce sens les termes « constitution » et « gouvernement » sont interchangeables[95]. Sous cet angle, la Constitution apparait alors comme la façon dont l'Etat est effectivement gouverné. On peut, par extension, qualifier la constitution ainsi comprise de « système politique » ou encore de « constitution réelle »[96].

Au sens normatif, une constitution est la loi fondamentale et suprême que se donne un peuple libre[97]. Ainsi comprise, la constitution est un ensemble de règles, principalement (mais non exclusivement) juridiques, écrites ou non, qui prétendent poser un certain type d'organisation politique, énoncer des principes la structurant, créer ou reconnaitre des institutions, prescrire des obligations et des procédures[98].

Cette conception de la constitution comme norme est américaine, à la différence de celle qu'avaient développée leurs colons britanniques, qui était

---

[93] *Idem*, p. 142.

[94] ESAMBO KANGASHE, J-L., *Le Droit constitutionnel, Op.Cit*, p. 140.

[95] ZOLLER, E., *Droit constitutionnel*, 2ème éd., Paris, PUF, 1999, p. 11.

[96] LE DIVELLEC, A. et DE VILLIERS, M., *Dictionnaire du droit constitutionnel*, 11ème éd., Paris, Sirey, 2017, p. 74.

[97] ZOLLER, E., *Op.Cit.*, p. 31.

[98] LE DIVELLEC, A. et DE VILLIERS, M., *Op.Cit.*, p. 75.

politique ou institutionnelle. Ainsi, la conception amricaine de la constitution met l'accent sur la force juridique, car elle est non pas une organisation institutionnelle mais avant tout une norme, une règle de droit qui est fondamentale et suprême[99].

2° Constitutionnalisme

Dans cette étude, seul le constitutionnalisme a été suffisamment expliqué à travers la revue de la littérature. Cependant, une brève explication peut bien être donnée pour fixer les idées sur concept apparemment discuté dans la doctrine.

D'essence libérale, le concept de constitutionnalisme est un courant politique développé à l'époque révolutionnaire et qui évoquait l'apparition historique des constitutions dont l'objectif visait à limiter le pouvoir, principalement le pouvoir des monarques absolus. Ce constitutionnalisme était négatif, tant il ne visait que la limitation du pouvoir des gouvernants.

Mais au fil du temps, le constitutionnalisme a adopté un visage nouveau et s'est donc modernisé dans le sens positif, c'est-à-dire pas uniquement cantonné à la limitation du pouvoir, mais s'est étendu dans le sens de la promotion des droits et libertés fondamentaux des citoyens. Il devient ainsi positif dans ce sens qu'il plaide pour la promotion et la protection des droits et libertés par les pouvoirs publics, principalement par le pouvoir judiciaire.

De ce point de vue, le constitutionnalisme peut être aujourd'hui compris comme un courant politique qui, grâce au contrôle de la constitution par le juge, poursuit la limitation des pouvoirs des gouvernants, la protection des droits et libertés des citoyens et la promotion de l'État de droit[100].

Il sied de rappeler, comme ci-haut relevé que l'avènement de la Constitution fédérale des USA, en 1787, a donné naissance à un mouvement du constitutionnalisme qui s'est imposé à travers le monde. Ce mouvement qui, au départ, mettait plus l'accent sur la suprématie formelle de la Constitution, quel qu'en soit le contenu, a, avec l'évolution, fini par insister sur les valeurs démocratiques qu'une Constitution est censée contenir[101].

En effet, étant une Loi fondamentale pour un État, la Constitution mérite le respect des gouvernants et gouvernés. Après les régimes dictatoriaux et autoritaires qui avaient élu domicile en Afrique postcoloniale, les peuples africains, conscients de cette expérience malheureuse, ont constitutionnalisé, dans leurs Lois fondamentales, les valeurs démocratiques qui ne peuvent faire

---

[99] PUNGA KUMAKINGA, P., *Constitutions et constitutionnalisme en Afrique. Cas de la République Démocratique du Congo,* Mémoire de Licence, faculté de droit, Université de Kinshasa, 2005, p. 53.

[100] PUNGA KUMAKINGA, P., *Op. Cit.*, p. 20.

[101] MPONGO BOKAKO BAUTOLINGA, E., *Institutions politiques et droit constitutionnel, Op. Cit.,* p. 88.

l'objet d'une réforme, afin d'éviter le retour à la monarchie sur fond de rétropédalage[102].

Au nombre des valeurs démocratiques que les africains consignent dans leurs Constitutions, figure la limitation des mandats présidentiels pour marquer le divorce avec les présidences à vie connues au lendemain des indépendances, l'interdiction de renversement de l'ordre constitutionnel en place et de faire échec à toute personne qui prend le pouvoir par la force, afin d'empêcher non seulement les coups d'État, mais aussi la mauvaise pratique de se maintenir au pouvoir par la force ou en violation de la Constitution.

Le fondement du constitutionnalisme est la suprématie de la Constitution qui évoque l'idée de son respect inconditionné. Il fait du texte constitutionnel une bible politique[103]. De ce fait, la Constitution constitue la base du fonctionnement de l'État de droit. La violation de ses dispositions est comparable au fait de scier l'arbre sur lequel on est assis. Ceci a toujours obligé le constituant originaire de prévoir une révision constitutionnelle avec des limites.

Il s'impose, par ailleurs, l'obligation de construction d'une nouvelle éthique constitutionnelle afin de dépasser le stade du « constitutionnalisme formel » pour interposer les valeurs du « constitutionnalisme substantiel » consistant à limiter, à protéger et à encadrer le pouvoir politique dans un État de droit[104]. Dès lors, la sensibilisation des citoyens sur l'importance de la Constitution permet la protection citoyenne des textes constitutionnels qui doivent régir la société.

Ceci dit, peut-on envisager un constitutionnalisme qui ne serait pas enclin à promouvoir la démocratie ? En d'autres termes, le constitutionnalisme peut-il trouver un ancrage dans un environnement politique autoritaire ? Le constitutionnalisme moderne est nécessairement démocratique, parce que le constitutionnalisme ne saurait seulement être procédural, normatif, mais il devrait être substantiel et inclure les valeurs, dont les droits humains, la démocratie, les élections libres et transparentes, et la bonne gouvernance[105].

---

[102] MBATA BETUKUMESU MANGU, A., Multipartisme et élections : vers une consolidation de la démocratie en Afrique », *Revue Africaine de la démocratie et de la Gouvernance,* vol 2, n°3&4, 2015, p. 9.

[103] DJOLI ESENG'EKELI, J., *Droit constitutionnel, Tome 1, Principes* structuraux, Kinshasa, EUA, 2010, p. 170.

[104] DE SAINT MOULIN, L., « Instabilité constitutionnelle, un viol trompeur pour les vrais problèmes de la RD. Congo », *Congo-Afrique*, n°48S; octobre 2014, p. 700.

[105] MBATA B. MANGU, A., « Constitutionnalisme, Constitutions et limitation des pouvoirs et des mandats présidentiels en Afrique », in AÏVO, F.J. (dir), *La Constitution béninoise : un modèle pour l'Afrique ? Mélanges en l'honneur de Maurice Ahanhanzo-Glélé*, Paris, L'Harmattan, 2014, p. 739.

3° Révision constitutionnelle

Une Constitution est une œuvre humaine qui, à force de durer, peut être affectée par l'usure du temps. Voilà pourquoi le besoin d'adaptation s'est imposé au fil du temps. L'adaptation ou la retouche se fait par la procédure de révision.

Réviser la constitution, écrit Evariste Boshab[106], c'est remettre l'ouvrage original sur les métiers pour tendre vers sa perfectibilité, par des retouches, tout en gardant l'esprit des institutions mises en place. Il peut s'agir d'ajout puisque, en contact avec la réalité, on constate des lacunes à combler : c'est une œuvre humaine, des pans entiers peuvent avoir été oubliés au moment de l'élaboration ou alors, l'évolution de la société démontre qu'il y a des dimensions nouvelles qui méritent d'être intégrées dans le contrat social.

D'après Edouard Bédarrides[107], par « révision de la constitution », il faut entendre la modification du texte constitutionnel par les voies qu'il prévoit à cet effet et conformément à la constitution.

La révision de la Constitution est donc une opération normale, légitime. Seulement, la révision ne doit pas se faire trop fréquemment au risque d'abuser des reformes et s'inscrire dans la logique de révisionnisme constitutionnel[108], avec comme possibles conséquences le changement de régime constitutionnel ou des résultats imprévus au départ de l'initiative.

Le révisionnisme constitutionnel est donc une pathologie parce que son résultat ne contribue nullement à consolider la démocratie ou à préserver les acquis démocratiques.

Le substantif « révision » vient du verbe « réviser », qui veut dire revoir à nouveau, modifier une fois de plus en vue de corriger les erreurs ou les réexaminer[109]. Ce mot est souvent utilisé dans plusieurs domaines notamment la mécanique, la science ou la santé.

---

[106] BOSHAB, E., *Entre la révision de la Constitution et l'inanition de la nation, …Op. Cit.,* p. 26.

[107] BEDARRIDES, E., *Réviser la constitution. Une histoire constitutionnelle française*, Thèse de doctorat, Université de Bourgogne, 2014, p. 20.

[108] Le révisionnisme peut être compris comme une pratique abusive des révisions, comme un abus des réformes constitutionnelles. D'après Dimitri Georges Lavroff, le révisionnisme constitutionnel exprime une instrumentalisation de la Constitution par le pouvoir politique qui veut donner l'impression de la nouveauté qui est justifiée par ce qu'on appelle souvent la nécessaire "modernisation" ou la démocratisation de la Constitution. Lire LAVROFF, D.G, "De l'abus des réformes : réflexions sur le révisionnisme constitutionnel", *Revue française de droit constitutionnel*, n° hors-série, 2008, pp. 55-56.

[109] *Dictionnaire Larousse,* 2014, p. 127.

En mécanique, on parle de la révision d'un moteur du véhicule. Dans ce sens, la révision signifie retoucher partiellement certaines pièces du moteur qui posent un problème à la marche harmonieuse du véhicule.

Par ailleurs, du point de vue scientifique, réviser une matière, c'est la revisiter pour mieux la maîtriser et l'intérioriser. Ainsi, un étudiant qui révise son cours vérifie ses connaissances dans un enseignement afin d'être en même de faire face à toute vérification des connaissances lors d'un examen. Dans le domaine de la santé, réviser, c'est réexaminer le cas d'un patient pour savoir, avec précision, l'état de son avancement. Il s'agit d'évaluer la capacité du traitement déjà administré au malade.

Comme on peut le constater, la révision renferme un dénominateur commun quel que soit le domaine de son application. C'est l'amélioration de ce qui a déjà été fait et non son remplacement[110]. L'opération de révision se présente comme un procédé de modification partielle de ce qui est mise en place. La révision exclut, par conséquent, l'hypothèse d'une modification totale du texte.

Appliquée à la Constitution, la révision décline une opération qui permet au texte constitutionnel de réaliser ses deux missions apparemment contradictoires, à savoir : l'obligation de durer le plus longtemps possible et le devoir de demeurer continuellement nouvelle. On révise la Constitution pour asseoir sa stabilité. Ceci est le facteur indispensable de sa protection citoyenne[111]. Cette stabilité passe par la modification des certaines dispositions apparues désuètes ou amorties et qui présentent un décalage entre les réalités sociales et le texte de la Constitution. Cet ajustement s'inscrit dans la logique du renforcement de la capacité du texte constitutionnel à refléter les aspirations de son auteur qu'est le peuple[112]. Le dynamisme social est le fondement de la révision constitutionnelle, car les besoins d'un peuple ou d'une population, qui ont prévalu à l'élaboration de la Constitution, peuvent disparaître avec le temps. Conscient de cette évidence, le constituant originaire a souvent pris soin de prévoir un organe institué chargé de réviser la Constitution.

Ainsi, le pouvoir constituant dérivé[113] étant lui-même constitutionnel, son champ opératoire est bien déterminé par la Constitution. Il reçoit du constructeur de l'édifice constitutionnel le mandat qu'il est obligé de respecter à la lettre pour adapter l'œuvre originelle aux divers besoins de la population et aux réalités mouvantes de l'État, car le constituant originaire est conjoncturel, sa mission n'est pas permanente. C'est au constituant dérivé, qui constitue un pouvoir permanant,

---

[110] BOSHAB, E., *Entre la révision de la Constitution et l'inanition de la Nation,* Bruxelles, Larcier, 2013, p. 28.
[111] ESAMBO KANGASHE, J-L., *Le Droit constitutionnel..., Op.Cit.,* p. 98.
[112] LASCOMBE, M., *Le Droit constitutionnel de la Vème République,* Paris, 12ème éd., l'Harmattan, 2012, p.74.
[113] ESAMBO KANGASHE, J-L., *Le Droit constitutionnel..., Op.Cit.,* p. 99.

d'apporter des amendements nécessaires à la survie de la Constitution, afin d'éviter son dépassement[114].

En outre, la révision constitutionnelle ne peut s'entendre dans le sens du changement de la Constitution. Au niveau aussi bien sémantique que substantiel, les deux notions ne se confondent pas. La révision est une adaptation du texte constitutionnel existant et elle est constitutionnelle. Elle est prévue par la Constitution elle-même et demeure une opération juridique. Le changement de la Constitution est en revanche, la remise en cause du texte constitutionnel existant pour en élaborer un autre. Il s'agit d'une opération politique qui dépasse le champ juridique, lequel se base sur la souveraineté du peuple qui n'a qu'un seul titulaire et ne peut être entamée que par lui-même[115].

Le pouvoir constituant dérivé est un pouvoir construit, encadré et dont le terrain du mouvement est déterminé par le constituant originaire[116]. Même dans l'hypothèse où on croirait que le pouvoir de révision est constitué par sa forme et le constituant originaire par son objet[117], le constituant dérivé est, par nature, un pouvoir subordonné. Il est limité à certaines dispositions constitutionnelles qui lui interdisent expressément d'opérer à leur égard[118]. Cette limitation peut toucher au temps, aux circonstances ou même à la matière. En outre, la nature même du pouvoir de révision constitue une interdiction implicite d'opérer la révision totale sur l'ensemble des dispositions constitutionnelles. Autant dire ainsi que l'hypothèse d'une révision totale n'a pas de fondement juridique étant donné que le constituant dérivé ne peut pas la réaliser sans scier la branche de l'arbre sur laquelle il est assis[119].

Cette limitation touche à l'esprit de la Constitution[120] qui sacralise, de manière particulière, certaines matières constitutionnelles considérées comme plus fondamentales que d'autres. La justification d'un tel rempart est liée au double souci, notamment la préservation de l'essentiel de la Constitution, sa matrice ou son poumon respiratoire sans lequel, elle devient un document symbolique sans valeur juridique ; et surtout l'assurance, par des modifications nécessaires que permet le constituant d'une éternelle jeunesse à celle-ci [121].

---

[114] MPONGO BOKAKO BAUTOLINGA, E., *Institutions politiques et droit constitutionnel, Op. Cit.,* p. 98.

[115] MPONGO BOKAKO BAUTOLINGA, E., *Institutions politiques et droit constitutionnel, Op. cit.,* p. 98.

[116] www.amismondediplomatique.fr/art2477.htm, consulté le 1er juin 2016.

[117] KALUBA DIBWA, D., *La justice constitutionnelle en RDC. Fondement et modalité d'exercice,* Louvain-la-Neuve, Academia-l'Harmattan, 2010, p. 392.

[118] ESAMBO KANGASHE, J-L., *Le Droit constitutionnel..., Op. Cit.,* p. 100.

[119] *Idem,* p. 101.

[120] MPONGO BOKAKO BAUTOLINGA, E., *Institutions politiques et droit constitutionnel, Op. Cit.,* p. 101.

[121] DELPEREE, F., *La Constitution..., Op. cit,* p. 35.

La Constitution est aussi appelée à durer le plus longtemps possible et à s'adapter à la dynamique sociale mouvante qui nécessite des mises à jour régulières du texte fondateur de ladite société[122]. Il sied de préciser que le temps joue un rôle très important dans la modification constitutionnelle, puisqu'il permet à la Constitution de se familiariser avec son auteur, le peuple, qui va l'intérioriser pour être capable de déceler toutes les tentatives des violations de la part des pouvoirs institués.

La procédure de la révision constitutionnelle est un verrou et même plusieurs verrous[123] pour une Constitution rigide, ce qui n'est pas souvent le cas pour la Constitution souple. Elle comprend généralement trois phases, à savoir : l'initiative, sa prise en compte et l'adoption définitive du texte.

B. Concepts connexes

D'autres concepts qui méritent un éclairage du fait de leurs liens avec le constitutionnalisme sont en l'occurrence l'Etat constitutionnel, l'Etat de droit et la démocratie.

1° État constitutionnel

Circonscrire le concept d'État constitutionnel oblige forcément à rentrer aux origines de l'Etat tel qu'il fait son apparition au 16e siècle en tant que puissance unificatrice[124] et souveraine. À cette époque, la notion de souveraineté est attachée sans équivoque à l'État lui-même[125]. L'État est donc appelé souverain et l'on dit qu'il a la puissance souveraine[126].

La souveraineté monarchique, mieux l'État monarchique a fini, dans la foulée des révolutions du 18e siècle, par subir l'effet de la limitation prônée par le constitutionnalisme naissant. Ainsi, en confiant la souveraineté à la nation, la révolution française poursuivait comme but essentiel de limiter le pouvoir des gouvernants, leur enjoignant notamment de ne pas porter atteinte aux droits naturels et imprescriptibles de l'homme[127].

---

[122] NTUMBA LUABA LUMU, *Droit constitutionnel général,* Kinshasa, EUA, 2005, p. 159.

[123] VERDUSSEM, M., *La Constitution Belge. Lignes et interlignes,* Bruxelles, Nivelles, 2004, p.195.

[124] L'Etat monarchique est né de la volonté d'unifier l'autorité qui était affaiblie par le système féodal caractérisé par la dissolution de l'autorité publique au profit des seigneuries éparpillées. Cette unification devait renforcer sa puissance.

[125] SOULIER, G., *L'Europe. Histoire, civilisation, institutions,* Paris, Armand Colin, 1994, p.48.

[126] HOBBES, T., "Léviathan", in *La politique. Les plus grands textes de Xénophon à Machiavel et Rawls,* Paris, CNRS Editions, 2011, p. 301.

[127] REDOR, M.J., *De l'État légal à l'État de droit. ...Op. Cit*, p. 68.

En effet, la souveraineté qui était déjà confisquée au monarque devait cette fois l'être aux représentants réunis dans les parlements pour le compte de la nation, une réalité abstraite. Sous l'influence de Carré de Malberg qui milita pour l'identification de la nation au peuple[128], la souveraineté nationale fut transférée au peuple. Par conséquent, la souveraineté monarchique métamorphosée en souveraineté nationale devint enfin la souveraineté démocratique[129], celle exercée par le peuple.

Dans une démocratie[130], la souveraineté est forcément une souveraineté limitée par la Constitution, et l'État démocratique est nécessairement un État constitutionnel, c'est-à-dire un Etat qui ne reconnait aucune puissance suprême au sein de l'État[131].

Comme on le voit, l'État constitutionnel implique un État démocratique et vice-versa. A travers la consécration de l'Etat constitutionnel, s'éloigne l'idée d'un Etat omnipotent et se dessine celle d'un État circonscrit dans les limites juridiques, qui tire sa substance de l'intérêt qu'il a à défendre la cohérence de son ordre juridique[132].

L'Etat constitutionnel est cet État qui est limité dans son omnipotence (souveraineté) par la Constitution pour laisser place à la souveraineté du peuple (démocratie) qui est, elle aussi, limitée par la Constitution, tant elle s'exerce suivant ses formes et procédures.

Pour montrer le lien étroit existant entre la démocratie et l'Etat constitutionnel, Peter Haberle[133] dit de celui-ci qu'il se caractérise par la dignité humaine comme prémisse d'anthropologie culturelle, par la souveraineté populaire et la séparation des pouvoirs, par les droits fondamentaux et la tolérance, par le pluripartisme et l'indépendance de la justice, il est célébré à juste titre comme démocratie pluraliste ou société ouverte.

2° Etat de droit

---

128 GRIMM, D., « La souveraineté », in TROPER, M. et CHAGNOLLAUD, D.(dir), *Traité international de droit constitutionnel, tome I, Théorie de la Constitution*, Paris, Dalloz, 2012, pp. 547-605.

129 D'après BARANGER, D., *Le droit constitutionnel,* Paris, PUF, 2003, p.41, la définition la plus simple de la démocratie consiste à dire qu'elle est un régime de souveraineté du peuple.

130 La démocratie s'est souvent présentée comme un régime qui a mis fin à un Etat dont la souveraineté était absolue, car illimitée et une, à savoir l'Etat de la monarchie absolue. Voy., LEGROS, R. La question de la souveraineté, ...*Op. Cit*, p.24.

131 GRIMM, D., *La souveraineté, ... Op. Cit.,* p. 580.

132 QUESNEL, M, *La protection de l'identité constitutionnelle de la France,* Paris, Dalloz, 2015, p. 131.

133 HABERLE, P., *L'Etat constitutionnel,* Paris, Economica, 2004, p. 12.

À l'instar de la démocratie, l'État de droit est également une notion diversement et abondamment définie par la doctrine. Conceptualisée initialement par les allemands sous l'expression Rechtstaat (État de droit), cette notion a été appréhendée par le célèbre juriste autrichien Hans Kelsen comme étant l'ordre juridique au sommet duquel il plaçait la Constitution. L'ordre juridique est ainsi assimilé à l'Etat. Parvenue en France, la notion d'État de droit est discutée par les partisans d'autolimitation (Carré de Malberg) et ceux qui recherchent un droit antérieur et extérieur à l'Etat (Duguit et Hauriou).

Au-delà de ces divergences conceptuelles qui ont jalonné l'histoire du concept, il y a fondamentalement l'idée de limitation du pouvoir qui caractérise l'État de droit, par le triple jeu de la protection des libertés individuelles, de l'assujettissement à la Nation et de l'assignation d'un domaine restreint de compétences.[134]

Autrefois, la limitation du pouvoir garantie par le juge prenait appui sur la loi en tant qu'expression de la volonté générale, alors que de nos jours la limitation du pouvoir, se fonde sur la Constitution dont on apprécie le respect par les pouvoirs publics, parce que expression de la volonté du peuple.

L'article 16 de la déclaration Française de droits de l'Homme et du citoyen déclare que « toute société dans laquelle la garantie des droits n'est pas assurée ni la séparation des pouvoirs déterminer n'a pas de Constitution »[135]. De nos jours, les pouvoirs de l'Etat sont considérés comme les piliers de l'État de droit. Leur séparation est d'une telle importance qu'elle fait l'objet d'une insistance dans plusieurs écrits pour une coexistence dans une société étatique et pour la protection des droits humains universellement recommandée.

La séparation des pouvoirs est fondée sur le fait que le pouvoir corrompt. C'est pourquoi, il est nécessaire que l'on sépare les différents pouvoirs pour assoir la liberté et la démocratie[136]. Montesquieu préconisait que l'homme est, généralement, conduit par les désirs égoïstes d'abuser du pouvoir qui lui est confié. Ainsi, les emboîtements d'un pouvoir doivent être contrecarrés par un autre[137]. Le veto réciproque que recommande Montesquieu entre les trois pouvoirs régaliens de l'État, à savoir l'exécutif, le législatif et le juridictionnel est un mécanisme très important de la protection de la démocratie.

En vue de prévenir tout abus de pouvoir, l'auteur recommande que le pouvoir arrête le pouvoir pour que l'ordre et la tranquillité règne dans la société. L'absence

---

[134] CHEVALIER, J., *L'Etat de droit,* 5e éd., Montchrestien, 2010, p. 54.

[135] *La Déclaration française de Droits de l'Homme et du citoyen* du 26 août 1789.

[136] MBATA BETUKUMESU MANGU, A., *Barack Obama et les défis du changement global,* Paris, l'Harmattan, 2012, p.69.

[137] *Idem*, p. 70.

de séparation des pouvoirs conduit à la tyrannie, au despotisme qui sont des points d'achèvement, les sommets de la dictature autoritaire.

La séparation des pouvoirs peut, en effet, être horizontale ou verticale. Mais l'accent particulier est mis ici sur la séparation horizontale qui conduit à la détermination du régime politique, dont les régimes parlementaire, présidentiel et semi-présidentielle ou mixte sont courants dans les États africains. Les droits humains relèvent désormais du droit international coutumier[138] universellement accepté et dont la violation énerve la conscience de l'humanité tout entière tout en exposant les États violateurs aux sanctions prévus dans le cadre onusien.

Il se dégage, de l'économie générale de l'article 16 de la DFDHC que la Constitution est une traduction textuelle de l'État de droit ou le « straatrech » en Allemand. Elle s'oppose à l'État policier ou l'État de fait. Son origine remonte de la fin du 19ème siècle, mais dont on rencontre des traces déjà chez les publicistes français du 18ème siècle qui fondent le « droit naturel » pour limiter le droit positif[139]. Il faut préciser que l'État de droit est l'un des composants du constitutionnalisme[140].

Le pouvoir de l'État qui revêt les prérogatives de la puissance publique, nécessite l'encadrement par les garde-fous juridiques. Ainsi, le but principal de l'État de droit est de circonscrire l'action gouvernementale en vue d'éviter les dérapages. L'État de droit, qui, jadis se fondait sur la conception formelle, est passé à une conception substantielle[141]. L'État de droit formel met uniquement l'accent sur la hiérarchie des normes juridiques quel que soit leur contenue. En revanche, l'État de droit substantiel est celui qui insiste sur le contenu que le contenant[142]. Par conséquent, une règle qui ne respecte ni les droits des citoyens ni la séparation des pouvoirs n'est pas conforme à l'État de droit.

La réalisation d'un État de droit véritable requiert la réunion de certains éléments constitutifs indispensables. Entre autres, l'existence des règles juridiques, la protection des droits fondamentaux des citoyens, la séparation des pouvoirs, le contrôle des gouvernés par les gouvernants, l'indépendance du pouvoir judiciaire et la subordination de l'autorité militaire par l'autorité civile[143]. Lorsque les textes règlementaires, en l'occurrence la Constitution, consacrent la protection des droits fondamentaux, la séparation des pouvoirs, avec le

---

138 MAMPUYA KANUNK'a-THIABO, A., *Traité de Droit international public,* Kinshasa, Médiaspaul, 2016, p. 491.

139 NTUMBA LUABA LUMU, *Op. Cit.,* p.57.

140 MBATA BETUKUMESU MANGU, A., *Abolition de la peine de mort et constitutionnalisme en Afrique,* Paris, l'Harmattan, 2010, p. 30.

141 NTUMBA LUABA LUMU, *Op.Cit.,* p. 154.

142 LEBRETON (G), *Libertés publiques et droits de l'Homme,* 6ème éd., Paris, Dalloz, 2003, p. 19.

143 MBOKO DJ'ANDIMA, J-M., *l'État de droit constitutionnel en RDC,* mémoire DES. Université de Kinshasa, Faculté de droit, 2005, p. 123.

renforcement de l'appareil judiciaire[144], la démocratie et de l'État de droit ne peuvent souffrir pour se consolider dans une société.

C'est dire que les règles juridiques sont indispensables pour parler de l'État de droit. Elles sont constituées aussi bien des lois, dont la plus fondamentale est la Constitution, que des règlements pris en application des actes législatifs[145]. Dans un État de droit, c'est le principe de la constitutionnalité et celui de la légalité qui guident l'action gouvernementale, car en définitive c'est le droit qui gouverne. Les citoyens comme les autorités sont tous orientés par les normes juridiques[146].

Relevons, par ailleurs, la dimension idéologique de la notion de l'État de droit, qui fait de celui-ci une composante entière de la démocratie. Ainsi, la démocratie devient l'expression politique de l'État de droit et l'expression juridique de la démocratie devient l'État de droit consacré par les règles juridiques. Un État de droit est nécessairement démocratique, et un État démocratique est toujours de droit[147].

La légitimité d'un État de droit est dans sa capacité de respecter la souveraineté. Ceci veut dire que l'État de droit a un contenu[148] qui se résume dans le respect des droits fondamentaux, de la séparation des pouvoirs et de la démocratie, c'est le contraire de la conception ancienne qui se limitait à considérer l'État de droit formellement sans considération du fond. Pris sous cette ancienne conception, l'État de droit apparaissait comme une tautologie, car il désignait un mode d'organisation du pouvoir[149] qui était généralement confisqué entre les mains d'un seul organe ou une seule institution.

Un État ne se réduit donc pas à un simple phénomène d'agencements du pouvoir. Il est plutôt analysé comme une institution, c'est-à-dire un phénomène organisé selon des règles générales et objectives qui forment la matière d'un statut. Il s'agit d'un dépassement de l'État de police qui se réduit à la puissance publique dans laquelle l'administration est au service d'un seul pouvoir, le

---

144 OMEONGA TONGOMO, B., *Le contrôle juridictionnel de l'administration en droit congolais,* Thèse de doctorat, Université de Kinshasa, Faculté de droit, Kinshasa, 2012, p.39.

145 LEBRETON, G., *Op. Cit., p.24.*

146 DUPUIS, J., *Droit administratif,* 6ème éd, Paris, l'Harmattan, 1999, p.76.

147 DELMONS (M) et Alii, *Libertés et droits fondamentaux,* Paris, édition du seuil, 1996, p.237.

148 AUER et Alii, *Droit constitutionnel Suisse. Les droits fondamentaux,* Berne, Stampfli, 2000, p.470.

149 De VILLER M. et Le DIVELLE, C.A., *Dictionnaire du droit constitutionnel. Notions essentielles. Institution jurisprudence et doctrine,* Campus LMD, Sirey, 1984, p. 152.

pouvoir exécutif ; que l'État de droit vise la subordination de l'administration aux normes supérieures en vigueur[150] limitant ainsi le pouvoir par un autre pouvoir.

L'idée de la limitation de pouvoir prend également en compte la procédure d'établissement des actes. Chaque organe de l'État doit exercer sa compétence selon la procédure prévue par l'ordonnancement juridique. Chaque acte d'un pouvoir est contrôlé par les actes supérieurs. Ceux-ci tirent leur validité de ceux-là.

Ainsi on prévoit les procédures de la constitutionnalité et de légalité qui sont des unités de mesure pour chaque acte pris par une institution étatique. Le citoyen dispose, dans un État qui se veut de droit, de tous les moyens pour s'adresser à un juge indépendant afin de faire valoir ses prétentions, y compris à l'État lui-même. Car l'État de droit n'est pas seulement un ensemble des procédures, mais aussi un choix politique du refus de l'arbitraire[151]. Il vise la subordination de l'action de l'État aux normes supérieures. Ce qui veut dire que l'État se soumet aux normes fondamentales qu'il a lui-même édictées. De tout ce qui précède, il s'avère nécessaire d'établir les rapports qui existent entre la Constitution, la révision constitutionnelle et l'Etat de droit.

De ce qui précède, on retiendra que l'État de droit peut être appréhendé comme un système ou un régime dans lequel l'État est soumis au droit, la personne humaine bénéficiant de garanties ou sûretés qui la protègent contre l'omnipotence de la puissance publique[152].

Quelle que soit la diversité de définitions de l'État de droit, les trois idées-forces suivantes ne devraient pas être oubliées dans toute tentative de définition amorcée :

- l'idée de limitation du pouvoir qui signifie que chaque organe du pouvoir exerce une compétence et doit l'exercer en respectant les procédures prévues ;

- l'idée que les actes du pouvoir sont hiérarchisés, ce qui permet de contrôler chaque acte en le rapportant aux actes qui lui sont supérieurs dans la hiérarchie ;

- l'idée que chacun doit pouvoir s'adresser à un juge, et à un juge indépendant, pour faire valoir ses prétentions, y compris contre l'État lui-même, c'est le droit au recours[153].

---

[150] De VILLER M. et Le DIVELLE, C.A., *Dictionnaire du droit constitutionnel. Notions essentielles. Institution jurisprudence et doctrine, Op. Cit*, p. 153.
[151] *Ibidem*.
[152]BALDE, S., *La Convergence des modèles constitutionnels*, … *Op. Cit.*, p. 16.
[153] De VILLIERS, M. et LE DIVELLEC, A., *Dictionnaire du droit constitutionnel*, 9e éd., Paris, Sirey, 2013, p. 153.

De nos jours, l'État de droit tend à se confondre avec la démocratie au point qu'on ne peut s'imaginer l'existence de l'un sans l'autre dans un Etat. À partir du moment où, pour imposer l'État de droit le juge est parvenu à contrôler aussi le pouvoir législatif ou mieux son œuvre, le contrôle juridictionnel a créé une tension avec le principe démocratique, qui a débouché sur ce qu'on a qualifié de « difficulté contre-majoritaire », l'État de droit est devenu « démocratique »[154].

Dans la conception des Nations Unies, l'État de droit n'est pas l'État de n'importe quel droit mais l'État des droits de l'homme. De ce point de vue, l'État de droit est devenu un élément constitutif d'une « démocratie élargie », qui est aussi une démocratie de substance, fondée sur des droits, et une « démocratie de procédure », impliquant le respect de certaines règles par les autorités publiques[155].

3° Démocratie

La démocratie est complexe à définir, tant elle est conçue de diverses manières. Cependant, la définition la mieux connue et la plus simple est celle attribuée à Abraham Lincoln qui, dans son discours prononcé à Gettysburg le 19 novembre 1863, avait dit qu'elle était un gouvernement du peuple, par le peuple et pour le peuple.

Cette démocratie qui est le pouvoir du peuple est essentiellement politique, parce qu'il s'agit d'un mode de gouvernement singulier qui se caractérise par un ensemble d'agencements et procédures constitutionnels mais aussi un climat de libre discussion politique qui influence l'exercice du pouvoir[156].

La démocratie politique, à en croire Andreas Auer et ses compagnons[157], ce sont tout d'abord des institutions qui confèrent au peuple, considéré dans son acception juridique, la qualité d'organe de l'État. En d'autres termes, on parle d'une démocratie politique lorsque l'ordre constitutionnel reconnait et institue le peuple - à savoir le corps électoral – comme un organe de l'État et lui permet, par l'attribution de certaines compétences, d'avoir un rôle, plus ou moins important, à jouer au sein de l'Etat[158].

Même si la démocratie en tant que agencements et procédures institutionnels de gouvernement relève de la politique, le fait que le peuple se voit attribuer un

---

[154] TUORI, K., « L'État de droit », in TROPER, M. et CHAGNOLLAUD, D.(dir), *Traité international de droit constitutionnel, tome I, Théorie de la Constitution*, Paris, Dalloz, 2012, p. 659.

[155] SICILIANOS, L.A., *L'ONU et la démocratisation de l'État. Systèmes régionaux et ordre juridique universel*, Paris, Pedone, 2000, p.254.

[156]BRAUD, Ph., *La démocratie politique*, Paris, Seuil, 1997, p.13.

[157] AUER, A., MALINVERNI, G., et HOTTELIER, M., *Droit constitutionnel suisse,* Volume I, *L'État*, Berne, Staempfli Editions, 2000, p. 185.

[158] *Idem*, p. 184.

rôle politique particulier, notamment dans l'acte électoral et référendaire, renforce le caractère éminemment politique de ce système de gouvernement.

Le lien entre l'État de droit et la démocratie est aujourd'hui très prononcé au point que l'État de droit est forcément démocratique. L'école de Habermas parle à cet égard d'un lien « circulaire » entre démocratie et État de droit, qui ne serait pourtant pas tautologique[159].

L'expression la plus nette de ladite démocratie demeure l'élection qui préside au choix des dirigeants politiques et des animateurs des institutions politiques. Aujourd'hui, aussi bien ailleurs qu'en République Démocratique du Congo, la pratique de la démocratie a dépassé les sphères politiques. La démocratie se pratique dans les différents autres secteurs de la vie, notamment dans le domaine privé. Toutefois, le domaine politique demeure l'emblème auquel les autres sont venus se greffer en vue d'une complémentarité.

4° Election

Du point de vue étymologique, le mot élection vient du latin classique electio, qui signifie « choix », de electum, supin de eligere[160]. Au sens littéral, l'élection, qui signifie choix. Aussi, du point de vue étymologique, il existe des mots voisins à l'élection comme le mot élite qui résulte de la substantivation du féminin de eslit (du XIIIème siècle), ancien participe passé d'élire et qui désigne ce qu'il y a de meilleur. Élire serait donc l'acte de faire un choix, non seulement au sens d'une désignation, mais aussi à celui de décision, au sens de savoir faire un choix[161].

---

159 HEUSCHLING, L., *Etat de droit, Rechtsstaat, Rule of Law*, Paris, Dalloz, 2002, p. 593.

160 *Dictionnaire historique de la langue française* (dir. A. Rey), le Robert, tome 1, 1998, p. 1201. La notice se poursuit : « D'abord introduit avec le sens du mot latin, usuel jusqu'au XVIIème siècle et aujourd'hui sorti d'usage, élection se dit (1155, electum) du choix, de la désignation d'une personne pour une fonction, par voies de suffrages ». On lui décèle également des origines étymologiques grecques : « l'origine grecque de ce terme, écrit le linguiste M. Tournier, est la même que celle des mots venus de logos (la parole) ou de lexis (le mot) : il s'agit du verbe lege in, qui signifie aussi bien « dire » et « choisir » que « raisonner » et « monter ». La parole n'est-elle pas d'abord une élection ? Et ce choix ne repose-t-il pas sur un raisonnement, d'où résulte la nomination ? À la source : ce qui a été réuni, choses, être mot. À l'aboutissement, ce qui a été désigné, V : « Election », *Dictionnaire de Vote* (dir., Perrineau et D. Reynié), PUF, 2001, p. 348 [348-352].

161 C'est pour cette raison que le philosophe Guitton, intitulera un chapitre de son ouvrage, *Nouvel art de penser*, Aubier, 1946, « De l'élection » (p. 46 et S). L'auteur trouvait la première des règles du travail intellectuel : « la première des règles de l'art de penser parait consister dans ce simple mot : *Elige*, c'est-à-dire : « *choisir* ». L'élection renvoie aussi à quantité d'autres choix : élection de domicile, lieu, patrie d'élection...

Il faut noter ainsi que la notion d'élection, peut revêtir trois sens qui sont : fonction, finalité et objet. Généralement, ces sens sont perçus vaguement et ne sont ni distingués, ni même tout simplement identifiés.

C'est la définition de l'élection qui peut déterminer si celle-ci est une action ou trois concomitamment. Certes, en droit constitutionnel, il existe une définition juridique. Mais, il faut avouer qu'elle est banale. Elle ne rend pas compte du caractère de justification pourtant fréquemment avancé : « L'élection est un mode de dévolution du pouvoir reposant sur un choix opéré par l'intermédiaire d'un vote »[162].

La définition ci-haut donnée de l'élection est énormément neutre et d'une grande banalité. Elle est particulièrement l'antithèse d'autres évoquées sous d'autres cieux à l'époque notamment, en France sous la Vème République ou s'agissant de la désignation du président de la République depuis 1962 : « …l'élection au suffrage universel devait donner à ses successeurs une onction démocratique au moins égale sinon supérieure à celle des députés »[163]. Autrement dit, avec la Constitution du 4 octobre 1958, le président de la République française n'était pas élu au suffrage universel direct, mais plutôt par un collège électoral qui était composé des députes et des sénateurs, des conseillers généraux, des membres des assemblées des territoires d'outre-mer, et des représentants élus des conseils municipaux.

C'est la révision constitutionnelle du 6 novembre 1962 qui a institué l'élection du Président de la République au suffrage universel direct. La première élection présidentielle au suffrage universel direct a eu lieu en 1965 et était celle du général De Gaule pour un mandat de cinq ans.

Il faut noter qu'il ne s'agit pas ici d'un « choix opéré par l'intermédiaire d'un vote », mais d'une onction démocratique au moins égale sinon supérieure à celle des députés[164].

À propos de ces deux définitions, il faut remarquer ceci qu'elles proviennent du même ouvrage, elles ne sont pas élaborées par un même auteur et sont établies dans un contexte différent tendant à donner d'une part, la définition d'un mot et d'autre part, de rendre compte de l'évolution constitutionnelle d'un régime. On comprend que l'expression utilisée au sujet du chef de l'État est explicative plus que définitionnelle.

---

162 BIDEGARAY, C., « Election », *Dictionnaire constitutionnel*, Paris, PUF, 1987, p.372.
163 VEDEL, G., « Cinquième République », *Dictionnaire constitutionnel*, *Op. Cit.*, p.133.
164 *Ibidem*.

2 Revue de la littérature

Il importe de préciser que le constitutionnalisme est, avec la démocratie, l'un des concepts les plus discutés et les plus controversés en science politique et en droit constitutionnel[165]. Avec la démocratie, il fait l'objet d'une véritable vénération des constitutionnalistes, politologues et politiciens. Les définitions sont abondantes et même contradictoires.

L'on se trouve, ici, devant l'un des paradigmes les plus adulés, mais aussi les plus disputés. Qu'est-ce finalement le constitutionnalisme, se demandait Henkin[166] ?

Dans une thèse doctorale se rapportant à la marche de l'Afrique postcoloniale vers la démocratie et le constitutionnalisme, Shivji avait tenté de regrouper les différentes conceptions du constitutionnalisme en deux groupes, d'une part, les conceptions traditionnelles et, de l'autre part, les conceptions modernes. Les conceptions traditionnelles sont libérales, procédurales et formalistes. D'après Ihonvbere et Shivji, le constitutionnalisme repose, dans sa conception générale, sur trois principaux piliers[167].

Le premier pilier du constitutionnalisme est la limitation du gouvernement. Le constitutionnalisme présuppose, donc, la limitation du gouvernement ou du pouvoir. D'après Andrews, si l'on devait tenter de décrire ce concept complexe du constitutionnalisme en deux mots, on le résumerait par « gouvernement limité ». Pour Mojekwu, le constitutionnalisme est un mécanisme conçu par l'homme pour limiter l'arbitraire des gouvernements. Aucun gouvernement ne devrait avoir des pouvoirs illimités au point de faire n'importe quoi et de verser dans l'arbitraire.

Selon Zoethout et Boon, l'un des problèmes majeurs auxquels les hommes vivant en société ont toujours été confrontés est celui de la limitation du pouvoir pour éviter qu'un gouvernement ne devienne autoritaire.

Charles de Segondat, Baron de la Brède et de Montesquieu, bien connu sous le nom de Montesquieu, avait pensé résoudre ce problème en élaborant la théorie de la séparation des pouvoirs dans son livre l'Esprit des Lois publié en 1748 et

165 SCHOCHET, G.J., *Introduction : Constitutionalism, Liberalism and the Study of Politics*, in PENNOCK, J.R. & CHAPMAN, J.W., *Constitutionalism, New York,* New York University Press, 1979, p. 16; IHONVBERE, J.O MAMDANI, M., *Social Movements and Constitutionalism in the Africa Context*, in SHIVJI, I.G., (ed), *State and Constitutionalism: An African Debate on Democracy*, Harare: SAPES, 1ère édition, 1991, p. 239 cités par MBATA BETUKUMESU MANGU, A., *Abolition de la peine de mort et constitutionnalisme en Afrique*, Paris, l'Harmattan, 2011, pp. 30-34.

166 MBATA BETUKUMESU MANGU, A., *Abolition de la peine de mort et constitutionnalisme en Afrique*, Paris, l'Harmattan, 2011, pp. 30-34.

167 *Ibidem*

dans lequel il préconisait que « le pouvoir arrête le pouvoir » pour éviter toute forme de dictature. C'est cette possibilité de limiter l'arbitraire du pouvoir que traduit le concept de constitutionnalisme.

Les définitions traditionnelles du constitutionnalisme reposent toutes sur la notion de limitation légale du pouvoir. Le constitutionnalisme ainsi défini est considéré comme négatif et tend à limiter le pouvoir du Léviathan. C'est la logique de ce qu'Ivison appelait « le constitutionnalisme hobbesien ».

Le second pilier du constitutionnalisme classique est la protection des droits individuels contre l'arbitraire du pouvoir. Il ne saurait y avoir constitutionnalisme sans protection des droits individuels. Le constitutionnalisme négatif est procédural, il se fonde sur les règles et des procédures de limitation de pouvoir. Le pouvoir est limité et des procédures prescrites. Le constitutionnalisme favorise l'établissement d'un « État minimal », un État qui laisse plus de place à la liberté et aux activités individuelles.

Positives, les conceptions modernes du constitutionnalisme sont fondées sur la substance – et non pas seulement sur la forme. Le concept ne concerne pas seulement la limitation du pouvoir, ni le respect des droits individuels, il se préoccupe, également, de la promotion et de la protection des droits collectifs ainsi que de la promotion des valeurs humaines.

Selon Charpentier, le constitutionnalisme est d'abord fondé sur le respect et la promotion des valeurs humaines. C'est ce qu'Ivison appelait, également, le constitutionnalisme des droits, par opposition au constitutionnalisme hobbesien. Si ce dernier est négatif, c'est-à-dire, pose des limitations à l'action de l'État, et tend à protéger les droits civils et politiques considérés comme les droits de la première génération dans la théorie générale des droits humains, le premier est, par contre, positif. Il impose à l'État l'obligation d'agir pour protéger les droits humains qui ne sont pas seulement ceux individuels ou ceux de la première génération, mais aussi les droits socio-économiques ou droits de la seconde génération et les droits collectifs, les droits des peuples ou ceux de la troisième génération. L'État ne peut pas s'abstenir, il doit agir et prendre des mesures concrètes pour permettre aux individus et au peuple de jouir de ces droits et de les exercer.

Selon Gérard Conac, l'État de droit n'est pas un État minimum insensible aux souffrances et aux injustices, impassible face aux crises économiques et sociales. L'État a le devoir d'intervenir s'il apparaît que les mécanismes de l'économie et les solidarités de la vie sociale ne garantissent pas à tous le minimum sans lequel les hommes deviennent des exclus ou des dégradés, dans l'incapacité d'exercer de fait les droits les plus élémentaires liés à la dignité de la personne humaine.

Ivison considère le constitutionnalisme négatif comme une incomplète formulation du constitutionnalisme. D'après lui, les constitutions qui sont inhérentes à la définition du constitutionnalisme, visent la limitation des abus de pouvoir, mais elles concernent aussi des choses plus positives. Selon Zoethout et Boon, à cause de sa nature principalement procédurale, le constitutionnalisme traditionnel est incapable de répondre adéquatement aux problèmes actuels d'une société recherchant le bien-être de sa population dès lors qu'il ne vise que la protection des droits et des libertés individuelles. Le constitutionnalisme devrait transcender ce négativisme.

Il devrait tendre, non seulement, à protéger les droits et libertés individuels, mais aussi, les droits socio-économiques et les droits collectifs, autrement dit les droits de la seconde et de la troisième génération.

Le troisième pilier du constitutionnalisme est constitué de l'État de droit qui présuppose l'existence des lois dont le respect est assuré par un pouvoir judiciaire impartial et indépendant. L'une de ces lois revêt la plus grande importance parce qu'elle est la loi suprême, les autres tiennent d'elle leur validité. C'est la Constitution qui est cette loi suprême, la loi des lois.

Il est important de dénoncer une certaine confusion qui s'est installée dans la littérature. Le constitutionnalisme ne peut être réduit au simple fait pour un État de disposer d'une Constitution. Comme l'avait bien noté Okoth-Ogendo dans son étude sur le phénomène des « constitutions sans constitutionnalisme » qu'il considérait comme un paradoxe, un pays peut bien et bien avoir une Constitution sans pour autant se conformer au principe du constitutionnalisme, comme c'est le cas de plusieurs pays africains.

Suivant Rosenfeld, le constitutionnalisme moderne requiert la limitation des pouvoirs du gouvernement, le respect de la règle de droit, et la protection des droits humains. La protection du droit à la vie par l'abolition de la peine de mort, relève donc du constitutionnalisme[168].

Devenu un concept universellement applicable à toutes les sociétés humaines, le constitutionnalisme renferme, néanmoins, une certaine philosophie qui se veut libérale, l'idée fondamentale étant la limitation du pouvoir par les droits humains[169].

Abordant également le sujet, Mbata retient que le constitutionnalisme[170] repose sur les trois critères suivants : la limitation des pouvoirs, le critère de légitimité et la protection des droits humains.

Devenu un concept « sacré », le constitutionnalisme est usité dans la doctrine constitutionnelle comme un thermomètre pour mesurer les avancées

---

[168] MBATA BETUKUMESU MANGU, A., *Abolition de la peine de mort, Op Cit*, pp. 30-34.

[169] KAMUKUNY MUKINAY, A., *Droit constitutionnel congolais*, *Op Cit*, p. 396.

[170] MBATA BETUKUMESU MANGU, A., *Séminaire de droit constitutionnel approfondi*, 3ème cycle, UNIKIN, Faculté de Droit, 2015-2017, inédits.

démocratiques dans un État. Compte tenu de la variété des expériences et de la complexité des sociétés actuelles, la compréhension et l'utilisation devient un sujet à controverses qui apparaissent dans la doctrine et ne manquent pas de conséquences sur le plan pratique. Il convient, dès lors, de faire un état de lieux de différentes réflexions en focalisant l'attention sur la doctrine congolaise.

Dans son ouvrage intitulé « Espoirs et déceptions de la quête constitutionnelle congolais. Clés pour comprendre le processus constitutionnel du Congo-Kinshasa », Auguste Mampuya Kanunk'a Tshiabo définit le constitutionnalisme comme un courant de pensée réaliste dont l'objectif est triple : légitimer le pouvoir, rendre le pouvoir responsable de ses actes, politiquement et pénalement, et limiter le pouvoir[171]. Selon lui, le constitutionnalisme est une conception du pouvoir en tant qu'œuvre de liberté et de responsabilité. Il soutient que gouverner est synonyme d'exercer sa pensée et son action sur les pensées et les actions des autres hommes, pour autant que ceux-ci demeurent libres et responsables de leurs actes[172].

De cette définition du constitutionnalisme, on peut tirer un élément important qui est la limitation des pouvoirs, les deux autres éléments ne cadrant pas avec la conception substantialiste du constitutionnalisme. Car, il ne parait pas compréhensible que le constitutionnalisme ait pour finalité de légitimer le pouvoir. Par contre, il est admissible qu'en renversant la tournure stylistique que l'on rejoigne la pensée de l'auteur en indiquant qu'un pouvoir qui respecte le principe du constitutionnalisme est légitime. Mais, le rapport entre la légitimité du pouvoir et le constitutionnalisme peut être à un moment difficile à établir et à saisir.

La troisième recette paraît la suite de la deuxième. Là, également, la difficulté paraît plausible et suscite des interrogations suivantes : par quels mécanismes le constitutionalisme doit-il rendre les tenants du pouvoir responsables politiquement et pénalement de leurs actes ? L'auteur ne donne pas de détails sur la manière dont le constitutionnalisme peut légitimer le pouvoir et rendre ce pouvoir responsable de ses actes tant pénalement que politiquement.

Dans une communication faite au Symposium international de Bamako, Mwayila Tshiyembe perçoit le constitutionnalisme à partir de trois éléments suivants : la maîtrise de l'ingénierie constitutionnelle, le contrôle de la constitutionnalité des lois et la proclamation des droits humains[173]. Suivant

[171] MAMPUYA KANUNK'a TSHIABO, A., *Espoirs et déceptions de la quête constitutionnelle congolaise. Clés pour comprendre le processus constitutionnel du Congo-Kinshasa*, Kinshasa-Nancy, AMA-BNC, 2005, p. 4.
[172] *Ibidem*
[173] MWAYILA TSHIYEMBE, « Le constitutionnalisme et la démocratie en Afrique Centrale et dans les pays des Grands Lacs. Problèmes et perspectives »,

l'auteur, ces trois recettes sont la résultante d'une « forte demande des libertés fondamentales, des droits de l'homme et du citoyen, de légitimation du pouvoir par le libre consentement des citoyens, d'efficacité de l'action politique, … ».

L'auteur constate que les avancées réalisées dans la plupart des États de l'Afrique centrale et des Grands Lacs ne se sont limitées qu'à la production constitutionnelle et institutionnelle. Malgré ces avancées, tous ces pays ont sombré dans la vulnérabilité. Dans la pratique et selon lui, « le régime semi-présidentiel est devenu un présidentialisme dont l'absolutisme inefficace écrase le gouvernement, le parlement, la justice, les médias, les partis, l'opposition, etc. La lutte pour le pouvoir n'est pas démocratisée, d'où elle génère la violence politique récurrente, antinomique à l'existence d'une société de liberté et de progrès ».

Mwayila Tshiyembe trouve une justification à cette déroute du constitutionnalisme en Afrique centrale et des Grands Lacs. Selon lui, deux raisons peuvent expliquer ce qu'il appelle l'effondrement. D'une part, il constate le décalage de la règle constitutionnelle et sa pratique et, d'autre part, « le produit démocratique offert aux sociétés plurinationales n'est pas authentique ».

Il importe de signaler, de prime à bord, que la conception du constitutionnalisme de Mwayila Tshiyembe est teintée de la vision française ou francophone du concept. Cette vision assimile le constitutionnalisme à la production constitutionnelle, mais l'auteur se démarque de cette conception lorsqu'il met en évidence les déviations de la pratique qui aboutissent finalement à l'absolutisme de l'institution Président de la République qui écrase le Gouvernement, le Parlement et les Cours et Tribunaux. L'on tombe, dans ce cas, dans la concentration des pouvoirs contraire à la séparation des pouvoirs qui est une des exigences du constitutionnalisme.

Dans son ouvrage intitulé « le constitutionnalisme africain : entre la gestion des héritages et l'invention du futur. Contribution à l'émergence d'une théorie africaine de l'État», Jacques Djoli Eseng'Ekeli[174] recherche les fondements mythologiques de ce qu'il appelle « le constitutionnalisme africain ». Il fait de la métaphysique du concept du constitutionnalisme. Selon lui, chaque Constitution traduit la mythologie d'un peuple, elle est en somme une réponse au mystère des origines ; le mythe situe l'homme en l'intégrant dans le concret des éléments qui construisent le macrocosme de l'universel, en expliquant l'origine du monde, de la création de la société et de la naissance du pouvoir. Le mythe est donc le

Communication faite au symposium international de Bamako (Mali), in http://www.publiclaw.uct.ac.za, consulté le 15 août 2014.

[174] DJOLI ESENG'EKELI, J., *Le constitutionnalisme africain : entre la gestion des héritages et l'invention du futur. Contribution à l'émergence d'une théorie africaine de l'État*, Paris, Consciences et Savoirs, 2006, p. 17.

substrat de l'ordre juridique, c'est-à-dire le substratum sacré et inébranlable sur lequel s'édifie le système normatif de la société.

Pour lui, il y a absolument une connexion entre l'ordre mythique et l'ordre juridique, plus précisément avec le constitutionnalisme. Ainsi, l'ancêtre fondateur, argue-t-il, est aussi le créateur d'une catégorie particulière des normes juridiques qui ont la suprématie sur les autres règles de droit. L'auteur soutient que « la législation et le constitutionnalisme africain n'étaient soutenus par un mythe ». Selon Jacques Djoli, la vie politique et juridique s'opère dans une anomie régulatrice où prédominent « vide, brouillage et ambiguïté ou tout simplement déliquescence des États ».

Dans ce contexte, conclut-t-il, « le texte constitutionnel se présente ainsi comme une simple barrière de papier, un simple chiffon n'ayant aucun sens, car il ne traduit aucun mythe qui donne sens aux conduites de l'organisation sociale. On parle alors de constitutionnalisme de pacotille. L'auteur tire comme conséquence de ce constitutionnalisme de pacotille que « ... l'incapacité du centre politique à proposer un cadre et une forme de régulation sociale acceptée, intériorisée par tous comme référentiel commun. L'anomie régulatrice expose donc la société au développement de conflits dégénérés, insaisissables et apparemment irrationnels ».

En esquissant le fondement mythologique du constitutionnalisme, Jacques Djoli aborde implicitement l'un des tests du constitutionnalisme qui est la légitimité de la Constitution. Pour qu'une constitution soit légitime, elle doit refléter la conception que le peuple qu'elle est appelée à régir se fait de soi-même et de son environnement immédiat tout comme lointain. Puisé dans le prisme des cultures africaines, cette conception du monde que traduit la Constitution met en relation le monde des vivants et celui des morts. La Constitution devient sacrée et dont le respect s'impose à tous.

Sur le concept du constitutionnalisme, Jacques Djoli est beaucoup plus explicite dans son ouvrage intitulé « Droit constitutionnel, Tome 1 : Principes structuraux »[175]. En effet, l'auteur y soutient, avec John Locke et Montesquieu comme chef de file, que c'est un mouvement qui tendait à lutter contre l'absolutisme royal en définissant les règles relatives à l'organisation et au fonctionnement des pouvoirs publics et à l'aménagement des droits et libertés des citoyens. Selon lui, ce mouvement a connu son couronnement avec la révolution française de 1789 et l'article 16 de la Déclaration des droits de l'homme et du citoyen de 1789 qui stipulait : « Toute société dans laquelle la garantie des droits n'est pas assurée, ni la séparation des pouvoirs déterminée, n'a point de constitution ».

---

[175] DJOLI ESENG'EKELI, J., *Droit constitutionnel, Tome 1 : Principes structuraux*, Kinshasa, EUA, 2010, p. 233.

Jacques Djoli enseigne que le constitutionnalisme classique est né avec la rédaction des constitutions révolutionnaires, alors que le constitutionnalisme moderne apparait avec le contrôle de la constitutionnalité des lois.

De cette opinion, l'on révèle deux éléments du constitutionnalisme qui sont la protection des droits et libertés des citoyens ainsi que la séparation des pouvoirs publics. L'insertion de ces deux éléments dans la définition du constitutionnalisme suivant l'entendement soutenu dans cette étude peut rendre inopérant la distinction faite par Jacques Djoli entre le constitutionnalisme classique et le constitutionnalisme moderne.

Ambroise Kamukuny Mukinay[176] pense que l'idée fondamentale du constitutionnalisme est la limitation du pouvoir des gouvernants par les règles de droit afin d'éviter l'autoritarisme et de garantir la protection des droits humains. Il est d'avis avec André Mbata Betukumesu Mangu que le constitutionalisme présente trois facettes qui sont en interdépendance. Il s'agit de l'existence d'une Constitution limitant les pouvoirs des gouvernants, la séparation des pouvoirs et la protection des droits de la personne humaine.

L'auteur s'aligne dans la classification du constitutionnalisme. Pour lui, la conception traditionnelle du constitutionnalisme est libérale, procédurale et négative, celle qui réduit le concept à la limitation du pouvoir.

En ce qui nous concerne, nous sommes d'avis avec André Mbata qui soutient la conception moderne du constitutionnalisme reposant sur trois piliers qui sont entre autres la limitation légale du pouvoir, la protection des droits individuels contre l'arbitraire du pouvoir et la promotion de l'Etat de droit. La différence avec la conception classique réside dans le fait qu'elle insiste sur la protection des droits qui serait universelle ; elle inclut à la fois la protection des droits individuels et collectifs ainsi que la promotion des valeurs humaines.

Selon André Mbata[177], l'État de droit présuppose l'existence des lois dont le respect est assuré par un pouvoir judiciaire impartial et indépendant. L'une de ces lois revêt la plus grande importance parce qu'elle est la loi suprême : c'est la Constitution.

La révision constitutionnelle devenue une monnaie courante et suscite des débats dans plusieurs milieux des intellectuels et dépasse les frontières de la République Démocratique du Congo.

Evariste Boshab soutient qu'une révision constitutionnelle peut-être partielle ou totale et réviser une Constitution est aussi la respecter. Il affirme que le pouvoir constituant originaire et celui dérivé sont un même pouvoir, et ce que ce

---

[176] KAMUKUNY MUKINAY, A., *Contribution à l'étude de la fraude en droit constitutionnel congolais*, *Op. Cit*, p. 36.

[177] MBATA BETUKUMESU MANGU, A., *Abolition de la peine de mort et constitutionnalisme en Afrique*, *Op. Cit*, p. 32.

qui est construit par l'un peut être remis en cause par l'autre sans énerver aucun principe de droit constitutionnel et, par ailleurs, justifie les dispositions constitutionnelles déclarées intangibles, car selon ce dernier, de telles dispositions contenues, une clause d'éternité facteur de l'inanition de la Nation[178].

Une telle affirmation mérite d'être relativisée, car la révision elle-même est, par nature, une opération partielle et qu'en droit constitutionnel, le pouvoir constituant originaire est différent de celui institué dans la mesure où l'un est le créateur et l'autre la créature.

Pour André Mbata, tout en reconnaissant le rôle de la révision constitutionnelle, celle-ci peut s'opérer à l'égard des dispositions révisables déclarées comme telles pour le constituant originaire qui est général et le peuple souverain. Elle exclut du champ de la révision, toute modification des dispositions constitutionnelles déclarées intangibles explicitement ou implicitement d'après sa classification[179].

Donnant une réponse pénale au discours du désordre ou un désordre du discours constitutionnel, Pierre Akele Adau[180], voit dans les révisions constitutionnelles congolaises, des modifications opportunistes au service des intérêts politiciens. Pour l'auteur, l'idée selon laquelle « réviser une Constitution, c'est aussi la respecter », dans le contexte congolais de la récurrence des révisions qui banalisent la Constitution constitue une démission intellectuelle.

De son côté, Jacques Djoli démontre que les constitutions congolaises souffrent d'une crise identitaire, les réformes qui y sont apportées ne peuvent être que génératrices de l'autoritarisme des régimes qui opèrent[181].

Jean-Louis Esambo Kangashe, tout en affirmant l'intangibilité de certaines dispositions constitutionnelles déclarées comme telles par le constituant originaire ne s'empêche pas de soutenir une procédure de la double révision, source d'instabilité constitutionnelle. Une disposition constitutionnelle est soit révisable soit non révisable, donc intangible[182].

---

178 BOSHAB, E., *Entre la révision de la constitution et l'inanition de la Nation*, Bruxelles, Larcier, 2013, p. 39.

179 MBATA BETUKUMESU MANGU, A., *Mandats présidentiels et révisions constitutionnelles en Afrique : La République Démocratique du Congo dans la perspective de l'échéance 2016*, Kinshasa, IDGPA, 2013, p. 14.

180 AKELE ADAU, P., « Réponses pénales au discours du désordre ou au désordre du discours constitutionnel en République Démocratique du Congo : la Cour constitutionnelle à l'épreuve », *RADG,* vol. I., n°2 et 3, 2014, pp. 43-62.

181 DJOLI ESENG'EKELI, J., *Droit constitutionnel*, *Op. cit*, 2013, p. 132.

182 ESAMBO KANGASHE, J.-L., *Le droit constitutionnel*, Louvain-la-Neuve, Academia-L'Harmattan, 2013, p. 98.

Ambroise Kamukuny révèle une autre facette de la révision constitutionnelle en Afrique, en général, et en RD Congo, en particulier, lorsqu'il précise que les réformes constitutionnelles sont généralement du champ de la fraude à la Constitution. Dans ce sens, c'est le pouvoir constituant dérivé qui est utilisé souvent pour réaliser les objectifs autres que ceux pour lesquels ce pouvoir a été institué[183].

Se penchant sur la révision de la Constitution de 2011, Balingene Kahombo dévoile la face cachée de la révision constitutionnelle qui est le résultat de la présidentialisation du pouvoir, pour servir aux aspirations politiciennes des gouvernants[184].

Conclusion

Le pays, peut-on conclure cette revue avec Balingene[185], vacille entre l'affirmation constitutionnelle de l'État de droit et des détours fréquents, sinon des reculs permanents vers la confiscation et l'exercice dictatorial du pouvoir d'État. La vérité est que l'instabilité constitutionnelle tant décriée est liée à la personnalisation du pouvoir et surtout au renforcement du rôle du Chef de l'État, tout puissant et à l'abri de tout contrôle.

Cette revue de la littérature prouve à suffisance que le thème du constitutionnalisme en RDC, voire en Afrique éprouvé par le phénomène du révisionnisme constitutionnel est d'un intérêt scientifique et pratique indéniable qu'il convient, dès lors, de démontrer.

Le moment est venu d'aborder la première partie qui s'articule sur le constitutionnalisme : théories et pratiques. C'est l'objet des pages suivantes.

---

183 KAMUKUNY MUKINAY, A., *Droit constitutionnel congolais*, *Op. Cit*, p. 173.
184 BALINGENE KAHOMBO, Les fondements de la révision de la Constitution, *Op. Cit.*, p. 94.
185 *Ibidem.*

Première partie

Le constitutionnalisme : théories et pratiques

Cette partie a pour matrice le constitutionnalisme : théories et pratiques. En effet, la consécration du constitutionnalisme suppose l'existence d'une loi fondamentale régissant l'organisation et le fonctionnement d'un État.

Dans la première partie de mon étude, j'examine successivement la consécration constitutionnelle du constitutionnalisme (chapitre 1), la mise en œuvre du constitutionnalisme en RD Congo (chapitre 2), et la Constitution, la révision constitutionnalisme et l'État de droit (chapitre 3).

Chapitre premier
La consécration constitutionnelle du constitutionalisme

Ce chapitre a pour pierre de touche la consécration constitutionnelle du constitutionalisme.

Ainsi, comme je l'ai déjà souligné, le Constitutionnalisme suppose la limitation du pouvoir, la protection des droits individuels contre l'arbitraire du pouvoir[186] et l'État de droit. De l'avis des auteurs congolais cités dans la revue de la littérature, la Constitution du 18 février 2006, a consacré les exigences du Constitutionnalisme et de la démocratie, en instituant la séparation des pouvoirs (Section 1), l'État de droit, la protection des droits humains (Section 2) et la suprématie de la Constitution (Section 3).

Section 1. La séparation des pouvoirs

Dans son ouvrage intitulé « Esprit des lois », Montesquieu écrivait : « pour que l'on ne puisse pas abuser du pouvoir, il faut que, par la disposition des choses, le pouvoir arrête le pouvoir[187]. La théorie de la séparation des pouvoirs qu'il évoque veut que tout régime politique tienne compte, théoriquement, d'attribuer dans les textes organisant le fonctionnement des institutions publiques, les principaux pouvoirs étatiques, à savoir le pouvoir législatif, le pouvoir exécutif et le pouvoir judiciaire à des personnes ou des organes différents, pour être comme un régime constitutionnel[188].

L'on n'aurait pas la naïveté de croire que le principe de la séparation des pouvoirs serait effectif par le simple fait de son affirmation dans le texte constitutionnel car, la pratique reste décisive en cette matière. Néanmoins, lorsque le texte constitutionnel qui est la clef de voûte de l'édifice juridique d'un pays, n'en a pas au préalable tenu compte, les critiques deviennent davantage virulentes. Pour ce qui est de la Constitution du 18 février 2006, celle-ci organise

---

186 MBATA BETUKUMESU MANGU, A., *Abolition de la peine de mort et constitutionnalisme en Afrique,*
L'Harmattan, Etudes africaines, 201 1, p. 32.

187 MONTESQUIEU, *De l'esprit des lois. Les grands thèmes*, Paris, Gallimard, 1970, p. 168, cité par NTUMBA LUABA LUMU, *Droit constitutionnel général,* Kinshasa, EUA, 2007, p. 336.

188 KAMUKUNY MUKINAY, A., *Contribution à l'étude de la fraude en Droit constitutionnel,* Bibliothèque de droit africain, Ed. Academia-l'Harmattan, Bruxelles, 2007, pp. 75-76.

la séparation des pouvoirs de manière horizontale (§1) et verticale (§2) qu'il importe de passer en revue à ce niveau.

§1. La séparation horizontale des pouvoirs

La séparation horizontale des pouvoirs est celle qui se situe au niveau des institutions centrales dans leurs rapports respectifs. Elle consiste plus concrètement à distinguer les pouvoirs exécutif, législatif et judiciaire. La séparation horizontale des pouvoirs peut être étudiée dans les rapports au sein de l'exécutif, entre celui-ci et le législatif et autour de la notion de l'indépendance du pouvoir judiciaire.

Selon Jean-Louis Esambo, le gouvernement exerce essentiellement les attributions exécutives et législatives. On lui confère quelques fois, et dans les limites fixées par la Constitution, les attributions judiciaires[189].

A. La séparation et la limitation des pouvoirs entre l'exécutif et le législatif

Selon Montesquieu, le danger à éviter était que lorsque le pouvoir législatif et le pouvoir exécutif sont confiés à une institution, « il n'y a point de liberté ; parce qu'on peut craindre que le même monarque ou le même sénat ne fasse des lois tyranniques pour les exécuter tyranniquement »[190]. Le constituant du 18 février 2006 avait pris la précaution de séparer organiquement le pouvoir exécutif de celui législatif.

Le pouvoir exécutif est composé du Président de la République et du Gouvernement. Le Président de la République est le chef de l'État, il représente la nation et est le symbole de l'unité nationale. Il veille au respect de la Constitution. Il assure, par son arbitrage, le fonctionnement régulier des pouvoirs publics et des institutions ainsi que la continuité de l'État. Il est le garant de l'indépendance nationale, de l'intégrité du territoire, de la souveraineté nationale et du respect des traités et accords internationaux[191].

Les attributions exécutives du gouvernement tournent autour de la définition, la fixation et la conduite de la politique de la Nation, elles portent essentiellement sur la conception, la détermination et le suivi des décisions par chaque membre du gouvernement.

Selon le régime, le Chef de l'Etat et le Premier ministre exercent les fonctions exécutives souvent confondues aux fonctions gouvernementales. Lorsque les deux fonctions sont exercées par le Président de la République, l'activité

---

[189] ESAMBO KANGASHE, J.-L., *Traité de droit constitutionnel congolais*, *Op. Cit*, p. 200.
[190]MONTESQUIEU, *De l'esprit des lois, ... Op. Cit.*, p. 169.
[191] Article 69 de la Constitution du 18 février 2006, telle que révisée à ce jour.

gouvernementale correspond à celle exécutive et l'autorité de l'institution, qui l'assume, est ressentie au niveau de la politique intérieure et extérieure du pays.

On note qu'au cas où les deux activités relèvent des compétences concurrentes du Président de la République et du Premier ministre, une ligne de démarcation s'établit entre la fonction exécutive, souvent, partagée entre les deux institutions et celle gouvernementale assurée par le Premier ministre, mais pour marquer cette différence, il est intéressant de s'assurer que la politique interne et externe de la Nation est conduite par le Premier ministre, chef du gouvernement[192].

Le Président de la République est élu au suffrage universel direct à un tour pour un mandat de cinq ans renouvelable une seule fois[193]. Le Gouvernement est en revanche composé du Premier ministre, de ministres, de Vice-ministres et, le cas échéant, de Vice-premier ministres, de ministres d'État et de ministres délégués. Il définit, en concertation avec le Président de la République, la politique de la Nation qu'il conduit et en assume la responsabilité[194].

Le pouvoir législatif est exercé par un Parlement composé de l'Assemblée nationale et du Sénat. L'Assemblée nationale est constituée des députés nationaux élus au suffrage universel direct et secret pour un mandat de cinq ans renouvelables. Le Sénat, est quant à lui, formé des sénateurs élus, au second degré, par les Assemblées provinciales, pour un mandat de cinq ans renouvelables.

Dans ce domaine, le gouvernement concourt avec l'initiative de lois, émet des observations aux propositions de lois initiées par les parlementaires et participe, sans voix délibérative, aux travaux parlementaires à travers ses ministres et autres experts dûment mandatés[195].

Sur le plan fonctionnel, la séparation entre le pouvoir exécutif et le pouvoir législatif est manifeste en ce que le premier est chargé de l'exécution des lois, alors que le second vote les lois, contrôle le Gouvernement, les entreprises publiques ainsi que les établissements et les services publics. La fonction législative ou celle fonction normative, ainsi que l'on peut s'en apercevoir, n'est pas le propre du seul pouvoir législatif car l'Administration l'exerce aussi par la voie du pouvoir réglementaire[196]. Le pouvoir réglementaire, général, revient au

---

[192] ESAMBO KANGASHE, J.-L., *Traité de droit constitutionnel congolais*, *Op. Cit*, p. 200.

[193] Article 70 de la Constitution du 18 février 2006, telle que révisée à ce jour.

[194] Article 91, alinéa 1er de la Constitution du 18 février 2006, telle que révisée à ce jour.

[195] ESAMBO KANGASHE, J.-L., *Traité de droit constitutionnel congolais*, *Op. Cit*, p. 200.

[196] Articles 91 alinéa 6. 92 et 128 de la Constitution du 18 février 2006, telle que révisée à ce jour.

Premier ministre conformément[197], le Président de la République disposant, quant à lui, du pouvoir réglementaire résiduel[198].

La séparation du pouvoir législatif avec l'exécutif peut être appréhendée au niveau de la délimitation des domaines de compétences, le constituant ayant opté pour un régime de limitation du domaine d'intervention de la loi[199]. Il ressort que le législateur se limite à poser soit les règles générales[200], soit les principes fondamentaux[201], dans ce dernier cas, la loi n'intervient pas dans le détail de la réglementation. Ainsi, toutes les autres matières non prévues aux articles 122 et 123 de la Constitution relèvent du pouvoir réglementaire[202].

En vertu de la Constitution, le domaine de la loi a été délimité de manière précise à trois catégories. La première est celle où la loi fixe les règles, dans la deuxième, la loi fixe les principes fondamentaux et la troisième est constituée des lois organiques. La Constitution a conféré limitativement à certaines lois le caractère de loi organique, votées et modifiées à la majorité absolue des membres composant chaque chambre parlementaire[203].

Entre les trois catégories de lois, la différence est établie avec netteté en ce qui concerne les lois organiques. Il est remarqué une certaine transversalité de certaines matières qui ont été placées à la fois sous la juridiction de toutes les trois catégories des lois. Il s'agit, par exemple de la loi sur la nationalité, l'organisation et le fonctionnement du pouvoir judiciaire, le statut des magistrats, le Conseil supérieur de la magistrature, les Forces armées, la Police nationale et des ETD. Hormis, le domaine délimité pour la loi, le pouvoir exécutif intervient dans l'autre matière[204].

Que retenir sur la séparation et la limitation des pouvoirs au sein de l'exécutif ?

B. La séparation et la limitation des pouvoirs au sein de l'exécutif

La séparation au sein de l'exécutif n'est possible que lorsque ce pouvoir est bicéphale. Dans le contexte de la RD Congo, les institutions Président de la République et Gouvernement forment l'exécutif. La Constitution du 18 février 2006 a séparé et limité les compétences respectives. Ainsi, les compétences

---

197 Article 92 alinéa 1er de la Constitution susvisée, telle que révisée à ce jour.

198 *Ibidem.*

199 Lire utilement à ce sujet VUNDUAWE te PEMAKO, F., *Traité de droit administratif,* Bruxelles, Afrique Editions- Larder, 2007, p. 218.

200 Article 122 de la Constitution du 18 février 2006, telle que révisée à ce jour.

201 Article 123 de la Constitution du 18 février 2006, telle que révisée à ce jour.

202 Article 128 de la Constitution du 18 février 2006, telle que révisée à ce jour.

203 Article 124 de la Constitution du 18 février 2006, telle que révisée à ce jour.

204 Article 128 de la Constitution du 18 février 2006, telle que révisée à ce jour.

exclusives du Gouvernement et celles qu'il exerce en collaboration avec le Président de la République traduisant cette séparation.

1. Les prérogatives du Président de la République

À la lumière des articles 78 et suivants de la Constitution du 18 février 2006, le Président de la République dispose d'un certain nombre de pouvoirs, dont les uns sont exercés de manière quasi-discrétionnaire et les autres après délibération en conseil des ministres. Ainsi, le Président de la République :

- nomme le Premier ministre au sein de la majorité parlementaire et met fin à ses fonctions sur présentation par celui-ci de la démission de son gouvernement ;

- investit les gouverneurs de province et les Vice-Gouverneurs de province élus ;

- nomme et relève de leurs fonctions et, le cas échéant, révoque sur proposition du Gouvernement délibérée en conseil des ministres les ambassadeurs et les envoyés extraordinaires, les officiers généraux et supérieurs des forces armées et de la police nationale, le chef d'état-major général, les chefs d'état-major et les commandants des grandes unités des forces armées, les hauts fonctionnaires de l'Administration publique ;

- les responsables des services et établissements publics, les mandataires de l'État dans les entreprises et organismes publics ;

- nomme et relève de leurs fonctions et, le cas échéant, révoque, par ordonnance, les magistrats du siège et du parquet sur proposition du conseil supérieur de la magistrature ;

- confère les grades dans les ordres nationaux et les décorations, conformément à la loi ;

- proclame l'état d'urgence ou l'état de siège ;

- déclare la guerre sur décision du conseil supérieur de la défense et autorisation de deux chambres ;

- exerce le droit de grâce, peut commuter ou réduire les peines ;

- accrédite les ambassadeurs et les envoyés extraordinaires auprès des États étrangers et des organisations internationales.

Il convient d'évoquer dans les lignes qui suivent les compétences exclusives du gouvernement.

2. Les compétences exclusives du gouvernement

L'article 90 de la Constitution du 18 février 2006 dispose que le Gouvernement est composé du Premier ministre, de ministres, de vice-ministres et, le cas échéant, de vice-Premiers ministres, des ministres d'État et de ministres délégués. La composition du Gouvernement marque déjà la séparation entre les deux institutions politiques issues du pouvoir exécutif. Ainsi, le Président de la République n'est pas membre du Gouvernement, même si la Constitution lui reconnait la compétence de présider le Conseil des ministres[205].

L'article 79 de la Constitution qui accorde au Président de la République le pouvoir de présider le Conseil des ministres parait porteur des germes conflictogènes dans la mesure où l'état des rapports entre le Président de la République et le Premier ministre qui en est le chef peut conduire au blocage. C'est qu'en cas de cohabitation, il faut compter sur la « sagesse politique » de ces deux animateurs pour éviter les conflits qui résulteraient des idéologies des partis politiques auxquels ils appartiennent ou carrément de l'animosité personnelle entre le Président de la République et le Premier ministre.

L'histoire politique récente de la RD Congo laisse transparaître les stigmates d'une cohabitation qui n'a pas produit des fruits escomptés entre le Président Mobutu et le Premier ministre Etienne Tshisekedi. Du conflit idéologique qui opposait les deux anciens amis fondateurs du parti unique, le MPR, on aboutit finalement, pour emprunter l'expression de Jean-Louis Esambo[206], tantôt à duel, tantôt à un duo personnalisé, influençant toute la vie institutionnelle jusqu'à la chute du régime autoritaire du maréchal Mobutu Sese Seko Kuku Ngbendo wa Zabanga.

Il est redoutable que l'article 79 de la Constitution amène un jour au blocage institutionnel. L'on est, cependant, encore épargné de ce conflit grâce à l'existence d'une majorité écrasante des partis politiques de la mouvance présidentielle à l'Assemblée nationale, d'où est issue théoriquement le Gouvernement.

Quant à la mission du Gouvernement, qui consiste à conduite de la politique de la Nation, il dispose, pour cela, de l'administration publique, des forces armées, de la police nationale et des services de sécurité[207]. Le Premier ministre assure l'exécution des lois et dispose du pouvoir réglementaire sous réserve des prérogatives dévolues au Président de la République par la Constitution. Il nomme aux emplois civils et militaires, exceptés ceux relevant de la compétence du Président de la République[208].

Les ministres sont responsables de leurs départements, appliquent le programme du Gouvernement dans leurs ministères, sous la direction et la

---

[205] Article 79 de la Constitution du 18 février 2006, telle que révisée à ce jour.
[206] ESAMBO KANGASHE, J.-L., « Le Président de la République et le Premier ministre sous l'acte constitutionnel de la transition : duo ou duel ? », *Africa-Focus,* vol. 15, n°126, Bruxelles, 1997, p. 72.
[207] Article 91 de la Constitution du 18 février 2006, telle que révisée à ce jour.
[208] Article 92 de la Constitution du 18 février 2006, telle que révisée à ce jour.

coordination du Premier ministre[209]. Les vice-ministres exercent, sous l'autorité des ministres auxquels ils sont adjoints, les attributions qui leur ont été confiées par l'ordonnance portant organisation et fonctionnement du Gouvernement. Ils assurent l'intérim des ministres en cas d'absence ou d'empêchement[210].

Outre les compétences exclusives du gouvernement, il y a des attributions conjointes du Président de la République et du gouvernement.

3. Les attributions conjointes du Président de la République et du gouvernement

Il importe, à ce niveau, d'évoquer le débat relatif au pouvoir du Président de la République de présider le Conseil des ministres. En effet, une opinion largement rependue trouve normal que le Président de la République dirige le Conseil des ministres parce que celui-ci est le seul organe par lequel l'exécutif s'exprime. Entant que chef de l'exécutif, le Président de la République devrait avoir connaissance de la manière dont la politique gouvernementale est conduite. C'est pour cette raison qu'il était juste de lui reconnaître cette compétence.

Qui peut oser, dans la configuration de la majorité présidentielle actuelle, s'opposer à la volonté du Chef de l'État laquelle, à un moment donné, ressemble à un mot d'ordre donné à toutes les institutions de la République.

C'est dans ce sens que Balingene Kahombo[211] notait, au sujet de l'adhésion de la RD Congo à l'OHADA, ce qui suit :

> Toutefois, le 12 novembre 2009, le projet de loi portant autorisation de l'adhésion de la RDC à l'OHADA fut rejeté par le Sénat. Sur 86 sénateurs présents, 53 d'entre eux ont voté contre le projet de loi, sept ont voté pour et 26 se sont abstenus. Face à cet échec du choix politique gouvernemental, le Président de la République est venu donner un mot d'ordre au Parlement, le 17 décembre 2009, à l'occasion de son discours sur l'état de la nation, ...

Ce mot a été suivi et la loi de ratification du traité de l'OHADA a été adoptée par l'Assemblée nationale et promulguée dans une célérité qui cachait très mal les intérêts que les dirigeants avaient en intégrant la RDC dans le système juridique ohadien.

Contre l'argumentation développée en faveur du pouvoir du Président de la République de présider le Conseil des ministres, l'on peut opposer la consécration par la Constitution du 18 février 2006, des compétences

---

[209] Article 93 de la Constitution du 18 février 2006, telle que révisée à ce jour.

[210] Article 94 de la Constitution du 18 février 2006, telle que révisée à ce jour.

[211] BALINGENE KAHOMBO, « L'adhésion de la RDC à l'OHADA : vers la prospérité nationale pat l'unification du droit? », *Librairie africaine d'études juridiques,* Vol. 2, 2012, p.107.

concurrentes entre le Gouvernement et le Président de la République. En effet, la politique de la Nation est définie par le Gouvernement en concertation avec le Président de la République. En outre, la défense, la sécurité et les affaires étrangères sont, désormais, des domaines de collaboration entre le Président de la République et le Gouvernement.

Que retenir sur l'article 91 alinéa 3 de la Constitution ?

C. La lecture attentive de l'article 91 renseigne sur la volonté du constituant de séparer les compétences de ces deux institutions. En réalité, les compétences sont séparées, à l'exception de celles qui sont placées sous le régime de la collaboration telles que mentionnées à l'alinéa 3 de la Constitution.

Il est important de signaler la séparation et la limitation des pouvoirs politique et judiciaire.

D. La séparation et la limitation des pouvoirs politique et judiciaire

Le concept du pouvoir judiciaire renvoie à l'un de trois pouvoirs chargé de dire le droit ou mieux de trancher les litiges qui surviennent dans la société, qu'ils relèvent des relations entre les gouvernants ou entre les gouvernés ou encore des rapports entre les gouvernants et les gouvernés. La fonction de juger est si essentielle qu'à défaut d'elle, c'est la jungle et le règne de la loi du talion.

Ce pouvoir est, généralement, confié aux cours et tribunaux et aux parquets rattachés à ces juridictions, au sein desquels l'on retrouve des magistrats et le personnel judiciaire. Le fonctionnement harmonieux de la justice implique l'intervention d'un certain nombre d'acteurs qui agissent pour aider les juges dans la mission de dire le droit. Ainsi, peut-on mentionner les avocats qui sont des acteurs très déterminants pour une justice de qualité en raison de la pertinence des questions juridiques qu'ils peuvent soulever au cours d'un procès.

En RD Congo, le pouvoir judiciaire est confié uniquement aux cours et tribunaux conformément à l'article 149 de la Constitution du 18 février 2006 qui dispose notamment : « Le pouvoir judiciaire est indépendant du pouvoir législatif et du pouvoir exécutif. Il est dévolu aux cours et tribunaux qui sont : la Cour constitutionnelle, la Cour de cassation, le Conseil d'État, la Haute Cour militaire ainsi que les Cours et Tribunaux civiles et militaires... ». Alors que l'ancienne version de cet article, avant la révision constitutionnelle du 20 janvier 2011, prenait en compte le parquet parmi les titulaires du pouvoir judiciaire. Les auteurs du projet de révision avaient soutenu qu'il fallait réaffirmer la règle classique selon laquelle, le parquet exerce son ministère sous l'autorité du ministre de la justice. Ce qui équivaut à une conception anachronique des choses.

En réalité, parmi les questions cruciales que posent le pouvoir judiciaire, figure celle de sa nature, à côté des pouvoirs législatif et du pouvoir exécutif qui sont, sans conteste, considérés comme d'essences politiques. Autrement, peut-on considérer le pouvoir de juger comme un pouvoir politique ou non.

La question est délicate dans la mesure où le juge n'a que le raisonnement du syllogisme judiciaire auquel il fait appliquer les faits portés devant lui. Beccaria écrivait que : « le juge doit faire un syllogisme parfait. La majeure doit être la loi générale ; la mineure l'action conforme ou non à la loi ; la conséquence la liberté ou la peine»[212]. En prémisse majeure, ce syllogisme constitue pour le juge une donnée, celui-ci n'a aucun pouvoir de décision sur une telle prémisse.

Dans cette hypothèse, sa fonction devient presque nulle comme l'indiquait déjà Montesquieu. Une conception adoptée par la révolution française, encore dominante aujourd'hui, considère la fonction juridictionnelle comme une partie de la fonction exécutive ; celui-ci comprendrait la fonction exécutive proprement dite et celle exécutive contentieuse ou juridictionnelle. L'on se souviendra, d'ailleurs, que dans des pays comme la France l'expression « pouvoir judiciaire » n'apparait pas au profit de 1' « autorité judiciaire ».

Quoiqu'il en soit, la fonction juridictionnelle ne se limite pas seulement à l'application du syllogisme-jugement. S'il est souvent donné au juge d'opérer un choix entre une multitude de textes qui comprend une solution au litige lui soumis ou sur tel sens à donner à tel texte de loi, il arrive très souvent, qu'il se trouve confronté à l'absence d'un texte applicable, soit que le texte existe, mais lacunaire : dans pareil cas, l'on doit admettre à la suite d'Eisenmann[213] que le juge se trouve en face d'un véritable pouvoir de création du droit. En effet, le « caractère de pouvoir politique de la juridiction est fonction directe de la part de pouvoir créateur qui lui revient ».

Parlant de l'indépendance du pouvoir judiciaire, la conception classique veut qu'on la situe au niveau du seul juge, considérant que le magistrat du parquet comme relevait du pouvoir exécutif par le truchement du ministre de la justice a le pouvoir de lui faire des injonctions dans l'exercice de ses fonctions, mais les législations nationales sont toujours libres de disposer autrement pour remettre en cause cette conception, pour le moins dangereuse, dans le contexte des États africains notamment où la notion d'État de droit et des libertés individuelles demeurent de simples principes constitutionnellement consacrés juste pour amuser la galerie.

En effet, l'indépendance du pouvoir judiciaire est la résultante logique de la théorie de la séparation des pouvoirs. Montesquieu faisait déjà la distinction dans l'État de trois fonctions différentes ; la fonction de faire les lois (fonction législative), celle de les exécuter (fonction exécutive) ainsi que la fonction de

---

212 BECCARIA C., *Des délits et des peines,* Paris, Flammarion, Ed. Champs, 1979, p.53.

213 EISENMANN, C., « L'esprit des lois et la séparation des pouvoirs », *Mélanges Carré de Malberg,* 1993, cité par NTUMBA LUABA LUMU, *Op. Cit.,* p. 321.

trancher les litiges (fonction juridictionnelle). Devenue classique, cette doctrine insiste sur deux règles principales : la règle de l'indépendance organique et celle de la spécialisation fonctionnelle.

Même si l'on peut être d'avis que l'indépendance des deux pouvoirs, à savoir le pouvoir exécutif et le pouvoir législatif, tend à subir des infléchissements du fait de la nécessité du fonctionnement harmonieux des institutions, celle du pouvoir judiciaire, paraît enfin de compte comme le bouclier dont dispose la justice pour protéger les citoyens contre l'arbitraire[214]. Cela est d'autant plus vrai car, à l'époque contemporaine, les rapports entre les pouvoirs exécutif et judiciaire, tendent à s'enliser dans une sorte de collaboration avec le plus souvent la prédominance de l'exécutif, si bien que le mérite de la séparation des pouvoirs se situe plus à l'autonomie du pouvoir judicaire.

L'indépendance du pouvoir judiciaire n'est pas vide de sens et s'analyse en une liberté d'exercice de la fonction juridictionnelle. Elle est liée à la garantie que le judiciaire est un pouvoir distinct du législatif et de l'exécutif. C'est le fait de placer le pouvoir juridictionnel sur un même pied d'égalité avec les autres pouvoirs qui, comme lui, émanent de la Nation[215]. Ce pouvoir ne doit être inféodé ni au pouvoir législatif ni à celui exécutif.

À l'égard de ces deux pouvoirs, en effet, il n'appartient ni au législatif ni à l'exécutif de censurer les décisions de juridictions, de leur adresser des injonctions et de se substituer à elles dans le jugement des litiges relevant de leur compétence[216]. En faisant la part des choses, cela signifie que le pouvoir législatif ne peut ni statuer sur des différends juridictionnels, ni de modifier une décision de justice, ni s'opposer à son exécution.

En revanche, le pouvoir exécutif ne peut donner des injonctions au juge dans l'exercice de sa juridiction, ni statuer sur les différends, ni entraver les cours de la justice, ni s'opposer à l'exécution d'une décision de justice. C'est ce qui ressort de l'article 149 de la Constitution qui proclame que le pouvoir judiciaire comme indépendant du pouvoir législatif et exécutif et, plus spécialement de l'article 151 qui dispose :

---

214 MATADI NENGA GAMANGA, *Droit judicaire privé,* Kinshasa et Bruxelles, éd. Droit et idées nouvelles, Academia-Bruylant, 2006, p. 120.

215 DELPEREE, F., « Administration et fonctionnement de la justice en Belgique. Rapport, Annuaire Européen d'administration publique », 1991, p. 176, cité par BOSHAB, E., « La misère de la justice et justice de la misère en République Démocratique du Congo », *Revue de la recherche juridique Droit prospectif,* 74eme numéro, 23ème année, Presses universitaire d'Aix-Marseille, p. 1165

216 MATADI NENGA GAMANGA, *Droit judicaire privé, Op. Cit.,* p. 121.

« Le pouvoir exécutif ne peut donner d'injonction au juge dans l'exercice de sa juridiction, ni statuer sur les différends, ni entraver le cours de la justice, ni s'opposer à l'exécution d'une décision de justice.

Le pouvoir législatif ne peut ni statuer sur des différends juridictionnels, ni modifier une décision de justice, ni s'opposer à son exécution.

Toute loi dont l'objectif est manifestement de fournir une solution à un procès en cours est nulle et de nul effet ».

Sur le plan fonctionnel, l'exercice, en toute indépendance, de la fonction de juger exige une unité de garantie visant sa matérialisation, d'autant plus que dans un système comme celui de la République Démocratique du Congo, hérité de la colonisation, le magistrat est appelé à faire carrière. Ainsi, un certain nombre de mécanismes peuvent être envisagés pour mettre le pouvoir juridictionnel à l'abri des pressions éventuelles d'autres pouvoirs. Au nombre de ces mécanismes figurent la nomination[217] à vie, l'inamovibilité[218] et l'irrévocabilité[219]. Cette

[217] La nomination en soi se situe parmi les modes de recrutement des magistrats. L'on indiquera seulement que le mode de recrutement des magistrats présente une grande importance et conditionne le degré de leur indépendance. Il peut s'agir des juges professionnels issus d'un concours spécialisé, des juges discrétionnairement nommés par l'exécutif, des juges élus ou tirés au sort. S'il est vrai que la nomination par le pouvoir exécutif, après recrutement, des magistrats, et ce pour le besoin de républicaniser le corps judiciaire, l'on ne peut, cependant, perdre de vue que d'autres procédés sont également mis en exergue dans certains pays, telle l'élection, en vue d'écarter les risques d'arbitraire et de dépendance inhérente à la nomination, même si l'élection a également subi de vives critiques : certains y ont vu le risque de politisation du fonctionnement de la justice, lire BOSHAB E., *op.cit.,* p. 1166 ; NTUMBA LUABA, *Op. Cit.,* p. 321.

[218] L'inamovibilité des magistrats se situe au niveau de l'affection des magistrats. Elle est le socle de l'indépendance de la magistrature et a pour finalité d'empêcher que le l'exécutif recoure à des mutations arbitraires et intempestives pour sanctionner le manque de docilité des juges à son endroit et obtenir la soumission de certains d'entre eux. L'inamovibilité est essentielle dans le déroulement de la carrière des magistrats, mais elle ne signifie pas que le magistrat est appelé à prester jusqu'à la fin de sa carrière au lieu de sa première affectation jusqu'à la retraite. En d'autres termes, la règle de l'inamovibilité ne signifie nullement la stagnation puisque la carrière implique généralement la mobilité. La règle d'inamovibilité voudrait simplement dire, quand il s'agit des magistrats que ceux-ci, dans l'exercice de leurs fonctions ne devraient avoir de crainte ni pour leurs postes ni pour la promotion à cause notamment des jugements qu'ils auraient rendus ; lire notamment RIVERO, J., A. Y, *libertés publiques.* Tome 1 : *Les droits de l'homme,* Paris, Dunod, 1996, p. 131.

[219] Le comportement d'un magistrat peut toujours susciter des inquiétudes du fait des actes qu'il peut poser. La garantie d'irrévocabilité ne signifie nullement l'absolution pour l'avenir de tous les actes que le juge viendrait à poser, en d'autres termes, le magistrat ne bénéficie pas de l'impunité. L'irrévocabilité signifierait que le magistrat

trilogie, estime Evariste Boshab, garantirait l'indépendance de la justice dans un État de droit.

La Constitution du 18 février 2006 a, également, prévu certaines garanties de l'indépendance du pouvoir judiciaire notamment l'inamovibilité et la nomination à vie des juges. Même si le constituant n'a pas semblé prendre en compte l'irrévocabilité, comme ce fut le cas sous la loi fondamentale du 19 mai 1960 relative aux structures du Congo.

Sur le plan organique, le constituant a institué un organe chargé de la gestion quotidienne des magistrats : le Conseil supérieur de la Magistrature, désormais, composé de seuls magistrats et présidé par le Président de la Cour constitutionnelle. C'est cet organe qui élabore les propositions de nomination et de révocation des magistrats et exerce le pouvoir disciplinaire sur eux.

Les acteurs politiques ayant vu un danger dans l'indépendance du Parquet ont fini, à l'occasion de la révision constitutionnelle du 20 janvier 2011, par revenir à l'ancienne conception de l'indépendance du pouvoir judiciaire : pourtant l'alinéa 2 de l'article 149 était une avancée dans l'avènement de l'État de droit, lorsqu'il inclut le parquet dans le pouvoir judiciaire et bénéficiant, de ce fait, de l'indépendance reconnu au corps judiciaire. En effet, le constituant de 2006 avait fait un géant pas, mais avec la révision de 2011, on n'a fait deux pas en arrière. Comme l'on peut s'en rendre compte, déjà sur le plan théorique, le texte frise, désormais, la dépendance du pouvoir judiciaire.

En tout état de cause, l'affirmation des principes de la séparation du pouvoir et de l'indépendance du pouvoir judiciaire, dans le texte, qui organise les pouvoirs publics, est un atout important dans la recherche de l'État de droit démocratique. Néanmoins, la distance entre une disposition constitutionnelle et son application effective constitue souvent un véritable gouffre, particulièrement dans la plupart des pays africains et au Congo-Kinshasa en particulier. De ce fait, l'on ne saurait, sur la base de seules dispositions constitutionnelles considérer, que la garantie des droits et libertés est assurée et que l'État de droit est pleinement accompli.

Quelles sont les conséquences découlant de la séparation horizontale des pouvoirs ou qualification du régime politique ?

E. Les conséquences découlant de la séparation horizontale des pouvoirs ou qualification du régime politique

La Constitution du 18 février 2006 a institué un régime politique qui est la résultante des rapports entre le pouvoir exécutif, dominé par le Président de la République, et le Parlement organisé sous le prisme d'un bicaméralisme

---

ne peut être révoqué arbitrairement, et dans les régimes qui consacrent encore cette garantie, les magistrats ne peuvent être révoqués que par une décision juridictionnelle.

inégalitaire au profit de l'Assemblée nationale. La qualification doctrinale de ce régime politique n'a suscité de controverses que lorsque l'on a rapproché de modèles classiques des régimes politiques démocratiques[220].

On peut aussi regrouper les positions scientifiques autour du régime politique congolais en trois tendances. La première tendance est celle qui soutient que le régime politique institué par la Constitution du 18 février 2006 est semi-présidentiel, la deuxième parle du régime parlementaire rationnalisé et la troisième avance la thèse d'un régime variant du présidentialisme au régime parlementaire. Sur quel critère de qualification les deux tendances basent-elles leurs convictions ? Telle est la question cruciale à laquelle il convient de répondre en recherchant les arguments des uns et des autres.

Pour les partisans du régime semi-présidentiel, l'élection du Président de la République au suffrage universel direct est la recette cardinale de cette qualification[221]. Le raison de ce mode d'élection est la détention par le Président de la République d'énormes compétences qui ressemblent finalement, à en croire Auguste Mampuya, à des pouvoirs personnels[222].

Les partisans du régime parlementaire rationalisé insistent sur la responsabilité du Gouvernement devant le Parlement et la dissolution de celui-ci par le Président de la République, deux éléments qui tempèrent l'impact des

---

220 MPONGO-BOKAKO BAUTOLINGA E., *Institutions politiques et droit constitutionnel,* Tome 1 : Théorie générale des institutions politiques de l'État, Kinshasa, EUA, 2001, p. 113 ; NTUMBA-LUABA LUMU, *Droit constitutionnel général,* Kinshasa, EUA, 2007, p.17 ; ESAMBO KANGASHE J.L., *Le Droit constitutionnel,* Bruxelles, Academia-L'Harmattan, 2013, p. 84.

221 KUMBU ki NGIMBI, J.M., KABAMBA, B. et ESAMBO KANGASHE, J.L., « La Constitution de la République Démocratique du Congo », in NIANE I., MAZYAMBO A. et al., *La consolidation du cadre démocratique en République Démocratique du Congo,* Kinshasa, PNUD, 2012, pp. 1-21.

222 MAMPUYA TSHIABO A., *Espoirs et Déception de la quête constitutionnelle* Nancy-Kinshasa, AMA, Ed-BNC, 2005 ; CIHUNDA HENGELELA, J., «Acteurs de la bonne gouvernance en RD Congo post-électorale », *Congo-Afrique* (Mars 2008) n° 423, pp. 203-216.

pouvoirs du Président de la République sur le régime politique. Cette thèse est soutenue par André Mbata[223] et Ambroise Kamukuny[224].

Représentée par Félix Vunduawe te Pemako, la troisième tendance pense qu'en cas de coïncidence de la majorité présidentielle et celle parlementaire, le régime politique est « présidentialiste majoritaire de type français ». Dans la cohabitation, le régime politique devient parlementaire[225] « régime gouvernementaliste » ou « primo-ministérialiste ».

Quant à nous, nous nous alignons à la qualification du régime politique soutenue par André Mbata et Ambroise Kamukuny, pour qui le régime institué par la Constitution congolaise est parlementaire rationalisé ou semi-présidentiel, en ce qu'il y a élection du Président de la République au suffrage universel direct qui lui confère de larges pouvoirs et fait de lui un acteur incontournable dans le fonctionnement du régime, la responsabilité politique du gouvernement devant l'Assemblée nationale dans les conditions déterminées à l'article 146 de la Constitution visant, dans tous les cas, à assurer la stabilité gouvernementale. Ce régime organise également la possibilité, pour le Président de la République, de dissoudre l'Assemblée nationale en cas de crise persistante entre le Gouvernement et l'Assemblée nationale.

Au-delà des supputations doctrinales, le régime politique institué par la Constitution du 18 février 2006 n'a pas donné de solution au problème. Il constitue, au contraire, un compromis entre les partisans de Joseph Kabila qui préfiguraient son élection et ses adversaires politiques[226]. Pour Jacques Djoli, « La victoire qui n'a pas pu être obtenue par les armes a semblé s'obtenir à travers la Constitution pour la même fin[227]».

Que retenir sur la séparation verticales des pouvoirs ?

---

[223] MBATA B. MANGU A., « Perspectives du constitutionnalisme et de la démocratie en République Démocratique du Congo sous l'empire de la Constitution du 18 février 2006 », in BULA-BULA SAYEMAN (dir.). *Pour l'épanouissement de la pensée juridique congolaise. Liber Amicorum Marcel Antoine LIHAU,* Bruxelles-Kinshasa, Bruylant-PUK, 2006, pp. 185-224. Il a été suivi notamment par ESAMBO KANGASHE J.L., *La Constitution congolaise du 18 février 2006 à l'épreuve du constitutionnalisme. Contraintes pratiques et perspectives,* Bruxelles, Academia-Bruylant, 2010, p. 112, p.75.
[224] KAMUKUNY MUKINAY, A., *Droit constitutionnel congolais,* Kinshasa, EUA, 2012, p. 84.
[225] VUNDUAWE te PEMAKO, F., *Traité de droit administratif,* Bruxelles, Afrique Editions-Lancier, 2007, p. 376.
[226] MBATA BETUKUMESU MANGU, A., « Perspectives du constitutionnalisme, *Op. Cit,* p. 211.
[227] DJOLI ESENG'EKELI, J. « Problématique de l'identité du projet constitutionnel », *Congo-Afrique* (Septembre 2005) n° 397, pp. 17-27.

§2. La séparation verticale des pouvoirs

À côté de la séparation horizontale, existe celle qui débouche sur la forme de l'État. En effet, dans l'exposé des motifs de la Constitution 18 février 2006, on peut lire :

> Dans le but, d'une part, de consolider l'unité nationale mise à mal par des guerres successives et, d'autre part, de créer des centres d'impulsion et de développement à la base, le constituant a structuré administrativement l'État congolais en 25 provinces plus la ville de Kinshasa dictées de la personnalité juridique et exerçant des compétences de proximité énumérées dans la présence de proximité énumérées dans la présente constitution.

Les articles 2 à 4, 195 à 206, 226 et, 227 de la Constitution sont consacrés à la séparation verticale des pouvoirs entre l'État congolais et ses démembrements en l'occurrence les provinces et les Entités territoriales décentralisées. La répartition des compétences entre ces entités publiques a donné lieu à des controverses doctrinales quant à la qualification de la forme de l'État congolais. Il est des auteurs qui pensent que la forme de l'État est fédérale[228] pendant que d'autres soutiennent le régionalisme politique[229]. De ce débat, on s'aperçoit que la forme de l'État actuelle dépasse la décentralisation territoriale pour se rapprocher du fédéralisme.

---

[228] NYEMBO-ya-LUMBU, *La Constitution de la 3ème République est fédérale,* Kinshasa, EUA, 2010.

[229] VUNDUAWE te PEMAKO, F., « Réflexion sur le régionalisme politique ou la nouvelle décentralisation territoriale », in PNUD, *Mandais, rôles et fonctions des pouvoirs constitués dans le nouveau système politique de la République Démocratique du Congo. Journées d'information et déformation organisées à l'intention des parlementaires, des députés provinciaux et de hauts cadres de l'administration (février-juin 2007),* Kinshasa, s.éd.. 2007, pp. 77-118 ; VUNDUAWE te PEMAKO F., « La dynamique de la décentralisation territoriale en RD Congo», *Congo-Afrique* (Février 2009), n° 432, pp. 105-125; VUNDUAWE te PEMAKO F,, «La dynamique de la décentralisation territoriale en RD Congo : La nouvelle décentralisation territoriale (le régionalisme congolais) et les mécanismes de sa mise en œuvre », *Congo-Afrique* (Mars 2009), n° 433, pp. 165-185 ; TOENGAHO LOKUNDO F., « La réforme sur la décentralisation et le découpage territorial : portée, forces et faiblesses», *Congo-Afrique* (Mars 2009) n° 433, pp. 213-231 ; KAMUKUNY MU K IN A Y A. & CIHUNDA HENGELELA J., « Régionalisation, décentralisation et naissance effective des vingt-cinq nouvelles provinces en RD Congo : défis et perspectives de prévention des conflits », *Congo-Afrique* (Avril 2009), n° 2009, pp. 295-310 ; KABAMBA, B., « Régionalisme congolais», MABIALA MANTUBA-NGOMA P. (dir.), *Le processus de décentralisation en République Démocratique du Congo.* Kinshasa, Publication de la Fondation Konrad Adenauer, 2009.

Je parle de la séparation des pouvoirs entre le gouvernement central et les province, ensuite entre le gouvernement central, les provinces et les entités territoriales décentralisées, enfin Les conséquences de la séparation verticale des pouvoirs: qualification de la forme de l'État.

A. La séparation les pouvoirs entre le gouvernement central et les provinces

Les relations entre le Parlement et les Assemblées provinciales peuvent être regroupées autour des compétences exclusives, celles concurrentes, aux termes desquels, les compétences et le règlement des conflits de compétence pouvant résulter de l'exercice des compétences concurrentes. C'est dans ce sens que dispose l'article 201 de la Constitution :

> La répartition des compétences entre le pouvoir central et les provinces est fixée par la présente Constitution. Les matières sont, soit de la compétence exclusive du pouvoir central, soit de la compétence concurrente du pouvoir central et des provinces, soit de la compétence exclusive des provinces[230].

En sus de ces compétences, les provinces en exercent d'autres concurremment avec le pouvoir central et se partagent les recettes nationales avec ce dernier respectivement à raison de 40 et 60%. En cas de conflit de compétence entre le pouvoir central et les provinces, la Cour constitutionnelle est la seule juridiction habilitée à les départager. Au demeurant, les provinces sont administrées par un Gouvernement provincial et une Assemblée provinciale, elles comprennent, chacune, des entités territoriales décentralisées qui sont la ville, la commune, le secteur et la chefferie[231].

B. Dans la pratique, la mise en place de 25 provinces n'a pas eu lieu dans le délai initial prévu à l'article 226 de la Constitution du 18 février 2006 avant sa révision du 20 janvier 2013, soit le 14 mai 2010. On note quelques efforts réalisés dans le processus d'installation des provinces. Il s'agit de l'adoption et de la promulgation de la loi portant principes fondamentaux relatifs à la libre administration des provinces et la loi organique portant modalités d'organisation et de fonctionnement de la conférence des gouverneurs de provinces. Ces deux lois n'ont pas permis d'amener le processus à son terme.

Que retenir sur la séparation des pouvoirs entre le gouvernement central, les provinces et les entités territoriales décentralisées ?

---

230 Article 201 de la Constitution du 18 février 2006, telle que révisée à ce jour.
231 Paragraphes 6-9 de l'exposé des motifs de la Constitution du 18 février 2006, telle que révisée à ce jour.

C. La séparation des pouvoirs entre le gouvernement central, les provinces et les entités territoriales décentralisées

La deuxième dimension de la séparation verticale des pouvoirs concerne la décentralisation territoriale. Le siège de la matière est l'article 3 de la Constitution qui dispose que :

> ..., les entités territoriales décentralisées de la République Démocratique du Congo sont dotées de la personnalité juridique et gérées par les organes locaux. Ces entités sont la ville, la commune, le secteur et la chefferie. Elles jouissent de la libre administration et de l'autonomie de gestion de leurs ressources économiques, humaines, financières et techniques...

La Loi organique relative aux entités territoriales décentralisées réglemente les rapports des entités territoriales décentralisées avec l'État et les provinces. La première dimension de ces rapports touche à la représentation de l'État et des provinces au sein des entités territoriales décentralisées. À ce propos, l'article 93 de la Loi organique précise :

> Le Maire, le Bourgmestre, le chef de secteur et le chef de chefferie sont des autorités exécutives locales et représentent l'État et la province dans leurs juridictions respectives. Ils assument, à ce titre, la responsabilité du bon fonctionnement des services de l'État et des services provinciaux dans leurs entités...

Dans le même ordre d'idées, l'article 94 de la même loi organique, dispose que : « Le Maire, le Bourgmestre, le Chef de secteur ou le Chef de chefferie coordonnent et supervisent, dans leurs entités respectives, les services qui relèvent de l'autorité du pouvoir central ou de la province ».

D. La deuxième dimension de ces rapports se rapporte à la tutelle du gouverneur de province sur les actes des entités territoriales décentralisées. En effet, le Gouverneur de province exerce, dans les conditions prescrites par la Loi organique, la tutelle sur les actes des entités territoriales décentralisées. Cette compétence peut être exercée par l'Administrateur du territoire en cas de délégation par le Gouverneur de province[232]. Les rapports des entités territoriales décentralisées avec l'État et les provinces démontrent à suffisance la volonté de séparation et de limitation des pouvoirs entre le Gouvernement central, les provinces et les entités territoriales décentralisées.

Quelles sont les conséquences de la séparation verticale des pouvoirs: qualification de la forme de l'État?

---

[232] Article 95 de la Constitution du 18 février 2006, telle que révisée à ce jour.

E. Les conséquences de la séparation verticale des pouvoirs: qualification de la forme de l'État

La conséquence de la séparation verticale des pouvoirs est qu'elle permet de qualifier la forme de l'État, celle instituée par la Constitution du 18 février 2006, traduisant un compromis politique. En effet, le premier compromis réside dans le fait que les délégués au DIC avaient convenu qu'aucune forme de l'État connue n'allait figurer dans la Constitution. C'est que les termes « État unitaire » et « État fédéral » ne devaient pas apparaître dans aucune disposition constitutionnelle[233]. Ce compromis se reflète aussi dans la rédaction de l'alinéa 1èr de l'article 1èr de la Constitution qui dispose que :

> La République Démocratique du Congo est, dans ses frontières du 30 juin 1960, un État de droit, indépendant, souverain, uni et indivisible, social, démocratique et laïc.

Avant de relever ce que la doctrine congolaise pense de la forme de l'État instituée par la Constitution du 18 février 2006, il importe de mettre en évidence, d'une part, les éléments du fédéralisme et de l'autre, ceux de l'unitarisme.

Ainsi, les recettes de la forme fédérale de l'Etat ressortent :

- du bicaméralisme du parlement[234] ;
- de la répartition des compétences politiques entre le gouvernement central et les provinces par la Constitution[235] ;
- de l'existence des organes politiques au niveau des provinces[236];
- de l'existence de la conférence des gouverneurs des provinces[237] ; et
- de l'existence de la caisse nationale de péréquation[238].

Il résulte de l'analyse de la Constitution que les éléments de l'État unitaire résultent du fait que :

---

233 NDESHYO RURIHOSE O., « Le fédéralisme, modèle idéal de la démocratie participative », in BAKANDEJA wa MPUNGU G., MBATA BETUKUMESU MANGU A. et KIENGE-KIENGE INTUDI R. (dir.), *Participation et responsabilité des acteurs dans un contexte d'émergence démocratique en République Démocratique du Congo. Actes des Journées scientifiques de la Faculté de Droit de l'Université de Kinshasa 18-19 juin 2007,* Kinshasa, PUK, 2007, pp. 61-71.

234 Article 100 de la Constitution du 18 février 2006, telle que révisée à ce jour.

235 Articles 201-205 de la Constitution du 18 février 2006, telle que révisée à ce jour.

236 Article 195 de la Constitution du 18 février 2006, telle que révisée à ce jour.

237 Article 200 de la Constitution du 18 février 2006, telle que révisée à ce jour.

238 Article 205 de la Constitution du 18 février 2006, telle que révisée à ce jour.

- le parlement national légifère pour l'ensemble de la République et la primauté de la législation nationale sur celle des provinces[239] ;
- la libre administration des entités territoriales décentralisées[240] ;
- l'autonomie financière des entités territoriales décentralisées[241];
- l'existence de la tutelle sur les entités territoriales décentralisées[242] ;
- le pouvoir judiciaire est centralisé[243]; et
- le gouverneur de province est, en même temps, le représentant du pouvoir central en province[244].

La qualification de la forme de l'État a, eu égard à ces éléments engendré une controverse doctrinale. Ceux-ci peuvent être regroupés en trois catégories. La caractéristique commune à tous ces auteurs est qu'ils sont tous d'avis que la forme de l'État actuelle n'est pas un État unitaire décentralisé.

La première catégorie soutient la thèse de l'État régionalisé[245] et la deuxième, la forme clé l'État est mixte[246]. Elle est à mi-chemin entre l'État unitaire et L'État fédéral. La troisième catégorie proclame que la forme de l'État instituée par la Constitution du 18 février 2006 est fédérale[247]. Les controverses entre les doctrinaires congolais renforcent l'idée selon laquelle cette forme est une combinaison des éléments découlant de deux formes de l'État précitées.

---

[239] *Idem*

[240] Article 3 de la Constitution du 18 février 2006, telle que révisée à ce jour.

[241] *Idem*

[242] Article 95 à 103 de la Loi organique n° 08/016 du 07 octobre 2008..., *Op. cit.*

[243] Articles 149 et suivants de la Constitution du 18 février 2006, telle que révisée à ce jour.

[244] Article 63 à 67 de la Loi n° 08/012 du 31 juillet 2008..., *Op. cit.*

[245] KAMUKUNY MUKINAY, A. et CIHUNDA HENGELELA, J., « Régionalisation, Décentralisation et naissance effective des vingt-cinq nouvelles provinces en RD Congo: Défis et perspectives de prévention des conflits », *Congo-Afrique* (Avril 2009) n° 434, pp. 295-310 ; KABAMBA B., « Le régionalisme congolais », in MABIALA MANTUBA-NGOMA P. (dir.), *Le processus de la décentralisation en République, Démocratique du Congo,* Kinshasa, Publication de la Fondation Konrad Adenauer, 2009, pp. 85-101 ; TOENGAHO LOKUNDO F., « La réforme sur la décentralisation et le découpage territorial : portée, forces et faiblesses », *Congo-Afrique* (Mars 2009) n° 433, pp. 213-231 ; VUNDUAWE te PEMAKO F., *Traité de droit administratif,* Bruxelles, Larcier-Afrique, éditions, 2007.

[246] BOSHAB E., « République Démocratique du Congo : État unitaire à régionalisation constitutionnelle ou fédéralisme assourdi ? », *Revue de Droit Africain,* n° 7 juillet 1998.

[247] NYEMBO-ya-LUMBU, M. O., *La Constitution de la Troisième République est fédérale. Regard critique sur la décentralisation,* Kinshasa, Editions Universitaires Africaines, 2009.

Jean-Louis Esambo à son tour, pense que la nouvelle configuration étatique consacrée par la Constitution laisse penser que la République Démocratique du Congo a institué une forme atypique et absurde du fédéralisme que l'on cache sous le néologisme d'un Etat unitaire fortement décentralisé, d'un régionalisme constitutionnel ou politique ou d'un fédéralisme prudent[248].

J'estime que la forme de l'État instituée par la Constitution du 18 février 2006 est le régionalisme constitutionnel en ce que le constituant répartit les compétences entre le centre et la périphérie et aménage les compétences politiques notamment celles législatives du fait de l'existence des assemblées provinciales dotées d'un pouvoir législatif. Néanmoins, avec la révision constitutionnelle du 20 janvier 2011, la forme de l'État initialement prévue s'est muée en une forme de tutelle du gouvernement central sur les entités régionalisées[249].

Que dire sur l'état de droit et la protection des droits humains?

SECTION 2. L'état de droit et la protection des droits humains

Cette section analyse deux éléments du constitutionnalisme, à savoir l'État de droit et des droits de l'homme. Bien que séparés l'un de l'autre, il n'est pas concevable d'étudier l'État de droit sans évoquer la promotion et la protection des droits humains. C'est uniquement pour des raisons de systématisation que ces deux éléments sont étudiés dans deux paragraphes différents.

§1. L'État de droit

La théorie de l'État de droit est née pour répondre au besoin de systématisation et à l'impératif de la fondation du droit public. Le terme « État de droit » est la traduction littérale du concept allemand « Rechtsstaat » et son objectif est l'encadrement et la limitation de la puissance de l'État par le droit. Ainsi, la théorie de l'État de droit exprime une volonté de renforcement de la juridicité d'un État entièrement coulé dans le moule du droit[250].

Cet objectif s'ouvre sur trois visions. Ainsi, l'État de droit renvoie tantôt à l'État qui agit au moyen du droit, tantôt à l'État qui est assujetti au droit, tantôt à l'État dont le droit comporte certains attributs intrinsèques.

---

[248] ESAMBO KANGASHE, J.-L., *La Constitution du 18 février 2006 à l'épreuve du constitutionnalisme*, *Op. cit*, p. 107.

[249] CIHUNDA HENGELELA, J., « Forme de l'Etat dans la Constitution du 18 février 2006 en République Démocratique du Congo. Réflexions critiques sur les choix des options fondamentales et évaluation de leur mise en œuvre », *Congo-Afrique*, n° 480, 52ème année, novembre-décembre 2013, p.783.

[250] CHEVALLIER, J., *L'État de droit,* Paris, 3ème édition, Montchrestien, 1999, p. 11

J'analyse les conceptions classiques de l'état de droit d'une part, d'autre part la nouvelle.

A. Les conceptions classiques de l'État de droit

Dans le cadre de cette étude, deux conceptions classiques de l'Etat ont été retenues. Il s'agit de la conception allemande et celle française. En Allemagne, la théorie de l'État de droit s'est construite à partir d'une série d'apports doctrinaux qui évoluaient selon le contexte politique résumé par l'objectif de « la réalisation de l'unité allemande ».

Ainsi, deux visions de la Rechtsstaat coexistaient. La première s'inscrivait dans la perspective libérale en cherchant, en réaction contre l'État autoritaire, à limiter la sphère d'action de l'État et à mieux protéger les libertés individuelles à travers l'affirmation de la suprématie de la loi, à la formation de laquelle les citoyens participent par l'élection du parlement[251].

La deuxième vision, quant à elle, conçoit le droit moins comme un dispositif de limitation du pouvoir de l'État que comme un moyen d'organisation rationnelle de l'État et de normalisation de ses rapports avec les administrés. Ainsi, la première vision a été qualifiée de substantielle alors que la deuxième serait formelle, cette dernière s'imposa, progressivement, par rapport à la première. Le Rechtsstaat devint l'État dans lequel l'administration est assujettie à la loi et où des voies de recours juridictionnelles existent contre elle. La théorie de l'auto-limitation dans laquelle la doctrine allemande plaçait le fondement du Rechtsstaat renforça ce formalisme en plaçant le droit dans l'orbite de l'État et en excluant toute interrogation sur son contenu[252].

Dans la doctrine française, la première occurrence de l'État de droit date de 1911. Elle se trouve consacrée dans les manuels de droit constitutionnel dans lesquels les auteurs pensaient que l'État de droit était trop marqué par la tradition philosophique et politique allemande pour pouvoir être transposée en France. Avec l'évolution des connaissances, certains auteurs avaient soutenu que la théorie de l'État de droit devait remplir, pour la doctrine juridique française, une double fonction : une fonction cognitive, en permettant de mieux cerner par contraste, ce qui fait les caractéristiques du régime politique français et une fonction critique, en fournissant des arguments théoriques à l'appui de la dénonciation de l'omnipotence parlementaire[253].

En combinant les débats autour de l'État de droit dans la doctrine française, on peut focaliser l'attention sur le soubassement libéral et la raison juridique. En effet et selon Jacques Chevallier, l'État de droit s'inspire d'une méfiance de

---

[251] CHEVALLIER, J., *L'État de droit, Op. Cit*, p. 15.
[252] *Ibidem.*
[253] CHEVALLIER, J., *L'État de droit, Op.Cit.,* p. 11.

principe vis-à-vis d'un État dont on cherche à encadrer et à corseter la puissance pour éviter qu'elle ne devienne oppressive.

Au cœur de l'État de droit, il y a fondamentalement l'idée de limitation du pouvoir par le triple jeu de la protection des libertés individuelles, l'assujettissement à la Nation et l'assignation d'un domaine restreint de compétences. La structuration de l'ordre juridique n'est qu'un moyen d'assurer et de garantir cette limitation à travers les mécanismes de production du droit. L'État de droit recouvre donc une conception au fond des libertés publiques, de la démocratie et du rôle de l'État, qui constitue le fondement sous-jacent de l'ordre juridique[254].

En ce qui concerne la raison juridique, l'État de droit renvoie à un ensemble d'images, de représentations concernant l'exercice du pouvoir postulant une conception idéalisée du droit, qui est le produit de tout un héritage historique. Elle donne à voir un pouvoir coulé dans le moule du droit, placé sous son empire ; contribuant à en asseoir la légitimité. La théorie de l'État de droit suggère l'existence d'un pouvoir limité, parce qu'assujetti à des règles. Elle implique que les gouvernants, comme les citoyens, soient tenus par les normes juridiques en vigueur. Ils ne sont pas placés au-dessus des lois, mais exercent une fonction entièrement encadrée et régie par le droit. Cette dimension donne à l'État de droit une portée équivoque. Si elle a contribué à doter la règle de droit d'une force particulière et à ancrer chez les gouvernants comme dans l'ensemble de la société le respect du droit, elle a, en retour, constitué un puissant vecteur de légitimation de leur autorité[255].

La théorie de l'État de droit repose, également, sur le culte du droit et la légitimation du pouvoir. En ce qui concerne le culte du droit, l'État de droit implique une confiance absolue placée dans le droit, la croyance dans les vertus de la dogmatique juridique pour atteindre les objectifs que l'on s'assigne, faire prévaloir les valeurs auxquelles on est attaché. L'État de droit repose ainsi sur le fétichisme de la règle. La norme juridique tend à être prise pour la réalité même, capable de faire advenir ce qu'elle énonce ; et le passage par la forme juridique en vient à constituer la garantie suprême.

Au sujet de la légitimation du pouvoir, l'État de droit porte, en lui, une caractéristique symbolique du pouvoir, qui constitue un puissant vecteur de légitimation de son exercice. Le principe implique la représentation d'un pouvoir encadré et limité par le droit. Dans l'État de droit, les gouvernants se trouvent enchaînés par des règles, qui s'imposent à eux de façon contraignante. Le pouvoir

254 CHEVALLIER, J., *L'État de droit, Op. Cit*, pp. 54-55.
255 *Idem*, pp. 62-63.

qu'ils détiennent se présente désormais comme une puissance soumise et assujettie au droit[256].

Louis Favoreu définit la juridicisation comme étant la saisie de la politique par le droit[257].

La juridicisation constitutionnelle constitue pour ainsi dire l'organe de pacification de la vie politique, parce que l'opposition ou la majorité ne franchit pas les limites fixées par la Constitution. Elle s'érige en véritable encadreur des pouvoirs politiques[258].

Le mouvement de juridicisation de la vie politique c'est un phénomène récent dans l'étude du droit constitutionnelle, car cette notion soutient que la quasi-totalité des problèmes sociaux et politiques sont traités par l'institution judiciaire.

La juridicisation intégrale qui est au cœur de l'État de droit entraîne en effet au niveau symbolique l'effacement du phénomène de pouvoir, qui tend à se transformer en une compétence, entièrement régie par le droit. L'État de droit, « ce n'est pas le gouvernement des hommes, c'est le règne des normes. Le pouvoir n'est autre chose qu'exécution subordonnée, réalisation de ce qui doit être selon les normes.

Que retenir sur la nouvelle conception de l'état de droit ?

B. La nouvelle conception de l'État de droit

Au-delà de la hiérarchie des normes, l'État de droit est entendu comme l'adhésion à un ensemble de principes et de valeurs qui bénéficient d'une consécration juridique explicite et assortis de mécanismes de garantie appropriés. La conception formelle se trouve relayée par celle matérielle ou substantielle, qui l'englobe et la dépasse. La hiérarchie des normes devient, elle-même, une des composantes de l'État de droit substantiel. Cette évolution est traduite par la promotion des droits fondamentaux.

La Constitution du 18 février 2006 se situant dans cette conception de l'État de droit affirme que la RD Congo est un État de droit (...) social, démocratique et laïc. Son titre deuxième est consacré entièrement aux droits et libertés fondamentaux des citoyens. Elle consacre également hiérarchie des normes pour assurer la protection des droits et libertés de citoyens congolais.

Il convient de parler dans les pages qui suivent de la promotion et de la protection des droits humains.

---

256 CHEVALLIER, J., *L'État de droit, Op. Cit*, p. 66.

257 FAVOREU, L., *La politique saisie par le droit*, Paris, Economica, 1988, p. 153.

258 ODIMULA LOFUNGUSO, L., *La justice constitutionnelle et la juridicisation de la vie politique en droit positif congolais*, Edition l'Harmattan, Louvain-la-Neuve, Bruxelles, 2016, p. 215.

§2. La promotion et la protection des droits humains

Les droits de l'homme sont définis comme des prérogatives devant être reconnues à toute personne humaine sans distinction, du simple fait de sa qualité d'être humain. Il s'agit des droits et non de simples privilèges que l'on peut accorder ou retirer à une personne. Ces droits sont généralement classifiés en trois générations, la première comprenant les droits civils et politiques, la deuxième les droits économiques, sociaux et culturels et la troisième les droits collectifs ou communautaires[259]. La protection de ces droits est assurée le juge judiciaire, administratif, mais aussi par le juge constitutionnel, dont l'indépendance doit être garantie par la constitution vis-à-vis des pouvoirs législatif et judiciaire.

Dans tous les pays libéraux, le socle de l'État de droit est constitué par un ensemble des droits fondamentaux, qui sont inscrits dans des textes de valeur juridique supérieure. Ainsi, les droits fondamentaux bénéficient d'une consécration juridique explicite placés aux étages les plus élevés de l'ordre juridique. La hiérarchie des normes est devenue ainsi un moyen de protection des droits. Par ce fait, les deux dimensions, formelle et matérielle, de l'État de droit ont pris appui l'une sur l'autre. Les droits fondamentaux bénéficieront d'un processus de constitutionnalisation et d'internationalisation auquel la RD Congo a toujours souscrit.

A cet effet, portée vers la diffusion et, au besoin, la dénonciation de toute atteinte aux droits et libertés publiques, la promotion en poursuit la vulgarisation en vue d'une appropriation collective et du respect par tous[260].

Considérée comme patrimoine commun à tous les États du monde, la protection des droits humains mobilise, ainsi qu'elle révèle le nombre combien important du dispositif juridique et institutionnel mis en place au niveau des Nations Unies et, notamment de ces institutions spécialisées, la tension de la communauté internationale. Actuellement en effet, il n'existe aucun État capable à lui seul de les gérer en temps de paix comme celui de guerre[261].

Le Constituant du 18 février 2006 confirme l'adhésion et l'attachement de la RD Congo à la Déclaration Universelle des Droits de l'Homme, à la CADHP, aux conventions des Nations Unies sur les droits de l'État et sur les droits de la femme et autres instruments internationaux relatifs à la protection et à la promotion des droits humains. Il a consacré la classification tripartite des droits

---

259 Lire MBATA BETUKUMESU MANGU, A., *Education à la citoyenneté. Manuel d'enseignement,* Kinshasa, Galimage, 2010, pp. 28-32.

260 ESAMBO KANGASHE, J.-L., *Traité de droit constitutionnel congolais*, *Op. Cit*, p. 346.

261 *Idem*, p. 349.

humains en droits civils et politiques, des droits économiques sociaux et culturels et ceux collectifs[262].

Il s'agit d'analyser dans les lignes qui suivent la promotion et la protection des droits civils et politique, celles des droits éconoiques, sociauxainsi que la promotion et la protection des droits collectifs. et culturels

A. La promotion et protection des droits civils et politiques

La Constitution du 18 février 2006 a consacré tous les droits civils et politiques. Elle a innové en consacrant la parité homme-femme dans les institutions publiques tant au niveau national, provincial que local[263].

Parmi ces droits, on cite le fait que tous les êtres humains sont nés libres et égaux en dignité et en droit, l'égalité de tous devant la loi et à l'égale protection de la loi. L'égal accès en matière d'éducation et aux fonctions publiques ainsi que l'interdiction de toutes les formes de discrimination à l'égard de la femme participent au plein exercice par tous les charges publiques[264].

Que dire sur la promotion et la protection des droits économiques, sociaux et culturels ?

B. Promotion et protection des droits économiques, sociaux et culturels

Dans la rubrique des droits économiques, sociaux et culturels, la constitution a repris les droits contenus des instruments internationaux en y ajoutant des spécificités. Il s'agit du droit à la sécurité alimentaire, du droit au logement décent, du droit d'accès à l'eau potable et à l'énergie électrique.

Sont concernés par cette réglementation la liberté de commerce, le droit au travail, à une rémunération équitable, la liberté syndicale, le droit de propriété et à la protection des investissements privés, la protection contre le chômage, le droit de grève, le droit d'accès à l'eau et à l'énergie, droit au logement décent,

---

[262] Paragraphe 6 du Préambule de la Constitution du 18 février 2006, telle que révisée à ce jour.

[263] Article 14 de la Constitution du 18 février 2006, telle que révisée à ce jour ; SITA AKELE A., « Nouvelle gouvernance et participation paritaire de la femme dans le Projet de Constitution de la RDC », *Congo-Afrique* (Septembre 2005) n° 397, pp. 57-65 ; KALALA M.M., « Parité homme-femme dans la période post-électorale », *Congo-Afrique* (Février-Mars 2006), n° 402-403, pp. 102-112 ; MUYABO K. N'KULU A., « La bonne gouvernance participative : le rôle de la femme », Congo-Afrique (Février-Mars 2006), n° 402-403, pp. 126-140 ; NGOMA-BINDA P., « Hommes et femmes en démocratie. Question d'égalité, de parité, d'équité ou de justice ? », *Congo-Afrique* (Avril 2006), n° 404, pp. 85-97 ; MBATA BETUKUMESU MANGU A., *Education à la citoyenneté,* Kinshasa, *Op. Cit*, 2012.

[264] Articles 11-12 de la Constitution du 18 février 2006, telle que révisée à ce jour.

droit à la santé, à la sécurité alimentaire et à l'éducation, la gratuité de l'enseignement, les droits d'auteurs et à la diversité culturelle, etc.[265]

Il convient à présent d'évoquer la promotion et la protection des droits collectifs.

C. Promotion et protection des droits collectifs

Les droits collectifs sont consacrés par les articles 50 à 59. Il s'agit de la protection des droits et des intérêts légitimes des congolais à l'intérieur et à l'extérieur du, pays, le droit à la paix et à la sécurité tant sur le plan national qu'international, le droit à l'environnement sain et propice à l'épanouissement individuel et collectif intégral, le droit du peuple à la jouissance des ressources ou richesses naturelles, le droit des congolais de jouir du patrimoine commun de l'humanité et au respect de leurs droits et libertés fondamentaux.

À la suite d'André Mbata Betukumesu Mangu, il y a lieu d'affirmer que le constituant du 18 février 2006 avait institué une clause d'application à l'article 60, lorsqu'elle impose : « le respect des droits de l'homme et des libertés fondamentales aux pouvoirs publics et à toute personne ».

La Constitution du 18 février 2006 telle que révisée à ce jour, a consacré tout un titre sur le respect des droits humains. En ce sens, la Déclaration Universelle des Droits de l'Homme a imposé le respect des droits de l'homme qui est devenu comme une température pour la démocratie dans les Etats africains en général et congolais en particulier.

Que dire sur l'intangibilité de certains droits humains ?

D. L'intangibilité de certains droits humains

L'article 61 de la Constitution consacre l'intangibilité de certains droits dont celui à la vie, l'interdiction de la torture et des peines ou traitement cruels, inhumains ou dégradants, l'interdiction de l'esclavage et de la servitude, les droits de la défense et le droit de recours ainsi que les libertés de pensée, de conscience et de religion ne peuvent en aucun cas faire l'objet de dérogation même lorsque l'État de siège ou d'urgence est proclamé. Il s'agit aussi d'une clause d'intangibilité[266].

Le constituant se distingue de ses devanciers au sujet de la protection des droits humains, en ce qu'il a aboli la peine de mort. Cette abolition n'est pas

---

[265] Articles 42-46 de la Constitution du 18 février 2006, telle que révisée à ce jour.

[266] KALALA, M.M., « Projet de Constitution et droits humains », *Congo-Afrique* (septembre 2005), n° 397, pp. 47-56 ; WETSH'OKONDA KOSO SENGA M., *Les perspectives des droits de l'homme dans la Constitution congolaise du 18 févier 2006,* Kinshasa, CDHC, 2006, p. 84.

expressis verbis mentionnée dans le texte constitutionnel mais, résulte d'une interprétation méthodique et diachronique de la Constitution.

Selon l'approche diachronique, il ressort que lorsque le constituant voulait maintenir la peine de mort dans la nomenclature des peines en RDC, il le mentionnait clairement. Ainsi par exemple, dans la Constitution du 1er août 1964, le constituant proclame le droit au respect et à la protection de la vie de toute personne et à son inviolabilité (article 15 alinéa 1). Il poursuit que nul ne peut être mis à mort si ce n'est que dans les cas prévus par la loi nationale et dans les formes qu'elle prescrit (article 15 alinéa 3). Cette même disposition est reprise à l'article 6 de la Constitution du 24 juin 1967 et dans la loi n°74/020 du 15 août 1974.

De toutes ces dispositions constitutionnelles, il découle le principe de protection de la vie auquel déroge l'exception d'atteinte à la vie dans le cadre prévu par la loi. En d'autres termes, le constituant autorisait qu'on porta atteinte à la vie seulement dans les cas et surtout les formes prescrites par la loi pénale de fond et de procédure.

La Constitution du 18 février 2006 se démarque de ses devancières par le fait que le principe de la protection de la vie, qu'elle pose, est intégral et ne souffre d'aucune exception. Elle consacre la sacralité de la personne humaine et l'obligation pour l'État de la respecter et de la protéger (article 16 alinéa 1er). Pour le constituant, « toute personne a droit à la vie, à l'intégrité physique ainsi qu'au libre développement de sa personnalité dans le respect de la loi, de l'ordre public, du droit d'autrui et de bonnes mœurs (article 16 alinéa 2).

L'on constate la disparition de « nul ne peut être privé de la vie ou de la liberté si ce n'est dans les cas prévus par la loi nationale et dans les formes qu'elle prescrit », dont la constance a été remarquée dans toutes les constitutions précédentes. C'est-là la première preuve de l'abolition de la peine de mort par le constituant du 18 février 2006.

La deuxième preuve tenant à l'interprétation méthodique et holistique de la Constitution est l'intangibilité du droit à la vie. Le constituant est ferme et catégorique lorsqu'il dispose qu'aucune dérogation n'est autorisée au droit à la vie quelles que soient les circonstances, même les plus graves telles que l'État de siège ou l'État d'urgence.

Cet article 61 est aussi verrouillé. Il s'agit d'une intangibilité non expresse, mais elle peut devenir expresse lorsqu'on le met en relief avec l'alinéa 2 de l'article 220 qui dispose qu'il est formellement interdit toute révision constitutionnelle ayant pour objet ou pour effet de réduire les droits ou les libertés des personnes...En d'autres ternies, l'article 61 ne peut pas être révisé pour y soutirer un droit ou une liberté fondamentale qui serait assujetti à des dérogations.

Néanmoins, le respect de ces droits est loin d'être reluisant. Les nombreux cas de violations des droits humains ont été signalés durant la troisième République.

Que dire sur la suprématie de la constitution ?

Section 3. La suprématie de la constitution

La suprématie de la Constitution évoque l'idée de la hiérarchie des normes. Ce dernier concept renvoie à Hans Kelsen dans sa théorie pure du droit. En effet, pour cet auteur « la théorie pure du droit recherche la structure logique des ordres juridiques existants et parvient ainsi à la compréhension de la construction hiérarchisée de la pyramide de l'ordre juridique ; compréhension qui, pour la connaissance de l'essence du droit revêt une signification fondamentale »[267].

Appliquée au droit public interne, la hiérarchie révèle que la constitution est la première source formelle du droit. Il importe, d'une part, de revisiter la construction théorique des normes juridiques, et d'autre part, de ressortir ses applications dans la constitution du 18 février 2006.

Je parle de la constitution, en tant que norme supérieure d'une part, et d'autre part des dispositions consacrant la suprématie de la constitution.

§1. La Constitution, en tant que norme supérieure

La Constitution est au sommet de la pyramide des sources formelles du droit public interne. Cette classification se situe dans la perspective de la Constitution suprême et la subordination des normes juridiques à elle.

J'évoque la consécration formelle, les normes inférieures à la constitution et la garantie de la suprématie de la constitution.

A. Consécration formelle

La raison fondamentale de la hiérarchisation des normes serait liée à la cohérence du système juridique qui éviterait des contradictions entre lesdites normes. Hans Kelsen soutient, dans ce sens, que « dans le cadre de ses recherches logiques, la théorie pure du droit établit - et c'est elle qui l'a établi en premier lieu - que le principe logique de non-contradiction tend à s'appliquer aussi bien aux propositions de devoir-être (sollsatze) qu'aux propositions d'être (seinsatze) des sciences de la nature. Plus précisément, la question de ce qui constitue l'unité de la pluralité des normes juridique, unité qu'on désigne comme système juridique ou ordre unique, relève aussi des problèmes logiques de la théorie pure du droit. En réponse à cette question, la théorie pure du droit introduit l'idée de la norme fondamentale comme condition hypothétique de toute connaissance du droit. La

---

[267] KELSEN, H., « Qu'est-ce que la théorie pure du droit ? », *Droit et société,* n°22, pp.551-568, 1992.

norme fondamentale fonde la validité de toutes les normes appartenant à un même ordre juridique[268].

Ainsi, la norme fondamentale dans un État de droit s'appelle la Constitution. Toutes les autres règles juridiques doivent leur existence à leur conformité à elle. André Mbata Betukumesu Mangu soutient qu'en recourant aux thèses de Thomas Hobbes ou de Jean-Jacques Rousseau,

> ....l'on comprend que la constitution est le fondement ou l'expression juridique du contrat social sans lequel il ne saurait y avoir ni société ni organisation politique mais plutôt anarchie qui nous ramènerait à l'idée de l'état de nature. La Constitution est suprême et doit être considérée comme telle parce qu'elle traduit le contrat social entre les membres de la société. Elle est suprême parce qu'elle protège et garantit les valeurs que la société considère également comme fondamentales ou essentielles à sa survie[269].

La suprématie de la Constitution se traduit par la subordination des autres règles de droit à la Constitution. Je rappelle ainsi les normes inférieures à la constitution.

B. Les normes inférieures à la Constitution

La suprématie de la Constitution se manifeste par le fait qu'elle est au sommet de toutes normes juridiques au sein d'un État. L'existence et la validé des autres règles de conduite sociale ne sont possibles que par leur conformité à la Constitution sous peine de nullité[270].

Lorsqu'on se situe dans le cadre du droit interne, la loi est l'émanation du parlement et, donc du pouvoir législatif. Dans un parlement bicaméral, la loi est adoptée à la fois à l'Assemblée nationale et au Sénat avant d'être promulguée par le président de la République. Elle peut être ordinaire ou organique. Les lois organiques sont supérieures aux lois ordinaires, elles sont qualifiées et énumérées limitativement par la Constitution. L'acte ayant force de loi est pris par le Président de la République intervenant dans le domaine de la loi. Ceci n'est

---

268 KELSEN, H., *Op Cit*, p. 156.

269 MBATA BETUKUMESU MANGU, A., « Suprématie de la constitution, indépendance du pouvoir judiciaire et gouvernance démocratique en République démocratique du Congo », in BAKANDEJA wa MPUNGU, MBATA BETUKUMESU MANGU A. et KIENGE-KIENGE INTUDI R. (dir.), *Participation et responsabilité des acteurs dans un contexte d'émergence démocratique en République démocratique du Congo. Actes des journées scientifiques de la Faculté de Droit de l'Université de Kinshasa 18-19 juin 2007,* Kinshasa, PUK, 2007, (pp.393-406), pp. 396-397.

270 MBATA BETUKUMESU MANGU A., *Introduction générale à l'étude du droit public,* Kinshasa, (s.éd.), 2009, pp. 53-59.

possible qu'en cas d'habilitation parlementaire, pendant l'intersession et les cas d'urgence.

L'histoire constitutionnelle et politique de la RD Congo atteste d'un recours permanent et parfois excessif aux actes ayant force de loi, pour juguler certaines crises tout en suscitant en même temps des conflits de compétences entre le président de la République et le parlement[271].

À côté des lois, les actes ayant fore de lois et les actes réglementaires, la coutume et la jurisprudence sont, également, des sources de droit qui doivent se conformer à la Constitution. Dans les actes réglementaires, on dénombre les ordonnance, décret, arrêté ministériel, arrêtés des gouverneurs et ministres provinciaux et des maires de ville, des bourgmestres, et des chefs de secteur et de chefferies. Tous les actes juridiques doivent se conformer à la Constitution sous peine de nullité. La conformité est assurée par un organe juridictionnel qui, selon le système juridique porte le nom de Cour ou Conseil constitutionnel.

Que retenir sur la garantie de la suprématie de la constitution ?

C. La garantie de la suprématie de la Constitution

La suprématie de la Constitution est assurée par le contrôle des lois qui peut être par voie d'action ou d'exception. Appelé aussi contrôle direct, celui exercé par voie d'action, toute personne de saisir la Cour constitutionnelle pour demander l'annulation autorisée, pour inconstitutionnalité d'un acte législatif ou réglementaire. La décision du juge produira des effets erga omnes.

Par voie d'exception, la Cour constitutionnelle est saisie pour se prononcer au sujet de l'exception d'inconstitutionnalité soulevée par une des parties au cours d'un procès devant les cours et tribunaux. Dans ce cas, la décision à intervenir aura des effets erga partes ou à l'égard des parties à ce procès seulement.

Dans la doctrine, l'on distingue au sein du contrôle de constitutionnalité par voie d'exception, la question préjudicielle de constitutionnalité et celle préalable de constitutionnalité. En effet, la question préjudicielle de constitutionnalité est une procédure « ....en vertu de laquelle une personne (physique ou morale) partie à une instance demande, par l'entremise du juge de fond, la vérification par le juge constitutionnel de la constitutionnalité d'une loi »[272].

Ensuite, la question préalable de constitutionnalité oblige le juge constitutionnel de se prononcer avant toute décision de fond. En fin, la question prioritaire de constitutionnalité consiste pour tout citoyen d'invoquer, devant

[271] MOBUTU J.-D., *Discours prononcé à l'occasion de l'ouverture de la session ordinaire du Parlement,* Léopoldville, le 7 mai 1966.
[272] ESAMBO KANGASHE, J.-L., *Le droit constitutionnel,* Bruxelles, Academia-L'Harmattan, 2013, p. 110.

n'importe quelle juridiction, l'inconstitutionnalité d'une loi que l'on veut lui appliquer[273].

La suprématie de la Constitution a été affirmée par le constituant du 18 février 2006. Il importe, dès lors, de rechercher les dispositions du texte fondamental qui l'organise.

§2. Les dispositions consacrant la suprématie de la Constitution

La Constitution du 18 février 2006 ne contient pas des dispositions qui consacrent expressis verbis sa suprématie. Cette dernière découle, à en croire André Mbata Betukumesu Mangu[274], du processus de son élaboration et de son adoption par le peuple souverain et de la lecture combinée de certains articles de la Constitution. En effet, l'alinéa premier de l'article 5 de la Constitution dispose que la souveraineté nationale appartient au peuple qui l'exerce directement par le biais du référendum ou d'élections, et indirectement, par ses représentants. La Constitution avait été consacrée comme la loi suprême de la RD Congo lors de son adoption au référendum organisé les 18 et 19 décembre 2005.

Jean-Louis Esambo évoque que de l'obligation de conformité des règles inférieures aux règles supérieures, découle la conséquence de la suprématie de la norme constitutionnelle sur d'autres et, conséquemment, sur leur validité. L'entièreté de l'ordre juridique reposant sur la Constitution, on peut en déduire qu'au-dessus d'elle, il n'existe aucune norme[275].

L'auteur poursuit, en ceci, placée au sommet de la hiérarchie des normes juridiques, la Constitution s'impose à tous les organes de l'Etat, ce qui implique, tout d'abord, sa rigidité et, ensuite, sa protection en tant que norme suprême ; cette suprématie revêtant une double dimension, à la fois matérielle et formelle[276].

---

273 ESAMBO KANGASHE, J.-L., *Le droit constitutionnel, Op. Cit*, p. 112.

274 MBATA BETUKUMESU MANGU, A., « Suprématie de la constitution, indépendance du pouvoir judiciaire et gouvernance démocratique en République démocratique du Congo », in BAKANDEJA wa MPUNGU, MBATA BETUKUMESU MANGU, A. et KIENGE-KIENGE INTUDI, R. (dir.), *Participation et responsabilité des acteurs dans un contexte d'émergence démocratique en République démocratique dit Congo. Actes des journées scientifiques de la Faculté de Droit de l'Université de Kinshasa 18-19juin 2007,* Kinshasa, PUK, 2007, pp. 393- 406.

275 HAMON, F., TROPER, M. et BURGEAU, G., *Droit constitutionnel*, cité par ESAMBO KANGASHE J.-L., *Droit constitutionnel*, Academia-l'Harmattan, Louvain-la-Neuve, Bruxelles, 2013, pp. 94-95.

276 ESAMBO KANGASHE, J.-L., *Le droit constitutionnel, Op. Cit*, p. 94.

Ainsi, tout acte contraire à la Constitution est-il dépourvu de la valeur juridique. De même, un organe investi d'une prérogative constitutionnelle ne peut, proprio motu, en déléguer l'exercice à un autre[277].

La deuxième source de la suprématie de la Constitution résulte du fait qu'elle régit l'organisation et le fonctionnement des institutions publiques centrales, provinciales et locales. Ainsi, tout le titre troisième de la Constitution est relatif à l'organisation et à l'exercice du pouvoir. Le chapitre premier de ce titre détermine les institutions de la République qui sont le Président de la République, le Parlement, le Gouvernement et les Cours et tribunaux[278].

L'institution Président de la République est régie par les articles 69 à 89, le Gouvernement par les articles 90 à 95. Ce qui est intéressant est que la Constitution prévoit des dispositions relatives aux rapports entre le Président de la République et le Premier ministre. Il est constaté un déséquilibre entre les dispositions réservées à ces deux institutions appartenant au pouvoir exécutif. Le Président de la République est régi par 20 articles contre 5 pour le Gouvernement et 4 pour les dispositions communes.

Le pouvoir législatif est organisé autour des articles 100 à 148, répartis de la manière suivante : l'Assemblée nationale (articles 101 à 103), le Sénat (articles 104 à 106). Le statut des députés et sénateurs est déterminé par les articles 107 à 110. Le fonctionnement de l'Assemblée nationale et du Sénat est fixé par les articles 111 à 121.

Pour manifester sa suprématie, la Constitution organise les rapports entre le pouvoir exécutif et le pouvoir législatif, délimite les domaines de la loi et du règlement et les moyens de contrôle du Parlement sur l'action du Gouvernement. Au niveau de la délimitation des domaines de la loi et du règlement, les matières régies par la loi le sont soit par les lois fixant les règles (article 122), soit par celles déterminant les principes fondamentaux (article 123), soit encore par les lois organiques (article 124). Le domaine réglementaire est celui qui n'est pas régi par les différents types de lois.

En ce qui concerne les moyens de contrôle parlementaire, la Constitution prévoit que l'Assemblée nationale et le Sénat contrôlent l'action du Gouvernement, des entreprises publiques, des établissements publics et services publics par le biais de questions orales, écrites et d'actualité, l'interpellation, la commission d'enquête et l'audition par les Commissions. Le contrôle parlementaire peut donner lieu à des sanctions lorsque l'action du Gouvernement, des entreprises publiques, des établissements et services publics a été jugée mauvaise, inefficace ou ineffective. Dans ce cas, la motion de censure ou de défiance est votée par la majorité de députés nationaux. Le Gouvernement ou

---

[277] *Idem*, p. 95.

[278] Article 68 de la Constitution du 18 février 2006, telle que révisée à ce jour.

l'un de ses membres visé par la motion de censure ou de défiance, selon le cas, est réputé démissionnaire (article 138).

La Constitution prévoie que le Premier ministre peut, après délibération du Conseil des ministres engager, devant l'Assemblée nationale, la responsabilité du Gouvernement sur son programme, sur une déclaration de politique générale ou sur le vote d'un texte. L'Assemblée nationale peut mettre, également, en cause la responsabilité du Gouvernement ou d'un de ses membres par le vote de la motion de censure ou de défiance (article 146). Le Président de la République peut, après consultation du Premier ministre et des Présidents de l'Assemblée nationale et du Sénat, prononcer la dissolution de l'Assemblée nationale (article 148).

La Constitution contient, enfin, des dispositions relatives au pouvoir judiciaire en instituant trois ordres de juridictions. Il s'agit de l'ordre judiciaire, de l'ordre administratif et de la Cour constitutionnelle. Au-delà des controverses autour de l'existence ou non de trois ordres de juridictions, le sens d' « ordre de juridiction » considéré dans le cadre de cette étude est celui de « matière spécifique ». Dans ce sens, la Cour constitutionnelle constitue, en elle seule, un ordre de juridiction.

La suprématie de la Constitution sur d'autres normes se manifeste, également, par l'institution d'une juridiction chargée essentiellement du contrôle de la constitutionnalité des lois et des actes ayant force de loi. Les lois organiques, avant leur promulgation, et les règlements intérieurs des Chambres parlementaires et du Congrès, de la CENI, du CSAC et de toute institution d'appui à la démocratie, avant leur mise en application, doivent être soumis à la Cour constitutionnelle qui se prononce sur leur conformité à la Constitution. Au sujet de leur examen, les lois peuvent être déférées par la Président de la République, le Premier ministre, le Président de l'Assemblée nationale, le Président du Sénat ou le dixième des députés ou des sénateurs (article 160).

La compétence de la Cour constitutionnelle en matière d'interprétation de la Constitution est, également, un indice de sa suprématie. Il n'y a que la Cour constitutionnelle qui est compétente pour interpréter la Constitution, elle est, à cet effet, saisie par le Président de la République, le Gouvernement, le Président du Sénat, le Président de l'Assemblée nationale, un dixième des membres de chacune des Chambres parlementaires, les Gouverneurs de province et les Présidents des Assemblées provinciales (article 161).

La Cour constitutionnelle est juge de l'exception d'inconstitutionnalité soulevée devant ou par une juridiction. Toute personne peut saisir la Cour constitutionnelle pour inconstitutionnalité de tout acte législatif ou réglementaire (article 162). La Constitution a ainsi créé des institutions techniques comme la Banque centrale, la Cour des comptes, la Caisse nationale de péréquation. Ces institutions sont organisées et doivent fonctionner conformément à la

Constitution. La suprématie de la Constitution se manifeste aussi au niveau des dispositions se rapportant aux traités et accords internationaux (article 113).

En vertu de l'article 215 de la Constitution, les traités et accords internationaux régulièrement conclus ont, dès leur publication, une autorité supérieure à celle des lois, sous réserve pour chaque traité ou accord, de son application par l'autre partie (article 215). En outre, si la Cour constitutionnelle consultée par le Président de la République, le Premier ministre, le Président de l'Assemblée nationale ou le Président du Sénat, un dixième des députés ou un dixième des sénateurs, déclare qu'un traité ou un accord international comporte une clause contraire à la Constitution, la ratification ou l'approbation ne peut intervenir qu'après la révision de la Constitution (article 216).

Le dernier aspect de la suprématie de la Constitution est la procédure spéciale de sa révision. En vertu de l'article 218, l'initiative de révision appartient concurremment au Président de la République, au Gouvernement, après délibération en Conseil des ministres, à chacune des Chambres du Parlement à l'initiative de la moitié de ses membres et à une fraction du peuple congolais, en l'occurrence 100.000 personnes, s'exprimant par une pétition adressée à l'une des deux Chambres (article 218).

Chacune de ces initiatives est soumise à l'Assemblée nationale et au Sénat qui décident, à la majorité absolue de chaque Chambre, du bien-fondé du projet, de la proposition ou de la pétition de révision. La révision n'est définitive que si le projet, la proposition ou la pétition est approuvée par référendum. L'on peut se passer de cette procédure lorsque l'Assemblée nationale et le Sénat réunis en Congrès approuvent le projet, la proposition ou la pétition de révision à la majorité des trois cinquième des membres le composant (article 218).

La suprématie de la Constitution démontrée à partir de la procédure spéciale de sa révision est renforcée par certaines interdictions faites au pouvoir constituant dérivé. En effet, en vertu de l'article 219, aucune révision ne peut intervenir pendant l'état de guerre, l'état d'urgence ou l'état de siège ni pendant l'intérim à la Présidence de la République ni lorsque l'Assemblée nationale et le Sénat se trouvent empêchés de se réunir librement (article 219).

Il en est de même de certaines matières qui ne peuvent faire l'objet de révision constitutionnelle. Ainsi, aux termes de l'article 220 :

> La forme républicaine de l'État, le principe du suffrage universel, la forme représentative du Gouvernement, le nombre et la durée des mandats du Président de la République, l'indépendance du pouvoir judiciaire, le pluralisme politique et syndical, ne peuvent faire l'objet d'aucune révision constitutionnelle. Est formellement interdite toute révision constitutionnelle ayant pour objet ou pour effet de réduire les droits et libertés de la personne ou de réduire les prérogatives des provinces et des entités territoriales décentralisées.

Qualifiée de disposition intangible, l'article 220 participe de la manifestation de la suprématie de la Constitution en ce qu'il limite la procédure spéciale de toute révision. Cependant, cette disposition est au cœur du débat entre les tenants de son intangibilité et ceux qui pensent qu'elle peut être révisée comme toute autre disposition de la Constitution du 18 février 2006.

En effet, le contexte politique qui a donné naissance au projet de loi de révision de la Constitution a été dominé par le débat sur la révision constitutionnelle. Ce débat est consécutif à la publication, en 2013, de l'ouvrage d'Evariste Boshab, intitulé « Entre la révision constitutionnelle et l'inanition de la Nation »[279]. Le débat suscité par cet ouvrage est à la fois académique, politique et citoyen. L'auteur Boshab présente la nécessité de réviser la Constitution pour préserver la Nation sinon celle-ci va disparaître. Pour lui, cette Constitution est révisable même dans ses dites intangibles.

Dans son sillage, on retrouve trois autres professeurs qui soutiennent que les dispositions intangibles sont révisables. Il s'agit de Jean-Louis Esambo Kangashe, de Félix Vunduawe te Pemako et Jean-Marie Mboko Dj'Andima. Dans son livre intitulé « Le droit constitutionnel », le Professeur Jean-Louis Esambo Kangashe soutient :

> ...même intangibles, les dispositions constitutionnelles peuvent toujours être modifiées à condition, d'une part, de respecter la procédure de révision et, d'autre part, d'obtenir que les motifs de révision ne soient pas équivoques et emportent l'adhésion de la majorité des citoyens intéressés[280].

Cette affirmation suscite en nous des interrogations notamment au sujet du respect de la procédure de révision. On peut de se demander de quelle révision s'agit-il alors qu'en réalité une procédure de révision n'est pas concevable pour ces dispositions.

Félix Vunduawe te Pemako et Jean-Marie Mboko Dj'andima soutiennent que toutes les dispositions constitutionnelles ont la même valeur. En d'autres termes, il n'y a des principes supra-constitutionnels. C'est pour autant dire que les dispositions dites intangibles auraient la même valeur que n'importe quelle disposition constitutionnelle ; donc révisables sans formalités spécifiques. Leur théorie se fonde sur l'argument du constitutionnaliste français Georges Vedel[281]. Cette position parait discutable. Bien que contenues dans le même texte, toutes

---

[279] BOSHAB, E., *Entre la révision constitutionnelle et l'inanition de la nation,* Bruxelles, Larcier, 2013.

[280] ESAMBO KANGASHE, J.L., *Le droit constitutionnel,* Louvain-la-Neuve, Academia-L'Harmattan, 2013, p. 103.

[281] VUNDUAWE te PEMAKO F. et MBOKO DJ'ANDIMA JM., *Droit constitutionnel du Congo. Textes et documents fondamentaux,* Vol. 2, Bruxelles, Académia - L'Harmattan, 2013.

les dispositions constitutionnelles n'ont pas la même valeur. Ainsi par exemple, avoir les dispositions constitutionnelles qui créent les institutions politiques ne peuvent pas la même valeur que celles qui prévoient les conditions d'accession à ces institutions.

Le point de vue de ces auteurs qualifiés de révisionnistes n'est pas accepté par d'autres. Parmi eux, on citer André Mbata Betukumesu Mangu, Auguste Mampuya Kanunk'a Tshiabo. Pierre Akele Adau, Jacques Djoli Eseng'ekeli et Paul-Gaspard Ngondankoy Nkoy-ea- Loongya.

Pour André Mbata, les matières régies par l'article 220 ne peuvent faire l'objet d'aucune révision constitutionnelle. Selon lui, aucune théorie, même pas celle dite de la « double révision » qui se fonderait sur l'idée que l'article 220 lui-même ne serait pas verrouillé ne saurait justifier une révision constitution de ces matières[282].

Quant à Jean-Louis Esambo, la double révision souligne l'importance de sa modification, peu importe la technique qui relativise la rigidité de la Constitution, en autorisant la modification de ses dispositions clés ou verrouillées. A la faveur de cette technique, le pouvoir de révision finit par opérer, d'un seul coup, le changement de la Constitution en vigueur et son remplacement par une autre (…)[283].

Pour Auguste Mampuya, les matières intangibles ne peuvent faire objet d'aucune révision constitutionnelle. Cependant, il constate avec amertume que la révision constitutionnelle du 20 janvier 2011 est de toutes inconstitutionnalités commises depuis la promulgation de la Constitution du 18 février 2006. Selon lui, cette révision est la plus insidieuse parce que prenant des allures de légalité, et la plus grave parce que bouleversant la logique du régime établi. Elle porte, en effet, atteinte à l'article 220 à travers les atteintes portées aux articles 149, 197 et 198 de la Constitution[284].

Réagissant à l'affirmation selon laquelle « réviser la Constitution, c'est aussi la respecter... », Pierre Akele soutient que :

> Si « réviser la Constitution, est la respecter », il ne s'agit, certainement, pas de ce respect révérencieux qui sied aux choses du sacré auxquelles

---

282 MBATA BETUKUMESU MANGU A., *Mandats présidentiels et révisions constitutionnelles en Afrique, La République Démocratique du Congo,* Kinshasa, IDGPA, 2013, p. 25. Voir aussi « Monarchies présidentielles et révisions constitutionnelles : le syndrome du troisième mandat ou d'une présidence à vie dans les États membres de l'Union africaine », *Revue africaine de la démocratie et de la gouvernance,* Vol. 1, n° 1, p. 63 (pp. 47-66).

283 ESAMBO KANGASHE, J.-L., *Traité de droit constitutionnel, Op. Cit*, pp. 77-79.

284 MAMPUYA KANUNK'a TSHIABO A., « Le respect des textes légaux comme problème d'éthique de gouvernance au Congo », *Revue de l'U.KA,* Vol. 1, n°1, Février 2013, pp. 145-165.

l'on ne devrait toucher, à l'image de nos ancêtres suppliant un arbre de la forêt qu'ils souhaitaient couper de leur tendance à donner l'autorisation, qu'avec appréhension et frayeur, convaincus néanmoins au fond d'eux-mêmes de la nécessité de ce geste au profit du bien commun. Il ne s'agit nullement de douter de la portion congrue du respect de la Constitution dans des révisions qui. vu leur fréquence, leur récurrence, leur forme et leur contenu, s'analysent en des actes sournois et sacrilèges, et consistent en réalité en plusieurs coups de buttoirs assenés méthodiquement à la loi fondamentale pour en modifier progressivement et finalement radicalement les valeurs et normes intangibles convenues par le pouvoir constituant originel[285].

Cette position rencontre celle soutenue par Auguste Mampuya qui se résume dans la modification du régime constitutionnel établi à travers des révisions constitutionnelles d'apparence régulière mais violant fondamentalement l'intention du constituant originaire. En conclusion, Akele pense que même en cas de recours au référendum comme mécanisme de révision constitutionnelle (...), les « tables de valeurs substantielles définies dans la norme fondamentale » doivent être respectées. De sorte que même le peuple et ses représentants doivent respecter les prescriptions constitutionnelles en matière de révision. Il faut donc bien comprendre à partir du moment où le peuple, pouvoir constituant originel, a voté par référendum la Constitution, le même peuple, devenu pouvoir constitué, ne peut, sauf hypothèse de révision ou de coup d'État, être appelé à modifier le même texte en violation de ses valeurs et principes structurant[286].

Paul-Gaspard Ngondankoy, soutient quant à lui le respect des matières déclarées intangibles qui ne peuvent faire l'objet d'une révision sur pied de la même Constitution. Ce serait creuser le sol sur lequel est battu l'ensemble de l'édifice constitutionnelle. Ce serait scier la branche sur laquelle toutes les institutions sont assises. Il est allé en critiquant même l'hypothèse de changement de la Constitution initiée par un militant du PPRD. Pour lui, le changement de Constitution n'est pas une opération juridiquement réglementée. Par conséquent, il ne serait pas constitutionnellement exact d'user de l'article 5 de la Constitution pour fonder le pouvoir référendaire du peuple en matière de changement constitutionnel[287].

---

285 AKELE ADAU, P., « Réponses pénales au discours du désordre constitutionnel ou au désordre du discours constitutionnel en République Démocratique du Congo : La Cour constitutionnelle à l'épreuve », *Revue africaine de lu démocratie et de la gouvernance.* Vol. 1, n° 2&3, 2014, pp. 43-62.

286 AKELE ADAU, P., « Réponses pénales au discours du désordre constitutionnel ou au désordre du discours constitutionnel en République Démocratique du Congo : La Cour constitutionnelle à l'épreuve », *Op.Cit*, p. 59.

287 NGONDANKOY NKOY-ea- LOONGYA, P.G., « La problématique de la révision ou du changement de la Constitution », *Le Potentiel,* n° 6213, du mardi 26 Août 2014.

Conclusion

Cette bipolarisation de la doctrine congolaise au sujet de la révision constitutionnelle est calquée dans l'opinion publique. Il y a d'un côté certains partis politiques de l'ancienne majorité présidentielle qui soutiennent la révision constitutionnelle et de l'autre côté, les partis politiques de l'opposition qui s'y opposent. La Société civile congolaise est, également, dans sa diversité opposée à la révision constitutionnelle. Il en est de la même de la Communauté internationale.

Eu égard à ce précède, il convient de soutenir l'inopportunité d'une révision ou d'un changement constitutionnel. Il est clair que les dispositions déclarées intangibles ne peuvent, en aucune façon, faire l'objet d'une révision même pas par référendum. Soutenir l'hypothèse contraire, c'est verser dans les hérésies juridiques.

Les pages qui suivent évoquent la mise en œuvre du constitutionnalisme en république démocratique du Congo.

Chapitre deuxième
La mise en œuvre du constitutionnalisme en république démocratique du Congo

La Constitution de la République Démocratique du Congo a, en 2021 accompli quinze ans d'existence. Sans être longue et suffisante, cette durée de vie de la loi fondamentale n'a pas manqué de soulever des questions quant à la mise en application des options fondamentales contenues dans cette Constitution. Le deuxième chapitre de cette étude fait donc l'évaluation de l'observation des principes du constitutionnalisme consacrés dans la Constitution.

Il s'ensuit de cette évaluation, trois constatations majeures. Il s'agit, d'abord, de l'irrespect du principe de la limitation et de la séparation des pouvoirs, ensuite, de l'absence de l'État de droit accompagnée des violations massives des droits humains et, enfin, des fraudes et violations constitutionnelles.

Section 1. L'irrespect du principe de limitation et de séparation des pouvoirs

Le respect du principe de limitation et de séparation des pouvoirs est traduit par la réapparition de deux tares. Il s'agit de la tendance à la remise en cause de l'encadrement juridique du pouvoir, à la concentration des pouvoirs entre les mains du Président de la République, tant au niveau national que provincial et local. J'évoque aussi la confiscation de l'autonomie des provinces et des entités territoriales décentralisées, l'impact de l'alternance démocratique dans l'histoire politique de la RD Congo

§1. La mise en cause de l'encadrement juridique du pouvoir

Pour sauvegarder la sécurité juridique et l'État de droit, il convient d'assurer la stabilité de la Constitution. Celle-ci doit être particulièrement rigide pour ne pas se prêter à des modifications faciles et intempestives.

Cinq ans seulement après son entrée en vigueur, la Constitution du 18 février 2006, censée jeter les bases d'un nouvel ordre politique, économique, social et culturel, plus démocratique après plusieurs années de guerre et de régime de prédation, a déjà fait l'objet d'une révision[288].

Les révisions constitutionnelles, comme partout en Afrique,[289] sont souvent inopportunes parce que ne répondant nullement aux exigences de l'évolution de la société congolaise. Elles semblent suggérer, au contraire, un retour à une pratique dommageable pour la démocratie qui avait cours durant la parenthèse sombre des pouvoirs autoritaires en RD Congo, notamment le renforcement du pouvoir du Président de la République. J'évoque la tendance à la concentration des pouvoirs exécutif, législatif et judiciaire, la concentration du pouvoir exécutif au profit du Président de la République, l'érosion du pouvoir législatif au profit du pouvoir exécutif dominé par le Président de la République, la soumission du pouvoir judiciaire au Président de la République

A. La tendance à la concentration des pouvoirs exécutif, législatif et judiciaire

La séparation des pouvoirs est solennellement consacrée par toutes les constitutions africaines comme pour conjurer les démons de la confusion des pouvoirs qui avaient caractérisé la période autoritaire des régimes. Mais, à l'épreuve des faits, la proclamation de ce principe fondamental de la démocratie libérale a, de plus en plus, les allures d'une pétition de principe.

La séparation des pouvoirs semble, en effet, vidée de son contenu par l'hypertrophie des pouvoirs reconnus au président et par le phénomène majoritaire. Ce dernier a, par quelques actions, érodé la substance des autres pouvoirs en s'érigeant en maitre à bord du pouvoir exécutif et a réussi à soumettre le Premier ministre et l'ensemble du Gouvernement par le biais des artifices à la fois politiques et juridiques.

Que dire sur la concentration du pouvoir exécutif au profit du Président de la République ?

B. La concentration du pouvoir exécutif au profit du Président de la République

La Constitution a institué un exécutif bicéphale, marqué par une répartition nette des compétences entre le Président de la République et le Premier ministre Chef de gouvernement, issu de la majorité parlementaire. Dans la pratique, plutôt que d'être soumis au Parlement dont il est l'émanation, le Premier ministre et son Gouvernement semblent assujettis au Président de la République, qui est à même temps l'autorité morale de la majorité présidentielle, au point de transformer le

---

[288] Loi n° 11/002 du 20 janvier 2011 portant révision de certains articles de la Constitution de la République Démocratique du Congo.

[289] BABACAR GUEYE, « La démocratie en Afrique: succès et résistances», *Revue française d'études constitutionnelles et politiques,* n °129, p. 18.

régime parlementaire rationalisé institué par la Constitution du 18 février 2006[290] en régime présidentiel ou présidentialisme.

Ce constat est également fait par André Mbata Betukumesu Mangu qui, citant Jean Buchmann, soutient qu'en RDC, «... il n'y a pas de séparation des pouvoirs mais plutôt 'une véritable hiérarchisation des pouvoirs, où une institution, en réalité un homme, domine toutes les autres institutions, y compris le Parlement, qui joue un rôle dérisoire »[291].

Au sujet de la concentration du pouvoir exécutif par le Président de la République en RD Congo, l'auteur écrit :

> Le Président de la République est, également, le véritable détenteur du pouvoir exécutif ou gouvernemental. Contrairement à l'Article 90 qui fait du Premier Ministre le chef du gouvernement avec mission de déterminer et conduire la politique de la Nation, c'est le Président de la République qui est, en réalité, le véritable chef du gouvernement. Il ne serait pas exagéré de penser qu'il est le gouvernement lui-même, le Premier Ministre et les ministres ayant démissionné en sa faveur. C'est ce qui se comprend lorsque le Premier Ministre affirme dans toutes ses actions et celles de « son » gouvernement agir ou avoir agi sur instructions de Son Excellence Monsieur le Président de la République[292].

Il poursuit en ces termes :

> Les ministres, eux-mêmes, s'assurent que l'expression sur instructions ou grâce à la bienveillance de Son Excellence Monsieur le Président de la République' soit au moins une fois reprise dans leurs discours où il n'est, par contre, fait aucune référence au gouvernement auquel ils appartiennent, ni au Premier Ministre qui en est théoriquement le chef. Se référer à Joseph KABILA sans mention de 'Son Excellence Monsieur le Président de la République, comme c'est le cas sous d'autres cieux où le Président de la République est simplement désigné par son nom ou son titre sans le faire précéder de 'Son Excellence' est un crime de lèse-majesté[293].

Le Président de la République ne s'est pas limité à s'arroger tout le pouvoir exécutif. Son appétit l'a amené à ruiner le pouvoir législatif. Que dire alors sur

---

[290] Sur le régime politique instauré par la Constitution du 18 février 2006, lire ESAMBO KANGASHE J.L., *Le droit constitutionnel,* Louvain-la- neuve, Academia-L'Harmattan, 2013, p. 221.

[291] MBATA BETUKUMESU MANGU A., *Abolition de la peine de mort et constitutionnalisme en Afrique,* Paris, L'Harmattan, 2013, pp. 121-122.

[292] MBATA BETUKUMESU MANGU A., *Op Cit*, p. 125.

[293] *Idem*, pp. 125-126.

l'érosion du pouvoir législatif au profit du pouvoir exécutif dominé par le Président de la République ?

C. L'érosion du pouvoir législatif au profit du pouvoir exécutif dominé par le Président de la République

Le Parlement congolais qui est investi du pouvoir de légiférer et de contrôler le Gouvernement a vu son pouvoir s'éroder de plus en plus au point de devenir une caisse de résonnance de la majorité présidentielle et un tigre en carton. Tout se passe comme si le parlement congolais était devenu une caisse d'enregistrement de la majorité présidentielle et un tigre en papier[294] sous la coupe de la majorité présidentielle.

1. Le parlement congolais, une caisse d'enregistrement de la majorité présidentielle

Il est certes vrai que le Parlement issu des élections de 2006 a été particulièrement prolifique en matière de production législative. Dans certaines matières, le nombre de propositions des lois est parfois supérieur à celui de projets des lois. Cependant, il convient de remarquer que les projets de lois sont examinés en priorité au détriment des propositions des lois. En outre, des lois se rapportant aux finances publiques échappent de plus au Parlement et sont adoptées par ordonnances-lois du Chef de l'État lors des vacances parlementaires.

Il s'est agi notamment de l'ordonnance-loi n° 13/006 du 23 février 2013 portant régime fiscal applicable aux entreprises de petite taille en matière d'impôt sur les bénéfices et profits, de l'Ordonnance-loi n° 13/007 du 23 février 2013 modifiant et complétant certaines dispositions de l'ordonnance-loi n° 10/001 du 20 août 2010 portant institution de la Taxe sur la Valeur Ajoutée[295].

---

[294] NGOMA-BINDA (dir), *République Démocratique du Congo, démocratie et participation à la vie politique : une évaluation des premiers pas dans la 3ème République,* AFRIMAP, Johannesburg, 2010, p. 12.

[295] Pour plus de détails, voir Loi n° 13/014 portant ratification de l'Ordonnance-loi n°013/001 du 23 février 2013 fixant la nomenclature des impôts, droits, taxes et redevances des Provinces et des entités territoriales décentralisées ainsi que leurs modalités de répartition, *JORDC,* 54eme année, n° 14 du 15 juillet 2013, pp. 12-13 ; Loi n°13/015 du 26 juin 2013 portant ratification de l'Ordonnance-loi n° 013/002 du 23 février 2013 fixant la nomenclature des droits, taxes et redevances du pouvoir central, *JORDC,* 54eme année, n° 14 du 15 juillet 2013, pp. 13-14 ; Loi n° 13/016 du 26 juin 2013 portant ratification de l'Ordonnance-loi n° 013/003 du 23 février 2013 portant réforme des procédures relatives à l'assiette, au contrôle et aux modalités de recouvrement des recettes non fiscales, *JORDC,* 54ème année, n° 14 du 15 juillet 2013, pp. 14-15 ; Loi n°13/017 du 26 juin 2013 portant ratification de l'Ordonnance-loi n°013/004 du 23 février 2013 portant abrogation de certaines dispositions de la Loi n°006/03 du 13 mars 2003 fixant les modalités de calcul et de perception des acomptes

En plus, le projet de la majorité présidentielle de réviser la Constitution de 2006 qui parait être à de fins politiques et électoralistes, a été adopté sans débat par Parlement, faisant passer notamment l'élection du Président de la République de deux tours à un seul tour, par l'entremise de la loi n° 11/002 du 20 janvier 2011 portant révision de certains articles de la Constitution du 18 février 2006.

Certains acteurs politiques ont soutenu cette idée en affirmant que le gouvernement est mieux informé que quiconque des besoins du pays et compte tenu de la complexité des problèmes à résoudre, il est mieux outillé que les parlementaires pour préparer des projets de lois qui puissent offrir toutes les garanties d'efficacité. Le gouvernement sera ainsi responsable des succès et des échecs rencontrés. Et pour que cette responsabilité puisse produire tous ces effets, il faut que le gouvernement se situe à l'amont et à l'aval de la procédure législative[296].

Bien que présenté comme un droit nouveau des affaires[297], l'OHADA ne convainc pas encore certains milieux des intellectuels et universitaires congolais. Ce doute a été traduit par le rejet massif, le 12 novembre 2009, du projet de loi

---

et précomptes de l'impôt sur les bénéfices et profits, *JORDC,* 54ème année, n° 14 du 15 juillet 2013, pp. 16-17 ; Loi n°13/018 du 26 juin 2013 portant ratification de l'Ordonnance-loi n°013/005 du 23 février 2013 modifiant et complétant certaines dispositions de la Loi n°004/2003 du 13 mars 2003 portant réforme des procédures fiscales, *JORDC,* 54ème année, n° 14 du 15 juillet 2013, pp. 17-19; Loi n°13/019 du 26 juin 2013 portant ratification de l'Ordonnance-loi n°013/006 du 23 février 2013 portant régime fiscal applicable aux entreprises de petite taille en matière d'impôt sur les bénéfices et profits, *JORDC,* 54ème année, n° 14 du 15 juillet 2013, pp. 19-20 ; Loi n° 13/020 du 26 juin 2013 portant ratification de l'Ordonnance-loi n°013/007 du 23 février 2013 modifiant et complétant certaines dispositions de l'Ordonnance-loi n° 10/001 du 20 août 2010 portant institution de la taxe sur la valeur ajoutée, *JORDC,* 54ème année, n° 14 du 15 juillet 2013, pp. 20-22 ; Loi n°013/021 du 26 juin 2013 portant ratification de l'Ordonnance-loi n°013/008 du 23 février 2013 modifiant et complétant certaines dispositions de l'Ordonnance-loi n°69/009 du 10 février 1969 relative aux impôts cédulaires sur les revenus, *JORDC,* 54ème année, n° 14 du 15 juillet 2013. pp. 22-23 ; Loi n°013/022 du 26 juin 2013 portant ratification de l'Ordonnance-loi n°013/009 du 23 février 2013 modifiant et complétant certaines dispositions de l'Ordonnance-loi n°90/046 du 08 août 1990 portant réglementation du petit commerce, *JORDC,* 54ème année, n° 14 du 15 juillet 2013, p. 24.

[296] KOSSI SOMALI, *Le parlement dans le nouveau constitutionnalisme en Afrique. Essai d'analyse comparée à partir des exemples du Bénin, du Burkina Faso et du Togo,* Thèse de doctorat, Université de Lille, 2008, p.235.

[297] BAKANDEJA wa MPUNGU, G., « Les enjeux de l'adhésion de la République Démocratique du Congo à l'organisation pour l'harmonisation en Afrique du droit des affaires », in NDESHYO RURIHOSE (dir.), *Mélanges Céleslin Nguya-Ndila. La République Démocratique du Congo : les défis récurrents de la décolonisation, de l'État de droit et du développement économique et social,* Kinshasa, CEDESURK, 2012, pp. 349-373.

portant autorisation de l'adhésion de la RD Congo à l'OHADA par les Sénateurs[298].

Ce rejet fut ressenti par le Président de la République comme un affront, compte tenu des assurances qu'il avait données aux partenaires de la RD Congo qui voulaient à tout prix que le pays intègre le club des États membres de l'OHADA. Il fit de l'adhésion de la RD Congo à l'OHADA une affaire personnelle en dépit des obstacles juridiques qu'elle comportait. Ainsi, lors de son discours sur l'état de la nation, le 7 décembre 2009, Joseph Kabila s'exprima, à ce sujet, en ces termes :

> Les raisons du mauvais classement de notre pays dans le répertoire de référence « Doing Business » sont connues. La solution pour obtenir une meilleure cotation l'est autant. Elle a pour noms transparence, simplification et souplesse. Le Gouvernement a déjà identifié une dizaine de mesures allant dans ce sens. Je souhaite, cependant, que nous allions plus loin et plus vite. Je lui assigne, donc, des objectifs complémentaires à atteindre impérativement d'ici la fin du mois de mars 2010. Il s'agit, en priorité, de l'adhésion de notre pays à l'OHADA, mesure essentielle pour rassurer le secteur privé sur une préoccupation capitale, la sécurité juridique. J'espère qu'une issue plus heureuse à ce dossier, qui peine à obtenir la sanction législative, pourra être trouvée dès la plus prochaine rentrée parlementaire[299].

Balingene Kahombo considère ce discours comme un ordre donné aux parlementaires. Pour s'en convaincre, le projet de loi avait été, cette fois, déposé au Bureau de l'Assemblée nationale qui profita de la session extraordinaire de janvier 2010 pour adopter la Loi n°10/002 du 11 février 2010 autorisant l'adhésion de la RDC au Traité OHADA suivant une procédure jugée urgente[300].

Aussi, parlement congolais semble être un simple tigre en papier[301] sous la coupe de la majorité présidentielle.

---

298 Voir KABILA KABANGE J., *Discours sur l'étal de la nation,* Kinshasa, 7 décembre 2009.

299 BALINGENE KAHOMBO, « L'adhésion de la RDC à l'OHADA : vers la prospérité nationale par l'unification du droit ? », *Librairie africaine d'études juridiques,* Volume 11, Juillet 2012, pp. 103-119.

300 BALINGENE KAHOMBO, « L'adhésion de la RDC à l'OHADA ... », *Op. Cit.,* p. 107.

301 NGOMA-BINDA (dir), *République Démocratique du Congo, démocratie et participation à la vie politique : une évaluation des premiers pas dans la 3ème République,* AFRIMAP, Johannesburg, 2010, p. 12.

2. Le parlement congolais, un tigre en papier[302] sous la coupe de la majorité présidentielle

Si le Parlement issu des élections de 2006 a eu le mérite d'avoir produit plusieurs lois nécessaires à la mise en œuvre de la Constitution, il est à noter que cet organe législatif a failli quelque peu dans sa mission de contrôle du Gouvernement, les entreprises publiques et des services publics.

Certes, plusieurs moyens de contrôle parlementaire ont été mis en marche par les deux chambres du Parlement : interpellation, commission d'enquêtes, question orale ou écrite... ; mais aucun de ses moyens n'a abouti à la sanction contre un membre ou le Gouvernement lui-même à travers une motion de censure ou de défiance ou la mise en accusation des gestionnaires de la chose publique.

Le contrôle du Parlement sur le Gouvernement a été compromis par le jeu des camps politiques[303]. La forte soumission des parlementaires à l'autorité politique du Président de la République les a empêchés d'adopter des sanctions contre l'un des membres du gouvernement ayant encore la confiance de ce dernier.

Il en résulte une concentration des pouvoirs exécutif et législatif entre les mains du Président de la République, chef du parti ou de la coalition majoritaire à l'Assemblée nationale. L'exécutif et le législatif ne sont plus séparés, mais solidaires sous l'autorité du chef de l'État, véritable titulaire de la majorité.

Dans ces conditions, le développement du phénomène majoritaire produit comme conséquence la remise en cause du pilier fondamental de la séparation des pouvoirs : le contrôle de l'action gouvernementale par l'Assemblée parlementaire.

Cette concentration de l'autorité, incompatible avec la logique démocratique, remet en cause outre la séparation des pouvoirs, le pluralisme politique, et dénature le contrôle parlementaire, qui n'est plus exercé que par l'opposition si elle est représentée ou par la société civile, sinon au travers des manifestations de la rue. Malheureusement ii y a une certaine soumission du pouvoir judiciaire au Président de la République.

---

[302] NGOMA-BINDA (dir), *République Démocratique du Congo, démocratie et participation à la vie politique : une évaluation des premiers pas dans la 3ème République,* AFRIMAP, Johannesburg, 2010, p. 12.

[303] NGOMA-BINDA (dir), *République Démocratique du Congo, démocratie et participation à la vie politique : une évaluation des premiers pas dans la 3ème République, Op.Cit*, p.179. Lire aussi dans ce sens, NTUMBA-LUABA LUMU, *Droit constitutionnel général,* Kinshasa, EUA, 2007, p. 317.

D. La soumission du pouvoir judiciaire au Président de la République

D'un autre côté, l'indépendance de la justice pourtant inscrite dans la Constitution semble hypothéquée. Les juges ne sont pas inamovibles, ils peuvent être affectés en tout lieu, voire démis de leurs fonctions par le Conseil supérieur de la magistrature, généralement, sous la coupe par le chef de l'État.

Leur devenir professionnel dépend directement de ce dernier. Pour conserver leur poste et bénéficier quelques promotions, les magistrats doivent se montrer conciliants. L'indépendance du pouvoir judiciaire a été mise à rude épreuve pendant la première législature de la troisième République. Cette situation s'est manifestée à travers notamment le clientélisme politique dans la nomination des magistrats et l'allégeance de ces derniers au Président de la République.

L'on peut évoquer la nomination, en 2011, de 17 nouveaux magistrats à la CSJ pendant la campagne électorale et leur prestation du serment devant le Président de la République[304] ; ce qui a donné lieu à la gestion catastrophique du contentieux des résultats des élections présidentielle et législatives[305].

Il faut noter qu'au-delà des obstacles juridiques qui consistent à soumettre la mise en accusation du Chef de l'État à l'appréciation du Parlement, qui du reste lui est, généralement, favorable, la Cour constitutionnelle, est à ce jour, composée de partisans du Président de la République parce qu'ayant nommé les membres de cette haute instance, presque selon sa propre discrétion ou néanmoins celle de sa famille politique. Ainsi, « inviter les partisans du Chef de l'État à le passer en jugement sans manifester aucun sentiment révérenciel, serait faire appel à leur sens d'opportunité politique, ce qui reviendrait à voir le procès s'arrêter avant de commencer »[306]. Que dire sur la confiscation de l'autonomie des provinces et des entités territoriales décentralisées?

§2. La confiscation de l'autonomie des provinces et des entités territoriales décentralisées

Il sied rappeler que tenant compte de la dégradation de la situation économique de la RD Congo, de l'aggravation de la pauvreté des populations, le constituant du 18 février 2006 a, désormais, levé l'option pour une gouvernance du pays à trois niveaux, à savoir le pouvoir central, les provinces et les entités territoriales décentralisées qui sont : les villes, les communes, les secteurs et les chefferies.

---

[304]http://radiookapi.net/actualite/2011/11/11/rdc-le-chef-de-lÉtat-preside-la-rentree-judicaire-de-la-csj-au-katanga/

[305] Rapport MOE-UE mars 2012.

[306] KAMUKUNY MUKINAY, A. et KALALA MUPINGANI, F., « La Constitution congolaise du 18 février 2006 et la responsabilité pénale du Chef de l'État : Un édifice constitutionnel fictif », *RADG,* volume I, n°2 et 3, p. 39.

Comme les provinces, les entités territoriales décentralisées sont dotées de la personnalité juridique et jouissent de la libre administration et de l'autonomie de gestion de leurs ressources économiques, humaines et techniques[307]. Ainsi, j'évoque l'autonomie des provinces au retour de la tutelle du Président de la République et la politisation de l'administration territoriale.

A. L'autonomie des provinces au retour de la tutelle du Président de la République

De par la Constitution, les provinces sont devenues des composantes politiques et administratives du territoire de la République, dotées de la personnalité juridique et gérée par les organes locaux élus par la base. Elles jouissent de la libre administration et de l'autonomie de gestion de leurs ressources économiques, humaines et techniques[308]. Le constituant limite lui-même les institutions politiques provinciales[309], détermine les compétences entre le pouvoir central et les provinces, et fixe la clé de répartition des ressources nationales[310].

Cette nouvelle architecture institutionnelle implique le transfert, par le pouvoir central, d'importantes compétences et ressources aux provinces qui, désormais, sont gérées par les organes élus pour le bien-être des populations. Le constituant justifie ce choix d'une gouvernance « étagée »[311] de l'État par la « nécessité de créer les centres d'impulsion et de développement du pays par la base et de consolider l'unité nationale mise en mal par des guerres successives »[312].

Le Constituant semble avoir trouvé la formule tant recherchée, conciliant à même temps les exigences du développement d'un pays aux dimensions

307 Art. 3 de la Constitution du 18 février 2006, telle que révisée à ce jour.
308 Il est prévu 25 provinces, mais seuls 10 provinces sont opérationnelles : Bas-Congo, Bandundu, Equateur, Kasaï Occidental, Kasaï Oriental, Katanga, Maniema, Province Orientale, Nord Kivu, Sud Kivu et la ville de Kinshasa qui a le statut de Province, en attendant la loi de programmation qui déterminera les modalités d'installation de nouvelles provinces (cfr. article 226 de la loi n°11/002 du 20 janvier 2011 portant révision de certaines dispositions de la Constitution du 18 février 2006.
309 Art. 195 à 200 de la Constitution du 18 février 2006, telle que révisée à ce jour.
310 Art. 175 alinéa 2 de la Constitution du 18 février 2006, telle que révisée à ce jour.
311 KUMBU ki NGIMBI, J.M., y voit un partage des pouvoirs entre trois paliers de l'État sous forme de trois cercles concentriques : le plus petit cercle représentant les entités territoriales décentralisées, le cercle moyen représentant les provinces et le plus grand représentant le pouvoir central, sans que celui-ci puisse se confondre, *in* MABIALA MANTUBA-NGOMA, P. (dir), *Le processus de décentralisation en République Démocratique du Congo,* Publications de la fondation KONRAD ADENAUER, p. 58.
312 Voir l'exposé des motifs de la Constitution du 18 février 2006, telle que révisée à ce jour.

continentales, comme la RD Congo, et l'impératif de la sauvegarde de l'unité et de la cohésion nationales, deux valeurs apparemment « antinomiques », mais indispensables.

Cependant, force est de constater que depuis l'installation des institutions provinciales issues des élections de 2006, le pouvoir central exprime de manière récurrente des craintes à l'égard de ce processus de décentralisation ; celles-ci expliquant au moins officiellement les hésitations à transférer les compétences et les ressources financières aux provinces, en vue de les permettre de faire face à leurs responsabilité et à les laisser s'auto-administrer, conformément à la Constitution laissant planer, de plus en plus, l'esprit centralisateur.

En effet, lors de son premier discours sur l'état de la Nation, en 2007, le Chef de l'État a vu dans cette nouvelle réforme instituée par la Constitution, une innovation à la fois « plus prometteuse » et « potentiellement dangereuse » ; et d'ajouter : « la décentralisation, d'essence constitutionnelle soit-elle, n'est pas synonyme de fédéralisme, encore moins de la confédération. La ligne de démarcation mérite d'être rapidement tracée »[313].

Une année plus tard, le même chef de l'État, partageant sa réflexion avec le parlement, réuni en Congrès, sur la décentralisation voulue par le peuple et consacrée par la Constitution, a affirmé que :

> la décentralisation ne doit, en aucune façon, servir d'alibi à des projets antipatriotiques de déstabilisation des institutions ou devenir une source de tensions permanentes alimentées par des intérêts égoïstes[314].

En 2009, le Président de République constate, avec regret, que trop souvent les relations entre le pouvoir législatif et l'exécutif en Provinces sont :

> plutôt tendues entre les deux pouvoirs. Et cela bloque le fonctionnement des institutions, réduit la performance et décrédibilise autant que leurs animateurs... Les ajustements s'imposent donc pour une plus grande efficacité collective[315].

Prenant position sur les dispositions de la Constitution à revisiter au regard du bilan de son application, quatre ans après, sa promulgation, le Chef de l'État note :

> sans remettre en cause le principe de la décentralisation, l'autre contradiction majeure à résoudre est celle qui oppose, d'une part,

[313] Cabinet du Président de la République, *L'état de la Nation 2007, 2008,2009,* Edition de la présidence de la République, Kinshasa, p. 46.
[314] Cabinet du Président de la République, *L'état de la Nation 2007, 2008,2009,* Edition de la présidence de la République, Kinshasa, p. 69.
[315] Cabinet du Président de la République, *L'état de la Nation 2007, 2008,2009,* Edition de la présidence de la République, Kinshasa, p. 69, *Op. Cit*, p. 97.

> l'exigence de la mise en œuvre... d'une décentralisation d'essence constitutionnelle... et d'autre part, le double impératif de garantir la viabilité de ces provinces au regard des maigres ressources disponibles et de consolider, au préalable, de l'autorité de l'État à peine rétablie, dans un environnement où les forces centrifuges n'ont pas nécessairement dit leur dernier mot[316].

Au-delà de ce discours politique très réservé et même pessimiste vis-à-vis du processus de décentralisation pourtant largement adopté le peuple congolais, l'on a constaté que le pouvoir central intervient, de plus en plus, dans la gouvernance des provinces soit par les interpellations des quelques Gouverneurs, soit par la suspension de certains édits provinciaux à travers des communiqués de presse et l'annulation systématiques des motions de censures des assemblées, en vue de la réhabilitation des autorités provinciales déchues et même le scellage des bureaux des assemblées provinciales. La suspension de l'Assemblée provinciale de l'Équateur est très éloquente à ce sujet. En effet, le mardi 22 avril 2014, le Gouvernement central a suspendu toutes les activités de l'Assemblée provinciale de l'Équateur à l'issue du Conseil des ministres, présidé par le chef de l'État Joseph Kabila. Le compte-rendu de cette réunion lu à la télévision publique par le porte-parole du Gouvernement avait indiqué, sans plus de détails, que cette décision avait été prise pour mettre fin à « une nouvelle crise en gestation au sein de l'Assemblée provinciale et du Gouvernement provincial de l'Équateur»[317].

C'est, d'ailleurs, dans cette logique « décentralicide »[318] qu'il faudrait situer la modification des articles 197 et 198 la Constitution du 18 février 2006 intervenue en janvier 2011 qui reconnaissent, désormais, au Chef de l'État le «pouvoir de dissoudre une Assemblée provinciale et de relever de ses fonctions un Gouverneur en cas de crise persistante menaçant le fonctionnement régulier des institutions provinciales »[319]. L'exposé des motifs de cette loi mentionne, à l'appui de cette révision, « les dysfonctionnements imprévus par le constituant originaire qui sont apparus dans la vie des institutions de la République tant au niveau national que provincial », sans en citer un seul cas pour illustrer sa motivation.

Ainsi, l'on peut considérer que la révision des articles 197 et 198 a été, à la fois, une fraude et une violation intentionnelle de la Constitution. En effet, l'article 197 originaire déterminait le statut des Assemblées provinciales qui

---

[316] *Idem*, p. 100.

[317]« RDC : le gouvernement suspend les activités de l'Assemblée Provinciale de l'Equateur », http://www.radiookapi.net/actualites, consulté le 15 novembre 2014.

[318] L'expression renvoie à un néologisme visant une pratique tendant à étouffer la décentralisation.

[319] Les articles 197 et 198 tels que modifiés de la Loi n°11/002 du 20 janvier 2011 portant révision de certaines dispositions de la Constitution du 18 lévrier 2006.

bénéficiaient d'une autonomie politique et ne pouvaient être dissoutes que de plein droit.

La révision de cet article a donné compétence au Président de la République, après concertation avec les Présidents de l'Assemblée nationale et du Sénat, de dissoudre les Assemblées provinciales en cas des crises persistantes. Il en est de même de l'article 198 qui octroie au Président de la République le pouvoir de révoquer les Gouverneurs de province, pouvoir qu'il n'avait pas dans la formulation originaire de cet article.

Ainsi, la fraude à la Constitution consiste, au sujet de ces deux articles révisés, en le fait que le constituant dérivé a institué une « tutelle » du Président de la République sur les provinces en ruinant leur autonomie reconnue par le constituant originaire. La révision de ces deux articles est donc contraire au but du constituant originaire qui voulait voir les provinces être politiquement, économiquement et administrativement autonomes.

Si l'on tient compte du contexte qui a précédé la révision de ces deux articles, il parait clair que le constituant dérivé avait consacré les pratiques inconstitutionnelles de l'exécutif qui tendaient à soumettre tous les gouverneurs de province à la volonté du régime en place.

Les Présidents des Assemblées provinciales appartenant à des partis politiques de l'Opposition, au niveau national, ont été obligés de s'aligner sur la mouvance présidentielle. Au cas contraire, ce sont les ennuis qui s'en suivaient. En reconnaissant au Président de la République le pouvoir de dissoudre les Assemblées provinciales et de révoquer les Gouverneurs de province, le constituant dérivé formalisait la volonté du Président de la République de concentrer autour de lui tous les pouvoirs d'État.

La révision des articles 197 et 198 était, également, une violation de la Constitution du 18 février 2006 dans la mesure où l'autonomie des provinces est rangée parmi les matières intangibles. C'est dans ce sens que l'alinéa 2 de l'article 220 dispose : « Est formellement interdite, toute révision constitutionnelle ayant pour objet ou pour effet de réduire les droits et les libertés de la personne ou de réduire les prérogatives des provinces et des entités territoriales décentralisées ».

Ainsi, en instituant la possibilité pour le Président de la République de dissoudre les Assemblées provinciales et de révoquer les Gouverneurs de provinces, le constituant dérivé avait réduit l'autonomie des provinces. De plus, cette violation était intentionnelle. En effet, le constituant dérivé savait bel et bien que l'autonomie des provinces ne peut faire l'objet d'une quelconque révision dans le sens de réduire leurs prérogatives. Que dire sur la politisation de l'administration territoriale ?

B. La politisation de l'administration territoriale

Par ailleurs, onze ans après l'entrée en vigueur de cette Constitution, force est de constater que si les élections provinciales ont vu le jour lors du premier cycle électoral en 2006, celles urbaines, communales et locales ont été reléguées aux calendes grecques. Dans le deuxième cycle électoral, les élections des autorités des entités décentralisées sont projetées pour l'année 2014 sans aucune garantie de leur tenue.

La non-tenue des élections urbaines, municipales et locales pourtant prévues par l'Accord Global et inclusif du 17 décembre 2002 et par la loi électorale du 09 mars 2006, a eu comme effet que les institutions de gouvernance des entités territoriales n'ont pas fonctionné jusqu'à ce jour. On trouve ainsi à la tête des entités territoriales décentralisées des autorités territoriales dont le statut juridique est incompatible avec la nature même des entités qu'elles gèrent, sans organe délibérant représentatif des intérêts de la population ; ce qui donne lieu à une territoriale « militantiste » ou fortement politisée.

En effet, face à la délicatesse du problème de la gouvernance des entités décentralisée, à la suite de la non tenue des élections urbaines, municipales et locales lors du premier cycle électoral de 2006, le législateur congolais a décidé, dans les dispositions transitoires et finales de la loi sur la décentralisation, qu'en attendant l'organisation de ces élections, les différentes autorités en poste sont gérées conformément aux dispositions du Décret-loi n°82 du 02 juillet 1998 portant statut des autorités chargées de l'administration des circonscriptions territoriales[320]. Il a, ainsi, a consacré ainsi le statu quo à la tête des entités décentralisées.

Rappelons que les Maires de villes, les Bourgmestres de Communes et les Chef de Secteur étaient nommés par Décret du Président de la République durant la période de transitions, mais ils étaient issus des différentes composantes et entités au Dialogue inter-congolais, à savoir l'ex-composante Gouvernement central et les mouvements rebelles[321].

En soumettant même provisoirement ces autorités gouvernant des entités territoriales décentralisées à la loi Décret-loi sus évoqué, le législateur leur a confère le statut des agents déconcentrés de l'État. Ainsi, le Maire et le Maire-adjoint, le Bourgmestre et le Bourgmestre-adjoint sont désormais nommés et révoqués[322] le Président de la République sur proposition du Ministre des

[320] Art. 125 de la loi organique n° 08/016 du 07 octobre 2008 portant composition, organisation et fonctionnement des entités territoriales décentralisées et leurs rapports avec l'État et les provinces, *Journal Officiel,* 49ème année, Numéro spécial, 10 octobre 2008.

[321] Lire à ce propos, NGOMA-BINDA (dir), *Op. Cit.* p. 214.

[322] En vertu du principe du parallélisme de forme et de compétence.

Affaires intérieures[323] ; tandis que le Chef de secteur est nommé par le ministre des Affaires intérieures, qui dispose aussi du pouvoir de reconnaître le chef de chefferie désigné conformément à la coutume[324]. En plus, des différentes autorités territoriales sont soumises au pouvoir hiérarchique du Ministre de l'intérieur qui peut à ce titre, les suspendre toute autorité « pour compromission dans l'exercice de ses fonctions ou manquement aux devoirs de sa charge »[325].

Il s'agit là, donc, des agents déconcentrés du pouvoir central placées à la tête des entités territoriales décentralisées. Ce statut des autorités locales est manifestement incompatible avec le principe de la libre administration et de l'autonomie de gestion de ressources économiques, humaines et techniques qui régissent les entités territoriales décentralisées qui sont du reste dotées de la personnalité[326]. Cette situation confuse a pour conséquence le non-gouvernance qui se dégage sur toutes entités de base de l'État congolais.

Comme on pouvait bien s'y attendre, le statut des autorités territoriales a beaucoup pesé sur ses rapports avec le pouvoir central surtout dans le contexte des élections présidentielles et législatives du 28 novembre 2011. En effet, le poids de la hiérarchie a fait qu'à l'approche de ces élections, les Maires de villes, les Bourgmestres de Communes, Chefs de secteurs et de Chefferie se sont fait enrôler, de gré ou de force, au parti politique au pouvoir[327].

En outre, lors de la campagne électorale en perceptive du scrutin du 28 novembre 2011, plusieurs observateurs ont noté la participation active des autorités territoriales, usant des moyens de l'État en leur disposition, en faveur du candidat président de la République sortant[328], en dépit du fait le législateur interdit aux agents de carrière des services publics de l'État, comme magistrats, aux membres des Forces armées congolaises et de la Police nationale congolaise, ainsi qu'à ceux des services de sécurité, toute activité politique ou toute participation active à des manifestations politiques[329].

---

323 Article 3 du Décret-loi n°82 du 02 juillet 1998 portant statut des autorités chargées de l'administration des circonscriptions territoriales.
324 Article 5 du Décret-loi précité.
325 Article 7 du Décret-loi précité.
326 Article 3 de la Constitution du 18 février 2006, telle que révisée à ce jour.
327 Lire dans ce sens le quotidien Le Phare, n°4149, du 24/08/2011, p. 3. On a constaté par exemple la présence de la quasi-totalité des autorités territoriales au congrès du PPRD, parti présidentiel.
328 Voir dans ce sens, le rapport de Mission nationale d'observation, Rapport à mi-parcours de l'observation des élections du 28 novembre 2011, Kinshasa, décembre 2011, p. 7.
329 Art. 31 de la Loi n° 06/006 du 09 mars 2006 portant organisation des élections présidentielle, législatives, provinciales, urbaines, municipales et locales, telle que modifiée et complétée par la loi n° 11/003 du 25 juin 2011.

Que retenir sur l'impact de l'alternance démocratique dans l'histoire politique de la RD Congo ?

§ 3. L'impact de l'alternance démocratique dans l'histoire politique de la RD Congo

Pour ce faire, je rappelle l'aperçu général sur l'alternance démocratique du 24 janvier 2019 et les retombées de l'alternance démocratique.

1. Aperçu général sur l'alternance démocratique du 24 janvier 2019

Depuis son accession à la souveraineté nationale et internationale, la République Démocratique du Congo a connu trois changements de Chefs d'États.

Le 24 novembre 1965, Joseph-Désiré Mobutu, accède au pouvoir par un coup d'Etat qu'il a orchestré contre Joseph Kasa-Vubu, alors Président de la République Démocratique du Congo.

Le 17 mai 1997, c'est autour de Laurent-Désiré Kabila de chasser, par les armes après une longue rébellion, le Président Mobutu, qui fut contraint à un exil mortel au Maroc.

Le 26 janvier 2001, après l'assassinat de Laurent-Désiré Kabila, son fils Joseph Kabila, accède aux fonctions suprêmes de Chef de l'État, à seulement 29 ans, devenant ainsi, le plus jeune dirigeant africain.

Cependant, avec l'avènement de la Constitution du 18 février 2006, la République Démocratique du Congo s'inscrit sur la voie de la démocratie, en consacrant les élections comme le seul mode d'accession au pouvoir.

Après deux cycles électoraux organisés respectivement en 2006 et 2011, le pays a toujours sombré dans de crises et tensions, après chaque élection qui pouvait à bon escient, remettre en cause la crédibilité et la transparence de ces élections.

Élu pour un mandat quinquennal en 2006, et réélu en 2011, le Président Joseph Kabila, visiblement déterminé à s'accrocher au pouvoir, en violation du prescrit constitutionnel, trouve de motifs, pour ne pas organiser les élections au terme de son second et dernier mandat en 2016.

Cependant, la pression populaire et l'influence de plus en plus croissante de la communauté internationale, finirent par pousser le Président Joseph Kabila, à organiser les élections le 31 décembre 2018, dont il fut contraint de ne pas se présenter comme candidat.

De ces élections générale et démocratique, Félix-Antoine Tshisekedi Tshilombo, est sorti vainqueur, devenant ainsi, le premier Président congolais à accéder au pouvoir démocratiquement à la suite du suffrage exprimé directement par le souverain primaire.

C'est ainsi qu'a eu lieu, le 24 janvier 2019, la passation pacifique et civilisée du pouvoir, entre Joseph Kabila, Président de la République sortant, et Félix-Antoine Tshisekedi, Président de la République entrant.

Cette alternance démocratique au sommet de l'État, apporta une lueur d'espoir pour la floraison du constitutionnalisme, en République Démocratique du Congo. Que dire sur les retombées de l'alternance démocratique ?

2. Les retombées de l'alternance démocratique

Comme nous l'avons développé ci-haut, de 2006 à 2018, la RD Congo a sombré dans un régime de confusion des pouvoirs au profit du Président de la République.

D'une révision constitutionnelle taillée sur mesure, à l'inféodation du pouvoir judiciaire, en passant par l'érosion du pouvoir législatif, le régime Kabila laissait à peine transparaitre, les traits du constitutionnalisme.

Cependant, avec l'alternance démocratique, la donne va vite changer : le parlement joue désormais son rôle et le pouvoir judiciaire reprend visiblement du poil de la bête.

Longtemps qualifié comme une caisse de résonnance au service de l'exécutif, le parlement congolais a, pour la première fois de son histoire, voté la motion de censure contre le Premier Ministre, une sanction politique jamais envisagée sous le régime précédent.

Dans sa mission parlementaire de contrôleur de l'action de l'exécutif[330], Le député national Chérubin Okende, a déposé une motion de censure le 22 janvier 2021, signée par ses 301 collègues contre le gouvernement Ilunga Ilunkamba. Le 27 novembre 2021, lors de la séance plénière à laquelle le Premier Ministre, n'a pas pris part, sur les 382 députés présents dans la salle, 367 ont voté en faveur de la destitution du gouvernement, marquant ainsi, un tournant historique dans l'histoire politique et parlementaire de la RD Congo.

Comme on peut si bien le constater, le parlement congolais, devient, quoique lentement, le contrepoids de l'exécutif.

L'alternance démocratique, a également permis au pouvoir judiciaire de jouer pleinement son rôle : l'indépendance du pouvoir judiciaire, longtemps restée utopique, semble devenir réelle.

Cela s'explique notamment par le fait que désormais, la justice peut se saisir même de dossiers impliquant les hautes autorités du pays. Aussi bien les gouvernants que les gouvernés sont soumis à l'autorité de la loi.

---

[330] Article 100 de la Constitution du 18 février 2006, telle que révisée à ce jour.

Il y a également lieu de noter que, avec l'avènement d'un nouveau régime, fruit de l'alternance démocratique, l'État de droit semble devenir de plus en plus une réalité et le respect des droits et libertés fondamentaux, une priorité. Pour s'en convaincre, il sied d'observer la fin de l'époque des prisonniers politiques, la renaissance de la liberté d'expression et la dignité due à la personne humaine.

Toutefois, reconnaissons-le, le chemin est encore long, pour la RD Congo dans sa quête d'un État de droit véritablement démocratique, et d'un pouvoir politique assis sur les principes du constitutionnalisme. Les pages qui suivent portent sur L'absence de l'état de droit et les violations des droits humains.

Section 2. L'absence de l'état de droit et les violations des droits humains

Deux autres exigences du constitutionnalisme pourtant bien consacrées dans la Constitution du 18 février 2006 peinent à trouver application dans l'agir des animateurs des institutions politiques en République Démocratique du Congo. Il s'agit de l'État de droit et du respect des droits humains.

§1. Le Non-respect des exigences de l'État de droit

Comme défini ci-haut, l'État de droit postule le bon fonctionnement de la justice et notamment de la justice constitutionnelle, dont l'indépendance doit être sauvegardée, ainsi que le respect des textes juridiques en vigueur. Je parle du rôle du juge constitutionnel en matière de contrôle de constitutionnalité des lois et des actes ayant force de loi, de la violation des autres textes juridique

A. Le rôle du juge constitutionnel en matière de contrôle de constitutionnalité des lois et des actes ayant force de loi

Depuis l'entrée en vigueur de la Constitution, le juge constitutionnel s'est prononcé sur la constitutionnalité des actes juridiques, parmi lesquels les lois, les règlements d'assemblée, les motions de défiance, lesquels ont révélé sa contribution au constitutionnalisme.

Le tableau en annexe reprend les plus importantes décisions de la Cour suprême de justice, faisant office de Cour constitutionnelle en matière constitutionnelle, notamment en matière de contrôle de constitutionnalité des lois, des règlements intérieurs des chambres parlementaires et de institutions d'appui à la démocratie, des actes réglementaires, des motions de censure et de défiance, en matière d'interprétation de la constitution, de compatibilité des traités internationaux à la Constitution.

À première vue, l'on peut se féliciter, dans le cadre de la promotion de l'État de droit en République Démocratique du Congo, du travail abattu par cette cour en matière constitutionnelle, notamment en ce qui concerne le contrôle de la constitutionnalité actes juridiques, après une période de léthargie de la justice constitutionnelle congolaise[331].

À ce sujet, on note qu'après 26 mois d'activité effective, la Cour constitutionnelle congolaise a reçu, au total, 505 requêtes, dont 427 en inconstitutionnalité, 54 en appréciation de la conformité à la Constitution, 26 en interprétation de la Constitution et 7 en annulation. Elle a, pour la même période, rendu 163 arrêts, dont 99 en inconstitutionnalité, 52 en appréciation de la conformité à la Constitution et 12 en interprétation de la Constitution. Par année, 56 décisions ont été prononcées en 2015, 79 en 2016 et 28 pendant les deux trimestres de l'année 2017.

Au regard de la matière traitée, on signale que 11 décisions d'inconstitutionnalité[332], 38 d'appréciation de conformité à la Constitution[333] et 7 en interprétation de la Constitution[334] ont été rendues en 2015. En 2016, la Cour a, en matière d'inconstitutionnalité, rendu 60 arrêts contre 14 en appréciation de la conformité à la Constitution et 5 en interprétation de la Constitution. Dans le courant du premier semestre de l'année 2017, la même juridiction a rendu 28 décisions en matière de contrôle de constitutionnalité.

Bien qu'encourageant, ce bilan à mi-parcours ne semble pas émouvoir une certaine option plus portée vers l'activisme sensationnel de la Cour constitutionnelle cachant le spectre d'un gouvernement des juges dont on ignore le fonctionnement pour que soit autorisé une évaluation objective de sa contribution à la construction d'un État de droit démocratique[335]. Dans un domaine où la capacité de mobilisation du raisonnement juridique et donc, technique reste essentielle, on ne doit pas s'attendre à ce que l'activité du juge constitutionnel soit à la portée de tous et comprise par les non-initiés, tant et si bien qu'en matière un décalage est toujours possible entre ce qui appartient à « la fabrique des décisions »[336] et la spéculation des commentaires.

Selon Jean-Louis Esambo, la justice constitutionnelle congolaise, placée dans une sorte d'apathie, n'a pas, selon une certaine opinion, fonctionné de manière

---

331 ESAMBO KANGASHE J-L., *La Constitution congolaise, Op.Cit.,* p.23

332 Dont cinq d'incompétence et cinq d'irrecevabilité.

333 Parmi lesquelles neuf portent sur la recevabilité des requêtes, quatorze décrétant leur irrecevabilité des requêtes, une déclinant la compétence de la Cour, une autre jugeant la requête fondée et vingt de conformité.

334 Une requête a été déclarée recevable, six rejetées, une non-fondée, trois jugeant la Cour compétente contre deux prononçant son incompétence.

335 Aux termes de l'alinéa 1èr de l'article 1èr de la Constitution du 18 février 2006, telle que révisée à ce jour, la République Démocratique du Congo, est dans ses frontières du 30 juin 1960, un Etat de droit, indépendant, souverain, uni et indivisible, social, démocratique et laïc.

336 LATOUR, B., *La fabrique du droit. Une étymologie du Conseil d'Etat*, Paris, Edition la Découverte, Coll. Sciences Humaines et Sociales, 2004.

satisfaisante pour plusieurs facteurs, notamment trois principaux relevés par Mabanga Monga[337], à savoir : de facteur d'ordre juridique, d'ordre politique et d'ordre psychologique. Sur le plan juridique, l'auteur relève l'insuffisance législative manifeste qui explique l'impossibilité du fonctionnement effectif de la justice constitutionnelle. Sur le plan politique, en revanche, il met en évidence, l'instabilité politique et constitutionnelle ainsi que l'absence de démocratie ; enfin sur le plan psychologique, il évoque la peur qu'avaient les citoyens de s'attaquer aux actes législatifs du Chef de l'État.

Si tel est le cas, on peut, à première vue, admettre qu'il y a tout de même sous l'égide de la Constitution du 18 février 2006, un semblant développement de la justice constitutionnelle en République Démocratique du Congo. Néanmoins, à notre avis, le travail de la Haute cour dans l'émergence du constitutionnalisme, ne devrait pas s'apprécier par rapport au nombre d'arrêts rendus par cette instance, qui est d'ailleurs encore insignifiant dans le sens où plusieurs requêtes notamment en interprétation de la Constitution ont été introduites devant elle, mais sans suite jusqu'à ce jour, joignant la thèse de Ngondankoy Nkoy de la « stratégie d'évitement » de la Cour suprême congolaise, faisant office de cour constitutionnelle, mais plus par la qualité du travail abattu par elle dans l'évolution du droit constitutionnel congolais et la détermination du contenu des dispositions constitutionnelles dont le sens parait ambigu.

Dans ce sens, il convient de relever le fait que la Cour Suprême de justice, en matière du contrôle de constitutionnelle, a construit toute une jurisprudence s'agissant de la justiciabilité des actes d'assemblées en l'occurrence les motions de censure ou de défiance, question qui du reste continue à diviser doctrine et jurisprudence.

En effet, de l'avis de cette juridiction, la motion de censure ou de défiance est un acte législatif, car, par le vocable acte législatif couvre, d'après elle, non seulement les lois stricto sensu ou les textes ayant valeur de loi, mais également tout document ou acte émanant ou accompli dans l'exercice du pouvoir législatif à l'instar de la motion de défiance concernée[338].

Avant comme après la jurisprudence de la Cour suprême de justice, siégeant en matière constitutionnelle, plusieurs auteurs ont essayé de céder à la tentation de définir le vocable « acte législatif ». Nous évoquerons ici les points de vue de

---

[337] MABANGA MONGA, *Op. Cit,* pp. 70-80.

[338] Lire les arrêts R. Const. 051/TSR, 31 juillet 2007 ; R. Const. 078/TSR, 4 mai 2009 ; R. Const. 060/TSR, 28 décembre 2007 ; R. Const. 062/TSR. 26 décembre 2007 ; R. Const. 103/TSR, 7 juin 2010 ; R. Const. 137/TSR, 22 octobre 2010; R. Const. 152/TSR, 26 avril 2011 de la Cour suprême justice faisant office de la Cour constitutionnelle.

Félix Vunduawe[339], Auguste Mumpuya[340], Mabanga Monga[341], Kaluba Dibwa[342], Esambo Kangashe[343] et Marcel Wetsh'okonda[344].

Pour Félix Vunduawe[345], l'expression « actes législatifs » couvre deux réalités : la loi et les actes ayant force de loi. En effet, l'auteur définit la loi au sens formel comme l'acte émanant du Parlement (législateur) et élaboré selon la procédure constitutionnelle en la matière. Il insiste par-là que tout acte émanant du Parlement n'est pas nécessairement une loi au sens organique et formel. Il en est ainsi, par exemple du Règlement intérieur de chacune des Chambres du Parlement ou de l'adoption de la motion de censure contre le Gouvernement[346].

L'on s'en rend bien compte qu'en définissant la loi, l'auteur glisse à la qualification de la motion de défiance ou de censure par une approche négative, c'est-à-dire en ne la définissant pas, il précise en amont qu'une motion de censure n'est pas un acte législatif. Plus loin, l'auteur, en énumérant les autres actes et décisions du Parlement : actes et décisions parlementaires, retient la motion de censure et la motion de défiance.

En d'autres termes, en n'étant pas des actes législatifs, les motions de censure et de défiance du Parlement sont des actes ou des décisions parlementaires '[3]. Les lois se distinguent des actes parlementaires tant du point de vue de l'auteur, de la procédure que de la force juridique[347].

Quant aux actes ayant force de loi retenus dans l'énumération des actes législatifs, ceux-ci constituent des actes émanant de l'exécutif, mais ayant la

---

339 VUNDUAWE te PEMAKO, F., *Op. Cit.,* pp. 166, 217 et suivants et VUNDUAWE te PEMAKO, F. et MBOKO DJ'ANDIMA J.M., *Droit constitutionnel du Congo. Textes et documents fondamentaux,* vol. 2, Bruxelles, Academia-L'Harmattan, pp. 1067-1068.
340 MAMPUYA KANUNK'A-TSHIABO, A., « Non, Messieurs : une motion de défiance n'est pas un acte législatif », Le Potentiel, n°4179, mardi 20 novembre 2007, p. 18.
341 MABANGA MONGA MABANGA, *Le contentieux constitutionnel congolais,* Kinshasa, Kinshasa, EU A,
1999.
342 KALUBA DIBWA D., *Du contentieux constitutionnel en République Démocratique du Congo : une contribution à l'étude des fondements et des modalités d'exercice de la justice constitutionnelle.* Thèse de doctorat en Droit, UNIKIN, 2008.
343 ESAMBO KANGASHE, J.L., *La constitution congolaise du 18 février 2006 à l'épreuve du constitutionnalisme. Contraintes pratiques et perspectives,* Bruxelles, Academia-Bruylant, 2010.
344 WETSH'OKONDA KOSO SENGA M., « La définition des actes législatifs dans l'arrêt de la CSJ n° R.CONST.51/TSR du 31 juillet 2007 à l'épreuve de la constitution du 18 février 2006 », *Revue « Horizons »,* n°05, juin 2008, pp. 12-36.
345 VUNDUAWE te PEMAKO F., *Op.Cit.,* pp. 166- 167.
346 *Ibidem*
347 VUNDUAWE te PEMAKO, F., *Op. Cit.,* p. 220.

même force juridique que les lois[348]. Autrement dit, les actes ayant force de loi sont toutes déclarations de volonté émanant de l'Exécutif et destinées à produire, en vertu de la constitution ou des théories des circonstances exceptionnelles, des effets juridiques équipollents à ceux d'une loi[349].

Revenu une fois de plus sur la question. Félix Vunduawe et Jean Marie Mboko, écrivent que les actes législatifs sont formés, au niveau central, par les lois formelles et les actes ayant force de la loi de l'exécutif et, au niveau provincial, par des édits. Pour ces auteurs, les lois formelles sont des lois parlementaires, car votées par les deux chambres législatives (Assemblée nationale et Sénat). Elles sont soit des lois ordinaires, lorsqu'elles sont adoptées à la majorité simple de deux Chambres, soit des lois organiques, lorsqu'elles doivent être adoptées à la majorité absolue des membres composant chaque chambre et que leur promulgation est subordonnée à la déclaration de conformité à la constitution prononcée par la Cour constitutionnelle (article 124).

Quant aux édits, les auteurs les qualifient d'actes législatifs de la province ; votés par l'Assemblée provinciale, dans le domaine des compétences non seulement réservées à la province, mais aussi dans celles de la compétence concurrente du pouvoir central et des provinces (articles 197, alinéa 2, 203 et 204 de la Constitution).

À bien lire les deux auteurs, l'on se rend compte que la définition retenue des actes législatifs, est simple et pédagogique. Simple parce qu'elle retient deux actes : les lois (nationales et provinciales) et les actes ayant force de loi. Pédagogique car, elle permet une bonne assimilation de la question.

Auguste Mampuya[350], en critiquant la qualification donnée par le juge constitutionnel congolais de la motion de défiance, soutient que jamais l'on peut considérer qu'une motion de censure ou de défiance soit un acte législatif. Pour cet auteur, la qualification de la Haute Cour qui considère une motion de censure ou de défiance comme un acte législatif est inique, a pour conséquence la production d'un jugement ou d'un arrêt inique, qui ni en droit, ni en fait ne peut pas être suivi. Pour lui, une motion de censure ou de défiance est un acte d'assemblée ou un acte parlementaire car, ici, le député national ou le député provincial est en train d'exercer sa mission de parlementaire.

Pour Kaluba Dibwa[351], par acte législatif, il faut entendre un acte portant normes générales, impersonnelles et obligatoires émanant du législateur ou

[348] L'auteur ne donne ici aucune explication sur le contenu de ces éléments de distinction de la loi des actes parlementaires, ce qui pose un sérieux problème quant à la différenciation de ces deux notions du moment où l'on sait que les deux actes proviennent du parlement. Nous y reviendrons dans l'analyse critique.

[349] VUNDUAWE te PEMAKO, F., *Op. Cit,* pp. 231-232.

[350] MAMPUYA KANUNK'A-TSHIABO, A., *Op. Cit.* p.12.

[351] KALUBA DIBWA, D., *Op. Cit.,* pp. 405-406.

exécutif dans les conditions prévues par la Constitution. Cette définition recouvre donc les lois et les actes ayant force de loi.

En ce qui concerne la qualification des motions de censure ou de défiance, l'auteur soutient qu'une résolution de l'Assemblée nationale ou provinciale adoptant une motion de censure ou de défiance constitue un acte d'assemblée. Les actes d'assemblée, par définition, sont des actes non législatifs ou plus exactement ceux qui concourent au bon fonctionnement du Parlement, en dehors de sa mission d'élaborer la loi.

En effet, bien qu'ayant retenu la nature non législative des motions de censure ou de défiance qu'il qualifie d'actes d'assemblée, l'auteur soutient tout de même que ces actes sont justiciables de la Cour constitutionnelle[352].

À l'appui de cette thèse, l'auteur avance que la Cour constitutionnelle congolaise contrôle la conformité des actes d'assemblée à la Constitution, sur pied de l'article 160 alinéa 2, tel que complété par l'Ordonnance législative du 14 mai 1886. Citant Pierre Avril et Jean Gicquel[353], il écrit que les actes d'assemblée se rapportent à l'élaboration et à l'adoption des règlements intérieurs des chambres parlementaires, du Congrès, des commissions parlementaires, des motions de censure ou de défiance ainsi que les résolutions, les recommandations adressées à d'autres institutions.

Enfin, l'auteur invite à considérer qu'un acte d'assemblée n'échappe pas au contrôle du juge constitutionnel dès lors qu'il viole les droits et libertés publiques garanties par la Constitution ou qu'il porte atteinte à ce que le constituant a considéré comme matière protégée[354]. C'est un peu l'amalgame dans l'argumentation développée.

Pour Mabanga Monga[355], l'expression acte législatif revêt trois acceptions différentes selon les auteurs. Pour la première acception, l'acte législatif s'entend de tous les actes juridiques émanant du pouvoir législatif qu'il soit ordinaire ou d'exception, c'est-à-dire les lois et les actes ayant force de loi. La deuxième

---

352 L'auteur se réfère à la jurisprudence malheureuse de la Cour suprême de justice à laquelle il a considérablement contribué en tant qu'ayant été conseil dans plusieurs de ces affaires.

353 AVRIL, P. et GICQUEL, J., cités par KALUBA DIBWA, D., *Op. Cit.,* p. 406.

354 Ces matières sont consacrées à l'article 220 de la Constitution qui dispose : « la forme républicaine de l'État, le principe du suffrage universel, la forme représentative du Gouvernement, le nombre et la durée des mandats du Président de la République, l'indépendance du pouvoir judiciaire, le pluralisme politique et syndicat, ne peuvent faire l'objet d'aucune révision constitutionnelle. Est formellement interdite, toute révision constitutionnelle ayant pour objet ou pour effet de réduire les droits et libertés de la personne, ou de réduire les prérogatives des provinces et des entités territoriales décentralisées.

355 MABANGA MONGA MABANGA, *Op. Cit.,* pp. 29-31.

acception considère que les actes législatifs comme ceux ayant force de loi par opposition aux lois au sens strict. La troisième acception est celle qui se dégage de l'arrêt R.A 320 de la CSJ du 21 août 1996 selon laquelle le vocable « actes législatifs » couvre non seulement les lois stricto sensu ou les actes ayant force de loi mais également tout document ou acte émanant ou accompli dans l'exercice du pouvoir législatif comme les actes et les procédures intervenues pour la désignation, la présentation et l'investiture d'un Premier ministère....

N'étant pas du tout d'accord avec cette troisième acception, Mabanga construit une quatrième, très large, selon laquelle, les actes législatifs comprennent les actes ayant force de loi, les règlements intérieurs du Parlement susceptibles de contrôle de constitutionnalité devant la Cour suprême de justice à l'exclusion des lois.

Tout en rappelant les acceptions retenues par Mabanga Monga, Jean-Louis Esambo[356] retient la diversité d'approches qui se bousculent autour de la notion, pour inférer qu'un acte législatif est tout acte juridique pris dans le domaine législatif, soit par une assemblée délibérante, soit par l'exécutif. Pour l'auteur, il faut se garder de considérer que toute décision que vote une assemblée délibérante soit de nature législative. L'observation incite à soutenir qu'en plus de lois, une assemblée législative peut adopter des résolutions et des recommandations qui ne sont pas des actes législatifs. Pour la suite de ses développements, l'auteur a retenu deux actes législatifs (la loi et les actes ayant force de loi)[357].

Pour Marcel Wetsh'Okonda[358], en application du critère fonctionnel, les actes législatifs s'entendent des lois au sens strict, des ordonnances-lois autrement appelées actes ayant force de loi ainsi que des règlements intérieurs des chambres, du Congrès et des institutions d'appui à la démocratie prévues dans la Constitution, bref, des actes juridiques susceptibles du contrôle de constitutionnalité devant la Cour constitutionnelle. Cette définition, révèle son auteur, est empruntée de celle jadis proposée par Mulumba Lukoji[359].

Plutôt que de mettre tous les actes du Parlement dans un panier à crabes comme le fait la CSJ, il importe de distinguer la fonction législative celle de contrôle. À notre avis, si les actes relevant de la fonction législative sont des lois, ceux de la fonction de contrôle, sont des « actes de contrôle parlementaire », le tout rentrant dans le vocable actes parlementaires ou actes d'assemblée. Cette

---

356 ESAMBO KANGASHE, J.L., *Op. Cit.,* p.279.

357 Comme si d'après sa définition, il y avait encore d'autres actes législatifs à l'exception des lois et actes ayant force de loi.

358 WETSH' OKONDA KOSO SENGA, M., *Op. Cit.,* pp. 26-27.

359 MULUMBA LUKOJI C., « Le pouvoir législatif dans la Constitution du 24 juin 1967 », *Cahiers économiques et sociaux*, Vol. VII, n°1, mars 1969, cité par WETSH' OKONDA KOSO SENGA, M., *Op. Cit.,* p. 27.

qualification est pédagogique car, à chaque mission du Parlement, correspond un type d'actes bien déterminés.

Dans la pratique, on observe que par sa décision n°012 du 07 juin 2007, l'Assemblée provinciale du Kasaï Occidental a adopté une motion de défiance contre le gouverneur de province[360]. Contre cette motion, le gouverneur de province a introduit deux recours portés devant la Cour d'appel de Kananga et la Cour suprême de justice. En date du 21 juin 2007, la première juridiction qui a été saisie le 9 juin 2007, a rendu l'arrêt R.C.D.G. 001 aux termes duquel il a décrété la surséance et saisi la Cour suprême de justice de l'inconstitutionnalité soulevée par les parties devant elle.

Donnant suite à la requête introduite le 12 juin 2007 devant elle, la Cour suprême de justice, toutes sections réunies, a rendu en date du 31 juillet 2007 l'arrêt R. Const. 51/TSR. Dans cet arrêt, elle « déclarait inconstitutionnelle la décision de l'Assemblée provinciale du Kasaï Occidental du 7 juin 2007 portant motion de défiance contre le gouverneur de province, Monsieur Trésor Kapuku Ngoy ».

Par cette décision, la juridiction suprême congolaise semble entretenir une confusion entre une motion de défiance et un acte législatif. Elle considère une motion de défiance comme un « acte législatif » au même titre que les lois stricto sensu ou les textes ayant valeur de loi.

Elle a jugé ladite motion prématurée, parce que dirigée contre un gouverneur qui n'est pas encore entré en fonction, le programme d'action de son gouvernement n'ayant pas encore été approuvé et son gouvernement non investi par l'Assemblée provinciale.

De l'analyse de cette décision, deux observations peuvent lui être adressées. La première de rapporte à la définition donnée aux actes législatifs stricto sensu et la deuxième aux modalités d'investiture du gouverneur et du gouvernement provincial. Le constituant n'a pas défini les actes législatifs. Il désigne avec précision les actes que peuvent prendre les Assemblées parlementaires. Ce sont les lois nationales et les édits provinciaux.

À l'état actuel de la législation, on note qu'en dehors des actes législatifs et réglementaires[361], la Cour constitutionnelle congolaise n'est pas autorisée à contrôler la conformité à la Constitution des actes d'assemblées. Ces actes sont

---

[360] Cette motion s'est appuyée sur les articles 138, 146, 147 et 198 de la Constitution et 201, 202 et 203 du Règlement intérieur de cette Assemblée provinciale.
[361] Article 162 alinéa 2 de la Constitution du 18 février 2006, telle que révisée à ce jour.

constitués de motion de censure, de motion de défiance ou des résolutions des assemblées[362].

Il importe de relever que même si un acte d'assemblée échappe en principe au contrôle du juge constitutionnel congolais, il est souhaitable que ledit juge s'en occupe lorsqu'il est établi que pareil acte a visiblement violé les droits et libertés publiques garantis ou porte atteinte à ce que le constituant a considéré comme matière protégée[363].

À première vue, soutenir la compétence du juge constitutionnel en cette matière reviendrait à violer le principe de droit public qui veut que la compétence soit d'attribution. En effet, le principe veut qu'une juridiction ou une institution ne puisse connaître que les matières relevant de sa compétence telles que définies dans la Constitution, la loi ou le texte qui l'institue.

S'agissant de la Cour constitutionnelle, nulle part la Constitution ne fait à sa compétence en matière d'examen de conformité, les motions de censure ou de défiance. La violation des droits et libertés des citoyens ou des matières protégées par la Constitution ne peut non plus justifier la compétence de la Haute Cour car, le constituant originaire, s'en était rendu compte lors de l'élaboration de la Constitution. À l'heure actuelle, certains auteurs constatent la nécessité qu'il y a lieu d'inclure l'examen de la conformité des motions de censure ou de défiance dans la sphère des compétences du juge constitutionnel, à la faveur de l'État de droit et des libertés fondamentales. Nous sommes également de cet avis.

Au-delà de tout cela, l'évaluation de l'État de droit, suppose aussi le respect des droits humains assuré par un juge indépendant et impartial. Sans déjà entamer l'évaluation de la promotion et la protection des droits de l'homme qui fait l'objet d'un point spécifique dans les développements qui suivent, il importe d'esquisser l'indépendance du pouvoir judiciaire et particulièrement celle de la haute Cour en tant que mainteneur de cet État de droit et garant des droits et libertés fondamentaux.

S'agissant particulièrement de l'indépendance de la Cour suprême de justice, faisant office de la Cour constitutionnelle, celle-ci a été à plusieurs reprises soumise à de rudes épreuves si bien que la Cour n'a pas été en mesure d'assumer sa responsabilité dans l'émergence d'un État de droit en RD Congo, notamment dans les dossiers impliquant le politique, comme en matière du contentieux électoral ou encore dans les affaires qui concernent, d'une part, les politiciens de

---

362 ESAMBA KANGASHE, J.-L., *La constitution congolaise du 18 février 2006 à l'épreuve du constitutionnalisme*, *Op. Cit*, p. 131.

363 Il s'agit notamment de la forme républicaine de l'État. Le principe du suffrage universel, la forme représentative du gouvernement, le nombre et la durée des mandats du président de la République, l'indépendance du pouvoir judiciaire, le pluralisme politique et syndical, les droits et libertés de la personne humaine ou les prérogatives constitutionnelles des provinces.

la majorité en vers lesquels la justice est souvent favorables et de l'autre, les politiciens de l'opposition contre lesquels celle-là se montre généralement sévère.

En ce qui concerne le contentieux des résultats des élections de 2011, la CSJ a été saisie d'un recours contre les résultats provisoires de l'élection présidentielle et de 519 autres contre les résultats provisoires des élections législatives. Le recours à rencontre des résultats provisoires de l'élection présidentielle a été rejeté. Quant aux recours contre les résultats provisoires des élections législatives, 32 (6,1%) ont été déclarés recevables et fondés, les autres (93, 9%) ont été déclarés irrecevables ou non fondés sans compter le désistement des requérants et les recours pour lesquels la Cour s'est déclarée incompétence.

Selon Marcel Wetsh'Okonda et Balingene Kahombo[364], le contentieux électoral se réduit à une simple formalité d'usage, la CSJ se comportant comme une simple « caisse de résonnance de la CENI», selon l'expression de la Mission d'observation de l'Union européenne[365], au lieu de jouer son « rôle de garant de la sincérité de scrutin et de gardien de la démocratie. Cela relève, s'après les mêmes auteurs, du caractère très sommaire que mène la CSJ sur les allégations d'irrégularités électorales dont elle est saisie.

Le sort réservé au recours de l'UNC contre Joseph Kabila est le plus éloquent. En effet, par sa requête du 12 décembre 2011, ce parti politique a sollicité l'annulation du scrutin présidentiel, du 28 novembre 2011, pour cause qu'il était entaché de plusieurs irrégularités et illégalités de nature à altérer sensiblement la sincérité des résultats provisoires proclamés par l'administration électorale, notamment la violation, par la CENI, des délais légaux concernant l'affichage des listes d'électeurs par province, par circonscription et par bureau de vote qui a eu une incidence sur le taux de participation, le non-respect des droits des témoins dans les BV qui aurait permis la fraude, la circulation illégale des bulletins de vote avant et pendant le scrutin, l'insuffisance de bulletins de vote pendant le scrutin qui aurait empêché beaucoup d'électeurs de voter , la passivité de la CENI devant l'utilisation des ressources de l'État par le Président candidat qui est sanctionnée par la radiation d'un tel candidat , le manque de sincérité des résultats provisoires communiqués par la CENI, notamment au CLCR d'Idiofa (Bandundu), au Katanga, au Nord-Kivu et au Sud-Kivu.

De l'avis de la Mission d'observation de l'Union européenne, l'analyse du contentieux de l'élection présidentielle devrait être faite conformément aux articles 73 à 76 de la loi du 25 juin 2011 modifiant et complétant la loi du 9 mars 2006 portant organisation des élections présidentielle, législatives, provinciales, urbaines, municipales et locales, qui ont établi une procédure inquisitoire, où le

---

[364] WETSH'OKONDA KOSO, M. et BALINGENE KAHOMBO, *Op. Cit.,* p. 203.

[365] Lire Rapport final de l'Observation électorale de l'Union européenne aux élections présidentielle et législatives du 28 novembre 2011, in Cahiers africains des droits de l'homme et de la démocratie, 16ème année, n°035, vol. III, 2012, pp. 59-60.

juge électoral est chargé de statuer sur la sincérité des résultats électoraux. À cette fin, ce dernier mène ex officio, l'instruction avec le pouvoir de faire toutes les enquêtes requises pour réunir tous les éléments susceptibles de motiver son arrêt, contrairement à l'ancienne procédure qui était contradictoire et où les requérants plaidaient dans une audience publique et avaient la responsabilité de fournir au juge tous les moyens de preuve nécessaires en appui de leurs allégations[366].

Dans son audience publique du 15 décembre 2011, la Cour a estimé qu'en application de la procédure spéciale prévue par la loi électorale, le requérant et le candidat dont l'élection est contestée devait comparaître en personne, assistés de leurs avocats conformément à l'article 74 quater, alinéa 3 de la loi susévoquée. Après la comparution du requérant. Vital Kamerhe, candidat à l'élection présidentielle, la Cour a prié les avocats de Mr Joseph Kabila de se retirer de la barre faute de comparution personnelle de leur client, la représentation n'étant plus admise en la matière.

Avant d'examiner le fond du recours, les avocats de l'UNC ont indiqué à la Cour que l'affaire n'était pas en état d'être instruite à cette audience et ce, pour deux motifs, d'une part, que l'instruction de la cause était prématurée, car la Cour n'a pas respecté le délai d'attente prévu par la loi électorale... et, de l'autre, que la Cour n'a pas saisi les neuf autres candidats à l'élection présidentielle ou à défaut ne leur a pas transmis une copie de la requête en contestation et ce, en application de l'article 74 ter, dernier alinéa de la loi électorale.

La Cour a, cependant, rejeté en bloc ces deux arguments. Pour le premier, elle a estimé que la cause pouvait être instruite car Joseph Kabila ainsi que le Ministère public avaient déjà déposé leurs mémoires. Pour la Cour, les délais prévus par l'article 74 quater de la loi électorale ne sont pas de rigueur ; quant au deuxième argument, elle a estimé qu'au sens de l'article 74 ter évoqué à l'appui, la requête en contestation des élections ne doit être notifiée qu'au candidat dont l'élection est contestée, les autres candidats n'étant pas intéressés.

Sur ce, les avocats de l'UNC ont retiré leur comparution, estimant qu'ils ne pouvaient pas cautionner ce qu'ils ont qualifié de parodie de justice. Et la Cour de son côté a pris l'affaire en délibéré après avoir pris acte de l'avis des experts de la CENI qui ont invité la Cour à recevoir la requête mais à la déclarer non fondée.

S'agissant des causes impliquant les politiques, l'on peut évoquer l'affaire Ewanga, Député national, qui révèle le dysfonctionnement de la justice congolaise et l'inféodation du juge suprême. En effet, ce député a été poursuivi au lendemain de la manifestation de l'opposition politique tenue à N'djili le lundi 4 août 2014 pour offense au chef de l'État et discrimination raciale ou tribale,

---

366 MOE-UE, Rapport *final. Elections présidentielle et législatives du 28 novembre 2011,* p. 24.

suivant un acte du procureur général de la République, l'ayant immédiatement déféré devant la Cour suprême de justice, en procédure de flagrance.

Malgré le fait que ses avocats aient démontré que l'infraction d'offense au Chef de l'État n'avait pas de fondement juridique étant donné que sa source[367] est illégale et inconstitutionnelle, la Cour constitutionnelle saisie en inconstitutionnalité ayant déclaré l'ordonnance n°63/300 de septembre 1963 qui organise la procédure est conforme à la Constitution ; ce qui aurait, en fin de compte, permis à la Cour de Cassation de poursuivre l'affaire au point d'obtenir la condamnation du prévenu à une année de servitude pénale ; le souci étant de protéger la fonction présidentielle plutôt sa personne. Que dire sur la violation des autres textes juridiques ?

B. La violation des autres textes juridiques

En RD Congo, les textes juridiques ne sont pas le plus souvent respectés ou tout au plus leur respect est sélectif. Dans l'optique où les intérêts politiques de dirigeants en fonction sont en danger, l'interprétation du texte juridique est édulcorée allant dans le sens de ces derniers au détriment de l'intérêt général. Dans la plupart des cas, les lois sont soit inappliquées, soit violées sans que ces violations soient sanctionnées.

En ce qui concerne cette étude, l'illustration du non-respect des textes juridiques a été faite sur la loi budgétaire pour l'exercice 2012. Cet exemple est un cas qui confirme la pratique des violations des lois financières depuis l'entrée en vigueur de la Constitution du 18 février 2006. Ce choix montre également que ces pratiques sont dans le plus souvent le fait des autorités qui sont, suivant la Constitution, le garant du respect de ces textes.

L'exécution des lois budgétaires se fait à la marge du principe de l'annualité posé par les articles 172 de la Constitution et 5 de la loi sur les finances publiques[368]. Les violations des dispositions des lois budgétaires démontrent en quoi les animateurs des institutions de la République ne sont pas conformés aux exigences de l'État de droit et ont profité de leur position pour servir leurs intérêts personnels. Je reprends dans les pages suivantes les cas du non-respect de la loi budgétaire 2012 en mettant en exergue les cas de crédits non consommés ou consommés partiellement, des crédits consommés en dépassement et des consommations des crédits sans autorisation budgétaires.

1. Les cas des crédits budgétaires non consommés et consommés partiellement

---

[367] Il s'agit de l'ordonnance 63/300 datant de septembre 1963 et signée par le premier Président de la République Démocratique du Congo, Joseph Kasa-Vubu.

[368] Cour des Comptes, *Rapport général sur le contrôle de l'exécution de la loi de finances n° 12/002 du 20 juillet 2012 en vue de la reddition des comptes du budget du pouvoir central pour l'exercice 2012,* Kinshasa, 2013. p. 103.

On distingue les hypothèses des crédits non consommés de ceux consommés partiellement. Cela permet de comprendre pourquoi ou comment les services sociaux de base ne sont pas toujours fournis avec satisfaction.

a. Les situations des crédits budgétaires non consommés

Les cas des crédits budgétaires non consommés tant en dépenses courantes qu'en dépenses d'investissement ont été mis en évidence par la Cour des comptes dans son rapport du mois de septembre 2013.

La Cour des comptes fait observer que la non-consommation des crédits accordés entraine, pour les administrations et services qui les subissent des dysfonctionnements évidents. En ce qui concerne les dépenses d'investissements, le non-paiement des crédits accordés a entravé la réalisation des projets d'investissement pourtant nécessaires au développement du pays[369].

Ce tableau n'a repris que les points 1 et 2 relatifs à la dette publique et au pouvoir judiciaires du rapport de la Cour des Comptes sur l'exécution du budget 2012. Les points 3 et 4 concernant l'EPSP, l'agriculture, la pêche et l'élevage seront examinés dans le cadre des droits humains (infra §2).

Le seul commentaire que l'on peut faire à la suite de la lecture de ce tableau est que le pouvoir judiciaire a été paralysé en 2012. En effet, tous les crédits budgétaires affectés aux dépenses courantes des principales institutions judiciaires n'ont pas été consommées. Cette situation affecte l'indépendance du pouvoir judiciaire qui se voit privé des moyens de ses actions. L'on devait comprendre, au-delà de la rémunération dérisoire des magistrats et autres agents judiciaires, la cause la soumission des animateurs des institutions judiciaires au pouvoir politique et d'argent.

Les pages qui suivent évoquent les crédits budgétaires consommés partiellement.

b. Les crédits budgétaires consommés partiellement

En ce qui concerne les crédits budgétaires consommés partiellement, nous avons le choix de ne retenir que les dépenses courantes. Le tableau ci-après rend compte des cas des crédits dont le taux d'exécution n'a pas dépassé 20%[370].

La Cour des comptes constate qu'une telle consommation des crédits ne peut permettre d'atteindre les objectifs du développement du pays poursuivis par le Gouvernement. Il se dégage une contradiction flagrante entre le discours notamment celui axé sur la « révolution de la modernité » et le comportement des dirigeants chargés de réaliser cette révolution. Cette contradiction est

---

369 Cour des Comptes, *Rapport général sur le contrôle de l'exécution de la loi de finances n° 12/002, Op. Cit*, p. 92.
370 Cour des Comptes, *Rapport général sur le contrôle de l'exécution de la loi de finances n° 12/002, Op. Cit*, p. 93.

beaucoup plus scandaleuse en ce qui concerne la consommation des crédits en dépassement.

2. Les situations de consommation des crédits budgétaires en dépassement par les institutions

Si l'État de droit exige aussi que les dirigeants respectent les textes juridiques qui régissent le pays, les cas de consommation des crédits budgétaires en dépassement est une preuve du non-respect de la loi financière. Dans le cadre de cette étude, nous retenons les dépassements de crédits effectués pour le compte du Président de la République, du Premier Ministre, de l'Assemblée nationale et du Sénat[371].

La Cour des comptes a fait observer que la consommation des crédits en dépassement est une pratique récurrente. Elle soutient, avec raison d'ailleurs, que cette pratique viole aussi bien la loi de finances annuelle mais également la Loi organique relatives aux finances publiques. Il sied de renchérir pour dire l'absence de l'autorité de l'État est caractérisée par le non-respect des lois. Ainsi, l'État est affaibli par tous ceux qui violent les Lois de la République. Dans les cas examinés à travers l'exécution des lois budgétaires, celles-ci sont constamment violées par les dirigeants qui sont censées les protégées. Dans ces conditions et dans le contexte congolais, l'État de droit n'est pas effectif. Ses acteurs ne sont pas encore départis des habitudes des régimes autoritaires. La première conséquence de cet état des choses est la violation des droits humains.

§2. Les violations des droits humains en RD Congo

Si l'État de droit postule le respect des textes juridiques, il est aussi un État où les citoyens jouissent pleinement de leurs droits. Le constituant du 18 février 2006 était parfaitement conscient de l'intime relation qui existe entre l'État de droit et les droits de l'homme dans toute leur totalité.

Lorsqu'on analyse le rapport du Bureau conjoint des Nations Unies pour les droits de l'homme sur le monitoring en matière des violations des droits de l'homme en RD Congo, on note 1.214 cas de violations des droits de l'homme durant le premier semestre 2014, soit de janvier à juin 2014. Ces violations ont fait 4.003 victimes et représente une moyenne d'environ 200 cas par mois[372].

Le Représentant du BCNUDH en RD Congo indiquait que le nombre de victimes des violations des droits de l'homme avait connu une augmentation de 63% par rapport au nombre de victimes répertoriées au cours du deuxième semestre 2013, soit de juillet à décembre 2013 et est passé de 2.449 à 4.003

---

371 Cour des Comptes, *Rapport général sur le contrôle de l'exécution de la loi de finances n° 12/002, Op. Cit*, p. 95.

372 Pour en savoir plus sur ces violations, lire les différents rapports du Bureau conjoint des Nations Unies pour les Droits de l'Homme sur les violations de Droits de l'Homme en République Démocratique du Congo, en consultant le site http://www.olichr.org.

victimes. Selon lui, les types de violations des droits de l'homme les plus documentés, globalement, et mensuellement, sont les atteintes au droit à l'intégrité physique (478 violations et 1.014 victimes), suivies des atteintes au droit à la liberté et sécurité de la personne (279 violations et 987 victimes). A cela, s'ajoute des atteintes au droit à la propriété (233 violations et 1.309 victimes) et celles au droit à la vie (172 violations et 404 victimes).

Les provinces du Nord-Kivu. Sud-Kivu et Orientale sont celles où le BCNUDH avait identifié le plus de violations des droits de l'homme entre janvier et juin 2014. De ces trois provinces, on pouvait ressortir 83 violations des droits de l'homme. Ce qui représente environ 72% des violations commises sur l'ensemble du territoire national durant la période de l'enquête. D'après le Représentant du BCNUDH, dans ces trois provinces concernées, il a été comptabilisé 3.216 victimes de violations des droits de l'homme, ce qui constitue 80% du total global de victimes enregistré pour la période examinée dans le pays. En effet, le nombre de victimes pour ces provinces de la RD Congo entre janvier et juin 2014, soit 3.216 victimes, est nettement supérieur à celui du second semestre 2013, soit de juillet à décembre 2013 (1.805 victimes). Ce chiffre représente une augmentation de 78% par rapport au nombre répertorié au cours des six mois précédents.

Le Représentant du BCNUDH note qu'au cours de la période de janvier à juin 2014, le BCNUDH avait noté 695 violations des droits de l'homme et 1.963 victimes attribuables à des agents étatiques. Ces chiffres représentent 57% du nombre total de violations des droits de l'homme et 49% du nombre total de victimes identifiées pour la période au cours de laquelle cette enquête a été réalisée. Cependant, ces chiffres représentent une hausse considérable par rapport au nombre de victimes de ces violations, passant de 1.124 à 1.963 pour la période analysée. Il soulignait que les principaux auteurs des violations des droits de l'homme commises, parmi les agents étatiques, sont les militaires des FARDC (357 violations des droits de l'homme et 1.374 victimes).

Concernant les combattants des groupes armés, ils seraient responsables de 519 violations des droits de l'homme et 2.040 victimes. Ces chiffres leurs attribués représentent 43% du nombre total de violations des droits de l'homme et 51% du nombre total de victimes enregistrés de janvier à juin 2014. Ce qui représente une baisse significative par rapport au nombre de violations enregistré pour la période de juillet à décembre 2013 (560 violations). En revanche, le rapport signale une augmentation concernant le nombre de victimes de ces violations, passant de 1.325 à 2.040 victimes pour la période sous examen. Les principaux auteurs des violations des droits de l'homme commises sont les combattants appartenant aux groupes Maï-Maï (142 violations des droits de l'homme et 964 victimes).

Selon le Représentant du BCNUDH, dans les provinces de l'ouest de la RD Congo, la plupart des violations des droits de l'homme enregistrées entre janvier et juin 2014 avaient été commises par des agents de la PNC (201 violations). Ce qui représente 56% du total du nombre de violations pendant la période considérée (358 violations). En plus, le Représentant du BCNUDH était d'avis qu'entre janvier et juin 2014, cette structure avait documenté 256 victimes de violences sexuelles, dont trois hommes. Les victimes vivent dans la Province Orientale (156 femmes), le Nord-Kivu (70 femmes et trois hommes), du Katanga (16) et du Sud-Kivu (11). Au cours du premier semestre de 2014, le BCNUDH avait documenté au moins 34 cas de violations à l'encontre de 26 défenseurs des droits de l'homme, deux membres de leurs familles, 12 journalistes et 35 opposants politiques.

Le rapport Scott Campbell[373] et celui de Human Rights Watch[374], sur l'opération Likofi, font état des exécutions sommaires et extrajudiciaires 14 et les disparitions forcées de prétendus « Kuluna », qui sont constitutives de violations des droits humains, notamment les droits à la vie, à l'intégrité physique et à la liberté et à la sécurité de la personne, et pourtant l'ensemble de ces droits sont garantis et protégés par divers instruments internationaux et régionaux, tels que la Déclaration universelle des droits de l'homme (DUDH), le Pacte international relatif aux droits civils et politiques (PIDCP) et la Charte africaine des droits de l'homme et des peuples (CADHP) ratifiés par la RD Congo et la Constitution du 18 février 2006.

Cette opération, à en croire HRW, « n'a pas fait progresser l'État de droit, mais elle en a plutôt été la négation et a renforcé un climat de peur à Kinshasa où les agents chargés de l'application de la loi - ayant pour tâche la protection de la population - ont été autorisés à tuer, enlever, voler et intimider des habitants de Kinshasa en toute impunité » ; ainsi préconise-t-il que les responsables des exécutions sommaires, des disparitions forcées et des arrestations arbitraires commises durant cette opération soient traduits en justice et poursuivis pénalement selon des procédures régulières ; les membres des familles des personnes tuées ou « disparues » devraient également bénéficier d'informations sur le sort de leurs proches ou sur le lieu où ils se trouvent, et recevoir rapidement des réparations appropriées. Enfin, des mesures concrètes devraient être prises pour veiller à ce que des opérations policières entachées de violations comme l'opération Likofi ne se reproduisent plus jamais.

---

373 Rapport du Bureau conjoint des Nations Unies aux Droits de l'Homme sur les violations de Droits de l'Homme commises par les agents de la police nationale congolaise dans le cadre de l'opération "Likofi" à Kinshasa entre le 15 novembre 2013 et le 15 février 2014", lire http://www.ohchr.org/Documents/Coimtries/CD/LikofiReportOctober2014_fr.pdf.

374 HRW, « Meurtre et disparitions forcées aux mains de la police à Kinshasa, République Démocratique du Congo », http://www.hrw.org, consulté le 15 novembre 2014.

Pour notre part, nous estimons qu'il faudrait avant tout résoudre la question de l'État[375] avant de vouloir maîtriser la criminalité des jeunes car en réalité, cette forme de criminalité, connue au Congo sous le vocable de Kuluna, n'est pas un fait du hasard, si l'on observe l'inattention du Gouvernement face à l'emploi de ces jeunes même de ceux qui sont les produits de l'école. Dans ces conditions, combattre « Kuluna », c'est avant tout combattre toutes les causes à son origine. La vie humaine étant sacrée.

Il me semble important de rappeler les violations et fraudes constitutionnelles dans les lignes qui suivent.

Section 3. Les violations et fraudes constitutionnelles

Depuis sa promulgation, la Constitution du 18 février 2006 a été à la fois l'objet de nombreuses violations et de fraudes. La fraude la plus flagrante est celle constituée par la révision constitutionnelle du 20 janvier 2011. En effet, cette révision avait été émaillée de fraudes et de violations constitutionnelles. À titre d'exemple, la révision des articles 71 et 110 avaient cristallisé la fraude à la Constitution. Ainsi, en supprimant le deuxième tour de l'élection présidentielle, le constituant dérivé violait le but poursuivi par le constituant originaire en instituant le deuxième tour de l'élection présidentielle. Ainsi, je parle de la violation de la constitution,

§1. Les violations de la Constitution

Il importe de relever quelques cas saillants ayant constitué des violations de la Constitution et énervé les principes du constitutionnalisme. On peut citer la nomination du Premier ministre, le moratoire sur la nationalité, et la suppression du second tour de l'élection présidentielle et la prolongation des mandats des sénateurs, des députés provinciaux et les gouverneurs et les vice-gouverneurs ainsi que l'annulation d'une décision gouvernementale par le directeur de cabinet du Président de la République dans l'affaire Startimes, une entreprise privée de télécommunication.

A. La violation de la Constitution à travers la nomination du Premier ministre

La nomination du Premier ministre est régie par la Constitution qui précise que le Président de la République nomme le Premier ministre au sein de la majorité parlementaire après consultation de celle-ci. Il met fin à ses fonctions sur présentation par celui-ci de la démission du gouvernement. Si une telle majorité n'existe pas, le Président de la République confie une mission

---

375 La question de la refondation de l'État congolais fait l'objet de plusieurs réflexions, dont la thèse de Willy Makiashi sur *L'État en Afrique, de la crise à la refondation. Cas de la République Démocratique du Congo,* Faculté de Droit, Université de Kinshasa, 2013-2014.

d'information à une personnalité en vue d'identifier une coalition. La mission d'information est de trente jours renouvelables une seule fois.

Le Président de la République nomme les autres du gouvernement et met fin à leurs fonctions sur proposition du Premier ministre. Si la compétence de nommer et de révoquer le Premier ministre est un pouvoir propre du Président de la République qui l'exerce par voie d'ordonnance non soumise au contreseing ministériel, il n'est pas pour autant discrétionnaire[376].

Le Président de la République est placé dans une situation de compétence liée et ne peut nommer le Premier ministre qu'au sein de la majorité parlementaire et après consultation de celle-ci. La situation est bien différente en France où la Constitution accorde au Président de la République française[377] un pouvoir discrétionnaire dans ce sens qu'il peut nommer la personne de son choix au poste de Premier ministre quitte à ce qu'elle obtienne par la suite le soutien de la majorité parlementaire. Ensuite, en plus de l'ordonnance présidentielle de nomination, le Premier ministre congolais droit être investi par l'Assemblée nationale avant son entrée en fonction. Le décret présidentiel suffit et l'investiture par l'Assemblée nationale n'est pas requise par la Constitution de la République française[378].

Comme l'avait stigmatisé le professeur Mbata dans un cours à l'intention des étudiants de la Faculté de Droit de l'Université de Kinshasa au lendemain de la signature de l'Accord du Grand Hôtel de Kinshasa, il trouve scientifiquement et politiquement regrettable que l'article 78 alinéa premier de la Constitution n'ait pas attiré l'attention des collègues professeurs de droit constitutionnel, des responsables politiques directement impliqués tels que le Président de la République[379], les ténors de la coalition AMP-PALU-UDEMO, leurs collègues de l'opposition politique, les membres de l'Assemblée nationale et du Sénat[380], les juges de la Cour constitutionnelle[381], ni encore l'attention des citoyens congolais[382] pourtant soumis au devoir scientifique ou patriotique de vigilance en matière constitutionnelle. C'est ce qui explique que personne n'a pris le courage scientifique et politique de s'interroger sur la constitutionnalité de l'ordonnance de nomination de Monsieur Antoine Gizenga d'abord, d'Adolphe Muzito ensuite et d'Augustin Matata Ponyo enfin[383].

---

[376] Article 78 de la Constitution du 18 février 2006, telle que révisée à ce jour.

[377] Article 8 de la Constitution française du 04 octobre 1958.

[378] Lire utilement MBATA B. MANGU A., *Nomination du Premier ministre sous la Constitution du 18 février 2006,* Kinshasa, IDGPA, 2014.

[379] *Ibidem.*

[380] Articles 69-70 de la Constitution du 18 février 2006, telle que révisée à ce jour.

[381] Article 100 de la Constitution du 18 février 2006, telle que révisée à ce jour.

[382] Articles 157 à 169 de la Constitution du 18 février 2006, telle que révisée à ce jour.

[383] MBATA BETUKUMESU MANGU, A., *Nomination du Premier ministre..., Op. Cit.*

1. La nomination et la démission du Premier ministre Antoine Gizenga

Au regard de l'article 78 alinéa premier, la nomination du Premier ministre Gizenga s'était faite en violation de la Constitution étant donné qu'il faisait certes partie de la majorité présidentielle, mais nullement de la majorité parlementaire dont devrait être issu le Premier ministre, chef du gouvernement. À l'exemple de la France, il ne faut pas confondre les deux majorités. La majorité présidentielle englobe tous les partis politiques, regroupements politiques, économiques, sociaux, culturels et les personnalités soutenant la politique du Président de la République et ayant milité pour son élection. Il n'en est pas de même de la majorité parlementaire qui n'est constituée que des parlementaires[384].

Dans le cas congolais, après les élections, la majorité parlementaire ou coalition majoritaire AMP-UDEMO-PALU dont devrait être issu le Premier ministre ne comprendrait que les parlementaires de l'AMP, le PALU et de l'UDEMO. Comme députés nationaux, le Secrétaire exécutif de la coalition, le Président de l'Assemblée nationale et tous les membres de son bureau, le Président du groupe parlementaire du PALU, le Secrétaire générale du PPRD, tous les parlementaires de la coalition AMP-PALU-UDEMO, par exemple, font indiscutablement partie de la majorité parlementaire[385].

Pour André Mbata, le constitutionnaliste n'aurait presque rien à dire si les ténors de la coalition avaient proposé et si le Président de la République avait nommé l'un d'eux Premier Ministre de la République. L'ordonnance présidentielle portant nomination de Monsieur Antoine Gizenga au poste de Premier ministre était conforme à l'esprit et à la lettre de l'Accord AMP-PALU, mais sûrement pas à la lettre et à l'esprit de la Constitution du 18 février 2006 adoptée par l'écrasante majorité du peuple congolais et que le Président de la République avait solennellement juré d'observer et de faire respecter[386]. Le même scénario s'était produit avec la nomination de Mr Adolphe Muzito comme Premier ministre en remplacement de son « oncle » et camarade du PALU Antoine Gizenga. Il en est de même d'Augustin Matata Ponyo durant la deuxième législation de la troisième République[387].

Il poursuit en disant que certains politiciens et même des analystes insistent sur le respect de la parole donnée par le Président de la République dans la

384 MBATA BETUKUMESU MANGU, A., *Nomination du Premier ministre ..., Op. Cit.*.

385 *Ibidem.*

386 Article 74 de la Constitution du 18 février *2006,* telle que révisée à ce jour stipule: « Moi...élu Président de la République Démocratique du Congo, je jure solennellement devant Dieu et la nation : - d'observer et de défendre la Constitution et les lois de la République : ... ».

387 MBATA BETUKUMESU MANGU, A., *Nomination du Premier ministre ..., Op. Cit.*

nomination de Monsieur Adolphe Muzito comme Premier ministre en remplacement du patriarche Antoine Gizenga. L'on s'étonne davantage que certains politiciens et même des analystes sérieux insistaient sur le respect de la parole donnée par le Président de la République dans la nomination du Premier ministre sans se faire aucun scrupule sur le respect de la loi fondamentale comme si la parole donnée par le Chef de l'État au Grand Hôtel de Kinshasa devant un parterre des journalistes et des représentants de la coalition AMP-PALU-UDEMO était devenue plus importante que la Constitution de la République et l'emportait sur le serment prêté devant la Cour constitutionnelle conformément à l'article 74 de ladite Constitution, devant les représentants de tous les corps constitués de la République, devant les ambassadeurs des pays amis et plusieurs représentants des institutions internationales, et devant les députés et les sénateurs qui représentent respectivement les 60 millions des Congolais et l'ensemble des provinces tout en prenant Dieu à témoin[388]. Que dire sur la démission du gouvernement Gizenga ?

2. La démission du Gouvernement Gizenga

La Constitution du 18 février 2006 dispose que les ordonnances du Président de la République autres que celles prévues aux articles 78 alinéa 1er, 80, 84 et 143 sont contresignées par le Premier ministre.[389] La loi fondamentale congolaise dispose que le Président de la République nomme le Premier ministre au sein de la majorité après consultation de celle-ci. Il met fin à ses fonctions sur présentation par celui-ci de la démission du gouvernement.

A cet effet, en vertu principe du parallélisme de forme et de compétence qui veut que l'autorité qui nomme soit celle qui révoque, le Président de la République est compétent pour mettre fin aux fonctions du Premier ministre.

Le silence ou la simple lettre missive ne constitue nullement des voies constitutionnelles par lesquelles le Président de la République doit statuer. L'acceptation de la démission du Premier ministre Antoine Gizenga et de son gouvernement devrait normalement être constatée par une ordonnance présidentielle mettant fin aux fonctions du Premier ministre. Je reviens sur la nomination d'Adolphe Muzito et de Matata Ponyo comme Premiers ministres.

3. La nomination d'Adolphe Muzito et de Matata Ponyo comme Premiers ministres

La nomination de Monsieur Adolphe Muzito comme Premier ministre s'inscrit dans la logique de la primauté de l'Accord politique sur la Constitution

---

388 MBATA BETUKUMESU MANGU, A., *Nomination du Premier ministre ..., Op. Cit.*

389 Article 79 alinéa 3 de la Constitution du 18 février *2006,* telle que révisée à ce jour.

et même de la violation intentionnelle de celle-ci[390]. Elle rappelle le phénomène de « coup d'État permanent » de l'époque mobutienne, étant entendu que ni Gizenga ni Muzito ni Matata n'étaient pas issus de la majorité parlementaire au sein de laquelle le Président de la République doit impérativement nommer le Premier ministre[391].

L'idéal aurait été pour le PALU de proposer l'un de ses parlementaires au poste de Premier ministre. Il est difficile de croire que personne répondant au portrait-robot tracé par le Président de la République n'ait été trouvé dans la trentaine de parlementaires élus sur la liste présentée par ce parti politique[392]. Comment l'imposition du moratoire sur la nationalité constitue une violation de la constitution ?

B. La violation de la Constitution à travers l'imposition du moratoire sur la nationalité

Le moratoire sur la nationalité décrété par l'Assemblée nationale était un des premiers actes de violation de la Constitution par cette institution politique au lendemain de son installation. En effet, le 13 février 2007 et à la suite des contestations des candidatures de Gouverneurs de Province, l'Assemblée nationale décida d'accorder un moratoire de trois mois à toutes les personnes détenant la double nationalité pour se déterminer par rapport à cette question précise. Le député national José Makila Sumanda avait déposé une motion pour demander la mise en place d'une commission d'enquête dont la mission était de débusquer tant de l'Assemblée nationale que dans d'autres institutions de la République toutes les personnes ayant une double nationalité.

La démarche se fondait sur une exigence constitutionnelle en la matière. Pour avoir été au cœur de beaucoup de conflits identitaires, se muant parfois à des rébellions, le traitement de la question de la nationalité, pendant le Dialogue inter congolais (DIC), avait débouché sur l'option de l'exclusivité de la nationalité congolaise. L'article 10 de cette Constitution dispose, en effet que :

> La nationalité congolaise est une et exclusive. Elle ne peut être détenue concurremment avec aucune autre. La nationalité congolaise est soit d'origine, soit d'acquisition individuelle. Est Congolais d'origine, toute personne appartenant aux groupes ethniques dont les personnes et le

[390] Art. 165 de la Constitution du 18 février 2006, telle que révisée à ce jour, « ...il y a haute trahison lorsque le Président de la République a violé intentionnellement la Constitution ... ».

[391] MBATA BETUKUMESU MANGU, A., *Nomination du Premier ministre ..., Op. Cit.*

[392] MBATA BETUKUMESU MANGU, A., *Nomination du Premier ministre ..., Op. Cit.*

territoire constituaient ce qui est devenu le Congo (présentement la République Démocratique du Congo) à l'indépendance...

À la lecture de cette disposition, la nationalité congolaise ne peut se détenir concurremment avec une autre. Lorsqu'un congolais acquiert une autre nationalité, il perd automatiquement la congolaise. De ce même fait, il perd tous les droits politiques que la qualité de citoyen congolais offre à son titulaire. Dans le cas sous examen, tout Congolais qui perd sa nationalité ne peut postuler à un mandat politique. Devant le scandale de la double nationalité révélée, la plénière de l'Assemblée nationale opta pour l'imposition d'un moratoire sur la question[393]. À ce sujet, une Commission spéciale, qui devra comprendre les représentants de tous les groupes parlementaires, avait été instituée pour proposer le texte d'amendement de la loi sur la nationalité.

Tous les députés qui avaient une autre nationalité avaient donc violé la Constitution en se faisant élire. Ils méritent d'être sanctionnés par l'invalidation, leurs mandats devaient être occupés par les suppléants. À défaut, la CEI devait organiser des élections législatives partielles dans leurs circonscriptions respectives. En lieu et place de cette solution plus rigoureuse, mais respectant les principes du constitutionnalisme, l'Assemblée nationale avait choisi de se rendre complice de la violation de la Constitution[394]. Cela, par la prolongation des mandats des sénateurs et animateurs des institutions provinciales comme l'attestent les pages qui suivent.

C. La violation de la Constitution par la prolongation des mandats des sénateurs et animateurs des institutions provinciales

Les sénateurs, députés provinciaux, Gouverneurs et vice-gouverneurs en fonction en 2011 ont largement dépassé la durée de leurs mandats respectifs. Car, le processus électoral de 2011 qui allait permettre l'organisation des élections provinciales et sénatoriales a été interrompu à cause notamment de la mauvaise tenue des scrutins présidentiels et législatifs du 28 novembre 2011.

Pour ce qui est des sénateurs, l'alinéa 1er de l'article 110 de la Constitution dispose que leur mandat prend fin notamment par l'expiration de la législature. En effet, l'expiration de la législature comme cause de la fin du mandat parlementaire intervient après cinq ans à partir de la validation du mandat parlementaire. Le mandat du député ou du sénateur s'étalant sur une période

---

393 « Un moratoire accordé aux personnes concernées par la nationalité», http://w\vw.congopianete.com/article.jsp?id=4526736 (Consulté le 11 juillet 2014).

394 CIHUNDA HENGELELA, J., « Acteurs de la bonne gouvernance en RD Congo post-électorale», *Congo-Afrique,* Mars 2008, n° 423, p. 213.

quinquennale. Il commence à la validation des pouvoirs et expire à l'installation d'une nouvelle Assemblée nationale et du nouveau Sénat[395].

L'interprétation erronée de l'alinéa 2 de l'article 105 de la Constitution du 18 février 2006 faite par la Cour suprême de justice qui faisait office de Cour constitutionnelle, a donné l'occasion à une mauvaise application de la Constitution en ce qui concerne le mandat des sénateurs. C'est à l'occasion de l'installation de la nouvelle assemblée nationale issue des élections législatives du 28 novembre 2011 que le problème fut posé. Celle-ci devait cohabiter avec l'ancien sénat dont le mandat avait expiré le 3 février 2012. Certains juristes congolais avaient investi les plateaux de télévision et des radios pour défendre le maintien du Sénat et sa collaboration avec la nouvelle assemblée au sein de laquelle siégeaient d'ailleurs des anciens sénateurs.

L'argument des tenants de la continuité du mandat des sénateurs consistait à soutenir que le mandat des sénateurs devait expirer à l'installation du nouveau Sénat. Or, ce nouveau sénat n'était pas encore installé, donc, l'ancien pouvait continuer à exercer ses fonctions de deuxième chambre à côté de la nouvelle Assemblée nationale au nom du principe de continuité de l'État[396]. Cette interprétation parait erronée parce que faite sans tenir compte de l'alinéa premier qui fait corps avec l'alinéa deuxième.

Ainsi, les alinéas premiers des articles 103 et 105 posent les limites du mandat parlementaire qui est de cinq ans, cet intervalle de temps dispose de deux extrémités constituées par la validation des pouvoirs (extrême gauche) et l'installation de la nouvelle chambre législative (extrême droite).

L'extrême droite, qui est l'installation du nouveau Sénat, dans le cas qui nous concerne, doit absolument intervenir à la cinquième année à partir de l'année de la validation des pouvoirs des Sénateurs. Pris dans le sens qui est le nôtre, la validation des pouvoirs des sénateurs a eu lieu le 3 février 2007. La cinquième année du premier Sénat de la troisième République s'était accomplie le 3 février 2012. C'est à cette date que le Sénat de la deuxième législature allait être installé. C'est qui n'a pas été le cas à cause du blocage du processus électoral de 2011.

Pour ce qui est des animateurs des institutions politiques provinciales, la situation est similaire. Les élections législatives provinciales avaient été tenues le 29 octobre 2006 avec le deuxième tour de l'élection présidentielle. À l'issue de ces élections, 632 députés provinciaux étaient élus et 58 cooptés parmi les chefs coutumiers. Au total, on comptait 690 députés provinciaux qui composaient, en réalité, les 26 Assemblées provinciales de vingt-cinq provinces et la ville de Kinshasa suivant la nouvelle configuration territoriale consacrée dans la

---

395 Article 103 al. 2 et 105 al 2 de la Constitution du 18 février 2006, telle que révisée à ce jour.

396 Une position soutenue notamment par le député national Christophe Lutundula Pen'Apala.

Constitution du 18 février 2006. En attendant l'installation de toutes ces provinces, les députés avaient constitué 11 Assemblées provinciales dès le mois de décembre 2006 répondant aux dix provinces et la ville de Kinshasa. Le mandat de ces Assemblées provinciales devait expirer au mois de décembre 2011.

Il en est de même des Gouvernements provinciaux. En effet, l'élection des Gouverneurs et vice-gouverneurs avait eu lieu le 27 janvier 2007, sauf pour les provinces de deux Kasaï où cette élection avait été reportée par deux fois au motif que certains candidats avaient la double nationalité et étaient disqualifiés par la CEI. Suivant la même logique, le mandat des Gouverneurs et vice-gouverneurs avait expiré au mois de janvier 2012.

En tout état de cause, le maintien des sénateurs, des députés provinciaux, des députés provinciaux en leur fonction au-delà de leurs mandats respectifs est une violation de la Constitution. Il est en total contradiction avec les principes du constitutionnalisme notamment le respect et la légitimité de la Constitution.

Un fait qu'il convient de signaler se rapporte à l'attitude de ceux qui ont reçu la mission de protéger la Constitution, les cours et tribunaux, plus particulièrement la Cour suprême de justice faisant office de Cour constitutionnelle qui avait choisi de se taire comme s'alignant ainsi sur sa tradition d'évitement des positions juridiques qui peuvent contrarier les dirigeants politiques auxquels les magistrats sont soumis. Le Président de la République opta pour la continuité des mandats des sénateurs, des députés provinciaux, des Gouverneurs et vice-gouverneurs sans référence à une disposition constitutionnelle qui fondait son option[397]. Le peuple, quant à lui, est resté dans la résignation et la société civile dans la dénonciation. Il convient aussi de signaler la violation de la Constitution par l'annulation de la décision ministérielle portant suspension des activités de la société Startimes.

D. La violation de la Constitution par l'annulation de la décision ministérielle portant suspension des activités de la société Startimes[398]

Le ministre des PTNTIC a annoncé, le 3 septembre 2014, à Kinshasa l'interdiction faite à la firme chinoise de télédistribution StarTimes d'exercer en RD Congo. Il a retiré la licence d'exploitation à cette entreprise au motif que « StarTimes opérait dans la clandestinité totale et sans être repérée, nulle part, par les services » de son ministère. « À dater de ce jour donc, a-t-il déclaré au cours d'un point de presse l'entreprise chinoise StarTimes, qui cannibalisait des fréquences qui ne lui appartenaient pas et ne payait aucun franc à l'État congolais, cesse toute activité sur tout le territoire de la République ».

[397] Discours sur l'état de la Nation 2013.

[398] Pour en savoir plus sur l'Affaire StarTimes, consulter le site *http://www.rdcnews.net.*

Il a affirmé avoir « instruit l'Autorité de régulation des postes et télécommunication (ARPTC de retirer le titre d'exploitation octroyée à StarTimes, non-conforme, aux lois et textes réglementaires en vigueur ».

Présentant sa défense, StarTimes a estimé être l'objet d'acharnement. S'appuyant sur la réaction du Premier ministre, dans sa lettre numéro CAB/P M/CNTIC/PCK/2014/014155 du 1èr septembre 2014, ayant pour objet : « Retrait du titre d'exploitation de StarTimes, accusé de réception », Startimes évoque que le Premier Ministre a dénoncé l'illégalité de la décision ministérielle en ces termes : « Je prends acte de votre instruction à l'ARPTC, demandant le retrait du titre d'exploitation octroyé à StarTimes, non conforme aux lois et textes réglementaires en vigueur ».

En effet, conformément à la Loi-Cadre n°013/2002 du 16 octobre 2002, seule l'ARPTC (l'Autorité de Régulation de la Poste et des Télécommunications) a le pouvoir légal de retirer le titre d'exploitation à une entreprise du genre StarTimes. Et l'ARPTC est un organe indépendant, placé sous l'autorité directe du Président de la République. Ainsi, StarTimes a considéré que les prises de position et interprétations du Ministre des PTNTIC frisent le conflit de compétence avec le Président de la République, Autorité de tutelle de l'ARPTC. Ce qui est dangereux!

En réaction, le Directeur de Cabinet, sur instruction du Président de la République demande au Président du Collège de l'autorité de régulation des postes et télécommunications de ne pas accéder à la demande formulée dans la lettre, signée par le ministre des Médias, Chargé des Relations avec le Parlement et de l'Initiation à la Nouvelle citoyenneté ainsi que celui des Postes, Télécommunications et Nouvelles Technologies de l'Information et de la Communication au sujet de la suspension de l'autorisation accordée à StarTimes. D'après l'auteur de la lettre, il serait malvenu de prendre une quelconque décision de suspension à l'endroit de la société StarTimes, "tant il est vrai que celle-ci n'est titulaire d'aucun droit lui octroyé par elle". Encore que, selon lui, l'avis consultatif de la CSJ ne présente, en l'occurrence, aucun intérêt par rapport au statut de l'ARPTC. Et malgré cette opposition, le Ministre de tutelle a persisté dans sa décision.

En réponse à cette demande, l'ARPTC refusa d'exécuter la demande du Ministre de PTNTIC en soulignant que suivant l'esprit de la lettre du Premier Ministre référencée CAB/PM/CJFAD EPHM/2014/012054 du 2 juin 2014, le dossier StarTimes devrait être transmis au Comité National de la Migration vers la Télévision Numérique Terrestre. L'ARPTC décide de ne pas verser dans la précipitation, mais invite les services concernés à une concertation.

Dans tous les cas, il y a lieu de se demander si cette décision ministérielle est illégale ? La Constitution a tranché sur cette question. En effet, conformément à l'article 155 de la Constitution du 18 février 2006, les actes, règlements et décisions des autorités administratives centrales font l'objet d'un recours devant le Conseil d'État pour violation de la loi. Ceci est conforme à l'esprit de l'État de droit qui implique que les actes de gouvernants soient soumis au contrôle du juge. Cette solution aurait été appréciable plutôt que de suivre la voie tracée par le Directeur de cabinet du Président de la République qui s'apparente à un règlement des comptes. Il y a aussi la fraude à la constitution du 18 février 2006 qu'il convient de signaler.

§ 2. La fraude à la Constitution du 18 février 2006

La fraude à la Constitution[399] est définie comme un procédé par lequel la lettre de la Constitution est respectée, mais son esprit violé. Il s'agit là du respect de la forme pour combattre le fond.

Depuis sa promulgation, la Constitution du 18 février 2006 a été l'objet de fraude consommée et de tentatives de fraude qui ont été au cœur des débats très passionnés autour de la deuxième révision constitutionnelle. Je rappelle les cas avérés de fraude à la constitution, les tentatives de fraude à la Constitution

A. Les cas avérés de fraude à la Constitution

Le cas de fraude à la Constitution le plus flagrant est celui constitué par la révision constitutionnelle du 20 janvier 2011. En effet, la révision de certaines dispositions de cette Constitution avait été émaillée de fraude et de violations constitutionnelles à la fois[400]. La révision des articles 71 et 110 avaient cristallisé cette fraude à la Constitution. Ainsi, en supprimant le deuxième tour de l'élection présidentielle, le constituant dérivé violait le but poursuivi par le constituant originaire qui a institué le deuxième tour de l'élection présidentielle.

Il en est de même de la révision de l'article 110 qui avait consacré le droit du retour au Parlement en faveur des députés et sénateurs ayant quitté le Parlement

---

[399] Lire à ce sujet KAMUKUNY MUKINAY, A, *Contribution à l'étude de la fraude, Op. Cit.*, p. 62.

[400] Dans l'utilisation du concept « fraude » en droit constitutionnel, « la fraude à la Constitution », peut-elle être identifiée à la « fraude constitutionnelle », sans que cette identification porte à conséquence ? L'adjectif qualificatif « constitutionnel » est utilisé par Paul Robert dans son ouvrage *Le nouveau Petit Robert*, dictionnaire alphabétique et analogique de la langue française, dictionnaire le Robert, Paris, 1996, p. 668, pour désigner « ce qui est relatif à la Constitution » ; c'est dans ce sens que la branche de droit relative à la Constitution est appelée « droit constitutionnel », ou encore ce qui est « conforme à la Constitution » d'un pays ; c'est ainsi qu'une procédure est dite constitutionnelle ou inconstitutionnelle selon qu'elle respecte ou non les dispositions de la Constitution. Comprise dans ces sens, les deux expressions semblent apparemment coïncider dans leur acception : la fraude à la Constitution équivaut donc à la fraude constitutionnelle. Tandis que la violation constitutionnelle, c'est le fait pour les pouvoirs publics et essentiellement le pouvoir exécutif de nager à contre-courant des dispositions de la Constitution.

pour exercer une fonction incompatible. Cette révision constitue une fraude en ce qu'elle viole l'esprit du constituant originaire sur cette matière précise. L'article 110 avait été rédigé dans la perspective de l'établissement d'une démocratie où les partis politiques priment sur les individus qui en sont des membres ou militants. Cette primauté est attestée notamment par les dispositions suivantes :

- l'alinéa 2 de l'article 101 de la Constitution qui dispose que les candidats aux élections législatives sont présentés par des partis politiques ou par des regroupements politiques (...) ;

- l'alinéa 3 de l'article 104 de la Constitution qui dispose que les candidats aux élections législatives sont présentés par des partis politiques ou par des regroupements politiques (...) ;

- l'alinéa 4 de l'article 110 de la Constitution qui dispose qu'un parlementaire qui quitte délibérément son parti politique durant la législature est réputé renoncer à son mandat parlementaire obtenu dans le cadre dudit parti politique.

En consacrant le droit du retour au parlement, le constituant dérivé avait inversé la primauté au profit des individus et au détriment des partis ou regroupements politiques. La démarche du constituant dérivé viole manifestement le but que poursuivait le constituant originaire. Lorsqu'on se replace dans le contexte sociopolitique de janvier 2011, la révision de l'article 110 ressemblait à un tour de «passe-passe». Car, après avoir « servi » le Président de la République en révisant l'article 71, les parlementaires de la majorité présidentielle voulaient se servir également en s'octroyant des avantages à la fois matériels et moraux illimités.

Quel que soit le cas de figure, l'objectif poursuivi était de se maintenir aussi longtemps que possible et par tous les moyens, y compris la fraude à la Constitution.

La révision des articles 197 et 198 a été à la fois une fraude et une violation intentionnelle de la Constitution. En effet, l'article 197 originaire déterminait le statut des Assemblées provinciales bénéficiaires d'une autonomie politique et ne pouvaient être dissoutes que de plein droit. La révision de cet article a donné la compétence au Président de la République, après concertation avec les Présidents de l'Assemblée nationale et du Sénat, de dissoudre les Assemblées provinciales en cas de crise politique grave et persistante. Il en est de même de l'article 198 qui octroie désormais au Président de la République le pouvoir de relever les Gouverneurs de province de leurs fonctions, pouvoir qu'il n'avait pas dans la formulation originaire de cet article.

Ainsi, la fraude à la Constitution consiste, par rapport à ces deux articles, au fait que le constituant dérivé a institué une « tutelle présidentielle » sur les provinces en ruinant l'autonomie leur reconnue par le constituant originaire. La révision de ces articles est contraire au but du constituant originaire qui voulait voir les provinces être politiquement, économiquement et administrativement autonomes. Si l'on tient compte du contexte qui a précédé la révision de la Constitution, il parait clair que le constituant dérivé avait consacré les pratiques inconstitutionnelles qui tendaient à soumettre tous les gouverneurs de province à la volonté du régime en place. L'on observe que les gouverneurs de l'opposition politique n'ont pas fait la moitié de leurs mandats et les Présidents des Assemblées provinciales appartenant à des partis politiques de l'opposition, au niveau national, ont été obligés de s'aligner sur la mouvance présidentielle.

Au cas contraire, ce sont les ennuis qui s'en suivaient. En reconnaissant au Président de la République le pouvoir de dissoudre les Assemblées provinciales et de révoquer les Gouverneurs de province, le constituant dérivé formalisait la volonté du Président de la République de concentrer autour de lui tous les pouvoirs d'État.

La révision des articles 197 et 198 était également une violation de la Constitution dans la mesure où l'autonomie des provinces est rangée parmi les matières intangibles. C'est dans ce sens que l'alinéa 2 de l'article 220 dispose : « Est formellement interdite toute révision constitutionnelle ayant pour objet ou pour effet de réduire les droits et les libertés de la personne ou de réduire les prérogatives des provinces et des entités territoriales décentralisées ». Ainsi, en instituant la possibilité pour le Président de la République de dissoudre les Assemblées provinciales et de révoquer les Gouverneurs de provinces, le constituant dérivé avait réduit l'autonomie des provinces.

De plus, cette violation était intentionnelle. En effet, le constituant dérivé savait bel et bien que l'autonomie des provinces ne peut faire l'objet d'une quelconque révision dans le sens de réduire leurs prérogatives. Il s'exprime en ces termes : « ... il ne s'agit pas de procéder à un ajustement constitutionnel qui remettrait en cause les options fondamentales levées par le constituant originaire, notamment en matière d'organisation du pouvoir d'État et de l'espace territorial de la République Démocratique du Congo[401] ». Il s'agit là d'une manière de frauder à la Constitution. Je signale les tentatives de fraude à la constitution dans les lignes qui suivent.

B. Les tentatives de fraude à la Constitution

Lors de la 23ème réunion extraordinaire tenue le 9 juin 2014, le Conseil des ministres a adopté quatre projets de loi. Il s'agit du :

- projet de loi portant organisation des élections urbaines, municipales et locales ;

---

[401] Paragraphe 4 de l'exposé des motifs de la Loi n°11/002 du 20 janvier 2011 portant révision de certains articles de la Constitution de la République Démocratique du Congo, *JORDC,* 52ème Année, numéro spécial du 5 février 2011.

- projet de loi portant organisation des élections provinciales, sénatoriales, des gouverneurs et vice-gouverneurs ;

- projet de loi portant organisation des élections présidentielle et législatives ;

- projet de loi portant révision de certains articles de la Constitution telle que modifiée par la Loi n°11/002 du 20 janvier 2011 portant révision de certains articles de la Constitution de la RD Congo.

Pour le Gouvernement, ces projets de loi résultent d'un travail d'évaluation rigoureuse des élections de 2006 et de 2011. Il découle de cette évaluation, l'impérieuse nécessité d'adapter le cadre légal des élections en RDC. Selon le Gouvernement, ces initiatives visaient à corriger les faiblesses qui avaient causé le dysfonctionnement dans l'organisation des élections en 2006 et 2011. Il s'agit, également, pour le Gouvernement de finaliser la décentralisation par l'organisation des élections locales[402].

Le Gouvernement justifiait ces projets de lois par le souci d'élaborer des règles simples adaptées aux moyens financiers de la RDC. Pour ce faire, il proposa que chaque niveau d'élections soit régi par une loi particulière. Pour lui, lorsque l'article 5 de la Constitution dispose que « La loi fixe les conditions d'organisation des élections et du référendum », il n'est pas interdit que chaque type d'élection soit doté d'une loi propre.

Cette interprétation de l'alinéa 2 de l'article 5 de la Constitution cache la vraie intention du gouvernement qui a cherché à séparer la Loi électorale. En effet, la Constitution ne prévoit qu'une loi pour les élections et le référendum. Cette disposition est très claire et n'appelle pas d'autres interprétations comme l'a fait le Gouvernement en date du 09 juin 2014. Cette loi existe depuis 2006 et grâce à elle, les élections présidentielle, législatives, sénatoriales et provinciales ont été organisées entre 2006 et 2007 ainsi que les élections présidentielle et législatives le 28 novembre 2011.

On note que, de 2006 à 2011, le cycle électoral avait été bloqué par manque de moyens financiers en 2007 et par le dysfonctionnement de la CENI en 2012.

À la suite des contestations électorales, des missions d'évaluation ont été constituées et ont rendu public des rapports dans lesquels la nécessité de scinder la loi électorale comme solution à l'organisation des élections crédibles en RD Congo n'était pas mentionné. La preuve est donnée par l'analyse de deux projets de lois : celui portant révision de certains articles de la Constitution et le projet de loi portant organisation des élections urbaines, municipales et locales.

---

402 MENDE OMALANGA, L., Compte rendu de la 23ème Réunion extraordinaire du Conseil des ministres, Kinshasa, 09 juin 2014.

Dans le premier cas, le Conseil des ministres justifiait le bien-fondé de la révision constitutionnelle pour l'adapter au processus électoral. Ce qui choque, c'est la faiblesse des arguments à l'appui de l'initiative. De prime abord, le Gouvernement reconnaît que l'article 5 de la Constitution dispose : « Tout pouvoir émane du peuple qui l'exerce directement par voie de référendum, ou d'élections et indirectement par ses représentants[403]». Il note aussi que la compétence de fixer les conditions d'organisation des élections et du référendum est dévolue à la loi. Cette loi existe et a servi à l'organisation des élections en 2006 et en 2011. Ainsi apportée, cette précision n'est pas reprise dans l'exposé des motifs du projet de loi du Gouvernement.

Selon le Gouvernement, huit ans après la promulgation de la Constitution, le processus électoral en RDC n'a pu, pour diverses raisons, être mené à terme. Le pays est confronté aux défis de plusieurs ordres. C'est pourquoi, le cycle normal des élections n'a, à ce jour, concerné que les élections présidentielle et législatives. Les réalités diverses propres à chacune de ces élections justifient certainement cet état des choses. Trois groupes de mots utilisés par le Gouvernement laissent planer le doute sur la pertinence de l'initiative législative. Il s'agit de « diverses raisons », « défis de plusieurs ordres » et « réalités diverses ». Toutes ces expressions démontrent que le Gouvernement ne connaît pas avec certitude les problèmes réels qui affectent le processus électoral. Cette imprécision ne pouvait pas conduire à proposer une solution qui consisterait en la révision de la Constitution. En tout cas, aucun lien n'a été établi entre les diverses raisons et réalités ou encore les défis de plusieurs ordres avec la révision de la Constitution.

Le Gouvernement soutient également qu'il est impérieux de parachever les « arriérés électoraux du cycle électoral de 2006 et de 2011, et d'accélérer le processus de décentralisation par l'organisation des élections urbaines, municipales et locales, sénatoriales, provinciales sans oublier celles des gouverneurs et vice-gouverneurs de province. Ainsi, les Conseillers municipaux, de secteurs et de chefferies, élus au suffrage universel direct, sont susceptibles de constituer un corps électoral important et suffisamment représentatif, devant justifier l'organisation des élections provinciales, sénatoriales, des gouverneurs et vice-gouverneurs de province au suffrage universel indirect ».

Conclusion

Cette position appelle deux observations. L'observation de forme est relative aux concepts « élections municipales », « élections provinciales » et « élections des gouverneurs et vice-gouverneurs de province ». Il y a lieu de faire remarquer que l'expression « élections municipales » pour désigner les élections au sein des

[403] Art. 5 al. 1 de la Constitution du 18 février 2006, telle que révisée à ce jour.

communes apparaît dans la loi électorale de 2006. Avec sa révision en 2011, cette expression a été remplacée par « élection communale » jugée, par le législateur, plus commode à l'entité territoriale « commune ». Dès lors, l'usage de l'expression « élection municipale » devient illégal.

Toujours sur le plan de la forme, le concept « élections provinciales » ne devrait pas poser un problème d'usage ; il apparait dans le projet de loi révisant la Constitution. S'il arrive qu'il pose problème, alors ce déficit technique peut être considéré comme une diversion visant à cacher l'objectif réel de la démarche gouvernementale. Le concept « élections provinciales » est resté constant quant à son contenu tant dans la loi électorale originaire que dans celle révisée en 2011. Dans les deux cas, le concept « élections provinciales » inclut les élections des députés provinciaux et celles des gouverneurs et vice-gouverneurs. Il est donc superflu, de citer « élections provinciales, des gouverneurs et vice-gouverneurs de province ».

Sur le plan du fond, le projet de loi visait à modifier fondamentalement le mode de scrutin des députés provinciaux. Celui-ci passerait du suffrage universel direct au suffrage indirect par les Conseillers communaux, de secteur et de chefferie. Une telle révision devient inconstitutionnelle et tombe sous le coup de l'interdiction érigée à l'alinéa 2 de l'article 220 qui dispose : « Est formellement interdite toute révision constitutionnelle ayant pour objet ou pour effet de réduire les droits et libertés de la personne... ». Dans ce cas, le Gouvernement viole cet article en tentant de réduire le droit des citoyens de voter directement leurs députés provinciaux. Mais l'on peut s'en féliciter d'apprendre le retrait de ces projets de révision constitutionnelle par le Gouvernement qui en est l'auteur.

Dans le second cas, il s'agit du projet de loi relatif aux élections urbaines, municipales et locales déjà prévues par la Loi n° 06/006 du 09 mars 2006 portant organisation des élections présidentielle, législatives, provinciales, urbaines, municipales et locales, telle que modifiée et complétée par Loi n°11/003 du 25 juin 2011. Le Gouvernement ne donne pas les raisons qui l'ont poussé à détacher les élections urbaines, municipales et locales de la loi générale sur les élections. Il apporte, cependant, quelques innovations notamment le système de quota en faveur des femmes, des personnes vivant avec handicap et des peuples autochtones ainsi que l'ajout de l'autorité exécutive locale comme destinataire des fiches et PV des résultats électoraux.

Le projet de loi comprend 168 articles répartis en cinq titres. Le premier titre traite des dispositions préliminaires et le deuxième des dispositions communes aux élections urbaines, municipales et locales. Ce titre compte 10 chapitres relatifs, respectivement, à la qualité d'électeur, aux conditions d'éligibilité et des cas d'inéligibilité, à la convocation de l'électoral et à la présentation des candidatures, à la campagne électorale, aux témoins et aux observateurs, aux opérations de vote et de dépouillement, à la proclamation des résultats, au contentieux des élections, aux incompatibilités ainsi qu'aux dispositions pénales.

Le troisième titre traite des élections urbaines, municipales et locales et contient 5 chapitres relatifs, respectivement, aux élections des Conseillers urbains, du Maire et du Maire-adjoint, des Conseillers municipaux, du Bourgmestre et du Bourgmestre-adjoint ainsi qu'aux élections des Conseillers de Secteur, de Chefferie et du Chef de Secteur et du Chef de Secteur-adjoint.

Le quatrième titre est consacré à l'installation des institutions urbaines, municipales et locales. Il comprend deux chapitres relatifs, pour le premier, à l'installation des Conseils urbains, municipaux et locaux et le deuxième à l'installation des membres de l'exécutif des entités territoriales décentralisées.

En tout état de cause, cette loi n'a pas de fondement constitutionnel. C'est une loi de trop parce que celle électorale en vigueur organise l'ensemble des scrutins élections et à tous les niveaux. L'initiative contient des dispositions contraires à la Constitution. Par rapport aux innovations qu'il se proposait d'apporter, elles ne peuvent pas justifier une loi à part, sinon une révision de celle. Le chapitre suivant évoque les rapport entre la constitution, la révision constitutionnelle et l'état de droit.

Chapitre troisième

Les rapport entre la constitution, la révision constitutionnelle et l'état de droit

Ce chapitre a pour matrice les rapports entre la constitution, la révision constitutionnelle et l'état de droit. Il importe dans un premier temps de préciser le rôle de la révision dans la vie d'une Constitution (Section 1), afin de mieux comprendre la révision constitutionnelle dans un État de droit (Section 2).

Section 1. Le rôle de la révision dans la vie d'une constitution

La question de la modification constitutionnelle n'a jamais recueillie l'unanimité dans l'opinion congolaise. Pour certains, elle est un instrument au service des gouvernants qui cherche à tout prix à supprimer les garde-fous constitutionnels pour affaiblir les contre-pouvoirs ou l'opposition politique dans sa lutte pour l'alternance démocratique, son principal objectif[404]. Pour d'autres, elle n'est autre chose qu'un moyen de réductions des droits fondamentaux des citoyens garantis par le constituant, dont se sert un régime despotique afin de porter atteinte aux prérogatives reconnues aux démembrements de l'État notamment les provinces[405].

La révision constitutionnelle est attachée à une Constitution souple ou rigide, et joue généralement deux rôles principaux. D'un côté, elle exerce un rôle positif, celui de régénérer le texte constitutionnel (§1) et, de l'autre, un rôle négatif ou le marchandage politique[406] (§2).

§ 1. La régénération du texte constitutionnel existant

Le rôle régénérateur, fait de la révision constitutionnelle un véritable instrument de construction de l'État de droit. A l'instar des cellules du corps humain qui sont inévitablement vouées à l'affaiblissement, et partant, à la mort, les dispositions constitutionnelles sont également vouées à des ajustements (du moins pour celles dont cette possibilité est prévue). En tout état de cause, qu'elles

[404] De VILLER M. et Le DIVELLE, C.A., *Dictionnaire du droit constitutionnel. Op. Cit*, p. 153.
[405] BOSHAB, E., *Op. Cit.*, p.72.
[406] ESAMBO KANGASHE, J-L., *Op. Cit.*, p.98.

ne sont pas élaborées pour l'éternité[407]. Ainsi, le rôle régénérateur[408] consiste en des modifications du texte constitutionnel ayant pour objectif principal de ressouder le contrat social.

Dans l'application concrète, il s'est dégagé un décalage, entre les dispositions constitutionnelles et les réalités sociales. C'est ainsi que la mission est confiée au pouvoir constituant dérivé de procéder, par la voie chirurgicale, à une césarienne et la Constitution en vue d'un réaménagement judicieux du texte fondamental et d'un renforcement du pacte social. Il s'agit de combler les lacunes enregistrées dans l'application de la Loi fondamentale[409].

Dans la même veine, lorsque la Constitution s'avère lacunaire, le pouvoir constituant institué est appelé à faire un crépissage sur les fentes répertoriées dans un édifice constitutionnel, à condition de respecter l'âme de la Constitution que l'on modifie. En outre, la révision constitutionnelle joue un rôle non négligeable en matière de conclusion des traités et accords internationaux. En effet, un traité incompatible avec la Constitution ne peut pas, en principe, être ratifié pour s'appliquer dans un État, notamment la RD Congo. Le droit international étant consensuel, aucune norme internationale ne peut s'appliquer dans un État si ce dernier ne l'a pas voulu et va à l'encontre de sa Loi fondamentale.

Sur le plan interne, la Constitution chapeaute la pyramide normative et toutes les règles juridiques tirent d'elle leur validité. Cependant, en vertu de la souveraineté du peuple, lorsqu'un État veut ratifier un traité ou un accord incompatible avec la Constitution, il doit d'abord réviser celle-ci avant de réceptionner l'accord ou le traité concerné[410]. J'évoque le marchandage politique et la responsabilité du juge dans l'établissement des lois constitutionnelles.

A. Le marchandage politique

Une certaine opinion considère la révision constitutionnelle comme un moyen, par excellence, de jongler les règles fondamentales pour servir des objectifs égoïstes d'une classe politique. La révision revêt ainsi le caractère d'un instrument du marchandage politique. De ce point de vue, elle détruit la Constitution au lieu de la construire. Ce rôle négatif apporte une contribution douteuse à la construction d'un État de droit.

En regardant le mouvement successif d'écriture et récriture des textes constitutionnels, on se pose des questions sur l'ancrage de la démocratie par le constitutionnalisme en Afrique. La difficulté culturelle d'enracinement du

---

[407] BOSHAB, E., *Entre la révision de la Constitution et l'inanition de la Nation, Op. Cit.,* p.74.
[408] *Ibidem.*
[409] *Idem*, p. 75.
[410] Article 216 de *la Constitution de la République Démocratique du Congo telle que révisée, JODRC, 52ème année, n° spécial en 2011,* du 5 février 2011.

constitutionnalisme dans un contexte social qui éprouve du mal à s'accommoder à la démocratie, l'absence de l'éthique politique dans le système politique africain pose la problématique de la consolidation de l'État de droit durable. Une vision machiavélique révèle la tendance des gouvernants africains à l'instrumentalisation du pouvoir de révision pour banaliser la Constitution avec des modifications ayant des fins étrangères à la rationalité démocratique.

La tendance à des modifications intempestives des Lois fondamentale pose la question de la capacité des dirigeants à se conformer aux impératifs du constitutionnalisme, comme c'est le cas d'ailleurs dans d'autres continents. Concernant la RD Congo, les révisions constitutionnelles sont, en réalité, motivées par des calculs politiques voire politiciennes, même si elles sont vendues à la population comme des correctifs nécessaires et indispensables à la survie de la nation.

Au Congo, l'instabilité constitutionnelle va de pair avec l'instabilité politique. En dépit des multiples réformes constitutionnelles, le régime politique approprié pour la RD Congo, reste une montagne de plus à escalader, car même si le texte constitutionnel originel prévoit un régime politique à travers le fonctionnement formel des institutions démocratique, les réformes constitutionnelles interviennent pour basculer le régime constitutionnel du côté de l'autoritarisme.

Dans tous les cas, la révision constitutionnelle obéit aux exigences théoriques du droit constitutionnel. C'est, d'une part, la distinction classique entre la Constitution rigide et la celle souple et, de l'autre, la Constitution formelle et celle matérielle.

Il peut, cependant, arriver que le constituant originaire n'ait pas prévu la procédure de sa révision, auquel cas certaines de ces dispositions sont considérées comme immuables.

Pour éviter les risques d'interprétation silencieuse sur la procédure de révision, bon nombre de Constitutions modernes prennent soin d'intégrer dans leurs dispositifs la possibilité de modifier certaines de leurs matières. En Afrique francophone, la procédure de révision constitutionnelle est presque la même, elle prévoit, généralement, que l'initiative appartienne concurremment au Président de la République, au gouvernement, aux parlementaires et au peuple.

Il sied de rappeler, par ailleurs, que les dispositions constitutionnelles peuvent poser le problème dans leur interprétation, auquel cas on se remet au juge constitutionnel qui est la bouche autorisée quant à ce. Afin de faire évoluer le texte constitutionnel, afin de l'adapter au temps ou de palier à une lacune, le juge constitutionnel doit procéder à l'interprétation de la Constitution pour éclairer l'opinion sur le contenu d'une disposition constitutionnelle problématique[411]. Il

---

[411] BOSHAB, E., *Entre la révision de la Constitution et l'inanition de la Nation, Op. cit.*, p. 83.

est donc un juge actif et a une lourde responsabilité comme je le signale dans les lignes qui suivent.

B La responsabilité du juge dans l'établissement des lois constitutionnelles.

La question qui se pose ici se rapporte à est l'attitude du juge constitutionnel face aux lois constitutionnelles qui comporte une dose d'inconstitutionnalité. C'est la problématique du contrôle de constitutionnalité des lois constitutionnelles qui ne cesse de diviser la doctrine[412]. Pour certains, le pouvoir constituant dérivé et celui originaire forment la même autorité[413], une juridiction, constitutionnelle soit-elle, ne saurait contrôler son activité, car lui-même ne se soumet pas à un juge.

Georges Vedel soutient à ce sujet que « le pouvoir constituant dérivé n'est pas un pouvoir d'une autre nature que le pouvoir initiale : la Constitution lui donne sa procédure (...) elle ne borne point son étendue (...) le pouvoir constituant étant le pouvoir suprême de l'État, ne peut être lié, même par lui »[414]. Ce plaidoyer s'inscrit dans la logique selon laquelle le pouvoir de révision peut tout faire tant qu'il respecte la procédure[119]. Cette prédication de la souveraineté du pouvoir constituant dérivé exclut la volonté de celui-ci à toute appréciation d'un juge, y compris celui constitutionnel[415].

Pour les autres, par contre, il existe une différence entre le constituant originaire et le constituant dérivé[416]. Ainsi, le pouvoir qui établit la Constitution, n'est pas le même que celui qui la révise. Le pouvoir de révision est un pouvoir constitué, institué par le constituant originaire. C'est la position majoritairement soutenue par Hans Kelsen, Carré de Malbert, Cari Friedrich, Georges Burdeau et André Mbata. De ce point de vue le pouvoir constituant dérivé est distinct de celui originaire et est, par conséquent, subordonné au contrôle du juge constitutionnel.

La problématique de la constitutionnalité des lois constitutionnelles est capitale pour la RD Congo surtout à ce moment où le pays fait face aux velléités de révision de la jeune Constitution. On peut bien penser que la Cour constitutionnelle soit attendue sur ce point comme dernier rempart contre une éventuelle manœuvre révisionniste de la Constitution.

---

412 Lire à ce sujet FAVOREU, « L'injusticiabilité des lois constitutionnelles », *Revue française de droit constitutionnel,* n°4, 2003, p. 792. ; NDIAYE, A., *Les décisions et Avis du conseil constitutionnel du Sénégal,* Dakar, CREDILA, 2008, p. 372.

413 VEDEL, G., « Schengen et Maastricht », *RFDA,* 1992, p. 178 ; BOSHAB (E), *Op.cit.,* p. 30.

414 VEDEL, G., *Op. Cit*, p. 179.

415 FALL, I-M., *Les révisions constitutionnelles au Sénégal. Révisions consolidantes et déconsolidantes de la démocratie Sénégalaise,* Dakar, CREDILA, 2012, p.209.

416 GUSY, C, « Juge constitutionnel et gardien de la constitution », in GREWE, C., (dir), *La notion de justice constitutionnelle,* Paris, Dalloz, 2005, p. 161.

En droit comparé, la jurisprudence constitutionnelle est divergente sur cette question. Certaines juridictions constitutionnelles se déclarent incompétentes pour contrôler la constitutionnalité des lois constitutionnelles. Le conseil constitutionnel sénégalais a eu à adopter cette position dans plusieurs de ses décisions, notamment celle du 9 octobre 1998 et du 18 janvier 2006. Très récemment encore, il a réaffirmé sa jurisprudence dans la Décision n°2-C-2009 du 18 juin 2009.

En gros, il se dégage que la déclaration d'incompétence des juridictions constitutionnelles est fondée sur une interprétation stricte ou restrictive des dispositions constitutionnelles attributives de compétence aux juridictions constitutionnelles. En réalité, c'est la résistance de soumettre le constituant au contrôle des organes qu'il a lui-même institué, à moins qu'il décide lui-même de s'y soumettre[417]. C'est ainsi que le conseil constitutionnelle sénégalais affirme que « la compétence de la Cour constitutionnelle est strictement limité par la Constitution (...), mais le Conseil constitutionnel ne saurait être appelé à se prononcer dans d'autres cas que ceux qui sont expressément fixés par les textes »[418].

Par contre, la Cour constitutionnelle du Mali a aussi fait œuvre de jurisprudence dans son Arrêt n°01-128 du 12 décembre 2007, soutenant que la loi de révision constitutionnelle attaquée n'étant pas une loi organique, elle doit être considérer comme faisant parties des autres catégories des lois et, en conséquence, susceptibles d'un contrôle par la Cour constitutionnelle[419].

Dans ce sens, la Cour constitutionnelle Comorienne n'a pas hésité à la Constitution et la loi sur l'organisation et la compétence de la Cour constitutionnelle ont strictement délimité la compétence de la Cour. Le conseil constitutionnelle sénégalais emploie pratiquement les mêmes termes soutenant que la compétence du conseil constitutionnel est strictement limité par la Constitution et qu'elle ne saurait pas être prononcer sur d'autres cas non prévus[420].

Par contre, la Cour constitutionnelle du Bénin a eu à annuler les lois constitutionnelles. C'est le cas de la décision du 8 juillet 2006, par laquelle elle invalida la loi constitutionnelle qui modifiait de quatre à cinq ans la durée du mandat parlementaire. La Cour constitutionnelle du Mali a aussi fait œuvre de jurisprudence dans son arrêt du 12 décembre 2001 a affirmé que « la loi constitutionnelle étant une loi est susceptible d'un recours en inconstitutionnalité devant la Cour constitutionnelle ». Qu'en est-il de la Cour constitutionnelle congolaise.

---

[417] Arrêt du 6 mai 2009.

[418] La décision du Conseil constitutionnel Sénégalais du 18 juin 2009.

[419] http://www.La-constitution-en-afrique.org/, 7 décembre 2007.

[420] La décision du Conseil constitutionnel sénégalais du 18 juin 2009.

La Constitution du 18 février 2006 distingue le contrôle de constitutionnalité des lois organiques de celui des lois, sans aucune autre précision. Ainsi, on peut soutenir que le constituant de 2006 ne semble pas exclure les lois de révision constitutionnelle au contrôle de constitutionnalité. Il appartient aux juges de choisir entre leur incompétence de connaitre la constitutionnalité des lois constitutionnelles, avec tous les risques de laisser se constitutionnaliser les fraudes à la Constitution soit de faire preuve de l'audace afin de connaitre de la constitutionnalité des lois de révision constitutionnelle, suivant ainsi les pas de la Cour constitutionnelle béninoise et malienne pour empêcher les révisions taillées sur mesure et préserver la démocratie ainsi que l'État de droit[421]. Il appartient, donc, au juge constitutionnel lui-même de s'assumer dans l'interprétation extensive des dispositions constitutionnelles sur le contrôle de constitutionnalité, par des brèches ouvertes par le constituant, à se prononcer sur la constitutionnalité des lois constitutionnelles.

Nonobstant, les lois constitutionnelles devraient connaitre la censure du juge, gardien de la Constitution, la réticence de certains à admettre cette évidence[422], or, contrairement à Georges Vedel qui affirme que reconnaître au juge constitutionnel le pouvoir de contrôle des lois constitutionnelles ferait de celui-ci source primaire du droit, usurpateur de souveraineté[423], il faut relever que dans son office d'interprétation[424], le juge constitutionnel est une instance de création du droit et un relatif siège du pouvoir normatif. Il doit filtrer tous les actes aussi bien législatifs que constitutionnels. En définitive, le juge constitutionnel doit s'ériger en rempart face aux révisions assimilables à la fraude constitutionnelle. Mais, faudra-t-il l'avouer, la Cour constitutionnelle ne peut être en mesure d'accomplir cette mission sans le soutien populaire. Le peuple qui doit aussi veiller sur la protection citoyenne de l'édifice constitutionnel. Ce dernier convient lui-même d'être analysé. Le paragraphe suivant porte sur le principe du contrôle.

§2. Le principe du contrôle

L'appréciation de la conformité d'un acte juridique à la Constitution est généralement confiée à un organe juridique constitutionnel[425] qui dispose du pouvoir de sanction en vue de garantir la primauté de la Loi fondamentale dans

---

421 BALINGENE KAHOMBO, « L'organisation de la cour constitutionnelle congolaise : son organisation et ses compétences », *Librairie africaine d'études juridiques,* vol. 6, Juin 2010, p.73.

422 FAVOREU, *Droit constitutionnel,* Paris, 10ème éd., Dalloz, 2007, p. 120.

423 VEDEL, G., *Op. Cit.,* p.1180.

424 Article 218 de la Constitution du 18 février 2006, telle que révisée à ce jour.

425 COHENDET, M-A., *Droit constitutionnel,* Paris, 2ème éd, Montchrestien, 2002, p.11.

la hiérarchie des normes dans un État. Il s'agit du contrôle de la constitutionnalité et du contrôle citoyen des lois constitutionnelles.

A. Contrôle de constitutionnalité

Le contrôle de constitutionnalité a plusieurs acceptions, vu la controverse qui émaille sa définition. Au sens large, l'appréciation de la conformité d'un acte juridique à la Constitution par une juridiction ayant une nature hybride, à la fois juridique et politique, est assortie de la sanction qui frappe le non-respect de la suprématie de la Constitution. Au sens strict, il s'agit de la vérification de la conformité d'un acte juridique à une norme fondamentale supérieure. Au sens restrictif, le contrôle de constitutionnalité désigne l'appréciation la conformité de la loi à la Constitution par une juridiction constitutionnelle, assortie d'une sanction en vue de garantir le respect de la Constitution et d'assurer sa primauté dans l'ordonnancement juridique[426]. Le contrôle de constitutionnalité est à distinguer du contrôle de légalité et de celui de conventionalité.

En effet, le contrôle de légalité est un mécanisme qui permet d'apprécier un acte juridique à une loi en vigueur. Par contre, le contrôle de conventionalité est l'appréciation de la conformité d'un acte juridique à une convention[427].

L'expression contrôle de constitutionnalité est généralement employée pour designer l'examen de la conformité d'une loi à la Constitution par un juge constitutionnel. La loi est ici entendue en son sens large. Car, à côté des lois au sens strict, le juge constitutionnel apprécie la conformité des certains actes administratifs pris par le gouvernement pour éviter la confiscation de la souveraineté par le pouvoir exécutif.

C'est ainsi que la Cour constitutionnelle est compétente de connaître la constitutionnalité d'un règlement autonome pris en application de la Constitution sans l'intermédiation d'un quelconque acte législatif. Par contre, la justice constitutionnelle ignore l'appréciation de la conformité à la Constitution d'un acte administratif subordonné pris en application d'une loi. À l'égard dudit acte administratif inconstitutionnel, c'est la théorie de la loi écran qui est appliquée. Elle consiste, pour le juge constitutionnel à sanctionner la loi en de laquelle l'acte administratif concerné a été pris.

Par ailleurs, l'existence d'une juridiction constitutionnelle n'exclue pas la possibilité pour les organes politique de vérifier la conformité d'un acte juridique à la Constitution. Dans ce sens, le parlement avant l'adoption d'un projet ou d'une proposition de loi, en vérifie la conformité à la Constitution.

Dans tous les cas, la Cour constitutionnelle dispose d'énormes pouvoirs qui ne se limitent pas seulement au contentieux constitutionnel. Elle dispose

---

426 COHENDET, M-A., *Droit constitutionnel, Op. Cit.*
427 *Idem.*

également, d'une compétence pénale spéciale, car elle est juge pénal du Président de la République et du Premier ministre pour les cas infractionnels auxquels ils seraient coupables. Le juge constitutionnel dispose, en outre, d'une compétence interprétative. En cas de conflit d'interprétation d'une disposition constitutionnelle, il revient à la Cour constitutionnelle (la bouche autorisée) d'en donner la vraie interprétation qui s'impose à tous.

Dans sa compétence d'interpréter de la Constitution, la Cour peut donner un contenu à une disposition constitutionnelle. Ainsi, elle devient, dans une certaine mesure créatrice de droit. Il s'agit d'une mission délicate dont la plupart des juridictions constitutionnelles africaines ne semblent pas encore être prêtes à accomplir du fait non seulement de leur jeunesse, mais également de leur dépendance virtuelle au pouvoir exécutif.

Quant à elle, la Cour constitutionnelle de la RD Congo, à peine installée, s'est engagée dans l'écriture de sa jurisprudence dont les premières activités ne cessent de susciter des controverses. C'est le cas de l'arrêt R. CONST. 262 rendu à la suite de sa saisine par les députés de la majorité présidentielle en interprétation des articles 70, 103 et 105 de la Constitution. Ils voulaient savoir la situation qui surviendrait vis-à-vis du président de la République à la fin de son deuxième et dernier mandant, en cas de non-organisation des élections présidentielles dans les délais constitutionnels.

Ne voulant pas, cette fois-ci, jouer au Ponspilatisme (pour emprunter le mot de Jacques Djoli) et se déclarer incompétent dans un esprit de revirement politique, la Cour va prendre le risque d'interpréter l'article 70 pour lequel elle a été saisie, mais en lui donnant un nouveau contenu excluant toute hypothèse de vacances à la présidence de la République.

Tantôt elle affirme que l'article 70 est rédigé en des termes clairs qui n'appelle aucune interprétation, tantôt elle se rabat sur le principe de continuité de l'État, prévu à l'article 69 de la Constitution, visant à prolonger le mandat au-delà de son terme. Cet arrêt a fait couler beaucoup d'encres dans l'opinion publique au point qu'à la fin du mandat du président de la République en fonction, le Congo ressemblerait à un véhicule sans chauffeur ou avec un chauffeur dont on a retiré le permis de conduire.

De cet arrêt, nous déduisons que, le Président de la République en place restera en fonction à la fin de son mandat en cas de non-tenue des élections dans les délais constitutionnels selon la haute Cour. Le Président de la République, sans mandat gouvernera indéfiniment le pays pourvu que l'on n'ait pas organisé les élections présidentielles. Telle est l'exclamation de la majorité des citoyens et même des constitutionnalistes qui se retrouvent surpris par la nouveauté apportée par la Cour.

Cependant, il s'avère que le Président en fonction ne sera pas en mesure de conduire les affaires de l'État en dehors de tout mandat qui ne lui est par confié par le peuple à cause de la non-tenue des élections. La Cour constitutionnelle s'est transformée en source de pouvoir et accorde un mandat de fait comme un bonus octroyé au chef de l'État à la fin du second et dernier mandat. Le droit qualifie d'usurpation le fait pour une personne ou un organe de s'attribuer un pouvoir qu'il ne lui est pas reconnu par les textes juridiques. Les compétences étant d'attribution, la Cour est tombée dans l'usurpation de la souveraineté du peuple en violant son droit fondamental de ce dernier d'élire son chef.

Pour André Mbata, « qui suivrait une Cour constitutionnelle de 9 juges dont 4 sont professeurs de l'Université de Kinshasa et 3 de la Faculté de Droit, qui serait incapable de bien lire la Constitution, en appliquant les principes de droit administratif en droit constitutionnel. La Cour se substitue au peuple souverain tout entier au motif que ses arrêts sont irrévocables et sans appel, soutenant qu'un président dont le mandat est de 5 ans renouvelables renouvelable une seule fois devrait rester en fonction jusqu'à l'organisation d'une nouvelle élection présidentielle même si celle-ci devait se faire dans 50 ans. La Cour constitutionnelle n'a pas fait preuve de l'indépendance qu'elle est censé incarner pour sanctionner la démarche frauduleuse du glissement entreprise par la majorité présentielle »[428].

Elle se présente comme le principal angle du « triangle du glissement » qui se lance, elle-même, dans la violation collective de la Constitution. La Cour devrait cesser de jouer la carte du glissement en exerçant un devoir d'ingratitude. Ce n'est pas parce les membres de cette Cour sont nommés par le Président de la République qu'ils doivent perdre leur indépendance face aux violations de la Constitution opérées par les dirigeants au pouvoir. L'arrêt de la Cour connu s'est ajouté à un autre arrêt qualifié de tous les noms par les constitutionnalistes congolais. Il s'agissait de l'arrêt autorisant la nomination par le pouvoir exécutif des commissaires spéciaux du gouvernement en provinces, après avoir été saisie par la CENI[429] qui, par ailleurs n'avait pas qualité à la saisir. L'invocation de la force majeure ou l'affirmation de sa compétence en sa qualité de régulateur de la vie politique, ne se justifie pas au regard des œuvres actuelles des 9 juges.

La Cour constitutionnelle, protectrice de l'État de droit, s'engage paradoxalement dans la construction rapide d'un État de fait, avec des arrêts sur commande qui ne reflètent pas l'indépendance et l'impartialité attendu des 9 sages. La crédibilité de la Cour est donc en jeu, car le peuple congolais semble désespérément se remettre à elle, comme sentinelle de la démocratie. Mais hélas ! Les membres qui composent cette Cour se préoccupent du maintien en fonction de ceux qui les ont désignés ou nommés. Alors même que, pour ce qui

---

428 Réaction du professeur André Mbala sur l'arrêt R. CONST. 262 de la Cour constitutionnelle de la RDC, élections africaines, série V, n° 4.
429 *Ibidem.*

les concerne, le principe de parallélisme de forme et de compétence qui veut que l'autorité qui nomme soit celle qui révoque, ne peut être d'application.

Alors que ni la Constitution, ni la loi organique sur la Cour constitutionnelle ne reconnait à cette dernière une telle prérogative, il est curieux de constater que la plus Haute juridiction congolaise reconnaît à la CENI la compétence de la saisir régulièrement. Elle affirme qu'au terme des articles 161 alinéa 1er de la Constitution de la République Démocratique du Congo et 54 alinéa 2 de sa loi organique, la CENI a compétence pour interpréter la Constitution sur la saisine du Président de la République, du gouvernement, du président du Sénat, du président de l'Assemblée nationale, d'un dixième des membres de chacune des chambres parlementaires, des Gouverneurs de provinces et des président des Assemblées provinciales[430].

Comme on peut bien le remarquer, la CENI ne figure pas sur la liste exhaustive des personnes ou organes habiletés à saisir la Cour constitutionnelle. Pourtant, usant de son « pouvoir de régulation de la vie politique », du fonctionnement des institutions et de l'activité des pouvoirs publics, cette juridiction se déclare compétente pour connaître la demande de la Commission électorale nationale indépendante. Après avoir déclaré recevable et fondée la demande de la CENI, comme pour justifier l'injusticiable, la Cour rappelle, sous forme de mise en garde, que les arrêts de la Cour sont irrévocables et immédiatement exécutoires, après avoir déclaré recevable et fondée la demande de la CENI.

Après avoir constaté la force majeure, la cour ordonne au gouvernement de la République de prendre sans tarder, les mesures transitoires exceptionnelles pour faire régner l'ordre et la continuité des services publics dans les nouvelles provinces.

Par ailleurs, concernant le maintien des animateurs, il faut noter que la légitimité manquera aux dirigeants politiques qui se retrouveraient en exercice de leurs fonctions au-delà de leur mandat. Les dispositions constitutionnelles qui disent que les institutions en fonction restent en place jusqu'à l'installation effective des nouvelles institutions élues, ne peuvent pas faire l'objet d'une interprétation erronée.

Par conséquent, l'alinéa 2 de l'article 70 pour lequel, la Cour a été saisie en interprétation de la Constitution, vient juste après le premier alinéa qui parle de l'élection du président de la République. Cela suppose que le président en fonction a organisé l'élection du nouveau président dans les délais constitutionnels. Ainsi, entre la proclamation des résultats définitifs de l'élection présidentielle par la Cour constitutionnelle et l'entrée en fonction du nouveau président élu, la période de dix jours prévus par l'article 74 alinéa 1 doivent être

---

430 Arrêt R. Const.0089/2015.

observée. C'est dans ces délais de dix jours qu'il convient de placer l'alinéa 2 de l'article 70.

Cela ne peut pas ouvrir la brèche pour introduire une hypothèse exceptionnelle dans laquelle, l'institution chargée d'organiser les élections ne l'aurait pas fait dans les délais prévus. La non-tenue des échéances présidentielles dans les délais constitutionnels ne peut pas être entendue comme une circonstance exceptionnelle[431], mais plutôt constitue une violation intentionnelle de la Constitution, qu'on qualifierait de haute trahison. Que retenir du contrôle citoyen des lois constitutionnelles ?

B. Le contrôle citoyen des lois constitutionnelles.

Les citoyens doivent jouer un rôle très actif dans l'adoption des lois constitutionnelles. Car, le peuple qui avait mis en place la Constitution que l'on se propose de modifier, doit être consulté. Il est souhaitable que toute modification constitutionnelle passe par lui. Ce qui lui permettra de se prononcer et éventuellement de sanctionner les manœuvres frauduleuses du constituant dérivé, visant à détourner la révision constitutionnelle pour satisfaire ses propres intérêts généralement égoïstes. Aussi, importe-t-il de proposer, pour le cas de la RD Congo, la révision de l'article 218 de la Constitution du 18 février 2006 afin de supprimer son dernier alinéa qui exclut le référendum lorsqu'une révision constitutionnelle est adoptée par le parlement réunis en congrès. On peut même envisager le contrôle d'opportunité d'une révision constitutionnelle par le référendum d'opportunité. Car dans toute démocratie le citoyen est le premier pilier[432] dont les droits sont au cœur de la protection par les pouvoirs publics.

Il est donc préférable que le peuple s'érige en dernier rempart dans le contrôle des lois de révision constitutionnelle. Il revient à la classe politique de sensibiliser les citoyens en vue de les éduquer pour que ces derniers prennent conscience de leur responsabilité à faire respecter la Constitution et sanctionner, le cas échéant, toute entreprise d'un pouvoir constituant dérivé mal intentionné. Dès lors que le peuple prend cette posture face à une révision constitutionnelle, toute manipulation devra rencontrer le veto populaire, et le peuple lui-même deviendra le véritable gardien de l'État de droit.

Cette lutte est transcendante des clivages politiques et doit être guidée par la culture démocratique[433]. Le contrôle populaire des lois constitutionnelles devient alors un impératif, car à l'instar de la protection politique et juridique de la Constitution ; celle citoyenne constitue un renforcement des mécanismes de stabilité constitutionnelle et institutionnelle face aux ambitions démesurées du

---

[431] MAMPUYA KANUNK'a TSHIABO A., « Le respect des textes légaux comme problème d'éthique de gouvernance au Congo », *Revue de l'U.KA.*, vol. 1, n°1, Kinshasa, 2013, p. 3.

[432] BEETHAN et alii, *Evaluer la qualité de la démocratie,* IDEA, 2008, p.28.

[433] FALL, I-M., *Op. Cit.,* p.204.

pouvoir politique épris souvent de l'intention manifeste de se servir au lieu de servir le peuple, sous le silence d'un juge constitutionnel moins audacieux.

Les cas de force majeurs sont prévus par l'article 76 al. 4, qui dispose qu'en cas de force majeure, l'élection du Président de la République est organisée par le président du Sénat après avoir constaté la vacance résultant d'un empêchement définitif du président en fonction. Le détournement du sens propre d'une disposition constitutionnelle par l'organe même chargé de donner la vision claire sur une matière constitutionnelle qui pose problème, démontre que l'actuelle Cour constitutionnelle a encore un travail difficile avant d'écrire sa jurisprudence. La déviation des règles juridiques de leur sens originelle vide la Constitution et les lois de leur substance et combat la démocratie ainsi que l'État de droit.

La seconde section a pour matrice la révision constitutionnelle dans un état de droit que je traite dans les lignes qui suivent.

Section 2. La révision constitutionnelle dans un état de droit

Ainsi qu'il est relevé ci-haut, la base de la réflexion est, comme relevé ci-haut, l'article 16 de la Déclaration française de droit de l'Homme et du citoyen de 1789[434] constitue fait de la Constitution une expression textuelle de l'État de droit. Dans un texte constitutionnel où la séparation des pouvoirs et la protection des droits fondamentaux ne sont pas prises en ligne de compte par le constituant originaire, il revient au constituant dérivé d'intervenir, par voie de révision constitutionnelle, pour consolider, l'État de droit en consacrant la séparation des pouvoirs et la protection des droits humains. Le modèle de ces amendements constructifs est donné par la Constitution américaine de Philadelphie de 1787 qui connut dix amendements pour renforcer la limitation du pouvoir et la protection des droits des citoyens.

Pour ce qui est de la construction de l'État de droit en RDC, il faut signaler que, la trinité sacrée de celui-ci a été reprise parmi les 7 vaches sacrées, consacrées par le constituant congolais de 2006.

C'est dire que depuis 2006, la rupture avec l'autoritarisme, la consécration de l'alternance politique, la limitation des pouvoirs, la protection des droits humains, la forme républicaine de l'État et la durée ainsi que le nombre des mandats présidentiels[435], ne peuvent faire l'objet d'une quelconque négociation politique et constituent le miroir de toute action étatique.

Si l'on se met d'accord que la fraude à la Constitution peut être aussi commise par le peuple en adoptant une Constitution qui ne prend pas en charge la limitation de pouvoir et la garantie des droits humains, on doit aussi admettre par conséquent que le constituant dérivé, devient l'unique moyen de correction de

---

[434] Cité par CHANTEBOUT, B., *Op. cit*, p.35.
[435] DJOLI ESENG'EKELI, J., *Droit constitutionnel. L'expérience congolaise (RDC)*, Paris, l'Harmattan, 2013, p.30.

ces erreurs et un véritable instrument de construction de l'État de droit. De ce point de vue, l'État de droit est intimement lié à la révision constitutionnelle, car on révise la Constitution pour consolider l'État de de droit.

De ce qui précède, on remarque que la révision constitutionnelle apparait comme une épée à double tranchant. Selon l'usage qu'on en fait, elle peut être constructrice ou destructrice de l'État de droit, prise dans son sens positif ou constructif, la révision constitutionnelle consolide l'État de droit et la démocratie à travers des réformes consolidantes pour la survie et la promotion de l'État de droit.

Cependant, on ne doit pas perdre de vue que la révision est aussi déconsolidante de l'État de droit et de la démocratie, quand elle est au service de l'autoritarisme réductrice des droits des citoyens en constitutionnalisant les inconstitutionnalités. C'est contre cette constitutionnalisation des inconstitutionnalités[436] que le peuple est appelé à exercer son veto. Pour empêcher toute tentative de fraude à la Constitution et favoriser la démocratie constitutionnelle[437].

C'est l'éveil de la conscience du juge constitutionnel qui doit, une fois de plus, faire preuve de l'audace[438] et d'indépendance dans le contrôle des lois constitutionnelles. Dès lors, j'évoque l'initiative de révision au premier paragraphe, la décision de prise en compte de l'initiative et d'en donner suite dans le second, l'adoption définitive du projet, de la proposition ou de la pétition de révision au troisième paragraphe,

§ 1. L'initiative de révision

Le pouvoir constituant dérivé étant un pouvoir constitutionnel chargé de réviser la Constitution, il trouve son fondement dans l'article 218 qui dispose notamment que : l'initiative de la révision constitutionnelle appartient au Président de la République, au Gouvernement après délibération en Conseil des ministres (projet de révision), à chacune des chambres du parlement, à l'initiative de la moitié de ses membres (proposition de révision) et à une fraction du peuple, en l'occurrence 100 milles citoyens (pétition de révision)[439].

Toutefois, d'après les articles 219 et 220 de la Constitution, le pouvoir constituant dérivé se heurte à des limites d'ordre circonstanciel et matériel. S'agissant des limites circonstancielles, aucune révision ne peut intervenir pendant l'état de guerre, l'état d'urgence ou l'état de siège ni pendant l'intérim à

---

[436] KAMUKUNY MUKINAYI, A., *Droit constitutionnel..., Op. Cit.,* p. 81.
[437] ROUSSEAU, D., *Droit du contentieux constitutionnel,* Paris, 6ème éd., Montchrestien, 2001, p.461.
[438] KALUBA DIBWA, D., *La justice constitutionnelle en RDC. Fondement et modalité d'exercice,* Paris, l'Harmattan, 2010, p. 394.
[439] Article 218 de la Constitution du 18 février 2006 telle que révisée à ce jour.

la présidence de la République, ainsi que lorsque l'Assemblée nationale et le Sénat se trouvent empêcher de se réunir librement[440].

Pour ce qui est des limites matérielles, précisons qu'aucune révision constitutionnelle ne peut porter sur les matières intangibles contenues dans l'article 220 de la Constitution, à savoir : la forme républicaine de l'Etat, le principe du suffrage universel, la forme représentative du gouvernement, le nombre et la durée de mandats du Président de la République, ...[441]

Ce qu'il sied de souligner est que, d'un côté ou de l'autre, les mobiles peuvent différer selon que l'objectif vise à préserver ou non l'intérêt général. Dans le contexte de la coïncidence de la majorité présidentielle et parlementaire, les révisions constitutionnelles d'initiative gouvernementale ou parlementaire, peuvent être soutenues par les ambitions illégitimes dans le sens que la volonté de conserver le pouvoir a toujours été l'objectif principal de tout parti politique ou coalition politique.

Que retenir sur la décision de prise en compte de l'initiative et d'en donner suite?

§ 2. La décision de prise en compte de l'initiative et d'en donner suite

Cette décision incombe généralement au parlement[442] qui débat sur le fond du projet, de la proposition du projet ou de la pétition de révision constitutionnelle. L'examen du bien-fondé de l'initiative de révision est une étape capitale dans la mesure où les représentants du peuple sont appelés à déceler tous les artifices politiciens que renferme l'entreprise engagée. Le veto parlementaire, dans cette procédure, doit être exercé dans la sincérité et sans heurter des sentiments partisans. La sagesse des experts parlementaires qui se connaissent mieux dans le domaine constitutionnel doit faciliter la tâche à l'Assemblée avec des éclaircissements tendant soit à l'adoption, soit au rejet de l'initiative engagée.

A cet effet, le Règlement intérieur de l'Assemblée nationale prévoit que, lorsqu'une initiative de révision constitutionnelle, dûment signée par les initiateurs, est déposée au bureau de l'Assemblée nationale, le Président saisit la conférence des présidents et en informe l'assemblée plénière, le Président du Sénat ainsi que le Président de la République et le Premier ministre. Chacune de ces initiatives est soumise à l'Assemblée nationale et au Sénat qui décident à la majorité absolue de chaque chambre, du bien-fondé du projet, de la proposition ou de la pétition de révision[443].

---

[440] Article 219 de la Constitution du 18 février 2006 telle que révisée à ce jour.
[441] Article 220 de la Constitution du 18 février 2006 telle que révisée à ce jour.
[442] Article 220 de la Constitution du 18 février 2006 telle que révisée à ce jour.
[443] Article 158 alinéas 2 et 3 du Règlement intérieur de l'Assemblée nationale, mars 2019.

Les lignes qui suivent ont pour pierre de touche l'adoption définitive du projet, de la proposition ou de la pétition de révision.

§ 3. L'adoption définitive du projet, de la proposition ou de la pétition de révision

Après la discussion à l'Assemblée plénière, la chambre parlementaire auprès de laquelle le projet, la proposition ou la pétition de révision est soumise, l'adopte définitivement ou la rejette carrément. En cas du rejet de l'initiative, la procédure s'arrête sans aucune possibilité de faire un recours contre la décision de la chambre parlementaire qui s'est prononcée dans ce sens.

Par contre, en cas d'adoption définitive de l'initiative, la révision constitutionnelle ne devient, en principe, effective que si elle est soumise au peuple[444] qui se prononce par référendum sur convocation du chef de l'État. La soumission de la révision constitutionnelle à l'approbation populaire se justifie du fait qu'en démocratie, la Constitution est, en principe, adoptée par le peuple. Il est donc logique que celui qui a fait puisse défaire son œuvre dans le but de la refaire en cas de nécessité.

Il importe de souligner, à ce stade, que certains constituants prévoient une adoption spéciale de certaines révisions constitutionnelles par une Assemblée spéciale, sans nécessairement passer par le référendum. C'est le cas du constituant congolais du 18 février 2006, qui prévoit une exception dans la procédure de l'adoption de la révision par voie parlementaire. Le dernier alinéa de l'article 218, dispose à ce sujet que « le projet, la proposition ou la pétition de révision n'est pas, toutefois soumis au référendum si l'Assemblée nationale et le Sénat réunis en congrès l'approuve à la majorité des trois cinquième des membres les composant ».

Conclusion

La procédure ci-haut indiquée ne concerne que les dispositions constitutionnelles révisables, car la plupart des Constitutions contiennent des dispositions tendant à interdire toute révision de certaines. Ainsi, en est-il de la Constitution américaine de Philadelphie adopté en 1787 qui interdit de porter atteinte au principe d'égale représentation des Etas fédérés au Sénat fédéral.

La France a déclaré irréformables, depuis 1884, la forme républicaine du gouvernement. Ainsi, tous les textes constitutionnels français qui ont suivis toujours garder la même logique. La même interdiction est faite par la Constitution italienne de 1947 (article 37). Dans la même optique, les Constitutions des États d'Afrique francophone, au registre duquel on retrouve l'article 220 de la Constitution congolaise du 18 février 2006, interdisent de

---

444 CHANTEBOUT, B., *Op. Cit.,* p.34.

réviser notamment la forme républicaine de l'État, l'indépendance du pouvoir judiciaire, la libre administration des provinces, le nombre et la durée des mandats du président de la République[445].

Par ailleurs, l'interdiction de révision peut être explicite ou implicite. Elle est explicite dans le cas où le texte constitutionnel le dit expressément dans l'une de ses dispositions. Elle est implicite lorsque les matières contenues dans une disposition constitutionnelle ne laissent aucune possibilité de retouche. Dans tous les cas, l'intangibilité des dispositions constitutionnelles est absolue et paralyse toute tentative de modification.

[445] La Constitution de la République Démocratique du Congo du 18 février 2006 telle que modifiée en 2011, JORDC., n° spécial, 5 février 2011.

Conclusion de la première partie : constitutionnalisme : théories et pratiques

Fondé sur la suprématie de la Constitution, le constitutionnalisme implique la séparation des pouvoirs, l'État de droit ainsi que le respect des droits et libertés fondamentaux. Cette suprématie de la Constitution exige la conformité à la Loi fondamentale des textes juridiques qui lui sont hiérarchiquement inférieurs. Ces principes-clés du constitutionnalisme sont en effet consacrés par la Constitution du 18 février 2006.

S'agissant de la séparation des pouvoirs, la Constitution consacre d'une part, la séparation horizontale et d'autre part, la séparation verticale. En ce qui concerne la séparation horizontale, nous avons trois pouvoirs classiques de l'État qui sont exercés par les trois institutions différentes et indépendantes les unes des autres. La Constitution attribue donc l'exercice du pouvoir exécutif au Président de la République Chef de l'État (articles 68 et 69) et au Gouvernement dirigé par un Premier ministre (articles 90 à 99), le pouvoir législatif au parlement bicaméral composé de l'Assemblée Nationale et du Sénat (article 100) et le pouvoir judiciaire aux cours et tribunaux (article 149). Pour ce qui est de la séparation verticale du pouvoir, la Constitution consacre d'un côté les institutions centrales de la République qui sont le Président de la République, le Parlement, le Gouvernement ainsi que les cours et tribunaux (article 68) et de l'autre côté, les institutions politiques provinciales que sont l'Assemblée provinciale et le Gouvernement provincial (article 195).

Dans son article 1er, la Constitution congolaise consacre l'État de droit. Tandis que les articles 11 à 61 sont réservés aux droits et libertés fondamentaux, qui sont des prérogatives reconnues à toute personne humaine sans aucune distinction.

Si, théoriquement, la consécration constitutionnelle du constitutionnalisme est une évidence en République Démocratique du Congo, la pratique tend souvent à démontrer le contraire quant à son effectivité ou sa mise en œuvre.

En effet, la séparation des pouvoirs, l'un des quatre piliers du constitutionnalisme, a le plus souvent été vidée de toute sa substance d'une part, par l'hypertrophie des pouvoirs reconnus au Président de la République et d'autre part, par le phénomène majoritaire. La coïncidence de deux majorités (parlementaire et présidentielle), a sans cesse conduit à l'érosion du pouvoir législatif au profit du pouvoir exécutif dominé par le Président de la République. Ce phénomène majoritaire a également en une influence négative sur le pouvoir judiciaire. La séparation verticale du pouvoir a également souffert de nombreuses incursions prédatrices du pouvoir central sur les provinces.

Les violations et les fraudes constitutionnelles constituent aussi un obstacle à la mise en œuvre du constitutionnalisme. En témoigne la révision constitutionnelle du 20 janvier 2011 qui a notamment supprimé le deuxième tour de l'élection présidentielle, violant ainsi le but poursuivi par le pouvoir constituant originaire, qui entendait par là, mettre fin à la crise de légitimité. L'autre handicap sur la mise en œuvre du constitutionnalisme, ce sont les violations récurrentes des droits humains.

Cependant, dix-sept ans après la promulgation de la Constitution congolaise, les signaux positifs d'un État de droit véritablement démocratique sont entrevus.

En effet, la passation du pouvoir pacifique intervenue le 24 janvier 2019 à la tête de l'État congolais à l'issue des élections générales entre le Président de la République sortant Joseph KABILA KABANGE et celui entrant Félix-Antoine TSHISEKEDI TSHILOMBO, a ouvert la voie à l'avènement d'un nouveau régime dont l'État de droit en est le cheval de bataille. Au cours de cinq dernières années en effet, le parlement congolais, particulièrement l'Assemblée nationale s'est affranchi de l'influence du pouvoir exécutif.

Pour la première fois en dix-sept ans, la chambre basse du parlement congolais a destitué sa présidente le 10 décembre 2020 et voté une motion de défiance contre le Ministre de l'économie nationale le 31 mars 2022.

Cette alternance démocratique jette les jalons d'un État de droit, au sein duquel gouvernants et gouvernés sont tous soumis à l'autorité de la loi. Toutefois, il parait impérieux de relever la nécessité pour les pouvoirs publics de redoubler d'efforts pour l'effectivité de quatre piliers du constitutionnalisme, à savoir, la séparation des pouvoirs, l'État de droit, la garantie et le respect des droits et libertés fondamentaux ainsi que la suprématie constitutionnelle. La seconde partie est une étude diachronique de la révision constitutionnelle et son incidence sur l'état de droit en R.D. Congo. C'est l'objet des pages suivantes.

Deuxième partie

Etude diachronique de la révision constitutionnelle et son incidence sur l'état de droit en R.D. Congo

D'une manière ou d'une autre, la révision constitutionnelle et l'État de droit ont toujours eu des influences réciproques. La révision constitutionnelle a des répercussions sur l'État de droit. De même, l'État de droit influence la révision constitutionnelle.

Cette partie passe en revue le parcours de la révision constitutionnelle et de l'État de droit en RD Congo (chapitre 1). Il procédera également à l'analyse du constitutionnalisme, à la révision constitutionnelle et au changement constitutionnel (chapitre 2). Enfin, il sera question des leçons tirées de l'expérience congolaise en matière de révision et de changement constitutionnels dans leur rapport avec le constitutionnalisme (chapitre 3).

Chapitre premier

La révision constitutionnelle et l'état de droit en République Démocratique du Congo

Ce chapitre a pour matrice la révision constitutionnelle et l'état de droit en RD Congo.

Il convient d'analyser les caractéristiques des révisions constitutionnelles congolaises (section 1) et de cerner la révision et l'Etat de droit sous la 1ère et la 2ème République (section 2), avant d'examiner le cadre de la révision constitutionnelle dans la Constitution du 18 février 2006 (Section 3).

Section 1. Les caractéristiques des révisions constitutionnelles congolaises

Il sera ici question d'appréhender la finalité des révisions constitutionnelles congolaises (§1) ainsi que leurs facteurs et conséquences sur l'État de droit (§2).

§1. La finalité des révisions constitutionnelles congolaises

La révision constitutionnelle a pour finalité notamment d'être au service de la concentration des pouvoirs entre les mains du Président de la République et empêche la réalisation de l'alternance politique. Il y a une nécessité de limitation des mandats électifs.

1. La révision constitutionnelle au service de la concentration des pouvoirs entre les mains du Président de la République

Le constituant dérivé attribue à travers son activité, plus des prérogatives au chef de l'État. Il dépasse le champ opératoire fixé par le constituant originaire. On peut, en effet, affirmer que la majorité des révisions connues dans l'histoire constitutionnelles de la RD Congo sont inconstitutionnelles, car elles portent atteinte au principe de séparation des pouvoirs au profit de leur concentration entre les mains du chef de l'État. Ce qui justifie la survie permanente de l'autoritarisme.

La prédominance du président de la République, l'une des caractéristiques du droit constitutionnel congolais[446]. Elle résulte, en réalité, de la présidentialisation du pouvoir de révision constitutionnelle. Les révisions truquées, qui font du chef

[446] KAMUKUNY MUKINAYI, A., *Op. Cit.*, p.47.

de l'État un véritable monarque constitutionnel, mettent en danger le pouvoir judiciaire qui est appelé à faire l'arbitrage entre les deux pouvoirs (l'exécutif et le législatif) qui, toujours en collaboration en dépit de la séparation formelle. Or, la consolidation d'un État de droit passe par un juge indépendant, impartial et non inféodé qui dit le droit au nom du peuple souverain. Tout en attentant à son indépendance revient à mettre en cause la souveraineté du peuple qui a établi la limitation constitutionnelle de chaque pouvoir.

Depuis l'accession à la souveraineté interne et internationale en 1960, les quatre chefs d'État qui se sont succédé à la tête du pays, ont chacun cherché à renforcer son pouvoir[447] par des révisions constitutionnelles intempestives. La pratique du pouvoir ne semble pas avoir favorisé la concordance nécessaire entre les impératifs du droit constitutionnel et les réalités politiques. Les dirigeants au pouvoir adaptent les règles constitutionnelles pour le contournement d'esprit du constituant selon leur traduction autocratique qui n'a pas permis à la RD Congo de se déclarer un État de droit comme elle le prétend[448].

En dépit des régimes politiques mis en place par le constituant originaire qui recommandent la limitation du pouvoir, les dirigeants congolais finissent par s'imposer[449] à travers des modifications constitutionnelles taillées sur mesure pour s'accaparer d'importants pouvoirs étatiques.

En opérant des révisions qui portent atteinte à l'indépendance du pouvoir judicaire, comme par exemple, le détachement du parquet, le parquet du pouvoir judiciaire constitue des battons mis dans la roue de la marche de l'État de droit pour freiner son émergence. Les révisions constitutionnelles au Congo ne favorisent pas la consolidation de l'État de droit. Cette monopolisation du pouvoir se manifeste par la concentration des pouvoirs entre les mains d'un seul individu ou une seule institution. Elle le personnalise et le patrimonialise. Le résultat est la tyrannie et le despotisme voilés qui suppriment toute forme de libertés[450].

Dans la pratique du pouvoir en République Démocratique du Congo, le Président de la République dispose de plein pouvoir, car c'est lui qui, selon son rythme, joue la musique, que tout le monde danse, selon sa danse. Il est le vrai que législateur du fait que la coïncidence de la majorité présidentielle avec la majorité parlementaire, fait du parlement une simple chambre d'enregistrement des décisions du chef[451] de l'État, roi du palais présidentiel, dont la succession

---

447 DJOLI ESENG'EKELI, J., *Le constitutionnalisme africain : entre la gestion la gestion des héritages et l'invention du future,* Bruxelles, Tervuren, 2006, p. 157.

448 Article 1 de la Constitution du 18 février 2006, telle que révisée à ce jour.

449 DJOLI ESENG'EKELI, J., *Les constitutionnalisme africain, ..., Op. Cit.,* p. 160.

450 DJOLI ESENG'EKELI, J., *Droit constitutionnel..., Op. Cit.,* p. 29.

451 KAMUKUNY MUKINAY, A., *contribution à l'élude de la fraude..., Op. Cit.,* p. 423.

constitue un tabou. Ceux qui en parlent sont considérés des ennemies de la nation qu'il faudra anéantir sans hésitation.

Dans un contexte de récurrence des révisions constitutionnelles, l'État de droit n'a aucune chance d'émerger. Ces dérives du présidentialisme, conduisent le pays dans un cercle vicieux, au point qu'après 60 ans d'indépendance, la RD Congo peine à asseoir un État de droit constitutionnelle et une véritable démocratie. Elle se réfugie toujours derrière l'éternel apprentissage ; le pays fait du « sur place » continuel avec une production constitutionnelle sans constitutionnalisme.

Au lendemain de l'indépendance, le régime mis en place par la Loi fondamentale recommandait au chef de l'État de s'effacer, mais celui-ci réussit à s'arroser d'importants pouvoirs à travers des violations constitutionnelles d'apparence révisionnelles. De son côté, le Président Mobutu, après avoir institué un régime politique équilibriste, dans la Constitution du 24 juin 1967, rompu avec toutes déviations présidentialistes de son prédécesseur. Mais sans tarder, il se plongea, à travers ses multiples révisions, dans un hyper présidentialisme et confisqua tout le pouvoir de l'État jusqu'à se confondre lui-même à l'État.

Le vent de la démocratie qui atteignit le pays, au début des années 90 donna au peuple congolais, après une longue période dictatoriale, donna au peuple congolais un nouveau souffle avec l'avènement au pouvoir d'un nouveau Président de la République, Kabila Joseph qui succéda à L.D Kabila. Lui aussi a emboité les pas de ses prédécesseurs à travers des révisions constitutionnelles qui renforcèrent son pouvoir au détriment des impératifs de l'État de droit. L'assassinat dont il fut victime demeure mystérieux à ce jour.

Quant à la troisième République, voulue démocratique, elle semble s'engager également dans la voie de la régression par l'empêchement de la réalisation d'une alternance politique.

2. Les révisions constitutionnelles empêchent la réalisation de l'alternance politique

Une autre caractéristique des révisions constitutionnelles congolaises est d'empêcher la réalisation de l'alternance au pouvoir. Et pourtant, le constituant originaire lui-même a posé des garde-fous pour éviter toute dérive dictatoriale en violation de l'esprit de la Constitution. Soucieux de protéger son œuvre et de promouvoir la démocratie[452] et l'État de droit, le constituant prend souvent les précautions de limiter la durée et le nombre des mandats présidentiels en se conformant aux prescriptions de la Constitution[453]. Ce qui est une exigence de l'État de droit et de la démocratie.

---

[452] NTUMBA LUABA LUMU, *Op. Cit*, p. 233.

[453] DELPEREE, F., *La Constitution de 1983 à nos jours,* Bruxelles, Racine, 2006, p. 137.

Dans plusieurs pays africains, y compris au Congo, l'on note une tendance à la monopolisation du jeu politique par les révisions constitutionnelles qui s'inscrivent dans la logique du retour à l'époque des partis-États, cette pratique ayant pour finalité d'éterniser au pouvoir les autorités morales (même si elles se sont lancées dans les pratiques immorales)[454]. Réviser la Constitution pour supprimer la limitation des mandats présidentiels, constitue un acte sournois, un sacrilège et un sabotage de la souveraineté[455] du peuple : auteur de la Constitution[456]. Dans un État de droit, il est recommandé de toucher à la Loi fondamentale avec frayeur, mais aussi la conviction du bienfondé de la retouche.

Or, depuis les années 90, l'Afrique subsaharienne est en train de connaître un profond renouvellement du positif juridique. Elle s'oriente vers une transition démocratique effective où le chef de l'État n'est plus sensé être au centre de tout, en confondant le pouvoir avec sa personne. La Constitution, qui est une norme suprême et le fondement de la légitimité de tout pouvoir étatique, place des garde-fous pour préserver la démocratie et l'État de droit. Cette limitation ne doit pas être considérée comme une exclusion de toutes les dispositions constitutionnelles à la réforme qui, par ailleurs, est nécessaire pour l'évolution du constitutionnalisme. Ce que le constituant interdit généralement est la révision qui remette en cause les valeurs démocratiques fondamentales contenues dans la Constitution.

En se basant sur le pouvoir de révision, les régimes africains cherchent à adapter les Constitutions aux idées conservatrices des postes qui empêchent toute possibilité de passation démocratique du pouvoir. Les révisions tournent généralement au tour du statut du chef de l'État, de la dévolution du pouvoir, de l'alternance politique et précisément, sur la prolongation des mandats présidentiels. Le renouvèlement ou le prolongement des mandats sont à la base des révisions constitutionnelles initiées par la majorité au pouvoir et adoptées par le parlement, où la majorité parlementaire coïncide souvent avec celle présidentielle.

Ces genres de révisions constitutionnelles présentent un danger pour la consolidation de la démocratie. Elles constituent une stratégie de conservation de pouvoir. On veut modifier la Constitution pour s'assurer d'un avantage décisif dans le maintien aux commandes de l'État. Ce qui affecte gravement le principe

---

454 NTUMBA LUABA LUMU, *Op. Cit,* p.370.
455 AKELE ADAU P., « Réponses pénales aux discours du désordre ou au désordre du discours constitutionnel en République Démocratie du Congo : la cour constitutionnelle à l'épreuve », *Revue Africaine de la démocratie et de la gouvernance(RADG)*, Vol 1 n° 2 & 3, 2013, p. 46.
456 MBATA BETUKUMESU MANGU, A., « Multipartisme et élections : vers une consolidation de la démocratie en Afrique », *Revue Africaine de la démocratie et de la Gouvernance,* vol 2 n°3&4, 2015, p. 9.

de l'alternance politique et fait du pouvoir politique, un bien se trouvant dans le patrimoine privé du chef de l'État.

La conservation de pouvoir constitue le mobile des révisions constitutionnelles en RD Congo. Celles-ci aboutissent à faire sauter le verrou de la limitation des mandats et à modifier les règles du jeu électoral. Ce type des révisions est régénérateur de l'instabilité politique et préjudiciable à l'ancrage de la démocratie au Congo qui, par ailleurs est loin d'être qualifié un État démocratique. Les motivations opportunistes sont, généralement, à la base des crises multiples et multiformes que connaît le pays sur le plan aussi bien politique qu'électoral.

Il faut souligner que l'élection est devenue la cause des conflits dans les pays africains à causes des modifications des règles électorales et de l'acceptation de manière quelconque des résultats des urnes[457].

Il se dégage qu'afin de renforcer leurs régimes et de s'éterniser au pouvoir, « les hommes forts africains » recourent aux techniques de révisions pour tailler les vestes constitutionnelles à leurs dimensions, au lieu de s'efforcer pour grandir et atteindre la taille de la Loi fondamentale[458].

Au lieu de construire l'État de droit et de renforcer la protection des droits fondamentaux, les révisions constitutionnelles au Congo ne servent qu'à étancher la soif du pouvoir des dirigeants politiques et ce, en vidant les textes constitutionnels de leurs substances. Ils deviennent des Constitutions des façades, des coquilles autant vides que symboliques sans aucune valeur juridique et idéologique[459]. Les révisions constitutionnelles en RD Congo dénaturent la Constitution et ne servent qu'à renforcer l'autoritarisme en constitutionnalisant les inconstitutionnalités en lieu et place de consolider l'État de droit démocratique et du constitutionnalisme[460]. Et pourtant, dans une République, la limitation des mandats électifs est "une nécessité fondamentale".

3. La nécessité de limitation des mandats électifs

La technique de limitation du nombre et de la durée du mandat du président de la République a évolué plus ou moins difficilement en RD Congo. Prévus par l'article 55 de la Constitution de 1964, cette règle fut maintenue partiellement

---

[457] FALL, I-M., *Elections et résolution des conflits en Afrique de l'Ouest, communication présentée au congrès du Réseau africain de droit constitutionnel,* africain Security, Dakar, octobre, 2003.

[458] DJOLI ESENG'EKELI, J., *Droit constitutionnel, ..., Op. Cit.,* p. 48.

[459] MBATA BE TUKUMESU MANGU A., *Abolition de la peine de mort..., Op. Cit,* p.34.

[460] MBATA BETUKUMESU MANGU A., « Monarchies présidentielles et révisions constitutionnelles : syndrome d'un troisième mandat ou d'une présidence à vie dans les États de l'Union africaine » in *Revue africaine de la Démocratie et de la gouvernance (RADG),* vol. 1 n° l, Kinshasa, 2013, pp.47-66.

sous la Constitution du 24 juin 1967 (article 21) avant d'être supprimée par la réforme constitutionnelle du 15 août 1974 et rétablit par la Constitution du 18 février 2006 (article 70) qui fait l'objet d'une protection spéciale à l'article 220 de la même Constitution.

Mais avec le phénomène de monarchie présidentielle, l'application de cette disposition se heurte souvent à plusieurs difficultés. André Mbata précise qu'« il s'observe une certaine monarchisation des présidences ou les monarchies présidentielles en construction dans certains pays africains au travers des révisions constitutionnelles intempestives et un simulacre d'élections qui sont généralement organisées pour permettre aux dirigeants et aux partis au pouvoir de s'y maintenir »[461].

En RD Congo, le premier à quitter le pouvoir est le chef de l'État Kasa-Vubu, à la suite d'un coup d'État organisé et perpétré par le Lieutenant Général Joseph-Désiré Mobutu. Celui-ci, après 32 ans de règne, sera chassé par la rébellion de l'AFDL menée par Laurent Désiré Kabila. Ce dernier est assassiné en fonction et remplacé par son fils Joseph Kabila dont l'intention de s'accrocher au pouvoir par des manipulations des textes constitutionnels était plus que réelle.

C'est finalement, le 24 janvier 2019 que va avoir lieu la première alternance démocratique en RD Congo, marquée par la passation pacifique et civilisée du pouvoir entre le Président sortant, Joseph Kabila et celui entrant, Félix Antoine Tshisekedi.

Ce fait historique, mérite d'être souligné à plus d'une fois, car cette alternance politique a été acquise par le peuple au prix de son sang et de sa détermination. Il a permis de barrer la route à toute tentative de révision constitutionnelle dont le seul but était de garantir une présidence à vie, à Monsieur Joseph Kabila.

L'alternance politique est un principe fondamental pour une République, au sein de laquelle la souveraineté appartient au peuple qui en confie l'exercice à des mandataires avec l'obligation de lui rendre compte à la fin de leurs mandats. Or, la déviation des régimes politiques dans leur fonctionnement a longtemps fait de la RDC une République de façade. Au travers des tripatouillages constitutionnels et des fraudes électorales, elle a fini par fonctionner comme une monarchie à cause de la volonté de l'ancien Chef de l'État de se maintenir au pouvoir en cherchant à faire sauter les verrous sur la limitation des mandats présidentiels et de se comporter en monarque quasi-absolu. Il concentrait entre ses mains tous les pouvoirs régaliens de l'État.

Le principe de la limitation du nombre des mandats électifs trouve sa justification dans la nécessité d'empêcher l'exercice des mandats à vie ou de refuser le retour à l'autoritarisme. La rotation des postes permet à tout citoyen de

---

[461] MBATA BETUKUMESU MANGU A., « Monarchies présidentielles et révisions constitutionnelles…, *Op.Cit*, p. 56.

contribuer à la construction de l'État, de sorte que les erreurs d'un régime peuvent être corrigées par un autre régime qui succéderait. Cette alternance politique fait partie de la culture démocratique, car le détenteur d'un poste politique est conscient qu'il est obligé de le laisser sans qu'on lui en fasse rappel, après l'écoulement d'un certain délai.

Aucun individu ne peut, à lui seul, se prévaloir de la survie du pays jusqu'à s'arroger le monopole pour construire l'État et le développer. C'est souvent le cas dans bon nombre de pays d'Afrique où l'alternance politique fait partie des tabous que l'on refuse d'évoquer. Certains Chefs d'États africains, partisans de la présidence à vie, déclarent ouvertement qu'ils sont les seuls à avoir pacifié leurs pays et à avoir apporté la démocratie. En dehors d'eux, le pays tomberait dans le chao[462].

S'imaginant qu'il n'y a pas une vie après la présidence, ces dirigeants se cramponnent au pouvoir jusqu'à menacer le pays de la mort au cas où ils quitteraient le pouvoir. Cependant, comme le souligne André Mbata, « il faut quitter le pouvoir avant que le pouvoir ne vous quitte »[463], car il y a une vie après la présidence. Les dirigeants africains et congolais sont appeler à se lancer dans l'exercice démocratique de l'alternance au pouvoir en respectant les limites des mandats constitutionnels.

On peut déjà constater que la limitation des mandats évite les dérives totalitaristes, que le pays a connus par le passé. Contrairement aux autres Constitutions congolaises qui prévoyaient la durée du mandat du président de la République à sept ans, le constituant de 2006 a choisi le contrepied de cette logique. Elle a limité la durée des mandats du chef de l'État à cinq ans[464]. Elle a tiré les leçons des décennies précédentes du présidentialisme ou pour emprunter le mot d'Ambroise Kamukuny, de chefferie modernisée[465] de la deuxième République.

La détention du pouvoir par un individu, pour une certaine période, met ce dernier dans une incertitude de s'y maintenir au-delà de son mandat, car il est conscient qu'en tant que détenteur précaire, le pouvoir peut lui être ravi à tout moment par le propriétaire qui est le peuple. J'évoque à présent les facteurs et les conséquences de la révision constitutionnelle sur l'Etat de droit.

---

[462] C'est le cas notamment de Paul Biya au Cameroun, Denis Sassou Nguesso à la République du Congo, Yoweri Museveni en Ouganda, Paul Kagame au Rwanda, Ali Bongo au Gabon, …

[463] MBATA BETUKUMESU MANGU A., *Mandats présidentiels et Révisions constitutionnelles en Afrique ..., Op. Cit*, p. 31.

[464] Article 70 de la Constitution du 18 février 2006, telle que révisée à ce jour.

[465] KAMUKUNY MUKINAY A., *Contribution à l'étude de la fraude en droit constitutionnel congolais, Op. Cit*, p. 119.

§ 2. Les facteurs et conséquences de la révision constitutionnelle sur l'État de droit

Plusieurs facteurs sont généralement à la base des révisions constitutionnelles en Afrique. Selon leurs origines, ces facteurs (1) ont toujours eu des conséquences (2) sur l'État de droit aussi bien dans les pays démocratiques que dans ceux non démocratiques.

1. Les facteurs des révisions constitutionnelles

Deux catégories des facteurs peuvent être esquissées à ce stade. Il s'agit des facteurs de révisions constitutionnelles assimilées à la fraude constitutionnelle (A) et ceux qui ne le sont pas (B).

a. Les facteurs assimilables à la fraude constitutionnelle

La majorité des révisions constitutionnelles opérées en RD Congo, comme dans la sous-région de Grands-Lacs, sont des fraudes à la Constitution. Ces réformes à constitutionnalité douteuse[466] constituent le domaine par excellence où les fraudes ont élu domicile[467]. La fraude consiste dans le fait que le constituant dérivé utilise son pouvoir de révision pour un objectif autre que celui d'une révision normale[468]. Parmi ces facteurs déviateurs de la révision constitutionnelle, nous pouvons notamment citer la soif du pouvoir (1), l'affaiblissement des contre-pouvoirs et la réduction des droits des citoyens (2).

1° La soif du pouvoir

L'évangile Machiavélique prêche que tous les moyens sont bons, la fin justifie les moyens ou encore la mauvaise foi est le principe de celui qui veut réussir. Pour les adeptes de Machiavel, le tripatouillage des règles juridiques est leur voie privilégiée de conservation du pouvoir. Les dirigeants africains sont profondément plongés dans cette logique, car, dans la haute ruse, ils jonglent avec les dispositions constitutionnelles, pour les tailler à leur goût. Dans cette entreprise, la Constitution est accusée de tous les maux. Dans ce contexte, on la qualifie de viciée, étrangère, mal rédigée[469], etc., même si la réalité est de se frayer le chemin permettant la modification des limitations de pouvoir considérées comme principe fondamental.

La révision constitutionnelle au Congo, quelle que soit son orientation, a toujours une certaine dose de conservation de pouvoir. Ces révisions vacillent

---

466 BOSHAB, E., *Entre la révision de la Constitution et l'inanition de la Nation, Op. Cit.,* p.83.

467 DJOLI ESENG'EKELI, J., *Droit Constitutionnel. Expérience congolaise..., Op.Cit.,* p.49.

468 *Ibidem.*

469 BOSHAB, E., *Entre la révision de la Constitution et l'inanition de la Nation, Op. Cit.,* p.138.

entre la banalisation de la Constitution qui s'inscrit dans le schéma de tripatouillage de la Constitution et la violation de son esprit[470]. Dans ces conditions, l'exercice du pouvoir présidentiel ne peut s'accommoder à l'existence ou à la reconnaissance des droits des citoyens.

Les lignes qui suivent évoquent l'affaiblissement des contre-pouvoirs et la réduction des droits des citoyens.

2° L'affaiblissement des contre-pouvoirs et la réduction des droits des citoyens.

La fonction essentielle d'une Constitution démocratique est de favoriser l'avènement d'un l'État de droit et de garantir les droits et libertés[471] des citoyens. Or, le pouvoir de révision en RD Congo semble, depuis 1974[472], avoir levé l'option en faveur de la réduction des droits des citoyens et l'affaiblissement des pouvoirs de contre-pouvoirs, notamment l'opposition politique et la société civile. Une révision qui porte atteinte aux prérogatives des provinces reconnues par la Constitution dans le cadre du régionalisme constitutionnel, viole également la séparation verticale du pouvoir et fait reculer l'État de droit.

Les Assemblées provinciales élues par les populations de la province, dans l'exercice de l'autonomie politique dont bénéficie les entités régionalisées, peuvent, aux termes de la réforme constitutionnelle de 2011[473] être dissoutes par le Président de République en cas d'une crise grave persistante. Il s'agit là d'une réduction des droits fondamentaux des citoyens verrouillés par l'article 220 de la Constitution. Et pourtant, l'atteinte aux matières déclarées intangibles constitue une violation intentionnelle de la Constitution, la violation évoquée est constitutive de l'infraction de haute trahison et expose les auteurs aux sanctions.

De même, la modification de la Constitution qui a abouti à la suppression de deux tours du scrutin présentiel, a été vue comme une stratégie d'affaiblir les contre-pouvoirs congolais (l'opposition) afin de les empêchés d'accéder au pouvoir. Le multipartisme de façade[474] institué en RD Congo n'a pas, jusqu'à ce jour, réussi à contribuer à l'instauration de l'État de droit démocratique. Il ressemble, en réalité, au multi-mobutisme dont la principale préoccupation est de s'éterniser au pouvoir.

---

[470] ESAMBO KANGASHE, J-L., *Op. Cit.,* p.100.

[471] DUVERGER, M., *Les Constitutions de la France,* Paris, PUF, 2004, p.6.

[472] *Le changement opéré par la loi n°74-020 du 15 août 1974 supprimait toute liberté publique lorsqu'elle consacrait le parti État comme l'unique institution de l'État, la nation Zaïroise organisé politiquement.*

[473] Loi n° 11/002 du 20 janvier 2011 *portant révision de certains articles de la Constitution de République Démocratique du Congo, du 18 février 2006,* JO n° Spécial du 5 février 2011.

[474] MBATA BETUKUMESU MANGU, A., « Multipartisme et élections : vers une consolidation de la démocratie en Afrique », ... *Op. Cit,* p. 9.

Le déficit de respect des principes du constitutionnalisme et de la démocratie conduit à l'instrumentalisation du pouvoir de révision constitutionnelle pour esquiver la rationalité démocratique. Face à cette hyper présidentialisation du pouvoir, quelques pistes de solution s'impose, afin d'éviter la ruine du constitutionnalisme. C'est notamment le renforcement de la rigidité de la procédure de révision constitutionnelle. Il est souhaitable de soumettre toute tentative de réforme de la Constitution à l'appréciation du peuple, d'augmenter des dispositions constitutionnelles intangibles, et devant sensibiliser les citoyens pour la défense consciencieuse de la Constitution et l'adoption, par le parlement, d'un code de bonne conduite en matière de révision constitutionnelle[475].

La mise en application de ces propositions permet non seulement de préserver les acquis démocratiques menacés par le désir excessif de conservation du pouvoir, mais également de faire participer les citoyens à tout le processus de révision constitutionnelle. La procédure permet aussi de réduire les risques de fraude à la Constitution qui handicape la consolidation de l'État de droit.

En outre, la société civile est émiettée en multiples tendances. Ils se déclarent apolitiques. Mais, à regarder par leurs actions, ne font que la politique, l'empêche de jouer son rôle de force de pression sur les pouvoirs publics pour le respect des règles fondamentales et des droits fondamentaux des citoyens. La société civile de notre pays est même à la base des certaines réformes en faveur d'un camp politique, soit au pouvoir, soit dans l'opposition.

Je signale dans les lignes qui suivent les facteurs non assimilables à la fraude à la Constitution.

b. Les facteurs non assimilables à la fraude à la Constitution

Les réformes constitutionnelles non assimilables à la fraude à la Constitution, semblent être une grande richesse que le Congo démocratique offre dans ce domaine. Dans l'histoire constitutionnelle du pays, aucune révision n'a encore été enregistrée qui soit opérée dans le souci de régénérer la Constitution afin de l'adapter aux besoins de la population (1) et de consolider l'État de droit démocratique (2).

1° L'adaptation de la Constitution aux besoins de la population

Rigide ou simple, toute Constitution est révisable. Conscient que son œuvre est perfectible, le constituant lui-même, reconnaît la possibilité de sa révision pour l'adapter aux besoins de la population et connaître une éternelle jeunesse[476]. Les révisions opérées dans cette logique ont permis à la première Constitution américaine de 1787 du genre écrite au monde, de subsister. Après elle, il y a la

---

475 L'idée de l'adoption d'un code de bonne conduite en matière constitutionnelle a été proposée pour la première fois par les État d'Afrique de l'Ouest. Voy., FALL, I-M., *Op. Cit.,* p.217.
476 DELPEREE, F., *La Constitution, Op. Cit*, p. 35.

Constitution Norvégienne de 1814 qui est toujours en vigueur. Leurs reformes constructives s'opèrent non seulement dans le respect de la lettre de la Constitution, mais également dans celui de l'esprit. Le constituant dérivé semble n'avoir pas reçu mandat de tout faire en opérant la révision constitutionnelle au point de modifier totalement l'édifice constitutionnel et le reconstruire selon son plan, à moins de passer par la fraude à la Constitution[477].

Il y a aussi la consolidation de l'état de droit à envisager.

2° La consolidation de l'État de droit

Dans un État démocratique, l'objectif principal d'une révision constitutionnelle est de consolider l'État de droit et la démocratie[478]. Dans ce contexte, la révision constitutionnelle, ne peut servir qu'à renforcer la limitation de pouvoir, la libération de l'espace politique et la protection des droits humains. Car une bonne révision constitutionnelle est celle qui sert l'intérêt du peuple et non celui d'un individu ou camp politique.

Quelles sont les conséquences de la révision constitutionnelle sur l'État de droit ?

2. Les conséquences de la révision constitutionnelle sur l'État de droit

Je dirai d'abord un mot sur les conséquences de l'ordre juridique(a), avant d'analyser les conséquences d'ordre politique (b).

a. Les conséquences d'ordre juridique

En droit constitutionnel, la Constitution est la loi de référence de l'ordonnancement juridique dans un État[479]. Elle est la Loi fondamentale au-dessus de laquelle il n'y a pas une autre norme juridique. Cependant, la récurrence des révisions enlève à la Constitution son caractère fondamental et la vide de sa substance. D'ailleurs, la plupart des Constitutions congolaises ont continué à régir le pays tout en étant des textes sans consistance à force de subir des révisions à répétition. Ces modifications visent généralement la suppression de l'État de droit prévu pourtant dans la Constitution.

En effet, la confusion des pouvoirs à travers des révisions constitutionnelles inconstitutionnelles, la suppression de limitations des mandats des dirigeants politiques et la réduction des droits et libertés des citoyens, constituent des atteintes graves à l'État de droit qui est le fil conducteur de toute action des gouvernants et de gouvernés dans un État démocratique. Dans ce sens, la révision

---

[477] MPONGO BOKAKO BAUTOLINGA, E., *Institutions politiques et droit constitutionnel, Op. Cit.,* p. 100.
[478] MILEARD E., « l'État de droit : idéologie contemporaine de la démocratie » in *Boletin de derecho comparado, avril 2004*, cité par FALL, I-M., *Op.Cit.,* p. 100.
[479] DUVERGER, M., *La Constitution de la France,* Paris, PUF, 1996, p.8.

constitutionnelle devient un danger pour l'État de droit et pour le juge constitutionnel, le rempart[480] qui doit filtrer les révisions susceptibles de porter atteinte à l'État de droit.

Il y a des conséquences d'ordre politique à signaler.

b. Les conséquences d'ordre politique

L'atteinte à l'État de droit à travers la révision constitutionnelle peut être à la base des crises politiques. La concentration du pouvoir par un individu ou un groupe d'individus, conduit logiquement au soulèvement de ceux qui sont exclus de l'espace ou du jeu politique de se soulever pour renverser le pouvoir par la force. C'est le cas du Mobutisme de l'époque qui avait monarchisé le pouvoir politique pendant son régime. Il croyait le garder pour toujours avec des multiples révisions constitutionnelles, mais il a finalement été qui sera emporté par la révolution menée par l'AFDL. Autant dire que, sans respect de l'État de droit, il n'y a pas de démocratie.

Des retouches permanentes de la Constitution sont souvent des résultats des calculs politiques de ceux qui veulent orienter la Loi fondamentale dans tel ou tel autre sens favorable à leurs intérêts. Les acteurs politiques ne font semblant de respecter la Constitution que lorsque celle-ci est, en réalité un programme politique de leur régime. A la vérité, le respect de la Constitution, est un exercice délicat surtout pour les pays post-dictatoriaux. Cependant, certains d'entre eux ont réussi à faire exception en se forçant de se conformer à leurs textes Constitutionnels. C'est le cas des États de l'Afrique du Nord et ceux de l'Afrique australe où la mobilité constitutionnelle est relativement timide.

En revanche, il s'observe des révisions constitutionnelles à répétition, dans le reste de l'Afrique. C'est plus souvent des raisons électorales qui conduisent à des révisions constitutionnelles pour ajuster les dispositions constitutionnelles aux prévisions politiques. Car la révision constitutionnelle est un instrument très important pour la politique. Elle permet de frayer un chemin vers le pouvoir à travers les manipulations des règles juridiques.

Le paradoxe africain en matière de révision constitutionnelle est que les matières confrontées à des révisions qui font par ailleurs, l'objet d'une protection spéciale sont celles en rapport avec l'accession au pouvoir politique, la source du pouvoir, et les droits et libertés des personnes.

Ainsi, la vigilance populaire est très importante pour préserver la Constitution des coups d'État constitutionnels permanents. Cette vigilance a déjà prouvé ses capacités dans les pays comme le Burkina Faso où la révision frauduleuse qui

---

480 MBATA BETUKUMESU MANGU, A., « Inconstitutionnalité d'un troisième mandat présidentiel : Leçon de la cour constitutionnelle du Bénin à d'autres cours constitutionnelles », *Revue Africaine de la Démocratie et de la Gouvernance,* vol. 1, n°4, pp. 133-147.

devait offrir un mandat supplémentaire inconstitutionnel à Blaise Compaoré, a soulevé le peuple pour non seulement empêcher une telle démarche, mais aussi chasser son initiateur du pouvoir. Le moment est venu de rappeler la révision constitutionnelle et l'état de droit sous la première et la deuxième républiques.

Section 2. La révision constitutionnelle et l'état de droit sous la première et deuxième républiques

Deux grands points seront analysés tout au long de cette section, la révision constitutionnelle et l'État de droit sous la 1ère République (§1), et la révision constitutionnelle et l'État de droit sous la deuxième République (§2).

§1. La révision constitutionnelle et l'État de droit sous la 1ère République

Les violations de la Loi fondamentale par le Chef de l'État et le Premier ministre (A) conduisirent la première République vers un blocage institutionnel (B).

A. Les violations de la Loi fondamentale

Il sera ici question, de cerner le contexte de l'élaboration de la loi fondamentale, d'analyser les décrets-lois constitutionnels, œuvres du Chef de l'Etat, Joseph Kasa-Vubu, et d'examiner la non-application de la Constitution du 01 août 1964.

1° Contexte sociopolitique de l'élaboration de la Loi fondamentale

La présentation du contexte sociopolitique antérieure à l'élaboration de ce texte constitutionnel permet de comprendre la structuration des pouvoirs publics et l'architecture institutionnelle qu'il a consacrée.

Le processus d'élaboration de la loi fondamentale du 19 mai 1960 est redevable au contexte politique et social marqué par quelques évènements qui, aux plans international et national, ont contribué à l'indépendance de la colonie. Au niveau international, on note qu'en plus de deux guerres mondiales, la Conférence de Bandoeng, celle des indépendances au Viêt-Nam et en Algérie ont, dans un monde fortement bipolarisé, impacté sur la prise de conscience des pays colonisés. Ce climat a aussi suscité entre les pays colonisés leur solidarité ainsi que leur détermination à accéder à l'indépendance et l'autonomie.

Au niveau national, deux évènements de haute portée politique ont contribué à la prise de conscience des citoyens décidés d'obtenir leurs droits à l'autodétermination. D'un côté, on rappelle la publication, le 30 juin 1956, du manifeste de la « conscience africaine », contenant un discours congolais dans sa mise en œuvre et l'élection des responsables politiques à différents niveaux d'exercice du pouvoir. Prenant le contrepied du plan d'indépendance proposé par Van Bilsen, cette déclaration insistait sur la mise en place d'un « mouvement national populaire », canalisant les énergies nécessaires à l'auto-

autodétermination des congolais et le rejet du multipartisme d'inspiration occidentale à la base des divisions.

D'un côté, on signale les évènements du 04 janvier 1959 qui ont accéléré le processus et influé sur l'organisation, à l'intervalle réduit, de deux tables rondes : l'une politique et l'autre économique[481].

Depuis la Conférence de Bandung, le vent de l'indépendance n'a cessé de soufflé sur le continent africain. D'ailleurs, cette tempête a été accompagnée par des pressions de diverses origines. Désormais, les congolais ne pouvaient plus rester indifférents. Ils ont aussi été secoué par l'ouragan. C'est ainsi que le Royaume de Belgique s'est vu dans la contrainte d'accorder à sa colonie l'indépendance en tant qu'État souverain. Par conséquent, deux lois fondamentales furent votées par le parlement belge en vue de régir le nouvel État. Il s'agit de la Loi fondamentale du 17 mai 1960 relative aux libertés publiques et celle du 19 mai 1960 relative aux structures du Congo.

C'est bien la Loi fondamentale relative aux structures du Congo qui a été appelée à régir les institutions politiques du nouvel Etat jusqu'à l'élaboration d'une nouvelle Constitution par le peuple congolais lui-même[482]. La forme du gouvernement instituée par la Loi fondamentale est inspirée du modèle monarchique et parlementaire belge, avec un exécutif bicéphale et un parlement bicaméral. Il faut noter que ce bicéphalisme apparent devait rester symbolique, malgré les dispositions de l'article 17 alinéa 1er qui dispose que «le pouvoir exécutif tel qu'il est réglé par la présente loi appartient au chef de l'État, sous le contreseing du ministre responsable[483]».

Cependant, après la proclamation de l'indépendance et la mise en place des institutions étatiques, le pays connut une grave crise politique et institutionnelle sans précédent. Le bel édifice construit par la conférence de la Table ronde et parachevé par le parlement belge n'a pu résister aux tensions et pressions qui couvaient son sein de la jeune démocratie. C'est le cas de l'instabilité du pouvoir central avec les gouvernements successifs et l'affaiblissement de l'autorité de l'État. A la suite de la révocation du premier ministre P.E. Lumumba par le chef de l'État, le 04 septembre 1960, et l'envoi en congé sine die du parlement. Dans l'ordonnancement juridique du pays, trois textes d'une nature juridique ambiguë, prirent corps. C'est le cas du décret-loi constitutionnel du 29 septembre 1960, du décret-loi constitutionnel du 07 janvier 1961 et du décret-loi constitutionnel du 9 février 1961, dont les termes ne font référence à aucune disposition de la Loi

[481] ESAMBO KANGASHE J.-L., *Traité du droit constitutionnel congolais*, *Op. Cit*, pp. 34-35.
[482] KAMUKUNY MUKINAY, A., *Droit constitutionnel congolais,* Kinshasa, EUA, 2011, p. 162.
[483] DJOLI ESENG'EKELI, J., *Droit constitutionnel : L'expérience congolaise,* Paris, l'Harmattan, 2016, p.76.

fondamentale au point de paraître comme des textes autonomes et prêtant ainsi à confusion[484].

Que dire sur Les décret-lois constitutionnels, œuvres du Chef de l'État Joseph Kasa-Vubu ?

2° Les décret-lois constitutionnels, œuvres du Chef de l'État Joseph Kasa-Vubu

Trois décret-lois seront essentiellement mis à l'évidence en premier lieu, le décret-loi constitutionnel du 29 septembre 1960 relatif à l'exercice du pouvoir législatif et exécutif à l'échelon central (1), ensuite, le décret-loi constitutionnel du 07 janvier 1961 relatif au pouvoir judiciaire (2), et enfin, le décret-loi du 09 février 1961 relatif à l'exercice du pouvoir législatif et exécutif à l'échelon national (3).

a) Le décret-loi constitutionnel du 29 septembre 1960 relatif à l'exercice du pouvoir législatif et exécutif à l'échelon central

Après avoir révoqué le premier ministre Lumumba et son gouvernement, le Chef de l'Etat prit ce décret-loi constitutionnel pour créer le Conseil des commissaires généraux, qui étaient nommés et révoqués par lui. Ce même décret-loi constitutionnel ajourna les chambres législatives et attribua le pouvoir législatif tel qu'organisé par la Loi fondamentale au conseil des commissaires généraux[485]. On peut souligner qu'aucune disposition de la Loi fondamentale ne reconnaissait au Chef de l'État le pouvoir de réviser cette dernière. Par conséquent, ce décret-loi constitutionnel ne saurait être qualifié "d'une révision constitutionnelle en dépit de sa dénomination. Il ne s'agit pas non plus d'un règlement autonome, car ne se référant à aucune disposition, de la Loi fondamentale. Il est plutôt question d'une violation de la Loi fondamentale. Cette violation porte gravement atteinte au principe de séparation des pouvoirs, au profit de la confusion du pouvoir exécutif et législatif au Conseil des commissaires généraux[486].J'évoque dans les lignes qui suivent le décret-loi constitutionnel du 07 janvier 1961 relatif au pouvoir judicaire.

b) Le décret-loi constitutionnel du 07 janvier 1961 relatif au pouvoir judicaire

L'organisation en RD Congo du système judiciaire ne permettait pas de maintenir l'indépendance des magistrats du siège vis-à-vis du pouvoir exécutif telle qu'édicté par la Loi fondamentale en ses articles 192, 193 et 194. Par ce décret-loi constitutionnel, le pouvoir exécutif central s'est permis de procéder à des mutations des magistrats, et à leurs révocations ou suspensions sans motifs,

---

[484] KAMUKUNY MUKINAY, A., *Droit constitutionnel... Op. Cit.,* p.47.
[485] MC, n°41 du 10 octobre 1960, p. 535.
[486] *Collection juridoc, juricongo,* Kinshasa, 2011, p. 47.

en violations des droits de ces derniers[487]. Cette atteinte aux droits fondamentaux des magistrats constitue non seulement une violation du principe de la séparation des pouvoirs, mais également celle des droits fondamentaux, tous les deux étant des piliers de l'État de droit.

Je parle aussi du Le décret-loi constitutionnel du 09 février 1961 relatif à l'exercice du pouvoir législatif et exécutif à l'échelon national.

c) Le décret-loi constitutionnel du 09 février 1961 relatif à l'exercice du pouvoir législatif et exécutif à l'échelon national

Ce décret-loi constitutionnel mettait fin à la mission du Conseil des commissaires généraux, organisait un gouvernement provisoire et prévoyait que le pouvoir législatif était exercé par le gouvernement provisoire sous forme de décret-loi contresigné par le premier ministre et les ministres intéressés[488]. De même, le décret-loi constitutionnel du 07 juillet 1961 relatif à l'état d'exception, restaurait les dispositions du décret du 20 octobre 1959 sur l'état d'exception abrogé par ailleurs par la Loi fondamentale du 19 mai 1960[489]. Le décret-loi du 04 octobre 1960 relatif au pouvoir judiciaire avait suspendus les articles 193 et 194 de la Loi fondamentale qui disposait que : « les juges de police-magistrats de carrière sont nommés par le chef de l'État sur une liste double des candidats proposée par l'Assemblée provinciale (art. 193). Les conseils des cours d'appel, les présidents des tribunaux de première instance, les juges des tribunaux de première instance, les juges-présidents et les juges des tribunaux de district sont nommés par le chef de l'État sur une liste double de candidats présentés par les cours d'appel, en assemblée générale. Les cours choisissent dans leur sein les premiers présidents et les présidents[490]».

B. Le blocage institutionnel

Le blocage institutionnel s'est matérialisé avec la révocation du premier ministre Lumumba par le Chef de l'État Kasa-Vubu (1°) et la destitution de ce dernier par le premier ministre (2°), dont les séquelles n'ont pas permis l'application de la Constitution de 1964 (3°).

1°. La révocation du premier ministre Lumumba par le Chef de l'État

Par une ordonnance prise sur pied de l'article 22 de la Loi Fondamentale, le Chef de l'Etat révoquait le Premier ministre. Cet article dispose que « le Chef de l'État nomme et révoque le premier ministre et les ministres ». La violation de cette disposition constitutionnelle porte sur le contreseing du ministre selon l'article 20 qui disposait qu' « aucun acte du chef de l'État ne peut avoir d'effets s'il n'est contresigné par un ministre responsable qui, par cela seul, s'en rend

---

487 *Idem*, p. 48.

488 MC n°05, du 09 février 1961, p. 39.

489 MC, n°23 du novembre 1971, p. 474.

490 *Collection juridoc, Op. Cit.*, p. 49.

responsable. En aucun cas, l'ordre verbal ou écrit du chef de l'État ne peut soustraire un ministre à la responsabilité »[491]. Ceci démontre que le contreseing du ministre dans un acte révoquant son chef, constitue un abus de droit, car en droit une autorité inférieure ne peut révoquer son supérieur hiérarchique. Que retenir sur la destitution du chef de l'Etat ?

2°. La destitution du chef de l'État

De son côté, le Premier ministre va révoquer le Chef de l'État en se fondant sur l'article 33 de la Loi fondamentale qui dispose qu' « en cas de vacances ou si le Chef de l'État se trouve dans l'impossibilité d'assumer ses fonctions, le Premier ministre, après délibération en conseil des ministres, convoque les chambres, dans le plus bref délai et au plus tard dans les trente jours. Dès la convocation des chambres le conseil des ministres assume les fonctions de Chef de l'État jusqu'au moment où celles-ci se sont prononcées. Les chambres délibérant en commun constatent la vacance ou cette impossibilité et, à la majorité des deux tiers de tous les membres les composants, procèdent à la désignation d'un nouveau Chef d'État. Si dans un délai de trente jours à dater de la réunion des chambres en assemblée commune, la majorité prévue ci-dessus n'a pu être atteinte, la fonction de Chef de l'État est provisoirement assumée par le président du sénat, sous réserve de l'application de l'article 13 deuxième alinéa ».

Dans la mesure où le premier ministre était majoritaire au parlement, cette impasse institutionnelle va conduire le régime institué par la Loi fondamentale à basculer vers un présidentialisme. Le glissement-présidentialiste se matérialisera avec l'annonce du chef d'État-major général de l'armée, de la neutralisation du premier ministre. C'est ainsi que la volonté de l'exécutif (ne disposant pas d'une majorité cohérente et sûre) d'instrumentaliser le parlement, va installer un bras de fer permanent avec le chef de l'État qui mit le parlement en congé le 29 septembre 1963.

Il est important d'évoquer la non-application de la Constitution du 1er août 1964.

3°. La non-application de la Constitution du 1er août 1964.

Contrairement aux dispositions contenues dans la Loi fondamentale du 19 mai 1960 qui conférait le pouvoir constituant originaire au Chef de l'État et au parlement, l'élaboration de la Constitution du 1er août 1964 se situe dans le prolongement de la crise renforcée par le fonctionnement alambiqué[492] des institutions mise en place par la Loi fondamentale. L'élaboration de la Constitution de 1964 n'avait donc pas respectée la procédure prévue par la Loi fondamentale du 19 mai 1960.

---

[491] DJOLI ESENG'EKELI, J., *Droit constitutionnel congolais..., Op. Cit.,* p.84.
[492] KAMUKUNY MUKINAY, A., *Droit Constitutionnel..., Op. Cit.,* p. 96.

Dans l'esprit du législateur belge, les délais d'élaboration de la Constitution définitive devait correspondre à la durée de la législature estimée entre trois ans au minimum et quatre ans au maximum. Selon l'article 130 de la Loi fondamentale qui dispose que « la première législature des assemblées ne peut être inférieure à trois ans, ni supérieur à quatre ans, sauf en cas de dissolution ».

Dès lors, quelle que soit la situation sur le plan juridique, la nécessité d'élaborer une nouvelle Constitution se fit sentir en raison de tendances centrifuges résultant des sécessions, comme un besoin politique de stabilisation. La sécession du Katanga et celle du Sud-Kasaï détournant l'attention du pouvoir exécutif vers les structures de l'État et le nombre de provinces.

La pratique des institutions de la Loi fondamentale ne consacra pas la concordance nécessaire entre les impératifs du droit constitutionnel et la réalité politique. L'effort d'adaptation des dirigeants pour contourner le texte de l'équation personnelle grâce à la concentration des pouvoirs que recommandait la tradition, amena le régime de Kasa-Vubu à commettre des fréquentes entorses à l'espritCet même à la lettre de la Loi fondamentale. Se sentant étouffé par le régime parlementaire qui l'obligeait de s'effacer, il va apparaître plus actif en réinterprétant même les dispositions de la Loi fondamentale selon son propre modèle de gouvernement, car, en réalité après la neutralisation de Lumumba, c'est bien lui le chef de l'État, qui apparaissait comme le véritable chef du gouvernement incarnant le pouvoir exécutif. Cette réalité sera concrétisée par le constituant de Luluabourg qui semble entériner les fréquentes violations de la Loi fondamentale par le Chef de l'État qui trouva des ressources juridiques nécessaires pour affirmer son rôle actif dans les nouvelles institutions[493].

Ce premier texte écrit par les congolais avait pour objectif de mettre fin aux crises intentionnelles dont la plus importante avait été l'interprétation suspecte de certaines dispositions de la Loi fondamentale, notamment en ce qui concerne les compétences dévolues au premier ministre et au chef de l'État[494].

Plusieurs raisons ont été avancées pour justifier l'organisation institutionnelle de 1964. La première a trait, comme nous l'avons précédemment souligné la nécessité de contourner les rébellions et sécessions. La seconde est relative à la volonté de maintenir l'unité du pays et en même temps d'accorder une large autonomie aux provinces pour tenir compte des particularismes régionaux. Cependant, la Constitution du 1er août 1964 n'a pu être mise en application à cause du coup d'État militaire du Lieutenant Général Mobutu, qui accéda au pouvoir d'État le 24 novembre 1965. Toutes les institutions de la République se sont évertuées à préparer une organisation constitutionnelle pour répondre aux

---

[493] DJOLI ESENG'EKELI, J., *Droit Constitutionnel Congolais*, ..., *Op. Cit.*, p. 160.

[494] BAKANDEJA wa MPUNGU, G., NDESHYO RURJHOSE, O., (dir), *Annales de la Faculté de droit. Edition spéciale droit de l'homme commémoration du 59eme anniversaire de la déclaration universelle,* Kinshasa, PUK, 2007, p. 221.

objectifs proclamés pour réaliser l'unité nationale, le rétablissement de la paix et le développement économique de la Nation. Les pages suivantes évoquent la révision constitutionnelle et l'État de droit sous la deuxième République.

§ 2. La révision constitutionnelle et l'État de droit sous la deuxième République

Le début de la deuxième République commence avec la promulgation de la Constitution du 24 juin 1967. Ce texte constitutionnel est le premier dans l'histoire constitutionnelle de la RD Congo à avoir connu une récurrence des révisions sans précédents. Nous en présentons d'abord une vue d'ensemble (1) avant de jeter un regard croisé sur la réforme constitutionnelle du 15 août 1974 (2).

1. Une vue d'ensemble sur la pratique des révisions constitutionnelles

Pour marquer une nouvelle impulsion politique, le Lieutenant Général Mobutu, entreprit de donner une forme démocratique à son régime. C'est ainsi que fut soumis à l'approbation populaire un nouveau texte constitutionnel ayant vocation de tenir compte des nouvelles réalités en présence après la réunification du pays qui été divisé par les rébellions et les tensions politiques. Ce projet de Constitution fut adopté par un référendum apparent d'un homme qui entend consolider son pouvoir autoritaire[495].

Comme en 1964, le référendum constitutionnel auquel recourut le pouvoir militaire, du 04 au 24 juin 1967, lui permit d'utiliser le peuple aux fins de normaliser les situations extraconstitutionnelles produites par le fait accomplis[496]. Cette réforme institutionnelle instaura un bipartisme virtuel destiné, selon ses initiateurs, à résoudre le problème de l'instabilité institutionnelle que connaissait le pays.

Sur la question de la forme de l'État, cette Constitution a institué un État unitaire avec une forte centralisation des pouvoirs entre les mains du président de la République, en violation du principe de séparation des pouvoirs que recommande l'État de droit. Le régime présidentiel établi a fini par basculer vers le présidentialisme, une déviation du régime présidentiel qui se traduit par l'autoritarisme despotique que consacrent plusieurs lois constitutionnelles successives. Au sommet de ce despotisme chapeauté par les réformes constitutionnelles de 1974 qui ont consacré le parti unique, le Mouvement Populaire de la Révolution (MPR), comme l'institution suprême (la Nation Zaïroise politiquement organiser) et celles de 1977 et 1978 prévoyant l'élection des députés au suffrage universel dans le cadre du parti-État. Plus lâche que celle

---

[495] BAKANDEJA wa MPUNGU, G., NDESHYO RURIHOSE O., *Op. Cit,* p. 225.
[496] BAKANDEJA wa MPUNGU, G., NDESHYO RURIHOSE O., *Op. Cit,* p. 157.

antérieure, la Constitution du 24 juin 1967 organise un système de révision sans dispositions intangibles.

Toute ou une partie de la Constitution pouvait être modifiée en dehors de tout référendum dont la convocation relevait de la seule volonté du président de la République. Cette ouverture risquée a abouti à des multiples modifications qui traduisaient le désir de renforcement de pouvoir d'un seul individu au pouvoir en violation des impératifs de l'État de droit. Ladite Constitution est la seule, dans l'histoire constitutionnelle congolaise, à avoir connu plus des réformes constitutionnelles. Au total, elle a enregistré dix-sept révisions dont l'analyse s'impose.

a) L'ordonnance-loi n°70-025 du 17 avril 1970 portant modification des dispositions de l'alinéa 1er de l'article 2 du titre 9 de la Constitution du 24 Juin 1967.

Cette ordonnance inclut dans la Constitution la précision sur le délai à observer pour les premières élections[497].

Il y a aussi la Loi n° 70-001 du 23 décembre 1970 portant révision de la Constitution.

b) Loi n° 70-001 du 23 décembre 1970 portant révision de la Constitution

Elle modifie plusieurs articles de la Constitution et introduit une nouvelle section consacrée au MPR[498] en le transformant en parti-État, l'institution suprême du pays. Les décisions de justice sont révocables par le parti unique et le chef de l'État devait d'abord être élu président du MPR et, de droit, investi président de la République. C'est le début de l'autoritarisme qui exclut toute existence d'un État droit. Dans les pages qui suivent j'évoque Loi n°72-008 du 03 juillet 1972 portant révision de l'article 60 de la Constitution.

c) Loi n°72-008 du 03 juillet 1972 portant révision de l'article 60 de la Constitution

Elle a eu pour objet de diviser la Cour suprême de justice en trois sections, savoir : la section judicaire, administrative et législative.

d) Loi n° 73 -014 du 5 janvier 1973 portant harmonisation de la Constitution.

Cette modification constitutionnelle, concerne la consécration, dans la Constitution, de la décision du bureau politique du MPR relative aux nouvelles applications intervenues dans la structure politique-administrative du Pays. Les organes du MPR sont désormais considérés au-dessus des institutions de l'État,

---

[497] MC n° 09 du 1er mai 1970, p. 257.
[498] MC n° 1 du 1er janvier 1971, p. 5.

et rien ne peut se faire sans le mot d'ordre du parti-État. C'est donc l'anéantissement total de l'État de droit avec la confiscation du pouvoir au sein d'un parti politique au service d'un individu.

e) Loi n°74-020 du 15 août 1974 portant révision de la Constitution du 24 Juin 1967.

Cette révision, accompagnée d'une controverse nourrie est entrée dans l'histoire constitutionnelle du pays, tout simplement parce qu'elle a fait un coup d'État constitutionnel à la Constitution du 24 juin 1967. Nous y reviendrons en détail dans la suite de l'étude.

f) Loi n°078-010 du 15 février 1978 portant révision de la Constitution

Elle a établi le MPR comme la seule institution de l'État. Tous les Zaïrois devenaient, par conséquent, membres du MPR. C'est la tentative d'absorption de l'État au sein du MPR. Désormais, le MPR fait la loi, rend la justice à sa manière et exécute ses décisions sur base de sa volonté. Aucun contrepouvoir n'est autorisé pour tenter de contredire le fondateur.

g) Loi n°80-007 février 1980 portant modification de la Constitution

Cette loi visait le renforcement du pouvoir de nomination du président fondateur du MPR, de droit, Président de la République.

h) Loi n°80-012 du 15 novembre 1980 modifiant et complétant quelques dispositions de la Constitution.

La présente loi constitutionnelle consacre, du droit, le président du MPR, comme Président de la République : l'organe central des décisions et de contrôle des activités du MPR.

i) Loi n°82-004 du 31 décembre 1982 portant modification de certaines dispositions de la Constitution

Cette loi supprime le comité exécutif du MPR et change l'appellation des commissaires politiques en membres du bureau politique[499]. La Constitution à force de subir des modifications successives, a fini par devenir les statuts d'un parti politique, le MPR. Ce dernier pouvait la modifier selon les humeurs de ses dirigeants.

j) Loi n°88-004 du 29 janvier 1988 portant révision de certaines dispositions de la Constitution.

[499] JORDC n° 1 du 1er Janvier 1983, p. 10.

L'objet principal du présent amendement constitutionnel est la consécration du comité central comme l'organe de conception, d'inspiration et d'orientation des décisions du MPR[500].

k) Loi n°90-002 du 5 juillet 1990 portant révision de certaines dispositions de la Constitution.

Cette réforme abolit l'institutionnalisation du MPR et introduit le multipartisme à trois ainsi que le pluralisme syndical[501]. C'est le début du déclin du parti-État qui laissait entrevoir l'avènement du multipartisme en vue de la démocratisation effective des institutions de l'État.

l) Loi n°90-008 du 25 Novembre 1990 portant révision d'une disposition de la Constitution

Cette loi modifie l'article 8 de la Constitution et instaure le multipartisme intégral[502]. Le vent de la démocratie s'abat sur le régime de Mobutu et conduit vers la transition et le multipartisme annoncé par le président de la République le 24 avril 1990.

Prévue pour une durée d'une année en 1990, la transition Zaïroise va se plongée dans une crise aiguë résultante des divergences qui avaient entaillé la classe politique[503]. En effet, deux logiques ont prévalu lors de la Conférence nationale souveraine. Elles ont engendré deux ordres institutionnels distincts. Se fondant sur le compromis politique global, signé le 31 juillet 1992 entre les délégués de la CNS et les experts de la présidence de la République, la dynamique interne de la CNS enfanta, le 04 août 1992, l'acte portant dispositions constitutionnelles relatives à la période de transition. La nouvelle tendance tenait à briser définitivement l'ordre ancien à l'évolution de la situation politique du pays.

Afin de se désolidariser du régime en place, ce forum mis en place un nouveau parlement appelé Haut Conseil de la République. Il était composé des délégués désignés par la conférence et un gouvernement dirigé par l'opposant historique Etienne Tshisekedi, éloignant les partisans du pouvoir proches du chef de l'État[504]. Cet Acte constitutionnel, adopté selon la procédure prévue dans le règlement intérieur de la CNS, ne saurait être considéré comme une révision de la Constitution de 1967[505], mais plutôt comme une nouvelle Constitution

---

500 JORDC n°3 du 1er Décembre 1988, p. 20.
501 JORDC n° 1 du 3 Février 1989, p. 17.
502 JORDC n° spécial, Juillet 1990.
503 KAMUKUNY MUKINAY, A., *Droit constitutionnel*, *Op. Cit.*, p. 79.
504 Loi n°93/001 du 02 avril 1993 portant acte constitutionnel harmonisé relatif à la période de transition, JO, 34ème année, n° spécial 1993.
505 BOSHAB, E., *Entre la révision de la Constitution et l'inanition de la Nation, Op. Cit.*, p. 89.

transitoire devant régir la transition préparatoire de la troisième République. Au cours cette période conjoncturelle, la question relative à l'État de droit ne semblait pas être prise en compte. Elle est renvoyée à l'adoption prochaine de la Constitution définitive qui devrait marquer le début de la troisième République.

Les frustrations résultant de la dynamique de la CNS ne permirent pas l'application de l'Acte constitutionnel. Elles ont poussé les partisans de la majorité présidentielle à se réunir au Palais de la Nation aux fins de la mise en place d'un autre Acte constitutionnel harmonisé relatif à la période de transition, promulgué par le chef de l'État sous forme de la loi n°93/001 du 02 avril 1993. Elle maintient le président en fonction, change les institutions politiques en mettant en place un nouveau parlement dénommé Assemblée nationale et un gouvernement dirigée par un premier ministre choisi par le même forum politique[506]. Le blocage dans le fonctionnement des institutions politiques appela logiquement la tenue d'autres négociations politiques entre les forces en présence au dernier semestre de 1993 au Palais du peuple. Ces assises ont engendré l'Acte constitutionnel de la transition du 09 avril 1994.

Ces différentes négociations ne réussirent cependant pas à consolider la dynamique interne rongée par une longue période de l'autoritarisme qui conduisit à l'affaiblissement du régime du président fondateur. C'est dans ce contexte que LD Kabila et l'AFDL, soutenue par certains pays voisions, vont chasser du pouvoir le Maréchal du Zaïre, le 17 mai 1997. Les révolutionnaires vont suspendre l'ordre constitutionnel antérieur et décider d'assoir leur pouvoir sur un nouvel Acte constitutionnel afin de donner une certaine virginité à leur révolution qui, en réalité, était un coup d'État[507]. C'est ainsi que le président Laurent Désiré Kabila va se transformer lui-même en constituant originaire pour élaborer le 27 mai 1997 le Décret-loi constitutionnel n°003 et octroya à la Nation[508]. Ce texte de 15 articles dirigea le pays pendant 6 ans jusqu'à son remplacement par la Constitution de transition du 04 avril 2003.

> **2.** Après l'assassinat dans les circonstances mystérieuses et non encore élucidées du Président de la République, le pays se plongea dans une crise profonde caractérisée par le regain de guerres à répétition. Les protagonistes ont été appelés par la communauté internationale, une longue médiation qui a d'abord eu lieu à Lusaka (en Zambie) pour conduire l'accord global et inclusif du dialogue inter-congolais de Sun city (en Afrique du sud). C'est ce dialogue qui a servi de base à la Constitution de transition du 04 avril 2003 chargée de mettre en place des structures permettant la mise en place d'un nouvel ordre politique et juridique. Ledit dialogue donna naissance à la troisième République

---

[506] KAMUKUNY MUKINAY, A., *Op. Cit.*, p. 80.
[507] KAMUKUNY MUKINAY, A., *Op. Cit.*, p. 109.
[508] *Idem*, p. 158.

avec une nouvelle Constitution adoptée par référendum du 18 au 19 décembre 2005 et promulguée par le président Joseph Kabila le 18 février 2006 pour mettre ainsi fin à tous les désordres constitutionnels du passé. Quel regard croisé avoir sur la loi constitutionnelle du 15 août 1974 ?

3. Le regard croisé sur la loi constitutionnelle du 15 août 1974

Cette révision constitutionnelle ne cesse de diviser la doctrine en ce qui concerne sa nature exacte. La controverse provient tout simplement du fait que la loi constitutionnelle n°74-020 du 15 août 1974 portant révision de la Constitution du 24 juin 1967[509], tire toutes les conséquences de la constitutionnalisation du MPR. La question qu'il convient de se poser est de savoir si cette révision est réellement une modification de la Constitution de 1967, ou une nouvelle Constitution résultant d'un changement constitutionnel opéré par le constituant dérivé de 1974 avec les techniques de fraude à la Constitution. Mais il convient de préciser d'abord le contexte de son élaboration.

A. Contexte de la réforme du 15 août 1974

Les tentatives de confiscation de pouvoir entreprises par Joseph Kasa-Vubu, au lendemain de l'indépendance, ont finalement abouti à atteindre, sous le règne du Président Mobutu, leur objectif. La loi constitutionnelle de 1974 en donne l'exemple. Après avoir provoqué une crise institutionnelle par la révocation inconstitutionnelle d'un premier ministre, P.E Lumumba, majoritaire au parlement, le premier chef de l'État de la première République, rendit le pays ingouvernable avec une gestion qui va basculer dans les mains de l'armée grâce au coup d'État du 24 novembre 1965. Dès lors, l'on assiste à une concentration progressive du pouvoir par le nouvel homme fort du pays. Ce dernier établira la Constitution de la deuxième République le 24 juin 1967.

Le corps de volontaires de la République (CVR) fut créé le 9 janvier 1966. A la suite du discours du président Mobutu le 12 décembre 1965. On assigne au CVR la mission de promouvoir la conscience nationale zaïroise en vue de la reconstruction du pays[510]. C'est grâce aux travaux du CVR que naitra le Mouvement populaire de la révolution (MPR) le 20 mai 1967. Consécutivement au premier congrès extraordinaire du MPR, le 21 au 23 mars 1970, ce mouvement devient non seulement la première et la seule force politique du pays, mais aussi l'unique institution de l'État. Cette idéologie du MPR fut introduite, peu à peu, dans la Constitution, à la faveur par de nombreuses modifications constitutionnelles, notamment la loi constitutionnelle du 15 août 1974 qui

---

[509] Journal Officiel n° Spécial, août 1976.

[510] KAMUKUNY MUKINAY, A., *Droit constitutionnel congolais*, Kinshasa, EUA, 2011, p. 205.

consacrait finalement l'absorption de l'État dans le parti unique. Elle constitue une révision constitutionnelle.

B. La loi constitutionnelle du 15 août 1974 est une révision constitutionnelle

L'argument, selon lequel la loi constitutionnelle du 15 août 1974 est une révision constitutionnelle tient plus à la forme qu'au fond. Dans la mesure où l'intitulée même de loi démontre clairement qu'il s'agit d'une révision constitutionnelle de la Constitution existante, c'est-à-dire celle du 27 juin 1967, on ne peut pas se permettre de prêter les intentions au constituant dérivé de 1974 ou de lui faire dire ce qu'il n'a pas dit. On se limite donc à la lettre de la loi sans faire tout autre jugement de valeur. Il s'agit ici d'un argument formel qui oblige que l'on se tienne uniquement à la forme de l'acte sans considération du fond. Son intitulée et son article 1èr même indiquent ce qu'elle est.

La révision constitutionnelle de 1974 a été opérée conformément à la procédure de révision posée par le constituant du 24 juin 1967. La réflexion de tout juriste orthodoxe admettrait la thèse de la révision s'il s'en tient à la source officielle. Sans aller par quatre chemins consistant à chercher d'autres interprétations qui risqueraient de dénaturer la substance de texte concerné. Ceux qui soutiennent l'hypothèse de la révision se basent sur d'idée de la révision totale de la Constitution, même si une telle révision est usurpatrice des pouvoirs du constituant originaire, la modification constitutionnelle étant toujours partielle[511]. Les révisionnistes affirment que toute Constitution est révisable en fonction de la situation politique et sociale du pays, et que les clauses d'immutabilité constitutionnelles remettent en cause la souveraineté du peuple en lui refusant son droit de revoir ce qu'il avait déjà établi.

En définitive, les révisionnistes avancent que la loi constitutionnelle du 15 août 1974 est une révision constitutionnelle, car elle est conforme à la Constitution du 24 juin 1967. Il n'avait pas par ailleurs la prétention d'étendre sa modification ni à l'objet, ni au temps, ni même à la matière et ne comportait aucune disposition déclarée intangible, entendu qu'elle été souple dans son ensemble.

Néanmoins, cette révision de la Constitution, même si elle ne limite pas sa modification pour atteindre des objectifs autres que ceux poursuivis par une révision normale, est qualifiée de fraude à la Constitution. Les manœuvres frauduleuses dans l'adoption de la présente loi constitutionnelle se remarquent également par la précipitation qui a caractérisé son adoption. Convoqué en session extraordinaire par l'ordonnance présidentielle n°74-171 du 31 juillet 1974, le Conseil législatif n'avait que cinq jours pour adopter cette révision controversée.

---

[511] KAMUKUNY MUKINAY, A., *Droit constitutionnel congolais*, *Op. Cit*, p. 209.

J'évoque la loi constitutionnelle du 15 août 1974 comme une nouvelle Constitution.

C. La loi constitutionnelle du 15 août 1974 est une nouvelle Constitution

C'est l'opinion majoritaire dans la doctrine. Elle fait même de la loi constitutionnelle de 1974 la référence de la notion de la fraude à la Constitution en droit congolais[512]. Le pouvoir de révision s'est servi de ses prérogatives de modification de la Constitution pour vider la Constitution de 1967 de sa substance en instituant un régime autre que celui institué par le constituant de 1967.

En effet, la Constitution de 1967 instituait le nationalisme authentique comme doctrine, alors que la révision de 1974 consacre le mobutisme, comme doctrine de la Constitution. Du point de vue substantiel, la révision du 15 août 1974 est une nouvelle Constitution différente de celle de 1967. Même si l'hypothèse d'une révision totale[513] apparaît équilibriste pour mettre les différents auteurs d'accord sur le changement constitutionnel opéré par cette loi constitutionnelle, nous pouvons donc affirmer qu'il s'agissait d'une nouvelle Constitution qui n'a rien à avoir avec la Constitution du 24 juin 1967.

En raison de l'importance des réformes engagées par cette révision constitutionnelle, on peut noter avec Jean-Louis Esambo, que celle-ci a introduit une idée de droit différente de celle contenue dans la Constitution qu'elle prétendait réviser. On ne peut donc pas dire qu'elle limite son intervention à la simple révision de la Constitution alors en vigueur. Plutôt que de l'inscrire dans le changement de la Constitution, on devra reconnaître au pouvoir constituant dérivé l'audace d'avoir opérer une véritable révolution juridique conduisant au remplacement de la Constitution en vigueur par une autre qu'il se refuse de nommer[514].

Les tenants de la thèse dite constitutionnaliste basent leurs arguments sur des considérations philosophiques qui tiennent à l'esprit que la lettre de la Constitution. Toute Constitution, quel que soit sa forme, a toujours une dimension philosophique, une idée qu'elle exprime. Contrairement à la doctrine de la Constitution du 24 juin 1967, le préambule de la loi constitutionnelle du 15 août 1974 crée une autre doctrine, qui est le Mobutisme, fondamentalement opposée à la doctrine instituée par le constituant originaire, à savoir le nationalisme Zaïrois authentique ou le recours à l'authenticité.

---

512 BOSHAB, E., *Entre la révision de la Constitution et l'inanition de la Nation, Op. Cit.,* p. 39.
513 *Ibidem.*
514 ESAMBO KANGASHE, J.-L., *Traité de droit constitutionnel congolais, Op. Cit,* pp. 74-75.

L'authenticité étant un ensemble de valeurs et des idées qui fondent la particularité de chaque peuple[515], la volonté d'y recourir a été présentée comme une méthode et une technique permettant au peuple Zaïrois de tenir compte de sa particularité dans tous les domaines de vie nationale. Si l'authenticité est entendue comme une liberté d'une nation de penser et d'agir selon sa volonté, le président fondateur du MPR le choisi en vue d'affirmer l'autodétermination du peuple Zaïrois. C'est un recours aux valeurs nationales authentiques, à la recherche de son identité méconnue par divers fléaux connus par le pays après son accession à l'indépendance.

La mutation idéologique opérée par le constituant dérivé de 1974 bascula le régime constitutionnel institué par la Constitution de 1967 en un autre dont le fonctionnement se focalise sur la promotion du Mobutisme en lieu et place du nationalisme Zaïrois authentique. C'est dire que, sur le plan idéologique, la loi constitutionnelle de 1974 a opéré un changement substantiel, qui mérite de qualifier l'œuvre du constituant de 1974 d'une nouvelle Constitution[516].

Sur le plan de l'organisation du pouvoir politique et des institutions républicaines, il importe de placer un mot sur le changement opéré par la déconstruction de l'édifice constitutionnel de 1967 par le constituant de 1974. Contrairement à l'article deuxième de la Constitution qui reconnaissait le peuple comme l'unique source du pouvoir, le constituant de 1974 élève le parti-État en source de tout pouvoir dans l'État Zaïrois. Le principe de séparation des pouvoirs est remis en cause, car la loi constitutionnelle de 1974 confisque tous les pouvoirs entre les mains du président fondateur du MPR, qui devient, de droit et Président de la République.

Dans la mesure où on peut considérer la Constitution comme l'identité d'un peuple, l'expression de sa philosophie et de sa vision du monde, nous pouvons affirmer que l'œuvre du constituant de 1967 et celle de celui de 1974 constituent deux édifices constitutionnels distincts. En plaçant un individu, le président fondateur bien-aimé (comme pour reprendre l'expression du journaliste humoriste de la Radio France Internationale Mamane) au-dessus de la Constitution et des institutions de la République, le constituant de 1974 établissait un régime autocratique qui n'avait rien en commun avec la Constitution du 24 juin 1967[517]. La loi constitutionnelle n°74-020 du 15 août 1974 est une nouvelle Constitution qui apporta un nouvel aménagement du pouvoir et des institutions publiques différentes de celles de 1967. Cette loi a

[515] KAMUKUNY MUKINAY, A., *Droit constitutionnel..., Op.Cit.*, p. 214.
[516] KAMUKUNY MUKINAY, A., *Droit constitutionnel..., Op. Cit.*, p. 215.
[517] BOSHAB, E., « Quelles institutions pour la troisième République ? », *le Diagnostic,* vol. I, n°01, Kinshasa, 1992, pp. 11-12.

dépassé le stade d'une simple révision pour faire naître une nouvelle Constitution ayant une nouvelle idée de droit qui était l'exercice d'un pouvoir absolu[518].

Il est important de rappeler le cadre de la révision constitutionnelle dans la constitution du 18 février 2006

Section 3. Le cadre de la révision constitutionnelle dans la constitution du 18 février 2006

La Constitution qui marque la fin de la deuxième République et donne naissance à la troisième est celle du 18 février 2006. Il paraît la plus démocratique et la plus légitime que la RD Congo n'ait jamais connu avant le 18 février 2006. Cependant, au cours des années, il s'est révélé, des multiples crises qui ont amené le Congo démocratique à une situation qui n'a pas cessé d'être caractérisé par l'instabilité politique, institutionnelle et constitutionnelle dont l'influence est manifeste sur la construction d'un État de droit au cœur de l'Afrique.

On a constaté que le disfonctionnement du système juridique et politique congolais résultait, en grande partie, des réformes constitutionnelles qui déviaient les régimes mis en place. Les multiples modifications de la Constitution, dont l'objectif principal était la constitutionnalisation de la dictature Mobutiste, plongea le pays dans la transition au cours des années 90 et déboucha sur des compromis politiques baptisés sous le nom des Constitutions de transitions qui vont régir le pays jusqu'à la succession de la dictature Mobutiste par celle Kabiliste.

La Constitution de 2006 apparait comme l'aboutissement d'un long processus dans lequel le peuple congolais, animé par le souci d'avoir une Bible politique devant le conduire vers un destin commun, devait constituer la démocratie et s'adonner au développement du pays. Elle a introduit un nouvel État et une nouvelle République. Elle a fait de nation une exception par rapport à celles qui l'ont précédées qui n'étaient pas de Constitution par rapport à la Constitution sous examen que de nom. Tant sur le plan légistique que procédurale, cette Constitution est rédigée dans un style démocratique.

Pour une Constitution qui est appelée à relever les défis de l'histoire et à prouver qu'elle doit être bien utilisée par ses destinataires et connaître une longue vie. Et à prouver qu'elle est ou non un patrimoine commun du peuple congolais. Si le texte était respecté, il aurait permis de faire asseoir un Etat de droit durable qui ferait que les générations futures puissent y trouver la base solide de réflexion. Elles pourraient rendre un hommage mérité au travail abattu.

La tâche accomplie jusqu'à la production de la Constitution du 18 février 2006 étant énorme et laborieuse[519], le résultat obtenu doit être protégé

---

518 ESAMBO KANGASHE, J-L., *La Constitution congolaise, ..., Op. Cit.*, p.23.

519 BAKANDEJA wa MPUNGU, G., « Constitutionnalisme, État de droit et Démocratie. La nouvelle Constitution de la République Démocratique du Congo :

jalousement. Après des consultations qui exprimèrent la volonté de la population d'avoir une Constitution définitive, le projet de Constitution a été adopté le 15 juin 2005 par l'Assemblée nationale et soumise à l'approbation populaire par référendum organisé du 18 au 19 décembre 2005, avant sa promulgation le 18 février 2006[520]. Une Constitution-charte qui contenant 229 articles, la Constitution du 18 février 2006 est l'une des Constitutions africaines qui est plus détaillée. En tant que Constitution-charte, elle justifie le besoin de clarification des matières jugées fondamentales par le constituant originaire.

Globalement, la Constitution du 18 février définit la société congolaise, ses particularités et ses symboles distinctifs, le mode et le scrutin pour les élections au niveau tant local, provincial que national, la forme de l'État, la responsabilité et le fonctionnement de la justice et des institutions publiques[521]. C'est donc une Constitution équilibriste. Elle a pallié le déséquilibre du pouvoir politique créé depuis l'accession du pays à l'indépendance.

Le constituant de 2006 était animé par le souci du respect des droits de l'homme, de l'État de droit et de la démocratie. La limitation et la séparation des pouvoirs semblent être les maitres-mots de la nouvelle Constitution congolaise qui détermine le régime politique institué et une forme de l'État à cheval entre l'unitarisme et le fédéralisme.

La Constitution de 2006 est le résultat d'une longue mobilité constitutionnelle ayant fait de la République Démocratique du Congo un grand consommateur des textes constitutionnels. La production constitutionnelle congolaise se caractérise par un hyper inflation des textes constitutionnels. Après une insatiabilité caractérisée par la permanente constitutionnalisation, déconstitutionnalisation et réconstitutionalisation[522], la RD Congo a réussi à adopter une Constitution qui est non seulement conforme aux impératifs du constitutionnalisme, mais également appelée à connaître une longue vie. Le point 4 de son exposé de motif l'exprime clairement. Il est ainsi libellé : « pour préserver les principes démocratiques contenus dans la présente Constitution contre les aléas de la vie politique et les révisions intempestives, les dispositions relatives à la forme républicaine de l'État, au principe du suffrage universel, à la forme représentative du Gouvernement, au nombre et à la durée des mandats du président de la République, à l'indépendance

sources et innovations », in BAKANDEJA wa MPUNGU, G., NDESHYO RURIHOSE, O., (dir), *Annales de la Faculté de Droit. Edition spéciale Droits de l'Homme. Commémoration du 59ème anniversaire de la Déclaration universelle,* Kinshasa, 2007, p. 236.

520 *Idem*, p. 237.

521 BAKANDEJA wa MPUNGU, G., « Constitutionnalisme, État de droit et Démocratie…, *Op. Cit.*

522 DJOLI ESENG'EKELI, J., « La mobilité constitutionnelle en Afrique en Afrique postcolonial : dimension structurelle et opportunisme conjoncturel », *Congo-Afrique,* n°488, octobre, 2014, p. 685.

du pouvoir judiciaire, au pluralisme politique et syndical ne peuvent faire l'objet d'aucune révision constitutionnelle »[523].

Cependant, les mêmes causent produisant les mêmes effets, l'actuelle Constitution fait l'objet de plusieurs convoitises des gouvernants en place qui veulent l'adapter à leurs humeurs. La capacité de l'œuvre de 2006 à résister au temps s'effrite quand même au fur et à mesure de l'augmentation sans cesse de révisions et de tentatives de révision. Dans une durée de près de dix ans, cette Constitution a fait l'objet de plusieurs tentatives de révisions, heureusement, avortées, et une révision majeure réussie.

C'est le cas de l'initiative avortée de révision du 05 novembre 2007 de l'honorable Tshibangu Kalala, dont le processus, débuté le 4 juillet 2007, n'a pas abouti. La deuxième tentative du même député en août 2009, n'a pas non plus abouti à cause des plusieurs contestations des forces politiques en présence.

L'initiative réussie est celle du 10 janvier 2011, qui aboutit à la révision du 20 janvier 2011, laquelle opéra une révision faisant une inclinaison vers présidentialisme qui remet en cause la structure du pouvoir judiciaire.

Le syndrome de la révision constitutionnelle au Congo doit interpeller pour inciter à réfléchir sur les nouvelles bases à donner au droit constitutionnel congolais. Car, au moins tous les deux ans, la RD Congo expérimente une révision constitutionnelle ou une tentative de révision.

L'Afrique (et notamment l'Afrique centrale) est le sanctuaire de révisions des dispositions constitutionnelles protégées. À chaque échéance électorale qui se pointe à l'horizon, il y a une révision constitutionnelle qui se prépare par le régime en place. Ceci démontre que l'Afrique est le siège du pouvoir durable, les hommes forts construisant cette durabilité par des réformes constitutionnelles ou des changements inconstitutionnels des régimes en violations des dispositions des Lois fondamentales.

En dépit de la rigidité de sa procédure de révision, la Constitution du 18 février 2006 échappe difficilement aux tentatives de révisions constitutionnelles qui pourraient la désacraliser. En conséquence, notre société, incapable de se soumettre aux règles fondamentales qu'elle a elle-même élaborées, court un danger de l'éclatement ou de la balkanisation.

La démocratie qui, elle-même, est l'adjectif attaché à la République du Congo, a des exigences avant d'être une réalité pour un Pays. Elle ne se décrète pas, mais se vit, car il ne suffit pas seulement de se déclarer démocratique pour qu'on le devienne effectivement. En effet, tous les dictateurs du monde ne parlent qu'au nom de leurs peuples et de la démocratie, sans traduire celle-ci dans les faits.

---

[523] *Exposé de motif de la Constitution du 18 février 2006,* JORDC., n° Spécial du 5 février 2011.

Aussi, faut-il, se soumettre aux exigences de ce principe, dont l'une est le respect des textes juridiques que l'on qualifie souvent de respect de l'État de droit.

Une Constitution issue d'une longue transition sanglante, depuis la fin de la deuxième République, est le fruit d'énormes sacrifices du peuple congolais. Par conséquent, les animateurs des institutions politiques qui tirent leur pouvoir de cette Constitution ne peuvent pas se permettre des violations flagrantes dues aux révisions intempestives qui suivent chaque coup de balle, sans scier l'arbre sur lequel, ils sont assis. On sait que celles-ci sont précédées par des crépitements de balles. Mais en procédant à ces retouches constitutionnelles, les protagonistes ne devraient pas oublier qu'ils sont entrain de scier l'arbre sur lequel ils sont assis.

Si les vieilles démocraties, comme par exemple les Etats Unis d'Amérique, dont le peuple a, par ailleurs, immigré de tous les coins du monde pour construire une nation, peuvent réussir à conserver une Constitution pendant près de deux siècles avec 27 amendements seulement, alors qu'ils avaient été colonisés comme le Congo, ce dernier devrait être en mesure de conserver sa Loi fondamentale. Il suffit de la détermination manifeste dans le chef des gouvernants et des gouvernés.

Depuis son accession à l'indépendance, la RD Congo n'a jamais été régie par une Constitution démocratique qui soit conforme aux principes du constitutionnalisme comme celle du 18 février 2006.

Rigide, la Constitution du 18 février 2006 contient des dispositions intangibles (§1) revêtues d'une clause d'éternité et celles non intangibles qui peuvent connaître des modifications (§2).

§ 1. Les dispositions constitutionnelles intangibles

Les dispositions intangibles peuvent être explicites ou implicites, selon que le constituant originaire le dit expressément (a) dans une disposition constitutionnelle ou implicitement (b) par le caractère des matières jugées fondamentales.

A. Les dispositions intangibles explicites

Le constituant originaire exclut expressément certaines matières portées par les dispositions de la Constitution de toute possibilité de révision. C'est en vue de protéger son œuvre que l'auteur de la Constitution dote certains articles de celle-ci d'une certaine intangibilité[524]. Les dispositions intangibles paralysent toute initiative de révision orientée vers elle. La fondamentalité de la valeur que ces matières renferment, justifie leur supériorité par rapport aux autres dispositions constitutionnelles non intangibles. Les matières intouchables

[524] ESAMBO KANGASHE, J-L., *Le Droit constitutionnel.... Op. Cit.*, p. 102.

échappent donc au constituant dérivé[525] dont l'incompétence n'appelle aucun débat.

Le constituant du 18 février 2006 a verrouillé certaines matières à l'article 220 qui dispose « la forme républicaine de l'État, le principe du suffrage universel, la forme représentative du Gouvernement, le nombre et la durée des mandats du président de la République, l'indépendance du pouvoir judiciaire, le pluralisme politique et syndical, ne peuvent faire l'objet d'aucune révision constitutionnelle. Est formellement interdite toute révision constitutionnelle ayant pour objet ou pour effet de réduire les droits et libertés de la personne, ou de réduire les prérogatives des provinces et des entités territoriales décentralisées »[526].

Dans l'édifice constitutionnel actuel, ces matières constituent le sain des sains[527] qui ne peut jamais connaître une quelconque reforme sans énerver le peuple souverain qui a adopté ladite Constitution par référendum. Il importe de préciser que même le peuple lui-même est incompétent pour réviser les articles intangibles de la Constitution étant donné qu'en les revêtant d'une certaine intouchabilité, ce même peuple s'est autolimité. Les dispositions intouchables sont le socle de l'État de droit et, par conséquent, de la République elle-même[528].

La République est, en effet, un cadre par excellence d'exercice de la démocratie qui s'accommode avec des principes régissant son fonctionnement. De cette manière, si ces principes y font défaut, on ne saurait parler d'une République ou d'une République démocratique[529]. Les principes consacrés par l'article 220 sont républicains et démocratiques. Ils varient selon le niveau démocratique de chaque État[530], mais surtout en fonction de l'histoire et selon les croyances de chaque peuple[531].

Déclarés intangibles, ces principes ont un caractère définitif et sont, dès lors, non négociables dans ce sens que la majorité de la population y croit. Sans remettre en cause le caractère évolutif de la société, les dispositions intangibles consolident la démocratie et l'État de droit. Une valeur ou un principe intangible reste comme tel pour un peuple et ce, de générations en générations. Car la société étatique évolue toujours dans une continuité et non dans la destruction

---

525 NTUMBA LUABA LUMU, *Op. Cit.*, p.160.

526 Article 220 de la Constitution du 18 février 2006, telle que révisée à ce jour.

527 BOLLE, S., « Les révisions dangereuses sur l'insécurité constitutionnelle en Afrique », in MABAKA, P., dir, *Constitution et risque(s)*, Paris, l'Harmattan, 2010, p. 242.

528 DUVERGER, M., *Les Constitution de la France, Op. Cit*, p. 32.

529 MBATA BETUKUMESU MANGU, A., *Mandat présidentiels et révision constitutionnelle en Afrique: cas de République Démocratique du Congo,* Kinshasa, IDGPA, 2013, p. 42.

530 MBATA BETUKUMESU MANGU, A., *Mandat présidentiels et révision constitutionnelle en Afrique: cas de République Démocratique du Congo, Op. Cit.*

531 *Ibidem.*

permanente des fondements antérieurs[532]. Il ne s'agit pas d'un enfant qui échappe à son père, mais plutôt de celui qui pérennise l'existence de son père[533]. En définitive, cela signifie que compte tenu de la déclaration de leur intangibilité, l'article 220 et toutes les dispositions qu'il renferme, ne peuvent pas connaître une quelconque révision.

Le but principal de l'institutionnalisation des dispositions irréformables est de pérenniser les valeurs considérées comme fondamentales dans un État. En réalité, elles sont des réactions d'un peuple aux mauvaises pratiques précédentes et dont le dénominateur commun est la remise en cause de ses idéologies.

La formule retenue par la Constitution de 2006, concernant les matières intouchables dont l'irrecevabilité, frappe toutes procédures contre. Elles ne sont pas un fait du hasard. L'intangibilité ou l'éternité de la forme républicaine de l'État, la forme représentative du gouvernement et la limitation de la durée et des nombres des mandats présidentiels sont également repris par la majorité des constituants des Etats africains dans les termes similaires.

En réalité les États de l'Afrique francophone ont hérité cette formulation de la Constitution de 1958 de la cinquième République française[534]. En effet, l'évolution des systèmes politiques montrent que le constituant originaire, soucieux de ne pas voir son œuvre menée par les autorités qu'elle institue en vue de lui apporter les corrections que la pratique révélera indispensable, cherche à limiter le pouvoir qu'elle leur confère.

C'est dans cette logique que plusieurs Constitutions contiennent des dispositions tendant à interdire toute révision de certains de leurs principes fondamentaux dont le plus courant est la forme républicaine de l'État et celle représentative du gouvernement. A ce titre, la doctrine qualifie ces dispositions « d'intangibles » ou de « clause d'éternité ». La première Constitution écrite qui est celle américaine de 1787, interdit, à son article 5, d'engager la procédure d'un amendement dans le but de porter atteinte au principe de l'égale représentation des États fédérés au Sénat fédéral. De son côté, la Loi fondamentale Allemande de 1949, prohibe tout usage de la procédure de révision pour remettre en cause la structure fédérale de l'État.

Le Maroc, en revanche, frappe d'irrecevabilité les initiatives de révision portant atteinte à la forme monarchique de l'État et au statut de la religion islamique. Ces dispositions ont pour principal objectif de rendre irrecevables

---

532 MBATA BETUKUMESU MANGU, A., *Mandat présidentiels et révision constitutionnelle en Afrique: cas de République Démocratique du Congo, Op. Cit.*

533 BOSHAB, E., *Entre la révision de la Constitution et l'inanition de la Nation, Op. Cit.*, p. 106.

534 POTIER, J-M., *Les Constitutions de la France,* Paris, Dalloz, 1996, p. 54.

toutes tentatives de révisions allant à rencontre des principes qu'elles déclarent ne pouvoir être modifiés.

Toutes Constitutions modernes ont des principes intangibles qui représentent les fondements du régime démocratique. La remise en cause de ces bases a pour conséquence inéluctable, la modification de la nature du régime politique. Au Sénégal, la Constitution du 22 janvier 2001, s'inscrivant dans la perspective de toutes les Constitutions antérieures, prohibe la modification de la forme républicaine de l'État et du gouvernement. Le Conseil constitutionnel sénégalais l'a déclaré en ces termes : « le respect des prescriptions de l'alinéa 7 de l'article 103 en vertu desquelles la forme républicaine de l'État ne peut faire l'objet d'aucune révision »[535].

Les dispositions constitutionnelles irréformables instaurent les clauses d'éternité qui échappent à toute forme de révision quelles que soient les circonstances. Les valeurs principales, que renferment les dispositions intangibles et qui s'imposent de génération en génération, ne sont pas à prendre en bloc avec l'idée de l'article 28 de la déclaration des droits de l'Homme de 1793 selon laquelle : « un peuple est toujours fondé de revoir, de reformer et changer sa Constitution. Une génération ne peut assujettir à ses lois dans les générations futures »[536]. Les trois raisons suivantes :

1° D'abord, parce que cet article parle, d'une part, du changement de la Constitution et, de l'autre, de la révision constitutionnelle. Pour ce qui est du changement, on peut s'accorder sur cette affirmation, car le changement d'une Constitution est une opération politique et non juridique. Un peuple, dans sa souveraineté peut décider du changement d'un texte constitutionnel lorsque celui existant s'avère inefficace pour résoudre les problèmes de la société. Le changement constitutionnel n'obéit à aucune règle procédurale prévue par la Constitution existante pour la simple raison que le changement de la Constitution ne se prévoit pas dans un texte constitutionnel existant. Cette opération relève de la science politique et non du droit constitutionnel.

2° Ensuite, s'agissant du droit de chaque peuple de reformer les lois des générations précédentes, cette brèche n'est ouverte qu'à l'égard des lois révisables. Car un principe fondamental demeure de génération en générations, dans la mesure où la construction d'une société solide se réalise par la consolidation des valeurs qui ont prévalues à son origine et au cours de son histoire. Un peuple qui se déracine, au cours de son histoire, est voué à la ruine et à la disparition.

---

[535] *Conseil constitutionnel du Sénégal, Décision du 18 janvier 2006.*

[536] BOSHAB MABUDJ, E., *Entre la révision de la Constitution et l'inanition de la Nation, ..., Op. Cit.,* p. 108.

3° Enfin, le contexte de l'établissement de cette déclaration peut justifier sa relativité. Il s'agit d'une déclaration faite dans un contexte bien précis d'un peuple qui se décide de mettre fin à l'autoritarisme qui était légitimé par les règles juridiques. Cette déclaration est un produit finit étranger, élaborée pour résoudre le problème d'un peuple bien précis.

Les dispositions irréformables peuvent être suspendues ou supprimées par le fait d'une révolution ou d'un coup d'État. Cependant, même alors, on ne se saurait se baser sur ces situations de fait, pour remettre en cause l'immutabilité des matières intangibles. Dans l'une comme dans l'autre hypothèse, il s'agit des situations non prévues par le droit qui peuvent être confondues avec la réforme constitutionnelle dont le fondement se trouvent dans la Constitution et qui s'opère conforment à celle-ci.

Le rôle des dispositions constitutionnelles intangibles est de fournir la stabilité constitutionnelle. La Constitution qui est l'expression de la volonté commune est appelée à continuer à donner ses effets dans le temps pour consolider le vouloir vivre collectif d'une nation se matérialisant par un document juridique dénommé « Constitution ». La nation ne se compose pas seulement du peuple présent, mais aussi des ancêtres et des personnes à naître. Ainsi, les principes fondamentaux contenus dans les dispositions intangibles ne peuvent être reformés pour satisfaire les ambitions d'une personne ou d'une catégorie des personnes pendant un certain temps, qui décident de ruiner tout un avenir d'une nation.

Le bénéfice d'une protection accrue par les dispositions sanctuarisées[537] traduit la foi d'un État dans une démocratie et ses valeurs. Cette expression du constituant originaire dans les valeurs fondatrices de la société étatique en vue de préserver l'équilibre national qui a prévalu à l'élaboration de la Constitution, dont les pouvoirs du constituant dérivé se trouvent incapables de retoucher. Il s'agit de la protection de l'essentiel de la Constitution, le contrat social qui lie les membres de la société.

Pendant ces dernières décennies, l'on assiste à une chaîne des dispositions constitutionnelles intangibles en Afrique subsaharienne qui, sans doute, exprime la prudence des constituant africains de prévenir toute déviation des gouvernants pour dénaturer son œuvre, par une inflation des révisions constitutionnelles lesquelles aboutissent généralement à l'instabilité institutionnelle, sous l'œil d'un juge constitutionnel complaisant et non audacieux[538]. Quelles sont les dispositions intangibles implicites ?

B. Les dispositions intangibles implicites

---

[537] BOSHAB, E., *Entre la révision de la Constitution et l'inanition de la Nation, ... Op. cit.,* p. 115.
[538] *Idem*, p. 117.

Les dispositions constitutionnelles intangibles implicites sont des limitations du pouvoir de révision qui tiennent à l'esprit plutôt qu'à la lettre de la Constitution. Certaines dispositions constitutionnelles contiennent des matières fondamentales qui constituent des impératifs de la coexistence sociale. Elles ne peuvent, cependant pas connaître une modification sous quelle que forme qu'elle soit, sans pourtant contenir une clause expresse d'éternité ou d'intouchabilité.

Je parle de la juridicité des dispositions intangibles,

La juridicité des dispositions intangibles

La distinction entre les dispositions constitutionnelles intangibles et celles qui ne le sont pas ne donne pas la prééminence des unes sur les autres. Les dispositions constitutionnelles font toute partie de la Constitution et ont en fait une même valeur juridique. Soit qu'une disposition est constitutionnelle soit qu'elle ne l'est pas. Les articles non verrouillés de la Constitution ne sont pas moins juridiques que ceux verrouillés, la violation des unes et des autres entraînent des sanctions même si celles-ci sont différentes.

En droit pénal, par exemple, l'auteur de l'escroquerie ne peut pas dire à un assassin qu'il est moins délinquant que lui, car tous ont commis des infractions. Ils doivent être jugés et, éventuellement, être sanctionnés au regard de la loi pénale. Ainsi, même si la violation d'un article non intangible n'est pas sanctionnée de la même manière que celle de l'article intangible, l'essentiel est que toute violation de la Constitution, qu'elle soit moindre ou grande, frauduleuse ou flagrante, sont sanctionnées en droit.

L'existence des clauses d'éternité renfermées dans les dispositions indéformables, traduit tout simplement la protection de l'âme de la Constitution sans laquelle le texte constitutionnel ne sera qu'une coquille inutile, sans vie et donc, sans importance. Chaque Constitution a des principes majeurs ou principes fondamentaux qui constituent l'essentiel du pacte social. L'atteinte à ces principes est un danger qui risque mettre en mal l'existence de la société étatique.

La Constitution est aussi une idée cohérente. Cette idée trouve son fondement dans les dispositions intangibles. Les pays qui ont adopté la bible ou le coran comme Constitutions ne peuvent pas accepter une gesticulation autour de l'intouchabilité du coran ou de la Bible. C'est le cas notamment de l'Arabie Saoudite, dont la Constitution est le coran. Les matières intangibles de la Constitution pour un peuple n'ont rien de différent que la Bible pour les chrétiens et le coran pour les musulmans.

Leur protection particulière ne leur enlève pas le caractère juridique pour leur donner un caractère moral discriminatoire[539]. Elles sont renforcées par

---

539 BOSHAB, E., *Entre la révision de la Constitution et l'inanition de la Nation, Op. cit.*, p. 102.

l'intangibilité des matières qu'elles contiennent et consolident l'État de droit. Il y a des dispositions non intangibles à signaler.

§ 2. Les dispositions non intangibles

Les dispositions constitutionnelles non intangibles sont celles qui sont révisables, et peuvent connaître une adaptation par rapport à l'évolution de la société. Ces dispositions qui font l'objet d'un long développement, sont à la base de la notion même de la révision constitutionnelle.

- La problématique de la révision de 2011 et la révisibilité de l'article 220

- Economie générale et fondements de la révision de 2011

La question est d'examiner successivement l'économie générale de la révision (a), la révision de 2011 et l'État de droit (b) ainsi que le fondement de la révision (c).

a) L'économie générale de la révision

Les huit articles qui ont fait objet de la révision sont les articles 71 alinéa l, 110, 126, 149, 197, 198, 218 et 226.

La modification de l'article 71 a servi à la suppression du deuxième tour de l'élection présidentielle en la ramenant à un seul tour. Il dispose que « le président de la République est élus à la majorité simple des suffrages exprimés ».

La perte du mandat du député ou sénateur, qui exerce une fonction incompatible avec son mandat électif, est désormais élaguée grâce à l'amendement de l'article 110 de la Constitution. Ainsi, un député ou sénateur, après l'exercice d'une fonction politique, retrouve son mandat qui était suspendu pour un temps. Selon l'économie de cette disposition « le mandat de député national ou de sénateur prend fin : par (...), l'acceptation d'une fonction incompatible avec le mandant de député ou du sénateur. Toutefois, lorsqu'un député ou un sénateur est nommé à une fonction politique incompatible avec l'exercice de son mandat parlementaire, celui-ci est suspendu. Il prend de plein droit son mandat parlementaire après la cessation de cette fonction politique incompatible (...) ».

Le gouvernement peut, après la modification de 2011, demander le crédit provisoire au parlement au cas où le budget n'est pas voté dans le temps requis. La disposition est la suivante : « si le projet ou la proposition de loi de finance n'a pas été déposé en temps utile pour être promulgué avant l'exercice, le gouvernement demande à l'Assemblée nationale ou au Sénat l'ouverture des crédits provisoires ».

Désormais, après la révision de 2011 le parquet ne fait plus parti du pouvoir judiciaire, il n'appartient cependant pas au pouvoir exécutif. On peut donc considérer que le parquet est devenu un électron libre en RD Congo.

La modification des articles 197 et 198 donne au président de la République, chef de l'État, la possibilité de dissoudre l'Assemblée provinciale en cas d'une crise persistante menaçant le bon fonctionnement des institutions provinciales. C'est en fait la modification de l'ancienne version qui prévoyait la dissolution de plein droit desdites Assemblées. Que retenir sur la révision de 2011 et l'État de droit ?

b) La révision de 2011 et l'État de droit

La question qu'il convient de se poser reste celle de savoir si l'œuvre du constituant dérivé de 2011 a contribué à la promotion de l'État de droit ou à la reculer. Pour ce faire, il importe de passer en revue chacune des dispositions constitutionnelles ayant fait l'objet de l'amendement.

D'abord, pour ce qui est de la modification du système électoral, il est démontré qu'il n'existe pas de meilleur système électoral[540]. La technique d'un système électoral est tributaire des considérations politiques, en vue d'atteindre les objectifs politiques recherchés par rapport aux enjeux de l'heure. C'est dans ce contexte que la coalition politique au pouvoir résolut d'initier la modification de l'article 71 de la constitution, afin de mettre en place le scrutin favorable à ses ambitions.

La modification de ce scrutin majoritaire de deux à un tour affaiblit l'opposition qui, à cause de sa pluralité était incapable de s'accorder pour présenter un candidat qui devait faire la compétition avec le candidat de la majorité, même si celui-ci s'était présenté officiellement comme candidat indépendant. Malgré les justifications officielles, le passage du scrutin majoritaire de deux à un seul tour est justifié par la volonté de la majorité au pouvoir de maintenir leur autorité morale au pouvoir par le jeu démocratique de façade.

C'est aussi les intérêts politiques occultes qui conduisent à l'initiative de la révision de l'article 210 et permettent aux députés et sénateurs de retrouver leur mandat après avoir exercé un autre mandat politique électif incompatible. Etant eux-mêmes auteurs de cette révision, les partenaires n'ont fait que protéger leurs intérêts politiciens. Cette modification n'a rien à avoir avec l'État de droit ni la démocratie, en ce sens qu'une catégorie d'individus résolu de conserver leur poste même en cas d'exercice d'une autre fonction.

Afin d'éviter le blocage de fonctionnement lorsque le parlement n'a pas voté la loi de finances à temps, le gouvernement, grâce à la modification de l'article

540 ESAMBO KANGASHE, J-L., *Le Droit constitutionnel..., Op. Cit.*, p. 166.

126 de la Constitution, peut solliciter l'ouverture du crédit provisoire. Une réforme d'apparence légitime, cette forme n'en est pourtant pas une. Car, en réalité, il s'agit d'une manière détournée de contraindre le parlement chaque fois d'être obligé de voter la loi de finances quelques soient ses imperfections éventuelles. Cette façon d'inféoder une institution par les techniques des révisions masquées ne contribue en rien à la promotion d'un État de droit ni du constitutionnalisme.

Le détachement des parquets du pouvoir judiciaire ne semble pas non plus consolider l'État de droit démocratique. La révision de l'article 149 s'est révélée comme une manière du pouvoir exécutif d'avoir la main mise sur les procédures judiciaires. La politisation de la justice est un obstacle à l'indépendance judiciaire, l'une des composantes de l'État de droit et de la démocratie. L'engagement des poursuites politiques est l'une des raisons valables qui peut justifier une telle révision quelles que soient les justifications que peut en donner le pouvoir exécutif.

La limitation de pouvoir[541], clé de voûte de l'État de droit est battue en brèche par la révision des articles 197 et 198 de la Constitution. Elle a permis au Président de la République d'étendre son pouvoir en province en violation de la décentralisation politique et administrative que bénéficient les provinces selon la Constitution.

Pour les défenseurs de cette révision, étant donné que le Président de la République assure le fonctionnement régulier des pouvoirs publics[542] par son arbitrage, il est logique qu'il dissolve une Assemblée provinciale par une ordonnance délibérée en Conseil des ministres et après avis des bureaux de l'Assemblée nationale et du Sénat, lorsque les circonstances graves menacent le bon fonctionnement des institutions provinciales. Il peut également relever de ses fonctions, le gouverneur d'une province.

Avant d'analyser une telle démarche, il faut d'abord constater que le Président de la République dispose d'un pouvoir discrétionnaire d'appréciation politique du caractère grave et de la menace d'une crise. De même, l'avis des bureaux des Assemblées parlementaires nationales prévu n'est pas un avis conforme qui serait revêtu d'un certain caractère obligatoire. Ce qui veut dire, en réalité que c'est le Président qui décide discrétionnairement de la dissolution d'une Assemblée provinciale, avec tous les risques que sa décision tombe dans l'arbitraire.

L'expérience de la deuxième République renseigne qu'un Président qui s'ingère politiquement dans le domaine réservé aux institutions de démembrement de l'État en remettant en cause leur autonomie, finit par perdre

---

541 KAMUKUNY MUKINAY, A., *Droit constitutionnel congolais ...*, *Op Cit*, p.339.
542 Article 69 de la Constitution du 18 février 2006, telle que révisée à ce jour.

la neutralité et l'objectivité[543]. Par ailleurs, si le statut et les mandats des institutions de la province peuvent dépendre du bon vouloir du Président de la République, que devient alors l'autonomie politique dont elles bénéficient dans le cadre de l'actuelle forme presque fédérale de l'État ne rêve aucune valeur. Et pourtant, la Constitution reconnait le droit à la population locale d'élire ses gouvernants et ces derniers de ne rendre compte qu'à son mandataire que sont la population locale. Ce qui traduit l'existence de la séparation entre les matières relevant de la province et celles relevant de l'État central.

Dire que la dissolution de l'Assemblée provinciale par le Président de la République et la révocation du gouvernement de province ne portent pas atteinte à l'autonomie de la province constitue une absurdité juridique. L'article 220 de la Constitution qui a verrouillé l'autonomie des provinces n'a pas prévu une quelconque exception par rapport à l'arbitrage du Chef de l'État. Le parallélisme de la dissolution du parlement national ne peut pas être évoqué ici, puisqu'il s'agit d'un autre niveau du pouvoir.

Le renvoi de la question liée à l'installation de nouvelles provinces au législateur par la modification de l'article 226, connote davantage que la mise en œuvre de la décentralisation est restée tributaire des humeurs politiques.

La révision du 20 janvier 2011 n'a pas contribué à la promotion et la consolidation de l'État de droit prôné par le constituant de 2006. Elle a, par contre, reculé l'État de droit en constitutionnalisant les pratiques présidentialistes de confusion de pouvoir et du renforcement de la prédominance de la fonction présidentielle. J'évoque dans les pages qui suivent le fondement de la révision.

c) Le fondement de la révision

Parmi les fondements qui ont prévalu à la révision constitutionnelle du 20 janvier 2011, nous pouvons répertorier la personnalisation du pouvoir et le renforcement du rôle du Chef de l'État conduisant à l'hyper présidentialisme. La présidentialisation du constituant dérivé avait été choisie comme une stratégie de la majorité présidentielle au pouvoir pour empêcher l'alternance démocratique et affaiblit l'indépendance du pouvoir judiciaire. Le respect de l'État de droit est sacrifié à l'autel de la politique du ventre des assoiffés du pouvoir, capables de sacrifier même les droits des paisibles citoyens pourvu qu'ils gagnent leur pain. C'est une modification frauduleuse utilisée par la majorité au pouvoir de se soustraire ou de la procédure légitime afin d'atteindre des objectifs illégitimes.

La modification des règles de jeu avant que le jeu ne commence avait eu pour but de contraindre les opposants politiques, caractérisés par leurs diversités, à se coaliser pour présenter un candidat unique à la présidentielle. Mais l'opposition

---

543 MAMPUYA KANUNK'a TSHIABO, A., « Le respect des textes légaux comme problème d'éthique de gouvernance au Congo », in *Ethique et reconstruction de la Nation congolaise*, Kananga, Revue de l'U.K.A., Vol. 1, n°1, 2013, p. 2.

congolaise était loin de comprendre les enjeux ; chose qui n'a pas été faite et qui est loin de se faire dans l'opposition politique congolaise. L'atteinte aux principes du régionalisme constitutionnel en élargissant les pouvoirs du Chef de l'État au détriment des institutions politiques provinciales qui, par ailleurs, bénéficient d'une large autonomie politique. Cette stratégie a réussi à asseoir le présidentialisme qui s'instaure peu à peu.

Quelles sont les conséquences d'une quelconque révision de l'article 220 ?

§ 3. Les conséquences d'une quelconque révision de l'article 220

La Constitution du 18 février 2006 dont l'âme est verrouillée à l'article 220 porte le poids de l'histoire[544]. Elle est un instrument qui est dans la mesure où elle résulte d'un consensus entre les protagonistes des conflits qui ont conduit à la crise post-Mobutu, susceptible non seulement du maintien de la paix, mais aussi de la stabilisation de la démocratie à peine émergeante dans le pays. Point n'est besoin de rappeler que les matières de l'article 220 de la Constitution sont exclues de toute révision constitutionnelle parce qu'elles constituent l'essentiel de ladite Constitution et le fondement de la troisième République.

Conclusion

Par conséquent, réviser les matières de l'article 220, c'est briser le pacte de la paix conclu depuis l'accord global et inclusif de Sun City et plonger le pays dans un nouveau chao sans précédent. C'est aussi creuser la tombe pour l'ensemble de l'ordre constitutionnel de 2006[545].

Enfin, il n'est pas possible de réviser l'article 220 par référendum, car le référendum en matière de révision constitutionnelle n'est possible que pour les matières soumises à la révision. Aucun référendum n'est possible pour les dispositions constitutionnelles déclarées intangibles[546]. Que dire sur le constitutionnalisme, la révision et le changement constitutionnels ?

---

[544] MBATA BETUKUMESU MANGU, A., *Mandats présidentiels et révisions constitutionnelles en Afrique, ..., Op Cit*, p. 43.
[545] MBATA BETUKUMESU MANGU, A., *Mandats présidentiels et révisions constitutionnelles en Afrique, ..., Op Cit*, p. 43.
[546] Institut pour la Démocratie de la Gouvernance, la Paix et le Développement en Afrique, IDGPA en sigle, *Comprendre la Constitution de la RDC pour mieux la respecter et la protéger*, Kinshasa, 2015, p. 43.

Chapitre deuxième

Le constitutionnalisme, la révision et le changement constitutionnels

Parler de la révision constitutionnelle, c'est faire allusion à une opération juridique qui consiste à la modification de quelques matières en vue d'adapter le texte constitutionnel aux réalités sociales de l'heure. Cette opération connaît néanmoins de limites au temps durant lequel une révision doit intervenir. On parle à cet effet des limites matérielles et temporelles. La révision constitutionnelle est l'œuvre du pouvoir constituant dérivé, institué par le pouvoir constituant originaire, qui est chargé de l'élaboration de la Constitution.

C'est ainsi que dans le cadre de ce chapitre nous analyserons d'abord, la révision constitutionnelle et du changement de la Constitution (section 1), ensuite les révisions et changements constitutionnels favorables et hostiles au constitutionnalisme (section 2).

Section 1. De la révision constitutionnelle et du changement de la constitution

Il sera question dans cette section d'examiner la notion de la révision constitutionnelle (§1) avant d'évoquer l'aspect lié au changement de la Constitution (§2).

De nos jours, la révision constitutionnelle est devenue une question de vie ou de mort dans plusieurs États Africains. Pourtant, la notion est importante et les raisons peuvent être justifiées par l'avènement d'un nouveau vent social non prévu dans la Constitution. On éviterait de tomber dans le piège de violations intentionnelles de la Constitution prélude à la haute trahison[547]. Une question reste de savoir si de tels combats, qui procurent la vie ou exposent à la mort sont dus à la notion elle-même, à son importance, à ses limites (1) aux acteurs ou encore à sa procédure (§2).

§ 1. De la révision constitutionnelle

J'évoque la notion, l'importance et limites d'une révision constitutionnelle au premier point.

---

[547] AKELE ADAU, P., « Réponses pénales au discours du désordre ou au désordre du discours de la Cour constitutionnelle en RDC : la Cour constitutionnelle à l'épreuve », Revue africaine de la démocratie et de la gouvernance, Vol. 1, n° 2 & 3, 2014, p. 56.

A. Notion, importance et limites

Deux points seront examinés dans ce paragraphe, la notion sur la révision constitutionnelle (A) ainsi que l'importance et les limites de la révision constitutionnelle (B).

1. La notion

Les révisions constitutionnelles sont les seules possibilités reconnues pour adapter le texte aux signes récents ou actuels. Pris au sens formel, la Constitution est la norme suprême d'un pays. Mais, bien qu'elle soit au-dessus de toute autre loi, elle ne peut prétendre dévier tout mouvement récent non prévu dont le constituant lui permet de tenir compte par les mécanismes d'une révision constitutionnelle.

Plusieurs auteurs semblent accorder l'importance à cette notion. Certains d'entre eux inspirent même notre travail. C'est le cas de Georges Vedel définit la révision constitutionnelle comme « une modification éventuelle du texte, c'est-à-dire remplacer certains de ses articles par d'autres »[548].

Gérard Cornu perçoit la révision constitutionnelle comme un « réexamen d'un corps de règles en vue de son amélioration »[549]. Pour Olivier Beaud, la révision constitutionnelle est une « technique juridique par laquelle les pouvoirs politiques modifient expressément le texte de la Constitution par sa procédure »[550].

Dans leur lexique des termes juridiques, Serge Guinchard et Gabriel Montagnier définissent la notion comme « un procédé des techniques juridiques à travers lequel la Constitution peut être modifiée dans sa forme ou plus fréquemment dans son contenu »[551].

De toutes ces définitions, on retient que, la révision constitutionnelle est une opération juridique de modification de quelques matières en vue de les adapter aux réalités de la société. Que dire sur l'importance et les limites de la révision constitutionnelle ?

2. L'importance et les limites de la révision constitutionnelle

Il importe de rappeler que, devant les signes nécessaires de la société non prévus dans une Constitution, tout État dont le développement est son souci primordial n'hésitera pas de modifier ce texte. Une telle révision, une fois

---

548 VEDEL, G., *Manuel élémentaire de droit constitutionnel*, Paris, Dalloz, 2002, p. 115.

549 CORNU, G., *Droit constitutionnel*, Paris, Economica, 1993, p. 134.

550 BEAUD, O., « Les mutations de la 5ème République. Ou comment se modifie une Constitution écrite ? », *Revue pouvoir*, n°99, 2001, p. 1.

551 GUINCHARD, S., et MONTAGNIER, G., *Lexique des termes juridiques*, Paris, Dalloz, 2007, p. 583.

réalisée, profitera à la Nation entière, ne manquera pas de marquer son nom dans le livre de succès et affichera ainsi son image dans le miroir d'importantes révisions. Mais cette révision peut-elle toujours aboutir au changement constitutionnel ?

Cette question nous renvoie aux limites que peut connaître toute révision constitutionnelle. Aujourd'hui, toutes les Constitutions n'ont, sur le plan de droit, qu'une même nature. Si les unes sont souples, les autres sont alors rigides et parfois même, intangibles. Dans une Constitution souple, on peut prétendre pareille hypothèse puisqu'aucune exigence n'est faite pour réviser un texte constitutionnel alors que tel n'est pas le cas pour une Constitution rigide, voire éternelle où toute une procédure doit être respectée. C'est le cas de la République Démocratique du Congo.

Une révision constitutionnelle peut être limitée au moment où elle veut intervenir, sinon aux matières qu'elle peut envisager. On parle ainsi des limites temporelles et des limites matérielles de la révision.

La Constitution congolaise du 18 février 2006 n'est pas facile à réviser parce qu'elle a fait le choix d'être non souple. Elle est plutôt rigide dans plusieurs de ses dispositions dont certaines même sont voulues intangibles. Deux limitations battent le record et sont sujettes à d'innombrables et vives contradictions.

Les premières de celles-ci sont liées aux temps pendant lesquels aucune révision ne peut intervenir. L'article 219 dispose qu' « aucune révision ne peut avoir lieu pendant l'état de guerre, l'état d'urgence ou l'état de siège ni pendant l'intérim à la présidence ni lorsque le parlement se trouve empêcher de se réunir librement »[552].

Les secondes limitations sont relatives aux matières reconnues intangibles et, par conséquent, ne pouvant faire objet d'aucune révision constitutionnelle. Elles sont prévues à l'article 220 qui précise que : « la forme républicaine de l'État, le principe du suffrage universel, la forme représentative du gouvernement, le nombre et la durée des mandats du Président de la République, l'indépendance du pouvoir judiciaire, le pluralisme politique et syndical, ne peuvent faire objet d'aucune révision constitutionnelle. Est formellement interdite, toute révision constitutionnelle ayant pour effet ou pour objet d'amoindrir les droits et libertés de la personne ou les prérogatives des provinces ou des Entités territoriales décentralisées »[553].

En droit positif congolais, pour arriver à la révision constitutionnelle, une procédure doit être suivie et respectée. Il ne s'agit pas d'une procédure simple,

---

[552] Article 219 de la Constitution du 18 février 2006, telle que révisée à ce jour.
[553] Article 220 de la Constitution du 18 février 2006, telle que révisée à ce jour

mais plutôt difficile dont les acteurs mêmes y sont déterminés. Qui sont les acteurs et quelles sont les procédures de la révision constitutionnelle ?

3. Les acteurs et procédures de la révision

J'examine tout d'abord leurs acteurs (A), avant d'analyser les procédures de la révision constitutionnelle (B).

A. Les acteurs de la révision

Il n'est pas donné à tout le monde de réviser la Constitution. En droit positif congolais, l'article 218 prévoit que l'initiative de révision constitutionnelle appartient concurremment : au Président de la République, au gouvernement après délibération en Conseil des Ministres, à chacune des chambres du Parlement à l'initiative de la moitié de ses membres et à une fraction du peuple congolais, en l'occurrence 100.000 personnes, s'exprimant par voie de pétition adressée à l'une de deux chambres[554]. Quelles sont les procédures à suivre pour une révision constitutionnelle ?

B. La procédure de la révision

Dans le cadre de la révision constitutionnelle, la procédure simple, n'est pas du tout simple, elle est plutôt complexe. Jean-Claude Acquaviva pense qu'aujourd'hui, toute les précautions prévues dans toutes les Constitutions n'ont d'autre but que de rendre difficile leur révision constitutionnelle et parfois, d'autres dispositions rendent certaines révisions impossibles[555]. L'article 218 alinéa 2, de la Constitution congolaise, indique que : « toute initiative doit être soumise à l'Assemblée nationale et au Sénat qui décident, à la majorité absolue de chaque chambre, du bien-fondé du projet, de la proposition ou de la pétition de révision.

Les alinéas 3 et 4 précisent que : « la révision n'est définitive que si le projet, la proposition ou la pétition est approuvée par référendum sur convocation du Président de la République, toutefois, le projet, la proposition ou la pétition n'est pas soumis au référendum lorsque l'Assemblée nationale et le Sénat réunis en Congrès l'approuvent à la majorité de trois cinquième des membres les composant »[556].

En résumé, cette procédure veut tout simplement dire qu'aucune révision constitutionnelle n'est passable sans avoir franchi chacune des étapes mises en

---

[554] Article 218 alinéa 1er de la Constitution du 18 février 2006, telle que révisée à ce jour.

[555] ACQUAVIVA, J.-C., *Droit constitutionnel et institutions politiques*, 8ème édition, Paris, Gualino, 2005, p. 67.

[556] Article 218 alinéas 2, 3 et 4 de la Constitution du 18 février 2006, telle que révisée à ce jour.

place, sinon cela serait une révision vide de toute forme intégrée donc aux violations constitutionnelles, cette fois-là, intentionnelles.

Que dire sur le changement de la constitution ?

§2. Du changement de la Constitution

Ce paragraphe ouvre deux grandes brèches, dont, le changement de la Constitution comme opération non juridiquement réglementée (A), et l'importance, les limites et les facteurs du changement constitutionnel (B).

A. Changement de la Constitution, opération non juridiquement réglementée

Dans bien de Constitutions, il est toujours prévu une procédure de révision. En revanche, rares sont des textes constitutionnels qui osent faire état de la procédure de changement constitutionnel. C'est le cas, notamment de la Constitution congolaise du 18 février 2006, qui ne prévoit que la procédure de révision et non celle de changement constitutionnel.

L'inexistence des lois extraconstitutionnelles dans un État, où la Constitution termine les échelons juridiques, n'en est pas une moindre raison. D'où cette question du changement de la Constitution mérite un regard utile. Il faut lui chercher un fondement pouvant ainsi justifier son existence. Puisque le changement ne peut être envisagé sur le plan du droit, il peut alors l'être sur le plan politique. Ainsi, je parle du changement constitutionnel : opération politiquement envisagée et de l'inexistence des lois extraconstitutionnelles en droit congolais.

a) Changement constitutionnel : opération politiquement envisagée

En droit positif congolais, la question de la révision ou du changement de la Constitution trouve sa réponse sur pied des articles 218, 219 et 220 de la Constitution. À ceux-ci, s'ajoute l'article 5 qui semble au cœur du débat. En effet, pour les uns, on peut procéder au changement en se focalisant sur le référendum prévu à l'article 5, tandis que les autres affirment qu'on ne peut prétendre pareille hypothèse, dans un État de droit démocratique. La Constitution une fois adoptée, le peuple, qui est son maître, devient momentanément un simple acteur du jeu comme tout autre acteur soumis à la Constitution et ne peut se donner la tâche de détruire son œuvre. Dans le cas contraire, il vidait le constitutionnalisme de tout son contenu.

L'article 5 de la Constitution dispose que « la souveraineté nationale appartient au peuple. Tout pouvoir émane du peuple qui l'exerce directement par voie de référendum ou d'élections et indirectement par ses représentants. Aucune fraction du peuple ni aucun individu ne peut s'en attribuer l'exercice »[557]. Cet article accuse l'idée selon laquelle, la démocratie choisie par le constituant congolais, est une démocratie à la fois directe et indirecte. Elle est directe lorsque le peuple l'exerce par voie de référendum et indirecte par le biais de ses représentants.

Une question reste celle de savoir de quelle catégorie, parmi les deux distinguées ci-haut, l'élection fait partie. Cela fait aussi l'objet de nombreux débats. Pour André Mbata, l'élection ne peut être envisagée comme un mécanisme de démocratie directe d'autant plus que le peuple, par celle-ci, n'exerce pas immédiatement ses pouvoirs mais plutôt ne fait qu'élire ceux qui vont exercer les pouvoirs en son nom[558].

En lieu et place du référendum qui est un mécanisme direct de démocratie, l'élection s'affiche comme mécanisme indirect. Pour Paul-Gaspard Ngondankoy, tel qu'institué par la Constitution, deux mécanismes de démocratie directe peuvent être comprises en droit congolais, à savoir : le référendum et l'élection comme mode direct et la représentation comme mode indirect[559].

Devant de telles orientations, sans perdre de vue la Constitution, l'élection vaut à notre avis, choix des dirigeants librement opéré par le peuple en vue d'exercer le pouvoir.

Il est à cet effet logique de préciser que la Constitution en vigueur ne prévoit pas sa révision totale qui y mettrait fin pour donner naissance à une nouvelle. Y procéder serait inconstitutionnel et accuserait une mise en œuvre des mécanismes extra juridiques sur lesquels ne peut asseoir notre avis dans cet exercice. La révision ne peut aboutir au changement puisqu'il n'est pas prévu. Les mécanismes extra juridiques ne peuvent être que politiques puisqu'il n'existe pas des lois extraconstitutionnelles pour aborder la question du changement de la Constitution en droit positif congolais.

Il importe de l'analyser car dans un pays où aucune différence n'est faite entre les lois constitutionnelles et les autres lois, on peut concevoir l'hypothèse de lois qui soient extraconstitutionnelles. En République Démocratique du Congo, toutes les autres lois doivent être conformes à la Constitution. Ce qu'il faut bien voir, c'est qu'il y a une inexistence des lois extraconstitutionnelles en droit congolais.

b) L'inexistence des lois extraconstitutionnelles en droit congolais

Si elles peuvent exister, c'est ailleurs dans les États où aucune différence n'est faite entre les lois constitutionnelles et les simples lois, voire des lois qui soient

[557] Lire l'article 5 de la Constitution du 18 février 2006, telle que révisée à ce jour.
[558] MBATA BETUKUMESU MANGU, A., *Op. Cit*, p. 43.
[559] NGONDANKOY NKOY-ea-LOONGYA, « La problématique de la révision ou du changement de la Constitution », *Le potentiel*, n° 6-213, 26 août 2014, p. 26.

au-dessus de la Constitution. Certains auteurs comme Serge Arne et Robert Badinier, parlent de la supra-constitutionnalité et appréhendent respectivement la thèse comme « la supériorité de certaines règles ou principes qualifiés de normes sur le contenu de la Constitution et comme normes résidant dans la proclamation par le constituant ou le juge constitutionnel, qu'il existe dans la hiérarchie des normes, des valeurs supérieures à l'ordre constitutionnel existant ». C'est dans cette dernière hypothèse que les changements peuvent être facilement identifiés.

En RD Congo, la Constitution est la loi suprême de l'État. C'est de cette loi fondamentale que toutes les autres lois tirent leur validité. Aucune loi ne peut être contraire à la Constitution, et on peut s'opposer à elle ou réduire sa portée[560]. C'est pourquoi, pour affirmer cette supériorité constitutionnelle et ainsi effacer la possible existence des lois supraconstitutionnelle, un contrôle de constitutionnalité est prévu pour vérifier la conformité de chaque loi à la Constitution.

B. Un tel contrôle ne peut être opéré que par le juge constitutionnel. Il existe en RD Congo une Cour constitutionnelle. Bien que nouvellement installée, elle est composée de neuf membres[561] nommés par le Président de la République dont trois sur sa propre initiative, trois désignés par le parlement réuni en congrès et les autres trois autres par le Conseil Supérieur de la Magistrature. Cette Cour a pour mission de contrôler la constitutionnalité des lois et des actes ayant force de loi[562], une manière de dire qu'en RD Congo, il n'existe pas de lois qui soient au-dessus de la Constitution. Toute possibilité interdite vaut changement et dont la justification est politique plutôt que juridique. Quels sont alors les facteurs ou causes des changements constitutionnels, leur importance et leurs limites ? Les pages qui suivent portent sur l'importance, limites et les facteurs du changement constitutionnel.

C. L'importance, limites et les facteurs du changement constitutionnel

Nous analyserons successivement, les facteurs (1) ainsi que l'importance et les limites du changement constitutionnel (2).

1. Les facteurs de changement constitutionnel

Cette question divise les États. Il y a un changement de Constitution en cas d'existence des causes graves qui rendent impossible de continuer avec l'ancienne. Dans ce cas, on doit élaborer une nouvelle Constitution. Comme on

---

560 LIBOIS G., *L'avant-projet de Constitution pour la République Démocratique du Congo*, Kinshasa, 1962, pp. 1-27.

561 Article 158 de la Constitution du 18 février 2006, telle que révisée à ce jour.

562 Article 160 de la Constitution du 18 février 2006, telle que révisée à ce jour.

peut le comprendre, à première vue, le changement n'a pas de sources juridiques dans un État où la Constitution n'en prévoit presque pas comme c'est le cas en RD Congo. Il intervient plutôt quand des causes apparaissent qui doivent conduire vers une autre Constitution. Ces causes peuvent être la conséquence des faits internationaux ou d'origine interne.

Pour les premières, il peut s'agir de l'apparition d'un nouvel État[563], notamment en cas de sécession. L'État qui naît à la suite d'une sécession doit élaborer sa Constitution afin d'harmoniser l'organisation et le fonctionnement de ses pouvoirs devant lui permettre de se doter de la personnalité internationale[564], car la Constitution permet aussi à l'État de confirmer certains de ses éléments constitutifs, notamment le gouvernement et la souveraineté.

Pour les secondes causes, on retrouve le peuple titulaire d'un texte qui intervient par voie de révolution, d'un coup de force (Coup d'État ou putsh) pour bouleverser l'ordre établi. C'est la division des États selon qu'il est démocratique ou non ; selon que le peuple s'exprime librement ou non démocratiquement vu, ne s'exprime pas librement. Le coup de force et la révolution sont à appréhender dans le cadre d'un État non démocratique. Le coup d'État est cette technique qui consiste à utiliser le gouvernement précédent dans l'objectif ultime de le détruire et le remplacer éventuellement[565], tandis que la révolution, utilise la force populaire pour conquérir le pouvoir[566].

Dans un État démocratique, le peuple dispose du pouvoir de changer (élaborer une nouvelle s'il le veut) de Constitution. Mais il faudrait éviter de constitutionnaliser les inconstitutionnalités juridiques[567]. Ainsi, le changement de Constitution suppose l'élaboration d'une nouvelle Constitution et donc l'avènement d'une nouvelle République. Mais, pour se faire, certaines techniques non prévues dans une Constitution doivent être respectées. Le peuple dispose de ce pouvoir de manière inconditionnée puisqu'il est à l'origine d'un ordre juridique nouveau[568].

On peut, cependant, désigner une instance à moitié démocratique pour enclencher des changements, car l'idée est que le peuple exerce lui-même sa souveraineté. Cette idée a pour solution, « la Constitution sera élaborée par une assemblée constituante, mais elle ne pourra justifier sa raison d'être sur le plan

---

563 MPONGO BOKAKO BAUTOLINGA, E., *Institutions politiques et droit constitutionnel, Op. Cit*, p. 92.

564 BASUE BABU KAZADI, G., *Droit international public*, Tome, Kinshasa, PUIC, 2013, p. 41.

565 MPONGO BOKAKO BAUTOLINGA, E., *Op. Cit*, p. 222.

566 *Ibidem.*

567 KAMUKUNY MUKINAY, A., *Droit constitutionnel congolais*, Kinshasa, EUA, 2011, p. 400.

568 MPONGO BOKAKO BAUTOLINGA, E., *Institutions politiques et droit constitutionnel, Op. Cit*, p. 222.

juridique que si après être conçue par l'assemblée ainsi désignée, elle est soumise au peuple pour ratification »[569]. C'est l'origine du référendum constituant perçu dans bien d'États, dont la RD Congo, comme mode plus ou moins démocratique que d'autres. Le plébiscite est un mode douteux d'autant plus que le peuple n'est pas directement consulté dans l'élaboration de la Constitution, mais intéressé après pour son accord[570]. Il convient d'éclaircir l'importance et les limites du changement constitutionnel dans les lignes qui suivent.

2. L'importance et les limites du changement constitutionnel

Un régime peut cesser d'être autoritaire pour devenir démocratique ou inversement. Des pareilles mutations peuvent, dans la première vision, être profitables au peuple. Aujourd'hui, la Constitution congolaise du 18 février 2006, fruit d'expériences malheureuses vécues, est considérée comme la plus importante parmi les textes congolais en la matière. Le constituant avait, tout en gardant une bonne part de l'héritage du passé, pris soin d'élaborer une autre Constitution que de suivre même les erreurs du passé où l'on ne pouvait, par exemple, prétendre avoir plus d'un parti politique.

Dans le même ordre d'idées, soucieux de rendre le pays plus démocratique qu'autrefois, peut opérer la mutation de ces matières jugées intangibles s'il ramenait à 4 ans non renouvelables la durée et mandats du Président de la République. Quand bien même la stabilité politique et constitutionnelle préalable à la paix, à la réconciliation nationale et au développement oblige aussi que soient revus les mandats bien que le plus moins possible[571]. L'importance du changement à envisager est celle traçant un chemin qui quitte la dictature pour instaurer la paix et la démocratie. On peut même dire, à ce niveau, que les changements constitutionnels doivent se limiter à rendre plus efficace le régime plutôt que de le déstabiliser.

L'influence d'une révision ou d'un changement de la Constitution sur le constitutionnalisme n'est plus à démontrer. Dans un Etat, la Constitution est le fondement du constitutionnalisme. La révision ou le changement de celle-ci se répercute positivement ou négativement sur le constitutionnalisme.

Section 2. Les révisions et changements constitutionnels favorables et hostiles au constitutionnalisme

Deux paragraphes feront l'objet de notre analyse dans cette section, notamment, les révisions et changements constitutionnels favorables au

---

[569] *Idem*, p. 97.

[570] *Ibid.* p. 94.

[571] MBATA BETUKUMESU MANGU, A., *Mandants présidentiels et révisions constitutionnelles en Afrique : la République Démocratique du Congo dans la perspective de l'échéance*, Kinshasa, Série de Monographies, 2013, p. 16.

constitutionnalisme (§1) ainsi que les révisions et changements constitutionnels hostiles au constitutionnalisme (§2).

§ 1. Les révisions et changements constitutionnels favorables au constitutionnalisme

Les révisions et les changements constitutionnels sont à première vue envisagées pour changer positivement l'organisation et le fonctionnement de l'État. Ces aspects méritent d'être discutés avant d'examiner les aspects négatifs de telles procédures, particulièrement en Afrique. Dès lors, je parle des révisions constitutionnelles, promotrices du constitutionnalisme et du changement constitutionnel en vue de l'instauration d'un régime démocratique

A. Les révisions constitutionnelles, promotrices du constitutionnalisme

Le constitutionnalisme en Afrique est un acquis démocratique des années 80 et 90. Et il a pris corps après une longue période des régimes autoritaires caractérisés par la concertation et la conservation du pouvoir au profit soit d'un individu, soit d'une oligarchie sacrifiant ainsi les droits et libertés fondamentaux des peuples, voire ne les reconnaissant tout simplement pas.

Dans ses piliers de séparation et limitation du pouvoir (limitation dans le temps et le nombre, que l'objet), de la promotion et de la protection des droits de l'homme et de l'État de droit, le constitutionnalisme était apparu comme un remède en vue de sortir le peuple de l'oppression de l'autoritarisme.

Dans cette optique, on a constaté que plusieurs Constitutions qui instauraient les régimes autoritaires ont été changées par des Constitutions démocratiques. Certaines autres ont été simplement modifiées en vue d'intégrer les traces du constitutionnalisme. Le constitutionnalisme est l'un des principes phares de la démocratie que la plupart des pays souhaitent à instaurer. Il est inséparable de l'idée d'une vraie démocratie. L'on peut même se permettre de conclure qu'il n'y a pas démocratie véritable sans constitutionnalisme. Il est un principe sacré de la démocratie.

Ainsi, la promotion du constitutionnalisme dans un régime démocratique doit demeurer la cible pour laquelle toute révision constitutionnelle doit sauvegarder. En d'autres termes, toute révision constitutionnelle dans un régime démocratique, ne doit pas avoir pour finalité d'entacher le principe du constitutionnalisme. Ensuite, la consolidation de la démocratie dépend très souvent du respect du principe du constitutionnalisme. Autant dire que l'importance que ce dernier revêt est immense.

Par ailleurs, grâce à sa compétence de connaître la constitutionnalité des lois, le juge constitutionnel joue un rôle déterminant dans la censure de toute loi de révision constitutionnelle touchant négativement le principe du constitutionnalisme. Par ailleurs, un autre pilier du constitutionnalisme, qu'est l'indépendance vis-à-vis des autres pouvoirs, en vue d'assurer son impartialité dans sa mission de dire le bon droit, la séparation des pouvoirs, garantit au juge constitutionnel particulièrement.

Néanmoins, l'expérience africaine révèle que, voulant échapper à certains principes démocratiques devenus incompatibles avec les intérêts égoïstes des gouvernants, les révisions constitutionnelles intempestives sont devenues les mécanismes les plus courants, si inconstitutionnels soient-ils, pour la satisfaction des intérêts individuels des détenteurs du pouvoir.

La multiplication des révisions constitutionnelles pour esquiver la limitation des pouvoirs, et pourtant un principe cher au constitutionnalisme. Ilayek soutient que l'idéal du constitutionnalisme consiste en une limitation de tout pouvoir par des principes permanents de gouvernement, qui en sont une illustration[572].

La fin des mandats présidentiels est devenue un moment des tensions au sein des sociétés africaines cause d'innombrables manœuvres ayant pour finalité la suppression de ce principe sacro-saint dans les lois fondamentales en vue d'une remise à zéro de tous les compteurs.

Plusieurs Chefs d'États africains, à la fin des échéances de leurs mandats fixés par leurs Constitutions respectives, se sont lancés dans cette entreprise. Certains ont même déjà gagné ce pari par voie des révisions constitutionnelles. Le cas du Président de la République du Congo, à la fin des mandats, a initié un référendum de manière à revoir les dispositions l'interdisant de se présenter une nouvelle fois comme candidat présidentiable. Des situations presque similaires au Rwanda avec Paul Kagame, en Angola avec Edouardo Santos et en Côte d'Ivoire avec Allasane Ouatara.

La plupart des principes du constitutionnalisme font l'objet de diverses violations par le procédé de révision constitutionnelle. Ces violences créent l'absence pratique du constitutionnalisme, se répercutent directement sur l'instabilité démocratique et témoignent que la démocratie en Afrique est en perpétuelle reconstruction. Il convient dès lors d'envisager le changement constitutionnel en vue de l'instauration d'un régime démocratique.

B. Le changement constitutionnel en vue de l'instauration d'un régime démocratique

À la fin des années 80, le monde avait connu des bouleversements énormes qui aboutirent à l'éclatement de l'URSS et la chute du mur de Berlin en Allemagne. L'objectif visé était de remplacer la dictature parfois constitutionnalisée par un nouveau système libéral. À l'époque, le mouvement des idées semblait plus facile à décrire. L'évolution des mentalités allait presque systémiquement dans le même sens, c'est-à-dire en finir avec des institutions de

[572] ILAYEK, F.A., *Droit, législation, liberté*, Tome 3, Paris, PUF, 1983, p. 3.

type monarchique et propres à assurer la domination d'un parti ou d'un homme sur l'ensemble des acteurs politiques[573].

L'heure était donc à la « démocratisation ». Mais les contours de cette démocratisation demeurent confus. On doit en deviner, un peu partout les implications. On ne sait pas s'il s'agit de la fin, de droit ou de fait, des partis uniques, au profit d'une affirmation positive du droit au pluralisme, de l'atténuation ou l'élimination des « présidentialismes » dont le continent semblait s'être fait une spécialité, de la mise en place des juridictions constitutionnelles chargées, notamment de veiller à l'effectivité des droits fondamentaux affirmés par les constitutions[574].

De manière globale, la mutation des choses n'avait pas épargné en général, la RD Congo, en particulier. Pour se conformer à cette réforme presque mondiale, le président Mobutu, avec sa constitution plusieurs fois mutée, ne devait pas garder silence.

Il annonça, en date du 24 avril 1990, la transition démocratique vers la 3ème République, mieux concrétisée par l'introduction du multipartisme, en vue de la démocratisation des institutions. Cette réforme fut prise en compte par la loi n°90-002 du 05 juillet 1990 portant révision de certaines dispositions de la Constitution du 24 juin 1967[575]. Pour ce faire, une période de transition dénommée démocratique, devait être observée.

Comme pour dire, en République Démocratique du Congo, les transitions ont été toujours entendues comme des périodes préparatoires à l'instauration d'un régime démocratique. Mais les révisions constitutionnelles interviennent souvent dans l'objectif de recadrer les erreurs institutionnelles par les acteurs politiques mis en place par des textes antérieurs. Puisqu'elles anéantissent les textes précédents, ces réformes finissent par donner des textes nouveaux, mais avant d'en arriver, elles ont donné lieu à des actes constitutionnels préparatoires. Il y a lieu de rappeler ici les transitions démocratiques et la Constitution du 18 février 2006.

a) Les transitions démocratiques

En République Démocratique du Congo, les textes influencés par le vent de la démocratisation sont le fruit des forums regroupant les acteurs aussi bien politiques que ceux de la société civile. La Conférence nationale souveraine (CNS) en donne un exemple le plus frappant[576]. Au nombre des textes produits

[573] Rencontre scientifique sur le constitutionnalisme en Afrique de l'Ouest du 27 et 28 novembre 2006 à Dakar par Open Society for Western Africa.
[574] Rencontre scientifique sur le constitutionnalisme en Afrique de l'Ouest …, *Op. Cit.*
[575] KAMUKUNY MUKINAY, A., *Droit constitutionnel congolais*, *Op. Cit*, p. 79.
[576] *Ibidem*

pendant et après ces assises quatre peuvent être cités. Il s'agit de l'Acte portant dispositions constitutionnelles relatives à la période de la transition du 04 août 1992, de l'Acte constitutionnel harmonisé relatif à la période de la transition du 02 avril 1993, de l'Acte constitutionnel de la transition du 09 avril 1994 et de la Constitution de la transition du 04 avril 2003[577].

En dehors de l'Acte constitutionnel harmonisé relatif à la période de la transition du 02 avril 1993, qui est un acte par lequel les autorités lésées par la Conférence nationale souveraine manifestèrent leur fureur de voire retirées certains de leurs compétences mises en place à l'époque, les autres ont été pris dans l'objectif de donner un nouvel ordre politique démocratique. La Constitution de la transition de 2003 n'en est pas une moindre raison.

Jacques Djoli répartit[578] cette période de transition en trois phases essentielles, à savoir : la transition emphatique ou émotionnelle, la transition militaire et autoritaire et la transition partagée. La première va de 1990 à 1997, la seconde de 1997 à 2003 et la troisième va de 2003 à 2006.

Notons, cependant, qu'en matière transitoire, la République Démocratique du Congo est, au regard de ces années, accusée d'un pays expert en transition, que les objectifs poursuivis ne voient le jour. Les textes, en apparence démocratiques sont, en réalité, pratiqués par les acteurs dont les intentions sont les mêmes que celles de feu Président Mobutu qui pourtant avait initié lesdites transitions.

Signalons que Félix Vunduawe préfère « d'interrègne constitutionnel »[579] pour désigner le concept transition. Selon Jean-Louis Esambo[580], elle peut être définie comme « le processus de transformation qui fait passer d'une phase vers une autre avec comme but de changer la condition des hommes »[581]. Ce concept, telle l'a analysé l'auteur précité, vise, d'une part, la transition démocratique et, de l'autre, celle politique, faisant apparaître une sorte d'ambivalence entre les deux concepts.

La transition démocratique est, selon Patrick Quintin, une période allant du lancement du processus de dissolution d'un régime autoritaire jusqu'à l'élection des nouvelles autorités selon une procédure d'élections multipartites[582]. Toutes ces transitions se donnaient pour objectif, la recherche d'un régime démocratique dont la Constitution de 2006 semble être le résultat. Que retenir de la Constitution du 18 février 2006 ?

---

[577] KAMUKUNY MUKINAY, A., *Droit constitutionnel congolais*, *Op. Cit*, p. 79.
[578] DJOLI ESENG'EKELI, J., *Droit constitutionnel …*, *Op. Cit*, p. 134.
[579] VUNDUAWE te PEMAKO, F., *Op. Cit*, p. 124.
[580] ESAMBO KANGASHE, J.-L., *La Constitution congolaise du 18 février 2006 à l'épreuve du constitutionnalisme*, *Op Cit*, p. 12.
[581] DJOLI ESENG'EKELI, J., *Droit constitutionnel …*, *Op. Cit*, p. 132.
[582] QUINTIN, P., cité par ESAMBO KANGASHE, J.-L., *Op. Cit*, p. 14.

b) La Constitution du 18 février 2006

Cette Constitution est identifiée comme la plus démocratique par rapport à d'autres textes antérieurs. Cette identité semble, d'abord, être confirmée par l'exposé même des motifs. Il est à cet effet, clairement dit que depuis son indépendance, le 30 juin 1960, la République Démocratique du Congo est confrontée à des crises politiques récurrentes dont l'une des causes fondamentales reste la contestation de la légitimité des institutions et de leurs animateurs[583]. Cette contestation, poursuit le texte, a pris un relief particulier avec les guerres qui ont déchiré le pays de 1996 à 2003[584].

En vue de mettre fin à cette crise chronique de légitimité et de donner au pays toutes les chances de se reconstruire, les délégués de la classe politique et de la société civile, forces vives de la Nation, réunis en dialogue inter congolais, ont convenu, dans l'accord global et inclusif signé à Pretoria, en Afrique du Sud, le 17 décembre 2002, de mettre en place un nouvel ordre politique fondé sur une nouvelle Constitution démocratique sur base de laquelle le peuple congolais puisse librement choisir ses dirigeants au terme des élections libres, pluralistes, démocratiques, transparentes et crédibles[585].

Ensuite, l'affirmation selon laquelle cette Constitution est plus démocratique que d'autres, se confirme quant aux matières qu'elle renferme contrairement dont elle semble aux les textes passés. C'est le cas notamment de la procédure particulière de sa révision qui la rend rigide. Comme nous pouvons le voir, cette Constitution n'a pas opté pour une forme souple.

Elle ne peut pas être modifiée comme l'on veut. En plus, ce texte de 209 pages fait preuve du constitutionnalisme. A ce propos, Jean-Louis Esambo[586] souligne que les pouvoirs des autorités étant limités et séparés, les droits humains consacrés, l'État déjà à partir de la Constitution, l'État est voulu de droit[587].

La Constitution est la loi suprême de la République Démocratique du Congo. C'est de cette « loi fondamentale » que toutes les lois tirent leur substance. Aucune loi ne peut être contraire à la Constitution, s'opposer à elle ou en réduire la portée. Ce document définit le type de société organisée dans le pays, les symboles qui le distinguent des autres pays tel que le drapeau, l'hymne national, la devise ou la monnaie locale, la forme de l'État, le régime politique, le mode

---

[583] Lire l'Exposé des motifs de la Constitution congolaise en vigueur elle que modifiée et complétée en janvier 2011.
[584] *Idem.*
[585] Lire l'Exposé des motifs de la Constitution congolaise en vigueur elle que modifiée et complétée en janvier 2011.
[586] ESAMBO KANGASHE, J.-L., *La Constitution congolaise du 18 février 2006 à l'épreuve du constitutionnalisme*, *Op. Cit*, p. 12.
[587] Lire les articles 1er et 220 de la Constitution du 18 février 2006, telle que révisée à ce jour.

de scrutin au niveau national et provincial, ainsi la responsabilité et le fonctionnement de la justice et des institutions.

Le peuple congolais devait-il accepté le projet de Constitution (texte intégral) de mai 2005 de la République doit être accepté par le référendum du 18 décembre 2005, pour entrer en vigueur, la nouvelle Constitution devait aussi requérir l'approbation du souverain primaire. Ce fut le cas lors du référendum constitutionnel organisé les 18 et 19 décembre 2005, au travers lequel, le peuple s'est exprimé en faveur de la nouvelle Constitution qui fut promulguée le 18 février 2006 par le Président Joseph Kabila[588]. Selon Jean-Louis Esambo, cette Constitution compte, dans ses dispositions éparpillées, sept verrous. Que dire de la révision et du changement constitutionnels hostiles au constitutionnalisme ?

§ 2. La révision et le changement constitutionnels hostiles au constitutionnalisme

L'expression « révision » de la Constitution désigne traditionnellement la modification du texte constitutionnel opérée selon la procédure prévue par la Constitution[589]. Si le passage de la « révision » à « l'abrogation » peut être pensé comme problématique, c'est seulement en raison de la connotation particulière attachée à cette notion, lorsqu'il est question de constitution. On entend par là une modification « partielle » ou « relative » du texte constitutionnel – opérée par la procédure prévue par ce texte. La définition que donne Cornu du terme « révision » manifeste bien cette connotation : « Réexamen d'un corps de règles en vue de son amélioration ». Il s'agit bien d'un réexamen, car le corps de règles subsiste manifestement à ce réexamen. Il ne s'agit donc que de l'améliorer et non de supprimer ou encore de l'abroger[590].

Il y a, cependant, lieu de savoir si les insuffisances du constitutionnalisme constatées au moment des révisions constitutionnelles, dans plusieurs pays africains, dont la RD Congo, quelques années après la vague de libération, sont consolidantes ou déconsolidantes ?

Depuis le règne de Mobutu jusqu'à ce jour, le combat contre le non-respect des règles du constitutionnalisme demeure. Certes, aucune Constitution ne saurait demeurer intangible ; des révisions peuvent intervenir. Mais, on ne peut pas se cacher derrière la révision pour vider le sens du texte. Les pratiques qui consistent à banaliser les règles constitutionnelles derrière leur procédure sont

---

[588] Lire les articles 1èr et 220 de la Constitution du 18 février 2006, telle que révisée à ce jour.

[589] LE PILLOUER, A., « De la révision à l'abrogation de la Constitution : les termes du débat », *Jus politicum*, n° 3, in http://www.juspoliticum.com, consulté le 10 septembre 2016.

[590] LE PILLOUER, A., « De la révision à l'abrogation de la Constitution : les termes du débat ... », *Op. Cit.*

qualifiées de fraude à la Constitution[591]. Une telle fraude ne peut donner lieu qu'à une révision déconsolidante. Il convient de signaler la révision constitutionnelle assimilable à la fraude constitutionnelle, le changement constitutionnel en vue de l'instauration d'un régime autoritaire

A. La révision constitutionnelle assimilable à la fraude constitutionnelle

Une révision est assimilable à la fraude constitutionnelle, lorsqu'elle viole les règles du jeu. En République Démocratique du Congo, plusieurs révisions sont intervenues en termes des violations manifestes de la Constitution. Certaines mêmes sont qualifiées, en lieu et place des simples révisions, des Constitutions nouvelles puisqu'il s'agit des révisions qui ont conduit au changement radical des textes antérieurs. Les modèles de ces révisions ont pour siège, la deuxième République sous la Constitution du 14 juin 1967. N'oublions cependant pas que celle du 20 janvier 2011 n'a pas été épargnée du syndrome de fraude à la Constitution. Je parle de la fraude constitutionnelle et du changement constitutionnel en vue de l'instauration d'un régime autoritaire.

a) La fraude constitutionnelle

La Constitution peut être violée par de normes des niveaux très différents émises par le pouvoir exécutif (administration), les tribunaux et naturellement les particuliers[592]. Le peuple étant l'auteur principal du texte, il ne lui est pas permis de constitutionnaliser les inconstitutionnalités. Déjà, après l'élaboration, le peuple devient un simple acteur du jeu politique comme tout autre, en train d'attendre tout en observant que ce qu'il a dit soit respecté[593]. À cet effet, le constituant dérivé ne peut totalement réviser la Constitution qui l'a institué[594] car le faire serait empiéter les formes légales sauvegardées qui constituerait une fraude à la Constitution[595]. Il ne peut, non plus, modifier la procédure de révision car la modifier, serait changer l'autorité maîtresse de la Constitution[596].

Notons, cependant, que le constituant institué, l'autorité investie du pouvoir de réviser la Constitution, peut se donner le risque de détourner les pouvoirs lui conférés par la Constitution dans l'objectif de constitutionnaliser un régime

---

591 KAMUKUNY MUKINAY, A., *Contribution à l'étude de la fraude…, Op Cit.*

592 BURDEAU, G., *Droit constitutionnel*, 26ème édition, Paris, LGDJ, 1998, p. 77.

593 NGONDANKOY NKOY-ea-LOONGYA, « La problématique de la révision ou du changement de la Constitution », *Op Cit*, p. 32.

594 MPONGO BOKAKO BAUTOLINGA, E., *Institutions politiques et droit constitutionnel, Op Cit*, p. 101.

595 KAMUKUNY MUKINAY, A., *Contribution à l'étude de la fraude…, Op cit*, p. 400.

596 MPONGO BOKAKO BAUTOLINGA, E., *Op Cit*, p. 101.

fondamentalement différent de celui établi par le texte précédent[597]. Ce comportement, une fois identifié, est qualifié de fraude à la Constitution érigé en infraction et qui, dans un État qui se respecte doit nécessairement, subir la force de la Cour constitutionnelle[598]. La Constitution ne se limite pas qu'à la lettre. Mais on doit aussi tenir compte de son esprit dans la pratique.

Dans la fraude, l'esprit a toujours été marginalisé dans l'objectif de donner au texte un sens totalement différent de celui précédent[599]. En RD Congo, les cas de fraude sont légions. Il y règne la pratique de banalisation des règles du jeu constitutionnel. La Constitution du 24 juin 1967 a connu 17 fois la révision constitutionnelle. Aucune n'a été identifiée de saine. Ce qui constituerait un frein au constitutionnalisme. Dans le cadre de cet exercice, sont considérées les lois de révision n°70-001 du 20 décembre 1970 et n° 74-020 du 15 août 1974. Il y a en outre des révisions constitutionnelles déconsolidantes comme je le signale dans les pages suivantes.

b) La révision constitutionnelle déconsolidante

Une révision est dite déconsolidante lorsqu'elle se révèle d'un mouvement « révisionniste » ou de restauration autoritaire et vise à affaiblir le constitutionnalisme, en remettant en cause les acquis démocratiques concédés au début des années 1990. Le révisionnisme est défini comme un type de révision qui ne vise pas à renforcer la démocratie, mais plutôt la domination politique personnelle en manipulant les règles du jeu et/ou en abusant de sa position dominante.

Ces révisions sont dites déconsolidantes en ce sens qu'elles ont d'abord été prises dans l'objectif d'établir l'institution Mouvement Populaire de la Révolution (MPR) qui, au départ, n'était qu'un parti politique avant de devenir l'unique et suprême institution du pays en 1974. Jacques Djoli affirme à ce propos que la révision de 1974 était parmi toutes, la plus importante par le fait qu'elle avait instauré la monarchie absolue du type léopoldien[600]. Les révisions de 1970 et de 1974, avait remis en cause les acquis démocratiques qui postulent le pluralisme politique et institutionnel, un des éléments forts de la démocratie, exigés même aux années 1990.

---

597 KAMUKUNY MUKINAY, A., *Contribution à l'étude de la fraude..., Op. Cit*, p.44.

598 MBATA BETUKUMESU MANGU, A., « Inconstitutionnalisation d'un troisième mandat présidentiel : Leçons de la Cour constitutionnel du Bénin à d'autres Cours constitutionnelles africaines », *Revue africaine de la démocratie et de la gouvernance*, Vol. 2, n°1 & 2, 2014, pp. 133-147.

599 DEBBACH, Ch., *Droit constitutionnel et institutions politique*, 4ème édition, Paris, Economica, 2011, p. 111.

600 DJOLI ESENG'EKELI, J., *Droit constitutionnel ..., Op. Cit*, p. 132.

Par rapport au constitutionnalisme, ces révisions restent déconsolidantes. Le constitutionalisme, tout en n'étant pas synonyme de la démocratie, les deux ne s'éloignent pas et obligent que les textes constitutionnels qui traduisent la volonté du souverain primaire, soient rigoureusement respectés[601]. Là où le pouvoir est unique, on ne saurait parler du constitutionnalisme. Dans le même ordre d'idées, la démocratie ne se marie pas avec le régime à parti unique. Or, à l'heure de Mobutu, tout était entre ses mains, les révisions constitutionnelles ne pouvaient accroitre ni le constitutionnalisme, ni la démocratie.

Avec raison, qu'André Mbata affirme que si la RD Congo a, depuis son indépendance jusqu'à ce jour, plus d'une vingtaine de textes constitutionnels, elle n'a pas, par ailleurs, construit le paradis pour que puisse s'asseoir le constitutionnalisme comme la démocratie. Une Constitution peut exister sans constitutionalisme alors que l'inverse est impossible. En RD Congo, le constitutionnalisme et la démocratie, restent à rechercher, encore faut-il souligner que les textes ne suffisent pas pour en parler réellement. Ces réalités couchées sur papier doivent nécessairement être correctement appliquées.

Un autre problème à signaler est que ces lois ont été prises sous le prisme du révisionnisme entendu comme type de révision qui ne vise pas à renforcer la démocratie ni le constitutionnalisme. Elles visent plutôt à renforcer une démocratie politique personnelle par la manipulation des règles du jeu et/ou en abusant de la position en tant qu'autorité dominante. Ces lois, ont été initiées, proposées, adoptées, ratifiées et approuvées dans l'objectif unique de renforcer les pouvoirs présidentiels.

Certains auteurs, comme Jacques Djoli, affirment que le Président Mobutu, tout en étant à la fois président de la République et du MPR, préside le Conseil exécutif et le Conseil judiciaire[602]. Il faisait donc tout pour ses propres besoins en associant que de manière peu visible ceux qui devaient soutenir sa position.

Les révisions constitutionnelles étaient donc assimilées à la fraude intentionnelle à la Constitution, une manière d'instaurer l'autoritarisme absolu. Je parle dans les lignes qui suivent du changement constitutionnel en vue de l'instauration d'un régime autoritaire.

B. Le changement constitutionnel en vue de l'instauration d'un régime autoritaire

L'histoire renseigne d'innombrables conséquences néfastes que les régimes autoritaires ont entraîné dans plusieurs pays du monde. C'est le cas de la révolution française et des soulèvements populaires en Afrique en général. En dépit du fait que ces régimes soient encore en vigueur dans certains États, la

601 MBATA BETUKUMESU MANGU, A., « Inconstitutionnalisation d'un troisième mandat présidentiel ... », *Op Cit*, p. 135.
602 DJOLI ESENG'EKELI, J., *Droit constitutionnel ...*, *Op. Cit*, p. 132.

démocratie est un système pour lequel la majorité a opté et que plusieurs autres États tendent à mettre en vigueur. Le constitutionnalisme, inséparable de la démocratie, est un élément à promouvoir.

En Afrique, les vagues de démocratisation des années 80 et 90, ont permis l'irruption de quelques traces du constitutionnalisme dans les débats constitutionnels, grâce notamment à plusieurs mouvements de libération. Mais cela n'a pas suffi pour assurer la stabilité démocratique. En effet, si quelques pays africains comme le Bénin, présentent des indices de stabilité de la démocratie dans le continent, plusieurs autres, soit la plupart, sont menacés d'instabilité à cause des révisions et tentatives des révisions constitutionnelles intempestives ou carrément de tentatives de changement de leurs Constitutions en vue d'instaurer un régime favorable aux détenteurs du pouvoir.

Souvent, les changements constitutionnels qui ont pour objet l'instauration d'un régime autoritaire viennent des autorités politiques en place qui arrivent à la fin de leur mandat. Elles ne veulent pas quitter le pouvoir et refusent de favoriser l'alternance. La situation actuelle de la RD Congo, dont les débats sont polarisés sur la fin des mandats présidentiels et l'alternance démocratique qui doit en résulter, peut mieux illustrer nos affirmations.

De l'avis de Gerold, même si on ne peut pas parler à Kinshasa de la naissance d'un mouvement citoyen d'ampleur comparable à ceux du Sénégal ou du Burkina Faso, l'incapacité du pouvoir « kabiliste » à réviser la Constitution en ses dispositions intangibles pour ouvrir au Président la voie d'un troisième mandat, apparait bien comme une défaite. Condamné à se maintenir au pouvoir par des stratégies de retardement des échéances électorales, le Président prend, dès lors, le risque d'une « déligitimation » des institutions du pays[603].

Conclusion

Au regard des conséquences des régimes autoritaires précédents au pays, le changement d'une Constitution démocratique ne peut être considéré comme un grand pas en arrière, parce qu'elle est devenue contraire aux intérêts des détenteurs du pouvoir, Les mêmes causes produisant les mêmes effets, les congolais seront obligés d'abandonner ce régime pour chercher à revenir à la démocratie.

Un tel recul aggraverait, également, la maturité politique du peuple qui d'ailleurs, présente un déficit. Les principes démocratiques exigeant un laps de temps continu pour être intériorisés par le peuple congolais dont la majorité est analphabète. Ce recul qui serait à la base d'instabilité démocratique à cause de

[603] GEROLD, G., « La succession à Kinshasa : les leçons de l'Afrique », Fondation pour la recherche stratégique, 2016, p.1, in www.frstrategie.org, consulté le 08 juillet 2016.

l'interruption de l'élan démocratique que le pays semble déjà prendre, ne permettrait pas au peuple congolais de vite cultiver ou de consolider une démocratie assise sur le constitutionnalisme.

Quelles leçons tirées de l'expérience congolaise en matière de révision et de changement constitutionnels dans leur rapport avec le constitutionnalisme ?

Chapitre troisième

Leçons tirées de l'expérience congolaise en matière de révision et de changement constitutionnels dans leur rapport avec le constitutionnalisme

La question de la révision et du changement constitutionnels date de très longtemps. Ce chapitre la traite dans l'histoire politique de la République Démocratique du Congo (section 1) en vue de dégager les perspectives d'une approche compatible avec le constitutionnalisme (section 2).

Section 1. Les révisions et changements constitutionnels dans l'histoire politique congolaise

L'histoire politique congolaise est marquée par les différents textes constitutionnels. Parmi eux, un est identifié comme provisoire et trois sont considérés comme définitifs. Il s'agit de la loi fondamentale relative aux structures du Congo, de la Constitution du 1er août 1964, de la Constitution du 24 juin 1967 et celle du 18 février 2006. Certains de ces textes ont connu des modifications, voire des modifications intempestives qui ont conduit aux changements constitutionnels. Il importe, dès lors, de faire l'économie générale des révisions et changements constitutionnels sous la 1ère et la 2ème Républiques (§1) avant d'envisager la révision déjà intervenue sous la 3ème République (§2).

§ 1. L'économie générale de révision et changement constitutionnels sous la 1ère et la 2ème République

La première et la deuxième Républiques congolaises doivent être analysées différemment. En matière de révision et changement constitutionnels, la deuxième République régie par la Constitution du 24 juin 1967 reste à craindre.

A. Les révisions et changements constitutionnels sous la Première République

La première République qui commence au lendemain de l'accession de la RD Congo à l'indépendance était d'abord régie par la Loi fondamentale du 19 mai 1960. Elle s'est poursuivie avec la Constitution du 1er août 1964 dite de Luluabourg. Les deux textes qui forment ainsi la première République doivent être étudiés pour savoir dans quelle mesure on peut identifier une révision ou un changement constitutionnel.

Pour justifier l'assertion selon laquelle la révision constitutionnelle est l'une des œuvres historiques dans notre pays, il suffit seulement de prendre, dans un premier temps, le titre VIII de la Constitution du 1er août 1964. Dans le cadre de cet exercice, une seule question était à la base de notre développement, celle de savoir lequel de deux textes était révisé et si une telle révision avait pour objectif d'instaurer le constitutionnalisme en RD Congo.

La rivalité antérieure entre Kasa-Vubu et Lumumba n'avait pas permis au texte de 1964 d'être efficace à cause notamment de l'imprécision du régime politique instauré. Cette rivalité avait ouvert la porte de la prise du pouvoir au chef de l'armée Mobutu. Si le texte de 1964 n'a pas été révisé, la loi fondamentale avait, en revanche, connu une révision bien que de manière indirecte.

À cet effet, nous sommes sans ignorer que la loi fondamentale ne comportait aucun titre qui pouvait permettre toute révision constitutionnelle. Cette manière de prévoir les choses en matière de rédaction des textes constitutionnels permet de comprendre qu'aucune formalité relative à la procédure de toute révision constitutionnelle n'était prévue. La modalité de sa révision est, à notre avis, le fruit d'une interprétation faite de son article 4 qui prévoit que le chef de l'État et les deux chambres composent le pouvoir constituant. Il n'a pas, à ce titre, fait la différence entre le constituant originaire et celui dérivé. Ce qui revient à dire que le constituant qui a élaboré ce texte l'avait aussi modifié en vertu du principe de parallélisme de forme et de compétence, sinon en celui selon lequel qui peut le plus peut le moins[604].

La révision constitutionnelle de la Loi fondamentale n'est pas facile à saisir dans la mesure où l'autorité d'élaboration était elle-même celle de sa modification. Sans s'y méprendre, deux décrets ont été pris à l'époque dans l'objectif de compléter la Loi fondamentale. Ils n'avaient, cependant pas pris le soin de suspendre le texte qu'il comptait modifier. Ces décrets prétendaient seulement réviser la Constitution, alors qu'en réalité, plus qu'une simple révision, ces décrets avaient occasionné un changement de Constitution.

Après les sécessions katangaise et sud-kasaïenne de juillet 1960 et d'août 1960, puis la révocation du Premier Ministre Lumumba, le 05 septembre 1960, l'atteinte est portée à la Loi fondamentale par le biais de la création du collège des commissaires généraux. La révocation du Premier ministre avait occasionné de nombreuses contradictions au regard des différentes caractéristiques du régime parlementaire classique.

À titre de rappel, dans un régime parlementaire classique, le roi reste inactif sur la conduite de la politique du gouvernement. Tous les actes du Président de

---

604 MPONGO BOKAKO BAUTOLINGA, E., *Institutions politiques et droit constitutionnel, Op. Cit*, p. 102.

la République sont contresignés par le Ministre responsable. La confirmation en est donnée sur pied de l'article 20 de la Loi fondamentale relative aux structures du Congo qu' « aucun acte du Chef de l'État ne peut avoir d'effets s'il n'est contresigné par un ministre, par cela seul », s'en rend responsable et poursuit, en son alinéa 2, poursuit qu'« en aucun cas, l'ordre verbal ou écrit du Chef de l'État ne peut soustraire le ministre à la responsabilité ». C'est ici le socle de débat entre deux acteurs politiques, André Mbata insiste qu'aujourd'hui, le régime, quoique parlementaire, doit être rationnalisé pour éviter des crises gouvernementales chroniques qui caractérisent le régime parlementaire classique[605].

Cette assertion démontre, malgré la démission forcée du gouvernement Lumumba, qu'aucun élément certain n'a pu justifier la création du collège des commissaires généraux à une semaine de la démission. Le Chef de l'État ayant désigné Monsieur Joseph Iléo comme formateur, celui-ci, conformément aux usages, allait procéder aux consultations des principaux groupes et personnalités politiques en vue de réunir une équipe ministérielle apte à obtenir la confiance du parlement. Mais la majorité parlementaire étant favorable à Lumumba, Iléo ne pouvait qu'échouer. Le défaut d'investiture parlementaire aurait contraint le Chef de l'État à la négociation avec les forces politiques qui soutenaient Lumumba, puisqu'à deux reprises au cours d'une semaine, le parlement avait renouvelé sa confiance à Lumumba[606].

Notons, cependant, que le passage de la Loi fondamentale à la Constitution de Luluabourg par voie de changement constitutionnel n'avait pas entravé les règles du constitutionnalisme, car l'objectif était de se procurer un texte rédigé et approuvé par les congolais. Que retenir des révisions et changements constitutionnels sous la Deuxième République?

B. Les révisions et changements constitutionnels sous la Deuxième République

En termes des textes constitutionnels, la deuxième République est, principalement marquée par la Constitution du 24 juin 1967 et subsidiairement par les différentes révisions qui sont intervenues dont certaines mêmes peuvent être qualifiées de nouvelles Constitutions. Sur les 17 révisions identifiées, 4 ont marqué notre attention. Il s'agit, notamment de :

- La loi constitutionnelle n°70-001 du 23 décembre 1970 qui institutionnalise le MPR comme parti unique et suprême du pays et dont le président fondateur en est le président ;

[605] MBATA BETUKEMESU MANGU, A., « Vers un nouveau contrat, … », *Op. Cit.*, p. 36.

[606] NKULU KILOMBO, *Congo-Zaïre de la Charte coloniale à la constitution de la 3ème République*, Kinshasa, Ed. SECCO, 1991, p. 74.

- La loi constitutionnelle n°74-020s du 15 août 1974 qui consacra le Mobutisme comme doctrine du MPR ;
- La loi constitutionnelle n°78-010 du 15 février 1978 qui porte libéralisation de l'exercice du pouvoir au sein du MPR ;
- Enfin, la loi constitutionnelle n°90-002 du 05 juillet 1990 inscrivant dans la constitution une série des réformes dictées par le discours présidentiel du 24 avril 1990 sur la démocratie[607].

1. La loi constitutionnelle n°70-001 du 23 décembre 1970 en vue de la consécration du MPR comme parti unique

Pour des raisons électives (élections législatives et présidentielle), il fut organisé à la N'sele, en 1970, le 1èr Congrès du MPR avec comme objectif d'ériger le MPR comme l'unique parti de la République en institution suprême. De ce fait, de nouveaux statuts étaient élaborés pour assurer son fonctionnement réel[608].

Dès son installation, la nouvelle Assemblée nationale, élue en décembre 1970, mit à profit sa première session extraordinaire pour asseoir les résolutions du Congrès extraordinaire du MPR de 1970. C'est ce qui justifiait la prise de cette loi qui avait muté non seulement le rôle du MPR, mais surtout les caractéristiques fondamentales du régime instauré par la Constitution du 24 juin 1967.

Le fait pour le Président fondateur d'ériger le MPR en institution suprême permettait à ce dernier d'atteindre ses objectifs. Car il suffit seulement de rappeler que le Président de la République est en même temps président du MPR. Pour confirmation, l'article 2 de la loi sous examen annonce que les principales institutions de la République sont :

- Le Mouvement populaire de la révolution ;
- Le Président de la République ;
- L'Assemblée nationale ;
- La Cour constitutionnelle ;
- Les Cours et tribunaux.

Conformément à l'article 19 bis, c'est le MPR guidé par son Président qui, seul, coordonne tous les pouvoirs et oriente l'action des autres institutions de la

607 TOENGAHO LOKUNDO, F., *Les Constitutions de la République Démocratique du Congo. De Kasa-Vubu à Joseph Kabila*, Kinshasa, PUC, 2008, pp. 18-19.
608 VUNDUAWE te PEMAKO, F., *A l'ombre du léopard. Vérités sur le régime de Mobutu Sese Seko*, Bruxelles, Edition Zaïre Libre, 2000, p. 170.

République devant se conformer à ses orientations générales dans l'accomplissement des leurs rôles respectifs.

Face au constitutionnalisme, on rappellera qu'avant d'atteindre ses ambitions politiques, le parti politique est créé dans un cadre purement privé. Avant sa consécration en une institution politique suprême, le MPR était un fait privé. La consécration du MPR en une institution politique créait un déséquilibre au sein des institutions de l'État. Tous les pouvoirs étaient, dès lors, confisqués puisqu'il croyait être omniprésent, omnipotent et omniscient. En quelque sorte, le MPR devenait un petit dieu. Il était donc difficile de parler du constitutionnalisme qui postule la séparation tant horizontale que verticale des pouvoirs. Cela dire que révision constitutionnelle avait, de manière indirecte, permis la suprématie du Président de la République puisqu'il était à la fois, Président du parti, Chef du gouvernement et législateur tant national que provincial en sus d'être Président de la République. L'unique objet de cette révision était d'apporter un affront au constitutionnalisme pour permettre au Président de mieux régner. Je rappelle la loi constitutionnelle n°74-020 du 15 août 1974.

2. La loi constitutionnelle n°74-020 du 15 août 1974

La révision constitutionnelle du 15 août 1974 s'inscrit, affirme Félix Vunduawe, dans la politique de radicalisation du MPR décidée par le Congrès de mai 1972[609]. Elle permit de tirer toutes les conséquences de l'institutionnalisation du MPR amorcée par l'article 19 bis de la Constitution révisée le 23 décembre 1970. La loi elle-même s'étant bornée à renvoyer le reste à l'annexe contenant le nouveau texte constitutionnel, lequel ne partage que peu de choses avec le texte originel.

À vrai dire, cette loi de révision avait totalement effacé la Constitution du 24 juin 1967 pour être elle-même une nouvelle Constitution. Elle avait son préambule et son articulation différente du texte prétendument révisé.

Aux termes de cette loi, le MPR est devenu la seule institution de la République[610]. C'est une manière de dire que le Président Mobutu était la seule autorité qui détenait toute la personnalité juridique de l'État. Le MPR était défini comme la « Nation Zaïroise organisée politiquement »[611]. Autrement dit, le MPR en tant qu'État coïncidait parfaitement avec la Nation. Tout zaïrois était, désormais, membre forcé du MPR en ce sens que la possession ou l'acquisition même de la nationalité zaïroise entrainait, ipso facto, la qualité de membre du parti sans qu'il soit nécessaire de faire acte d'adhésion au parti. La carte d'identité comme citoyen zaïrois avait la valeur de la carte de membre du MPR. Le Président de la République et du MPR, le Président Mobutu détenait la

---

609 VUNDUAWE te PEMAKO, F., *A l'ombre du léopard..., Op. Cit*, p. 176.

610 Lire l'article de la loi n°74-020 du 15 aout 1974 portant révision de la Constitution du 24 juin 1967, in JO, 14ème année, numéro spécial, 1er août 1974.

611 Article 33 alinéa 1er de la Constitution du 15 aout 1974.

plénitude de l'exercice du pouvoir politique au Zaïre[612]. Autant dire que, le MPR avait avalé toutes les autres institutions pour ne rester que la seule et l'unique au niveau du pays. Étant donné que le Président du MPR était de droit Chef de l'État, une confusion avait désormais vu le jour. Il s'agit de l'identification de l'unique institution du pays à l'État.

Aux termes de l'article 9 alinéa 1èr de cette nouvelle Constitution, il a été prévu que « le pouvoir émanait du peuple qui l'exerçait par le biais du Président du Mouvement Populaire de la Révolution qui était de droit le Président de la République »[613].

Le Président Mobutu incarnait donc la Nation zaïroise politiquement organisée et en détenait la plénitude de l'exercice du pouvoir politique. Cette pensée illustre la confusion du MPR dans les autres organes de l'État.

Les organes du Mouvement Populaire de la Révolution sont désormais : « le Bureau politique, le Congrès, le Conseil législatif, le Conseil exécutif et le conseil judiciaire[614] ». Ils agissaient par voie de délégation. Le Président Mobutu les présidait tous puisqu'il s'était placé au-dessus de ceux-ci et exerçait lui seul la totalité des fonctions classiques de l'État[615].

Sur le plan de formel, cette nouvelle Constitution limitait, à 5 ans, une seule fois renouvelables, les mandats du président de la République[616]. Cette limitation n'avait jamais été respectée, car l'idée majeure du MPR était de rendre son fondateur un monarque absolu. Il n'y avait pas d'autres partis politiques qui pouvaient conquérir son pouvoir. En plus, les autres institutions lui étaient totalement soumises.

Face au constitutionnalisme, il apparait clairement que le MPR n'avait aucune chance d'exister. Avant la loi constitutionnelle de décembre 70, était d'abord un parti politique en dehors d'une institution. C'est par la suite qu'il deviendra une institution par voie de la loi précitée. Pour poursuivre son objectif de s'accaparer de tous les pouvoirs, le fondateur n'hésita pas cette fois, de le rendre, par la loi de 74, une et seule institution du pays.

C'est autant dire que si la révision de l'article 70, aucune séparation des pouvoirs n'était envisagée, le pire serait constaté avec celle-ci. Or, sans séparation et limitation effective des pouvoirs, toutes les chances du constitutionnalisme sont emportées, celles de la démocratie étant abandonnées. Il faut à ce propos comprendre que le droit était pris en otage par la politique en ce sens que toutes les barrières juridiques étaient anéanties pour parvenir à une

---

612 Article 30 de la Constitution du 15 aout 1974.

613 Article 9 de la Constitution du 15 aout 1974.

614 Article 42 de la Constitution du 15 août 1974.

615 VUNDUAWE te PEMAKO, F., *A l'ombre du léopard..., Op. Cit*, p. 182.

616 Article 31 de la Constitution du 15 août 1974.

pareille opération, le changement intervenu étant une opération à première vue politique[617]. Je rappelle la loi constitutionnelle N°78-010 du 5 février 1978 dans les lignes qui suivent.

3. La loi constitutionnelle n°78-010 du 15 février 1978

Cette révision est intervenue suite aux différentes réformes qui devaient être envisagées quant à l'organisation et à l'exercice du pouvoir politique au sein du MPR. Des grandes lignes y relatives étaient annoncées lors du discours prononcé par son fondateur en date du 1er juillet et du 25 novembre 1977.

Dans ce discours, le Président de la République avait pris le courage de dénoncer le malaise créé par sa prise en otage des institutions étatiques. Les organes du MPR devaient être rendus responsables et exercer normalement les pouvoirs de manière séparée avec la personne du Président de la République. Alors qu'elles devaient s'exprimer librement, les masses populaires n'étaient pas libres dans leur expression. Pour répondre à ces préoccupations, la nouvelle Constitution devait connaître des retouches visant ainsi la libéralisation du pouvoir.

En clair, cette révision voulait tout simplement libéraliser le régime ou l'exercice du pouvoir au sein du MPR. Les organes du MPR devaient donc être rendus responsables en laissant au peuple de s'exprimer de manière plus ou moins démocratique[618].

Par rapport au constitutionnalisme, il sied, dans un premier temps, de rappeler que la Constitution du 15 août 1974 avait remis tous les pouvoirs entre les mains du Président de la République en instituant le MPR comme l'unique institution du pays. C'était une concertation à outrance des pouvoirs d'État. Jacques Djoli[619] le martèle à ce propos comme suit : « le Chef de l'État voulait s'accaparer de tout sans penser aux autres. On dirait que toute la République Démocratique du Congo, aussi vaste qu'elle demeure depuis l'acte de Berlin en 1885, lui appartenait, à lui seul ». Aussi, après le discours du Président fondateur, dans lequel il dénonça les malaises créés par lui, était prise la loi constitutionnelle du 15 février 1978 pour contredire la pratique du pouvoir.

À ce propos, il a été souvent dit que la réforme intervenue en date du 15 février 1978 était influencée par le souci de libéraliser le régime, c'est-à-dire rendre démocratique le Zaïre. De ce fait, les organes dont les pouvoirs étaient étouffés, devaient être rendus par biais de cette loi en procédant à un partage

---

617 NGONDANKOY NKOY ea LOONGYA, *Op. Cit.*, p. 33.

618 IYELEZA MOJU-MBEY et al., *Recueil des textes constitutionnels de la République du Zaïre. Du 19 mai au 28 Avril 1991 avec, en annexe la charte coloniale du 18 oct. 1908,* Kinshasa, éd. ISE-CONSULT. Avril, 1991, p. 100.

619 DJOLI ESENG'EKELI, J., *Droit constitutionnel, Op. Cit,* pp. 125-126.

effectif du pouvoir[620]. Mais en réalité, cette réforme n'était qu'apparente sinon éphémère. Car, malgré ce partage, le président Mobutu n'était pas rassasié de la fonction de Président. Il était à la fois pouvoir constituant et pouvoir dérivé. Le Conseil législatif étant dans ses griffes, il a contribué à légiférer par des ordonnances-lois s même en dehors des sessions ordinaires sans aucune habilitation[621].

Comme nous pouvons le comprendre, le constitutionnalisme ne partage aucun avis avec la confusion des pouvoirs. Or, la confusion dans le fonctionnement et l'exercice du pouvoir caractérisait la présence du Président Mobutu à la tête du pays. L'exécutif dont le Président était jusqu'ici le chef avait sans cesse confisqué le pouvoir du Conseil législatif. Fondamentalement, rien n'avait bougé. Car, il convient seulement on constate que cette révision avait même amené les mandats du Président de la République de 5 à 7 ans sans limite[622]. Que retenir sur la loi constitutionnelle n°74-020 du 15 août 1974 ?

4. La loi constitutionnelle n°002/90 du 05 juillet 1990

La loi constitutionnelle du 05 juillet 1990 est la seizième révision sur les 17 qu'avait connues la Constitution du 24 juin 1967. Cette loi, prise immédiatement après les consultations populaires initiées par le Président de la République sur le fonctionnement des institutions, était la conséquence logique d'exécution des décisions qui ont été arrêtées par le Président de la République lors de son discours du 24 avril 1990[623].

Après cette période de consultations populaires, le 24 avril 1990, le Président Mobutu annonça au peuple Zaïrois d'innombrables décisions arrêtées par lui seul dans ses ambitions notamment : l'introduction au Zaïre du multipartisme à trois et du pluralisme syndical ; l'abolition de l'institutionnalisation du MPR comme pouvoir unique avec comme conséquence, la séparation tripartite des pouvoirs étatiques tel qu'envisageait la tradition à savoir : les pouvoirs exécutif, législatif et judiciaire.

A dater du 5 juillet 1990, date de la promulgation de la nouvelle Constitution, les institutions de la République sont: le Président de la République, l'Assemblée nationale, le Gouvernement et les Cours et tribunaux. Cette réforme reste à saluer par rapport à toutes les autres. Car elle marque le retour du constitutionnalisme au Zaïre. Néanmoins, elle reste théorique car dans la pratique Mobutu gardait sa vision antérieure du pouvoir, celle de la conservation personnelle de celui-ci.

---

620 NKULU KILOMBO., *Op. Cit*, p. 150.
621 NKULU KILOMBO., *Op. Cit*, p. 150.
622 *Ibidem.*
623 Lire l'article 34 de La loi constitutionnelle n°002/90 du 05 juillet 1990 portant révision de certaines dispositions de la Constitution, JO, 31ème année, numéro spécial, juillet 1990.

Dans les rapports entre l'exécutif avec le législatif, il gardait le droit de dissoudre le Parlement et de prendre des ordonnances-lois sans délégation du Parlement[624].

En regardant toutes les conséquences de ce discours, la révision constitutionnelle du 05 juillet 1990, outre qu'elle change intrinsèquement la philosophie des pouvoirs publics, annule expressément l'article 19 bis de la Constitution du 24 juin 1967 telle que révisée en 1970 suivant lequel le mouvement populaire de la révolution est l'institution suprême de la République. Il est représenté par son Président. Toutes les autres institutions lui étant subordonnées et fonctionnent sous son contrôle », conformément à l'article 32 de la même Constitution telle que révisée par la loi constitutionnelle du 15 août 1974 qui prévoyait que « le Mouvement populaire de la révolution est la Nation Zaïroise organisée politiquement. Sa doctrine est le mobutisme. Tout Zaïrois est membre forcé du mouvement populaire de la révolution»[625].

Pour certains constitutionnalistes congolais, ce fameux discours était inefficace pour pouvoir modifier la Constitution. Ils prétendent même qu'il fallait, et cela, dans le souci d'assurer le strict respect du principe de parallélisme des formes et des compétences, couler ledit discours politique en moule juridique donc en texte constitutionnel. C'est dans ce contexte que Samba Kaputo notait que la suppression du monopartisme par un simple discours était une démarche anticonstitutionnelle dangereuse tant pour son initiateur que pour le peuple Zaïrois qui étaient à la merci de fâcheuses conséquences[626]. Je rappelle la révision constitutionnelle sous la troisième République dans les pages suivantes.

§ 2. La révision constitutionnelle sous la troisième République

Il est important de rappeler que la révision et le changement de la Constitution ne s'accordent pas toujours en droit positif congolais ; l'une étant une opération juridique et l'autre relevant de l'action politique[627]. Les deux doivent donc être envisagées séparément. Sous la troisième République, le 20 janvier 2011, une révision constitutionnelle est intervenue en 2011, alors que plusieurs tentatives de révisions et changements constitutionnels ont été projetés. Je signale en outre la problématique du changement constitutionnel projeté.

A. La révision constitutionnelle du 20 janvier 2011

D'après l'exposé des motifs de cette loi, on relève que depuis l'entrée en vigueur, le 18 février 2006, de la Constitution de la République démocratique du Congo, le fonctionnement des institutions politiques tant centrales que provinciales a fait apparaître des situations concrètes, des contraintes et des problèmes non prévus par le constituant originaire.

---

624 NKULU KILOMBO, *Op. Cit*, p. 176.
625 DJOLI ESENG'EKELI, J., *Op Cit*, p. 136.
626 SAMBA KAPUTO cité par DJOLI ESENG'EKELI, J., *Op. Cit,* p. 137.
627 NGONDANKOY NKOY-ea-LOONGYA, *Op. Cit.*, p. 33.

En effet, d'une part, certaines dispositions se sont révélées handicapantes et inadaptées aux réalités politiques et socio-économiques de la République démocratique du Congo. D'autre part, des dysfonctionnements imprévus par le constituant originaire sont apparus dans la vie des institutions de la République tant au niveau national que provincial[628].

C'est dans le souci de donner des réponses adéquates aux problèmes posés aux institutions de la République Démocratique du Congo, depuis le début de la première législature de la 3ème République, qu'avait été prise la loi n° 11/002 du 20 janvier 2011 portant révision de certains articles de la Constitution du 18 février 2006[629], afin d'assurer le fonctionnement harmonieux et régulier de l'État et de la jeune démocratie congolaise.

La Constitution du 18 février 2006 est la norme juridique au-dessus de toutes les autres en République Démocratique du Congo. Ces dernières doivent tirer leur validité de la Constitution. Aucune loi ne saurait trouver application s'il n'est conforme à la Constitution[630]. Toute inconstitutionnalité serait qualifiée de violation intentionnelle de la Constitution et érigée en haute trahison devant la Cour constitutionnelle[631]. La loi n° 11/002 du 20 janvier 2011 étant déclarée conforme à la Constitution, avait modifié huit articles sur les deux cent vingt-neuf que compte la Constitution du 18 février. C'est la première révision qu'a connu cette Constitution depuis son installation en 2006. Les articles concernés par cette modification sont les suivants : 71. 110, 126, 149, 197, 198, 218 et 218 dont la teneur suit :

L'article 71 organise l'élection du Président de la République à la majorité simple des suffrages exprimés (Cet article était modifié par l'article 1er de la loi citée ci-haut) ; l'article 110 alinéa 3 institue le droit du Député national ou du sénateur de retrouver son mandat après l'exercice d'une fonction politique incompatible. En son alinéa 2, cet article prévoit que le Député national ou le Sénateur qui exercerait une fonction politique incompatible avec l'exercice de ses attributions parlementaires, serait suspendu. L'article 126 alinéa 9 prévoit l'ouverture des crédits provisoires dans le cas du renvoi au parlement, par le président de la République, pour une nouvelle délibération du projet de lois des finances votés en temps utile et transmis pour promulgation avant l'ouverture du nouvel exercice budgétaire. L'amendement introduit à l'article 149 consiste en la suppression du parquet dans l'énumération des titulaires du pouvoir judiciaire. Celui-ci est dévolu aux seuls cours et tribunaux.

---

628 Lire l'exposé des motifs de la loi n° 11/002 du 20 janvier 2011 portant révision de certains articles de la constitution du 18 février 2006, telle que révisée à ce jour.
629 *Ibidem.*
630 *Ibidem.*
631 Lire l'article 160 de la Constitution du 18 février, telle que révisée à ce jour.

Désormais, bien que non mentionné dans la Constitution, le parquet du pouvoir judiciaire et fait partie du pouvoir Exécutif. Cet amendement remet ainsi en harmonie l'article 149 avec les articles 150 et 151 qui proclament l'indépendance du seul magistrat du siège dans sa mission de dire le droit ainsi que son inamovibilité. Les articles 197 et 198 reconnaissent au Président de la République, sans restreindre les prérogatives des provinces, en concertation avec les bureaux de l'Assemblée nationale et du Sénat, 1e pouvoir de dissoudre une Assemblée provinciale ou de relever de ses fonctions un gouverneur de province en cas de crise grave et persistante menaçant le fonctionnement régulier des institutions provinciales. L'article 218 reconnait au président de la République le pouvoir de convoquer le référendum prévu pour l'approbation d'une révision constitutionnelle. L'article 226 transfère à la loi la compétence de fixer les modalités d'installation de nouvelles provinces citées à l'article 2 de la Constitution.

Cette révision, crée un certain nombre de problèmes de fond. Jacques Djoli affirme que regardant les années d'existence de la Constitution du 18 février 2006, elle doit nécessairement être imparfaite et devait pour cela connaître certaines retouches en vue de la rendre puissante et non impuissante par des pratiques imprévues[632]. Puisqu'il doit s'agir de retouches consolidantes et non déconsolidantes, il ne serait pas aisé d'opérer des révisions des modes de suffrage, car l'on anéantirait le pas de la démocratie qui veut décoller[633].

De son côté, Léon de Saint Moulin hésite à reconnaître que la raison de la modification de l'article 71 était d'amoindrir le coût de l'élection du Président de la République à un seul tour et à la majorité simple. En effet, au même moment, cette révision visait l'élargissement des pouvoirs du Président de la République en lui donnant le pouvoir de dissoudre une Assemblée provinciale et de relever de ses fonctions un gouverneur de province (articles 197 et 198 de la Constitution), mais aussi, du fait, pour cette révision d'exclure le parquet des institutions auxquelles ce pouvoir est dévolu (article 149). C'est une de réduire l'indépendance du pouvoir judiciaire. Il poursuit, par rapport à ces idées que même la possibilité reconnue aux députés nationaux et provinciaux de regagner leur mandat parlementaire, après l'exercice d'une certaine fonction politique incompatible, était un moyen d'élargissement des prérogatives des personnes au pouvoir[634].

---

632 DJOLI ESENG'EKEL, J., « La mobilité constitutionnelle en Afrique et opportunisme conjoncturel, cas de la production constitutionnelle congolaise de 1960 à 2014 », *Documents pour l'action,* n° 488, octobre 2014. p. 699.

633 *Idem.*

634 DE SAINT MOULIN, L., « L'instabilité constitutionnelle, un voile trompeur pour les vrais problèmes de la RD Congo : Quelles ont été les raisons de l'instabilité constitutionnelle en RD Congo? Pourquoi changer une constitution qu'on ne respecte pas ? », *Documents pour l'action,* n° 488, octobre 2014.

Saisi par ces événements, nous comprendrons que cette révision était à moitié parfaite car la Constitution du 18 février 2006 n'est pas une Constitution facile à réviser, elle contient des matières impossibles à réviser par le constituant dérivé. En ce qui nous concerne, nous disons que par rapport au constitutionnalisme, cette révision n'avait pas de chance de réussir. Il se pose donc un problème de respect ou d'irrespect des matières et de procédure prévue par le constituant congolais.

Au sujet de la procédure, une révision constitutionnelle doit être initiée, élaborée et promulguée par la suite. Cette dernière étape est uniquement réservée au président de la République.

1. L'initiative de la révision

Sur pied de l'article 218, alinéa. 1èr de la Constitution du 18 février 2006, l'initiative de la révision constitutionnelle appartient concurremment au Président de la République, au Gouvernement après délibération en Conseil des ministres, à chacune des chambres du Parlement à l'initiative de la moitié de ses membres et à une fraction du peuple congolais, en l'occurrence 100.000 personnes s'exprimant par une pétition adressée à l'une de deux chambres.

Pour ce qui est de la révision constitutionnelle du 20 janvier 2011, il sied de souligner qu'elle a été initiée au niveau de l'Assemblée Nationale sous l'instigation du gouvernement par le discours du Président de la République sur l'état de la Nation. Il s'agissait donc d'une proposition de loi. Que retenir sur l'élaboration de la proposition de la révision de la constitution ?

2. L'élaboration de la proposition de la révision de la Constitution

Dans les lignes précédentes, nous avions eu à rappeler que dans bon nombre des cas, le constituant originaire confie la mission d'élaboration de la révision constitutionnelle soit à l'une des chambres du parlement, soit encore au Congrès qui suppose la réunion de deux chambres du parlement. S'inscrivant dans cette perspective, la Constitution du 18 février 2006 dispose en son article 218, alinéa 2, que toutes les initiatives de révision constitutionnelle seront soumises à l'Assemblée nationale et au Sénat qui décident à la majorité absolue de chaque chambre, du bien-fondé du projet, de la proposition ou de la pétition de révision.

Quant à la révision du 20 janvier 2011, on observe qu'elle a été confiée au parlement pour son élaboration. Le parcours ci-dessous indiqué, en témoigne.

- le 11 janvier 2011 : l'Assemblée nationale qui compte 500 membres juge, la proposition de la loi de révision constitutionnelle recevable. Prennent part au vote 337 députés nationaux, 334 se prononcent favorablement, une voix contraire et deux abstentions ;

- le 13 janvier 2011 : le Sénat approuve cette proposition. Sur 108 membres qu'il compte, 81 participent au vote et se déclarent favorables, 1 sénateur contraire et 11 abstentions ;

- le 14 janvier 2011 : le Sénat et l'Assemblée nationale mettent sur pied une commission ayant pour tâche d'examiner la proposition de loi portant révision de la Constitution ainsi que les amendements à y apporter ;

- le 15 janvier 2011 : l'adoption définitive de la loi de révision constitutionnelle par les deux chambres réunies en Congrès. Sur les 608 membres que compte le parlement congolais. 504 ont participé au vote. Les résultats se présentent de la manière suivante : 485 pour, 8 contre et 11 abstentions. Il est à souligner par ailleurs que l'opposition n'a pas pris part au vote ;

- Le 20 janvier 2011 : promulgation par le président de la République de la loi portant révision constitutionnelle ;

- Le 1èr février 2011 : publication au Journal Officiel de la loi portant révision de certains articles de la Constitution du 18 février 2006. Outre la procédure, le débat en droit congolais a occupé les matières intangibles. Ces matières, une fois modifiées, feront vider de tout contenu cette Constitution. C'est ce débat qui nous amène à l'étape relative à la projection du changement en RD Congo.

Il convient de rappeler La problématique du changement constitutionnel projeté dans les lignes qui suivent.

B. La problématique du changement constitutionnel projeté

La Constitution du 18 février 2006 est le fruit de nombreuses expériences malheureuses vécues par le passé. Même si on ne rejette pas tout l'héritage du passé en matière de rédaction des textes constitutionnels, elle a cessé de suivre le rythme qui marie les défunts présidents de l'AFDL et du MPR, les deux antagonistes. Quitter la dictature pour arriver réellement à la démocratie est l'objectif majeur que poursuit cette Constitution. Elle est d'ailleurs grâce aux matières qu'elle contient qualifiée par certains auteurs de meilleure par rapport à celles que compte la RD Congo. Les pouvoirs étant séparés, limités et les droits et libertés consacrés. Cette réforme devait sans doute ouvrir la porte d'entrée au constitutionnalisme.

Mais force est de relever que les matières prévues et qui accordent la qualité de meilleure à cette Constitution, font objet de vives contradictions au sein de la société en générale et des milieux scientifiques en particulier. Des thèses et des antithèses ont été produites et continuent à être produites quant à ce. Mais avant d'en arriver là, la nécessité s'impose d'identifier ces matières qui, une fois touchées, changeraient la Constitution du 18 février 2006 et engendreront une nouvelle République. J'évoque les matières consacrées par l'éventualité de la réforme, les débats sur la projection du changement en RD Congo

1. Les matières consacrées par l'éventualité de la réforme

Les matières dont le débat accuse le changement sont contenues aux articles 219 et 220 de la Constitution. Ils renvoient aux limites temporelles et matérielles de la révision.

a) Les limites temporelles

L'article 219 de la Constitution annonce que le pouvoir de révision, en l'occurrence le Parlement, ne saurait prétendre opérer une révision « pendant l'état de guerre, l'état d'urgence ou l'état de siège, ni pendant l'intérim à la présidence de la République, moins encore lorsque l'Assemblée Nationale et le Sénat se trouvent empêchés de se réunir librement ».

Il ressort de cette disposition que par la crainte de voir les autorités en place accroître leur pouvoir en substituant les moments normaux par des circonstances exceptionnelles, une révision ne peut être opérée jusqu'à la remise normale d'activités au niveau de la République[635]. La seconde se justifie par le fait que l'intérimaire peut s'attribuer des avantages en recourant aux changements constitutionnels surtout lorsqu'il est animé des ambitions qui n'acceptent aucune cession[636]. La troisième limitation l'est pour souligner la tâche majeure du parlement. Le bien-fondé de cette limitation est que l'existence du Parlement peut paralyser toute procédure de révision. Quelles limites matérielles signalées ?

b) Les limites matérielles

Elles sont contenues à l'article 220 de la Constitution. Il convient cependant de rappeler que ces limites sont à la fois explicites par les matières et implicites par les dispositions étant donné que celles-ci n'apparaissent pas de manière visible à l'article 220 de la Constitution. Il y a les limites explicites et implicites.

1) Les limites explicites

Plusieurs matières ont été rendues intangibles par le constituant originaire à savoir : la forme républicaine de l'État, le principe du suffrage universel, la forme représentative du gouvernement, le nombre et la durée des mandats du Président de la République, l'indépendance du pouvoir judiciaire, le pluralisme politique et syndical qui ne peuvent faire objet d'aucune révision constitutionnelle.[195] Est formellement interdite, toute révision constitutionnelle ayant pour objet ou pour effet d'amoindrir les droits et libertés de la personne ou de réduire les prérogatives des provinces et des entités territoriales décentralisée[637]. Elles sont

---

[635] NGONDANKOY NKOY ea LOONGYA, *Op. Cit.,* p. 34.
[636] *Ibidem.*
[637] Lire l'article 220 alinéa 1 de la Constitution du 18 février 2006, telle que révisée à ce jour.

dites des limitations expresses parce qu'elles apparaissent clairement dans la Constitution et de manière explicite.

Mais les matières ici déchirées intangibles rendent aussi implicitement immuables plusieurs dispositions de la Constitution. Je signale les limites implicites dans les pages suivantes.

2) Les limites implicites

Parler des limites implicites, c'est parler des dispositions dispersées dans la constitution dont les matières sont portées par l'article 220. Elles sont dites implicites parce que la disposition qui les classifie n'a pas vocation d'aligner aussi les dispositions concernées qui méritent d'être recensées. Il s'agit des articles 1, 5, 6, 7, 8, 70, 90 alinéa 3, 101 à 103, 101 alinéa 4, 104 alinéa 2, 104 à 106, 149, 151, 152, 197, 198, 199 et 201 à 206. Quant en ce qui nous concerne, dans l'objectif d'accroître le constitutionnalisme en RD Congo nous nous focalisons sur les dispositions qui visent à empêcher toute dictature dans l'exercice des pouvoirs en République démocratique du Congo.

À ce sujet, la forme républicaine de l'État et la souveraineté nationale m'intéresse.

2.1. La forme républicaine de l'État

Le Mobutisme d'hier n'a pas gagné l'esprit du constituant de 2006 qui a pris soin de prévoir les mécanismes plus ou moins démocratiques pour abolir l'idée selon laquelle les pouvoirs sont l'exclusivité d'un individu. Certains auteurs congolais comme Kalongo Mbikayi et Ndeshyo Rurihose relevaient même que le principe de la séparation des pouvoirs était rejeté en Afrique au profit de l'unité des pouvoirs, la concentration des pouvoirs étant la caractéristique fondamentale de l'Afrique contemporaine. Et puisque la concentration des pouvoirs se généralise en Afrique, c'était donc une réalité propre aux institutions traditionnelles puisque l'authenticité zaïroise trie les valeurs positives des ancêtres. Dans ce cadre, il faut s'accommoder de la concentration des pouvoirs, car elle traduit notre spécificité[638].

Par cette occasion, nous pensons que si hier la caractéristique africaine en général, et zaïroise en particulier, était l'éternité au pouvoir, tel n'est pas le cas aujourd'hui. Car dans bien de pays africains, ce modèle d'autorité d'exister a cessé pour devenir démocratique en s'inscrivant dans le courant du constitutionnalisme. Ce sont donc des réalités prévues par les textes qui alignent les principes démocratiques lesquels gouvernent les États. En droit positif congolais, la concentration des pouvoirs ne peut être envisagée. Elle est d'une

[638] KALONGO MBIKAYI et NDESHYO RURIHOSE, O., « Le recours à l'authenticité et le droit zaïrois », *R.J.Z.*, 1997, p. 31.

interdiction stricte et aucune révision ne peut aller dans le sens de la constitutionnaliser.

C'est dans cette perspective que s'inscrit la forme républicaine de l'État en RD Congo. Désormais, les pouvoirs doivent être séparés pour que le peuple dispose de la pleine liberté dans le choix des gouvernants. Pour ce faire, les articles ci-haut sélectionnés dans le cadre de cet exercice disent clairement que : le Président de la République est élu au suffrage universel direct pour un mandat de 5 ans renouvelable une seule fois[639].

Que dire sur la souveraineté nationale appartenant au peuple ?

2.2. La souveraineté nationale appartenant au peuple

L'article 5 de la Constitution prévoit que la souveraineté nationale appartient au peuple qui l'exerce directement soit par voie de référendum soit par voit d'élections. Avec l'avènement de la Constitution du 18 février 2006, le pouvoir souverain qui n'était que l'apanage du MPR et, par la suite de l'AFDL, est revenu aux mains de son détenteur naturel qui est le peuple. Toutefois, le fait pour le peuple d'être l'émanation de tout pouvoir, ne signifie pas qu'il peut changer la Constitution par une procédure de révision. Dès lors, plusieurs auteurs semblent donner des avis contraires et gardent chacun sa position. Quels débats envisagés sur la projection du changement en RD Congo ?

2. Débats sur la projection du changement en RD Congo

Ces débats circulent presque dans toute la République, en général, et dans les milieux scientifiques, en particulier.

a) Dans les milieux scientifiques

La projection de révision constitutionnelle a, au sein des milieux scientifiques et plus précisément à l'Université de Kinshasa fait objet des vives contradictions et fureurs scientifiques notamment avec la publication de l'ouvrage d'Evariste Boshab intitulé « Entre la révision de la Constitution et l'inanition de la nation» contesté énergiquement par beaucoup de ses collègues parmi lesquels André Mbata B. Mangu dont les résultats ont été rendus publics dans un livre intitulé « Mandats présidentiels et révisions constitutionnelles en Afriques : La République démocratique du Congo dans la perspective de l'échéance 2016 ».

En plus de ces contestations par écrits, des conférences-débats ont été animées ainsi que des discussions verbales ont, de manière fortuite, suscité par certains professeurs intéressés sur terrain. Fort malheureusement, à causes des tensions et des couleurs politiques et pour éviter le pire, aucune n'était encore admise à l'enceinte de l'Université de Kinshasa. Aujourd'hui, dans le même ordre d'idées, Paul Gaspard Ngondankoy Nkoy et Léon de Saint Moulin prennent les

[639] Article 70 de la Constitution du 18 février 2006, telle que révisée à ce jour.

relais en s'inscrivant chacun dans une logique, selon laquelle, même par référendum, on peut procéder au changement de la Constitution en droit congolais[640]. Car pourquoi, doit-on changer une Constitution que l'on ne sait pourtant pas respecter[641].

Le débat circule aussi au sein de la classe politique comme je l'éclaire dans les lignes suivantes.

b) Au sein de la classe politique

Juste après la publication de l'ouvrage d'Evariste Boshab, plusieurs plaidoyers ont été menés par les acteurs politiques pour le changement pur et simple de la Constitution du 18 février 2006 ou la révision des matières contenues à l'article 220. Les uns estimant qu'il s'agit d'une Constitution des belligérants et les autres celle des étrangers. Depuis lors, plusieurs discours politiques et points de presse, plusieurs campagnes de mobilisation et pétitions ont été initiées pour dire adieu à ce texte constitutionnel malgré ses importantes innovations qui, à première vue, participent à la promotion du constitutionnalisme. Des associations comme « Kabila désir » ont été constituées ; des chansons ont aussi été composées pour exprimer le vif désir de revenir sur la norme fondamentale. L'évolution des choses démontre que tous ces arguments sont fallacieux. Ils n'ont existé que pour maintenir un individu au pouvoir.

Si l'on était au Bénin, écrit André Mbata, « les pétitions ou récoltes des signatures en vue de la révision de la Constitution ou d'un référendum pour favoriser un troisième mandat auraient été depuis longtemps sanctionnées du sceau de l'inconstitutionnalité de la Cour constitutionnelle tandis que les partis politiques, les mouvements ou associations ayant même objectif auraient tout simplement été dissouts... »[642].

Quant à Paul-Gaspard Ngondankoy[643], il écrit qu'en attendant le changement de la Constitution du 18 février 2006, au nom du principe démocratique et non en vertu de l'article 5 de cette même Constitution, les matières déclarées intangibles par le constituant originaire ne peuvent faire l'objet d'une révision sur pied de la même Constitution. Ce serait creuser le sol sur lequel est bâti l'ensemble de l'édifice constitutionnel ; ce serait scier la branche sur laquelle toutes les institutions sont assises.

---

[640] NGONDANKOY NKOY ea LOONGYA, *Op. Cit.*, p. 35.
[641] DE SAINT MOULIN, L. « L'instabilité constitutionnelle, un voile trompeur pour les vrais problèmes de la RDC », *in documents pour l'action, Op. Cit.*
[642] MBATA BETUKUMESU MANGU, A., « Inconstitutionnalité d'un troisième mandat président : leçons de la Cour constitutionnelle du Bénin à d'autres Cours constitutionnelles africaines », *RADG,* Vol. 1, n 4, 2014, p. 146.
[643] NGONDANKOY NKOY-ea-LOONGYA, *Op. Cit.*

Quelles sont les perspectives pour des révisions et changements constitutionnels compatibles au constitutionnalisme ? Tel est l'objet des pages qui suivent.

Section 2. Les perspectives pour des révisions et changements constitutionnels compatibles au constitutionnalisme

En matière de révisions et de changement constitutionnel conforme au constitutionnalisme, il faut faire intervenir le rôle majeur de la Cour constitutionnelle, auteur de vérification des lois compatibles à la Constitution. Cette haute juridiction est instituée par le pouvoir constituant originaire et est chargée notamment de la mission de vérifier la conformité à la Constitution des normes juridiques inférieures. Dans le cadre de cette étude, la Cour constitutionnelle est envisagée uniquement en matière de révision et le peuple en celle de changement de la Constitution.

§ 1. Le rôle de la Cour constitutionnelle en matière de révisions constitutionnelles

Avant d'analyser le rôle central de la Cour constitutionnelle en matière de révision constitutionnelle, il sied de rappeler que le pouvoir institué par le constituant originaire, doit avant toute révision constitutionnelle, justifier les raisons pour lesquelles on peut faire intervenir la révision constitutionnelle et les limites de son acteur.

A. Le pouvoir institué comme pouvoir justificatif

On rappelle que la révision constitutionnelle est la seule possibilité reconnue pour adapter la Constitution aux signes nouveaux de la société non prévus par le constituant originaire. À cet effet, une révision constitutionnelle ne peut intervenir que lorsque naissent les réalités sociales imprévues. Aussi, après avoir fait allusion à la parution « des situations concrètes, des contraintes et des problèmes non prévus par le constituant originaire, le constituant institué remarquait que certaines dispositions constitutionnelles s'étaient révélées handicapantes et inadaptées aux réalités politiques et socio-économique pour justifier la révision de la Constitution de la RD Congo ». Il constata, également, des dysfonctionnements que le constituant de 2006 n'avait pas prévus et qui ont, de ce fait, affecté de manière négative la vie des institutions publiques tant au niveau national que provincial[644].

---

644 MVITA KALUBI, R., « La décentralisation territoriale en République Démocratique du Congo sous le régime de la Constitution du 18 février 2006 », in KUMBU ki NGIMBI (dir), *La décentralisation territoriale en République Démocratique du Congo sous le régime de la Constitution du 18 février 2006. Bilan et perspectives*, Kinshasa, Editions de la Campagne des droits de l'homme au Congo, 2014, p. 196.

Pour répondre à ces difficultés, la révision était la manière unique d'y parvenir. C'est dans ce sens qu'avait été votée la loi du 11 janvier 2011 qui avait permis la modification de la Constitution car, précise-t-elle à l'exposé des motifs, elle avait pour finalité de répondre adéquatement aux problèmes posés aux institutions de la République depuis l'installation de la Constitution en 2006[645]. La révision du 11 janvier 2011 tel qu'affirmée, n'était pas un agissement constitutionnel tendant à remettre en cause les options fondamentales levées par le constituant en 2006.

Il importe, cependant, de souligner que le constituant dérivé de 2011 était imprécis dans la justification de son acte[646]. En se focalisant sur les idées selon lesquelles, que certaines situations s'étaient révélées nouvelles par rapport à celles qu'avait prévu le constituant en 2006, il devait, pour rendre palpable ses raisons se donner la peine de les mentionner notamment dans l'exposé des motifs de la loi qui a modifié la Constitution. Ce comportement laisse, comme le fait remarquer Roger Mvita, apparaître certains doutes sur la sincérité de son œuvre[647].

L'absence de justification claire de cette œuvre est l'un des problèmes juridiques d'existence des doutes de la conformité de cette loi dont la Cour constitutionnelle pouvait être le seul espoir. André Mbata, tout en affirmant que le fait pour la République démocratique du Congo d'avoir depuis Mobutu jusqu'à aujourd'hui plus d'une vingtaine de textes, n'implique pas qu'il faille parler de la RD Congo comme paradis du constitutionnalisme. L'auteur a par ailleurs, précisé qu'une autorité reconnue ne saurait empiéter le texte constitutionnel sans subir la colère de la Cour constitutionnelle surtout celle du peuple : son auteur par excellence.

En droit congolais, hier qu'aujourd'hui, il se crée un souci pour parler de la compatibilité de la révision constitutionnelle au constitutionnalisme. Déjà à l'époque du Président Mobutu où le Congo avait plusieurs textes constitutionnels, la Cour Suprême de Justice et le peuple n'étaient que des simples jeux faciles à manipuler. Aujourd'hui, le problème est que la révision était intervenue avant l'installation de la Cour constitutionnelle et aucun courage jusque-là du peuple n'était identifié de faire partir un gouvernement illégitime. Les pages suivantes portent sur le Rôle central de la Cour constitutionnelle en matière de révisions constitutionnelles.

---

[645] *Idem.*

[646] Lire l'Exposé des motifs de la loi n°11/002 du 20 janvier 2011 portant modification de certains articles de la Constitution du 18 février 2006, *JORDC*, 52ème année, n° spécial du 05 février 2011.

[647] MVITA KALUBI, R., *Op. Cit*, p. 198.

B. Rôle central de la Cour constitutionnelle en matière de révisions constitutionnelles

Le contrôle de constitutionnalité de la loi constitutionnelle par la Cour constitutionnelle, constitue l'un des moyens efficaces pour contrecarrer d'éventuels abus pouvant subvenir à la suite d'une opération de révision constitutionnelle. Le constitutionnalisme se développe lorsque les mécanismes qui assurent la supériorité de la norme constitutionnelle fonctionnent. Pour quelques raisons, la Cour constitutionnelle, en particulier, constitue l'une des faiblesses du constitutionnalisme en République Démocratique du Congo.

La première raison tient au juge lui-même et à la manière dont il conçoit et accomplit sa mission. Lorsqu'il a tendance à s'autolimiter, à interpréter littéralement et restrictivement ses compétences et à se prononcer quasi systématiquement sur des questions de régularité formelle et non de fond, il donne le sentiment qu'il n'est pas le recours indiqué contre les atteintes à la Constitution et surtout qu'il ne nourrit pas le débat nécessaire à l'enrichissement de la Constitution par voie d'interprétation.

La deuxième raison est liée à la posture du juge dans le cadre du contentieux constitutionnel. Cette posture est, en vérité, complexe dans la mesure où il lui est davantage demandé, en termes quantitatifs, d'arbitrer des contentieux politiques que de se prononcer sur les droits subjectifs que la Constitution reconnaît aux citoyens. Ses décisions sont ainsi systématiquement contestées, quel que soit leur sens, parfois pour des raisons de stratégie politique et surtout lorsqu'ils sont plus souvent à l'avantage du parti politique dominant. Aussi la posture du juge est d'autant plus complexe que ses décisions sont susceptibles d'être analysées sous l'angle de la légitimité. En effet, appelé à se prononcer sur des actes pris par des organes issus du suffrage citoyen, le juge constitutionnel court le risque de se voir reprocher la tentation du gouvernement des juges et d'aller à rencontre de la volonté populaire exprimée par les décisions des élus[648].

Enfin, la crise de la justice constitutionnelle est en partie liée aux conditions de sa saisine. Généralement, le droit de saisir le juge constitutionnel est restreint et n'est pas reconnu aux citoyens et même lorsqu'il est ouvert plus largement, le rendement des juridictions constitutionnelles est moins consistant en raison d'un faible taux de saisine qui, lui-même, s'explique à la fois par l'attitude des citoyens à l'égard du droit, leur préférence pour des modes de résolution non contentieuse des litiges et, parfois, par leur perception négative de l'indépendance et de l'impartialité des juges.

En résumé, la crise de la justice constitutionnelle est due à la passivité du juge constitutionnel face à la violation ou à des révisions opérées d'une manière inconstitutionnelle. Le juge constitutionnel en tant que gardien de la Constitution

[648] MVITA KALUBI, R., *Op. Cit*, p. 199.

doit à tout prix prendre une position quant à une réforme constitutionnelle qui ne saurait justifier sa raison d'être. Sans doute, on ne peut, dans un État de droit comme la RD Congo, échapper à la question du contrôle de constitutionnalité des lois en ce sens que s'il n'existe aucun contrôle, cela signifierait que les autorités peuvent violer la constitution et que celle-ci n'est ni suprême aux lois, ni même obligatoire[649].

Par ailleurs, l'organe juridictionnel étant composé de juristes professionnels et l'organe politique de non-juristes, il y a lieu de noter que les autorités judiciaires peuvent avoir des attaches politiques[650]. Ces attachements sont influencés par la manière dont les autorités habilitées en matière de contrôle de constitutionnalité des lois sont nommées. En République Démocratique du Congo, les juges à la cour constitutionnelle, sont respectivement nommées en raison de trois par le parlement, le Président de la République et le conseil supérieur de la magistrature.

L'influence de ces institutions politiques, peuvent à tort ou à raison contrecarrer la mise en œuvre d'une bonne justice en matière de vérification des lois. Autant dire que l'espoir selon lequel la Cour constitutionnelle peut rendre compatible au constitutionnalisme toute révision constitutionnelle, n'aura lieu que si celle-ci se débarrasse des tendances politiques pour mieux faire son travail.

Par ailleurs, le pouvoir institué est dit limité, lorsqu'il ne lui est pas donné la possibilité de modifier toutes les matières. Celles qui font l'objet de ses limites peuvent contenir plusieurs articles de la Constitution. En droit congolais, par exemple, l'on ne saurait prétendre parler du changement par biais d'une révision à cause de ces limitations.

Ainsi donc, la Cour constitutionnelle ne saura approuver une loi de révision dont la matière échappe aux compétences du pouvoir constituant dérivé. C'est à cet objectif qu'avait été prévu, en droit positif congolais, un article clé relatif au pouvoir du peuple de faire échouer tout gouvernement inconstitutionnel[651].

Comme espoir pour viser toute révision constitutionnelle incompatible au constitutionnalisme, la Cour doit montrer en quoi elle est capable devant toute matière non passable à une révision constitutionnelle. Elle doit faire subir sa colère aux autorités qui auraient initié un tel parcours. C'est dans ce contexte qu'André Mbata Mangu a pu véhiculer ses écrits en martelant qu'aucune autorité, quelle qu'elle soit, ne saurait violer, glisser les règles sans subir la teneur de la

---

[649] BURDEAU, G., *Droit constitutionnel,* Paris, 22ème édition, L.G.D.J, p. 77.
[650] *Idem*, pp. 80-81.
[651] Lire à ces propos l'article 64 de la Constitution du 18 février 2006, telle que révisée à ce jour.

Cour constitutionnelle et surtout du peuple comme auteur principal de la Constitution[652].

Ce qu'il faut bien voir, le peuple a un rôle prépondérant en matière des changements constitutionnels.

§ 2. Le rôle du peuple en matière des changements constitutionnels

Si le peuple peut influencer le départ d'une autorité issue d'une révision constitutionnelle, tel n'est pourtant pas le cas pour la Cour constitutionnelle en matière de changements constitutionnels. La Cour constitutionnelle est un organe juridictionnel composé des juristes professionnels[653] chargés de vérifier la conformité des lois aux textes constitutionnels. Ceci étant, le constituant dérivé ne peut totalement réviser la Constitution. Le faire, vaut changement de la Constitution dont le pouvoir revient au peuple souverain, constituant originaire. Pour rendre le texte compatible au constitutionnalisme, le peuple est un espoir et pour le faire, deux techniques lui sont reconnues : le plébiscite constituant et le référendum.

A. Le plébiscite constituant

Dans cette technique, le peuple n'intervient pas au premier plan du fait qu'il peut intervenir soit pour approuver le texte déjà rédigé, soit on fait appel à un corps électoral pour l'approbation. Le plébiscite met le corps électoral dans une situation de contrainte d'approbation[654]. Cette technique ne permet pas au peuple d'approuver le texte ainsi élaboré. Car la préférence est donnée au corps électoral déjà initié qu'au peuple. Dans ce contexte, elle est dite moins démocratique, car voulant utiliser le peuple pour faire régner les ambitions politiques des auteurs du jeu. Il est ici difficile que le peuple puisse y mettre ses valeurs faute de vérification au préalable, du texte par lui. Que dire du référendum ?

B. Le référendum constituant

Ce procédé présente un caractère plus démocratique que le précédent. Il fait intervenir le peuple en amont et en aval dans l'élaboration de la Constitution. En première étape, la Constitution est élaborée par une assemblée constituante élue avant qu'il soit, en dernier lieu, consulté pour ratifier la Constitution ainsi rédigée[655].

---

652 MBATA BETUKUMESU MANGU, A., « Inconstitutionnalité d'un troisième mandat … », *Op. Cit,* p. 146.

653 BURDEAU, G., *Droit constitutionnel, Op. Cit.,* p. 77.

654 CADART, J., cité par MPONGO BOKAKO BAUTOLINGA, E., *Institutions politiques et droit constitutionnel, Op. Cit,* p. 478.

655 MPONGO BOKAKO BAUTOLINGA, E., *Institutions politiques et droit constitutionnel, Op. Cit,* p. 478.

Comme on peut le constater, le constitutionnalisme ne s'éloigne pas de la démocratie. Les deux n'étant pas synonymes, sont une condition indispensable d'instauration d'un État de droit démocratique. À l'heure actuelle, aucun texte ne saurait prospérer s'il ne prend en considération les règles du constitutionnalisme, c'est-à-dire sans limitation et séparation des pouvoirs, sans consécration des droits humains de toutes les générations[656]. Il est, dès lors, logique qu'en élaborant le texte, le peuple prenne déjà le rythme du jeu pour le rendre conforme au constitutionnalisme. Cependant, quelques textes constitutionnels antérieurs peuvent être le fruit du plébiscite[657].

Au sujet des textes approuvés par plébiscite, l'exemple souvent cité est celui de la Constitution du 24 juin 1967. Le Président Mobutu lui-même était à la fois constituant originaire et constituant dérivé[658]. Par ses différentes révisions, plusieurs textes ont été identifiés et qui ont même banalisé les règles du constitutionnalisme.

Conclusion

L'espoir que le peuple rende le texte compatible au constitutionnalisme n'est pas encore visible. Mais, il ne faut pas pour autant perdre de vue les mérites de l'actuelle Constitution. Rappelons que le référendum comme technique d'élaboration, n'est pas celui auquel le peuple peut être soumis à des questions dont les réponses peuvent être satisfaisantes ou non.

Il sied de noter que pour qu'une révision soit conforme au constitutionnalisme, il faudrait qu'elle s'inscrive dans le respect de la Constitution et que le peuple l'approuve par voie de référendum. Autrement dit, vues les tendances des acteurs politiques de vouloir toucher aux matières interdites sous les fallacieuses révisions constitutionnelles, il est souhaitable que toute révision constitutionnelle soit approuvée par le peuple lui-même. Ce qui permettrait d'éviter non seulement des révisions constitutionnelles intempestives, mais aussi de barrer la route à celles qui porteraient atteinte au constitutionnalisme et qui rendraient le régime instable.

Par rapport au changement constitutionnel, même si l'hypothèse n'a pas encore été prévue par le constituant, on peut, néanmoins, envisager que la révision soit sur base d'une adhésion populaire, soit à la suite de certains événements comme le coup d'État, la révolution etc... Dans tous les cas, l'hypothèse de changement de la Constitution voulu favorable au

---

[656] Lire l'article 16 de la Déclaration universelle des droits de l'homme, Paris, 10 décembre 1948.

[657] MPONGO BOKAKO BAUTOLINGA, E., *Institutions politiques et droit constitutionnel, Op. Cit.*, p. 478.

[658] NGONDANKOY NKOY ea LOONGYA, *Op. Cit*, p. 123.

constitutionnalisme devant faire intervenir le peuple dans l'élaboration de la nouvelle Constitution.

Conclusion de la deuxième partie : Étude diachronique de la révision constitutionnelle et son incidence sur l'état de droit

La révision constitutionnelle est un mécanisme juridique qui consiste à modifier quelques matières en vue d'adapter le texte constitutionnel aux réalités sociales de l'heure. Ce mécanisme connaît néanmoins des limites d'ordre temporel et matériel pour son activation. Cette révision constitutionnelle est l'œuvre du pouvoir constituant dérivé ou institué, mis en place par le pouvoir constituant originaire chargé pour sa part, de l'élaboration de la Constitution.

Comme nous l'avons bien relevé au cours de l'examen de cette seconde partie de notre ouvrage, la révision constitutionnelle trouve son fondement aux articles 218, 219 et 220 de la Constitution auxquels s'ajoute l'article 5. Ainsi, sous la troisième République, la révision de la Loi fondamentale bénéficie d'un cadre constitutionnel bien plus cohérent et mieux adapté.

Un regard rétrospectif sur l'histoire constitutionnelle de la République Démocratique du Congo nous permet de déceler deux types de Constitutions. Les unes sont provisoires (la loi fondamentale du 19 mai 1960 relative aux structures du Congo et la Constitution de la Transition du 04 avril 2003) et les autres sont définitives (il s'agit des constitutions du 1^{èr} août 1964, du 24 juin 1967 et du 18 février 2006).

Le passage de la Loi fondamentale à la Constitution de 1964 dite de Luluabourg par voie de changement constitutionnel, n'avait pas entravé les règles du constitutionnalisme, car l'objectif pour l'État, était de se doter d'une Constitution élaborée et approuvée par les congolais.

Si, sous la première République, le changement constitutionnel a été opéré dans les règles du constitutionnalisme, la deuxième République nous laisse une expérience malheureuse dont aucun constitutionnaliste ne voudra s'en souvenir. En effet, pratiquement toutes les lois constitutionnelles votées par le parlement n'avaient en réalité pour objectif que de renforcer le caractère déjà autoritaire du régime en place.

À titre illustratif, la révision constitutionnelle intervenue par la loi n°74/020 du 15 août 1974 portant révision de la Constitution du 24 juin 1967 dispose dans ces articles 28, 29 et 30 respectivement ce qui suit : En République du Zaïre, il n'existe qu'une seule institution, le Mouvement Populaire de la Révolution, qu'incarne son président. Le MPR est la nation zaïroise organisée politiquement. Son président est de droit Président de la République et détient la plénitude de l'exercice du pouvoir. Il préside le Bureau politique, le Congrès, le Conseil législatif (Parlement), le Conseil exécutif (Gouvernement) et le Conseil judiciaire (pouvoir judiciaire).

Une telle révision constitutionnelle pour ne parler que d'elle, a foulé au pied les principaux fondements du constitutionnalisme. Considérée à juste titre comme un coup d'état constitutionnel, cette révision a instauré un régime de confusion des pouvoirs au profit du Président de la République, effaçant malheureusement toute trace d'un État de droit et d'une quelconque séparation des pouvoirs.

Promulguée le 18 février 2006, la Constitution congolaise qui a ouvert la voie à l'avènement de la troisième République, n'a connu jusque-là qu'une seule révision. Intervenue par la loi n° 11/002 du 20 janvier 2011, cette révision constitutionnelle a aussi conduit au renforcement des pouvoirs du Président de la République qui, dès lors, peut notamment investir et relever de ses fonctions le Gouverneur d'une province (article 198 alinéa 10 de la Constitution), au mépris de la séparation verticale des pouvoirs.

En outre, cette révision a ramené l'élection présidentielle à un seul tour réveillant ainsi le vieux démon de la crise de légitimité. Elle a également porté atteinte à l'indépendance du pouvoir judiciaire, en retirant les parquets du pouvoir judiciaire pour les placer désormais sous l'autorité du Ministre de la Justice qui procède pourtant du pouvoir exécutif.

Comme on peut le remarquer, une étude diachronique des révisions constitutionnelles en République Démocratique du Congo, nous permet de comprendre que ses différents textes constitutionnels ont toujours ou presque subi des révisions sans aucune observance de quatre piliers du constitutionnalisme parmi lesquels figure, l'État de droit. En effet, pour qu'une révision constitutionnelle soit valable, elle doit non seulement répondre au besoin social de l'heure, mais aussi favoriser ou renforcer l'État de droit sans porter atteinte, ni à la séparation des pouvoirs, ni aux droits et libertés fondamentaux des citoyens.

Conclusion générale

La présente étude ambitionne de faire l'évaluation des principes du constitutionnalisme dans la Constitution du 18 février 2006. Elle a abouti au constat que le constituant du 18 février 2006 consacre la séparation des pouvoirs et impose des limitations aux différents détenteurs de ces pouvoirs. Le pouvoir législatif qui est exercé par un parlement composé de deux chambres (Assemblée Nationale et le Sénat) est indépendant du pouvoir exécutif bicéphale (Président de la République et Premier Ministre) et vice-versa. Au sein du pouvoir exécutif, le constituant avait tenu à séparer les pouvoirs du Président de la République de ceux du Premier Ministre. Ce dernier est le Chef de Gouvernement et en assume la responsabilité devant le Parlement.

Les pouvoirs législatif et exécutif sont non seulement séparés et limités entre eux, mais ils le sont aussi vis-à-vis du pouvoir judiciaire. Au sujet de ce dernier justement, le constituant du 18 février 2006 est formel lorsqu'il affirme l'indépendance du pouvoir judiciaire composé désormais de la Cour constitutionnelle, de la Cour de cassation, du Conseil d'État, de la Haute Cour militaire, des Cours et tribunaux civils et militaires ainsi que les parquets y rattachés. Cette indépendance se manifeste par les moyens financiers que le constituant entendait lui offrir avec la disposition à sa charge d'un budget élaboré par le Conseil Supérieur de la Magistrature et dont le Premier Président de la Cour de cassation est de droit l'ordonnateur. Celui-ci est assisté, dans cette tâche, par le Secrétaire permanent du Conseil supérieur de la Magistrature. L'indépendance du pouvoir judiciaire apparait de manière ostensible lorsque le constituant a interdit toute injonction à donner aux magistrats dans l'exercice de leurs fonctions.

La séparation et la limitation des pouvoirs s'établissent également dans les relations entre le Gouvernement central et les provinces ainsi que les entités territoriales décentralisées. En effet, le constituant de 2006 avait pris soin de répartir les compétences entre le Gouvernement central et les provinces en distinguant les compétences exclusives de chaque entité sans oublier leurs compétences concurrentes. Les conflits de compétence entre le Gouvernement central et les provinces ont été attribués à la Cour constitutionnelle. La tutelle, sous quelque forme que ce soit sur les provinces, a été supprimée.

Quant aux entités territoriales décentralisées, elles sont dotées de la personnalité juridique et jouissent de la libre administration. La seule tutelle consacrée sur elles porte sur leurs actes et non sur la personne des animateurs qui doivent être élus au suffrage universel direct pour les membres des organes délibérants (Conseil urbain, Conseil communal, Conseil de secteur et Conseil de chefferie) et au suffrage universel indirect pour les responsables des collèges exécutifs (Maire et Maire-adjoint, Bourgmestre et Bourgmestre-adjoint, Chef de secteur et Chef de secteur-adjoint).

La Constitution du 18 février 2006 a fait de la RD Congo un État de droit, celui où la règle de droit prime sur toutes les autres considérations politiques, sociales, économiques ou humaines. La promotion et la protection des droits humains ont été garantis et occupent une place centrale dans l'architecture de la Constitution, considérée comme la loi fondamentale ou suprême et légitime du pays.

L'article 167 de l'avant-projet de Constitution élaboré par le Sénat institue un comité scientifique présidé par un juge à la Cour constitutionnelle, chargé d'organiser, chaque cinq ans, une conférence d'évaluation de la mise en œuvre de la Constitution pour apprécier les points positifs et les faiblesses éventuelles dans l'application. Cette manière, on peut apercevoir d'éventuels appels à une révision de la Loi fondamentale.

Seize ans après la mise en place des institutions politiques prévues par cette Constitution, le bilan de la promotion du constitutionnalisme est mitigé. Les principes du constitutionnalisme ont été quelques fois foulés aux pieds par les animateurs des institutions de la République. Le principe de la séparation et de la limitation des pouvoirs a été violé pour cause d'une concentration à outrance des pouvoirs au profit du Président de la République. Celui-ci est parvenu à concentrer l'essentiel des attributions exécutives et législatives, notamment grâce au phénomène de la majorité. Les députés et les sénateurs de la majorité qui dominent le Parlement ont perdu leur indépendance lorsqu'ils décident d'obéir au mot d'ordre de l'autorité morale au moment de se prononcer sur des questions promouvant la démocratie et le constitutionnalisme.

Le Président de la République a également confisqué à son propre profit quelques attributions des provinces. Partant du fait que la majorité des provinces ont été dirigées par les partis politiques de la majorité présidentielle, les gouverneurs de provinces furent soumis, comme les parlementaires, à l'autorité morale qui est le Président de la République. Cette soumission a été institutionnalisée par la révision constitutionnelle du 20 janvier 2011 qui a reconnu au Président de la République, de dissoudre en concertation avec les Présidents des chambres parlementaires nationales, de dissoudre les Assemblées provinciales et de relever les gouverneurs de province de leurs fonctions en cas de crise persistante. Cette révision constitutionnelle vidait de sa substance l'autonomie politique des provinces.

La même réforme brisait l'équilibre des pouvoirs consacrés dans la Constitution du 18 février 2006, déséquilibre établi au profit du Président de la République. On a assisté, en quelque sorte, en une véritable personnalisation des pouvoirs d'État par leur concentration au sein d'une seule institution qui se confond, par ailleurs, avec la personne qui l'incarne. Ainsi, somma le glas de l'État de droit voulu par le peuple congolais. La volonté du Président de la République et son programme politique paraissent se substituer à la Constitution et des lois de la République. Les violations constantes de la Constitution et des lois régissant l'État sont une manifestation de la subordination à la volonté des dirigeants politiques.

En effet, les arguments avancés à l'appui de la révision constitutionnelle de 2011 prouvent à suffisance l'inversion de l'ordre de sources de droit constitutionnel en RD Congo par la supplantation de la Constitution du 18 février 2006 par la volonté du Président de la République. À la lecture de l'exposé des motifs de la loi portant révision de certains articles de la Constitution du 18 février 2006, l'incapacité de dirigeants à respecter les dispositions constitutionnelles a été érigée en obstacle. D'où, la nécessité de réviser la Constitution pour l'adapter aux compétences et à la volonté de ceux qui gouvernent le pays. C'est la même logique qui sous-tend les débats sur la révision ou le changement de Constitution qui dominent l'arène politique depuis l'année 2013.

Quant à la promotion et à la protection des droits de l'homme, il convient de dire que la détérioration du climat politique a une conséquence directe sur la situation des droits humains. Au début du fonctionnement des institutions politiques en 2007, un élan de respect des droits civils et politiques était perceptible. Mais il a été vite anéanti par la volonté politique tendant à imposer un retour au monolithisme idéologique, œuvre de la majorité présidentielle. L'exercice des libertés publiques a été restreint et les médias publics confisqués par les tenants du pouvoir qu'ils les détournent au profit de leur propagande politique, au détriment, bien entendu, de l'information et de l'éducation de la population. Les médias privés, qui donnent la voix aux opposants et aux activistes de la société civile sont réduits au silence, dans la plupart des cas, en violation des textes juridiques en matière de la régulation du secteur des médias.

Les droits économiques, sociaux et culturels ne sont que rarement respectés. La RD Congo dispose de tous les atouts pour offrir à son peuple une alimentation, un logement décent, des soins de santé de qualité, une éducation gratuite et des conditions de travail répondant aux standards de l'Organisation Internationale du Travail. En dépit de ces atouts, elle est comptée parmi les pays où l'on trouve des malnutris dans une proportion inquiétante. La défectuosité du système de santé explique le nombre élevé de décès des enfants et des femmes enceintes à cause du paludisme que l'on peut bien prévenir et facilement soigner. La situation du droit au logement est tout aussi désastreuse. Il en est de même de tous les autres droits de la deuxième génération. Ceux de la troisième génération dits droits collectifs connaissent le même sort. Ainsi par exemple, le droit de jouir des richesses nationales que l'État a le devoir de redistribuer de manière équitable est chimérique.

L'avenir du développement politique, économique et social dépend du respect du constitutionnalisme tel qu'inscrit dans la Constitution. Il revient ainsi aux acteurs politiques et sociaux de s'engager dans la promotion et la protection du constitutionnalisme. Les organisations de la société civile doivent jouer un rôle dans la dénonciation de tous les cas de non-respect du constitutionnalisme et exercer des pressions permanentes sur les gouvernants afin qu'ils l'observent dans la gestion de la chose publique. Le pouvoir judiciaire, plus précisément la Cour constitutionnelle, doit également jouer un rôle de premier plan dans le respect du principe. Il faut aussi compter avec le rôle de la société civile plus particulièrement dans la dénonciation des cas de violation des droits de l'homme. L'on espère que comprenant des membres indépendants de la Cour constitutionnelle apportera une contribution essentielle à la promotion du constitutionnalisme.

La Constitution du 18 février 2006 a été conçue par le constituant comme une réponse aux situations difficiles que le pays a connues durant plusieurs décennies des révisions constitutionnelles intempestives. Si hier la révision constitutionnelle pouvait venir sans aucune procédure difficile, aujourd'hui tel n'est plus le cas, simplement parce que les matières qu'elle contient n'ont pas toutes la même valeur juridique. Il existe celles qui ne peuvent être visées par une révision constitutionnelle.

En droit positif congolais, ces matières sont contenues à l'article 220, elles rendent la Constitution difficile et la classent sur la liste des constitutions rigides et intangibles, à tel point que, ces matières une fois touchées, on tombe dans l'hypothèse non de la révision constitutionnelle, mais plutôt dans le changement constitutionnel. Il a été remarqué que les révisions constitutionnelles en droit congolais n'ont toujours pas été des simples modifications, mais sont devenues des véritables changements constitutionnels par biais notamment de fraudes ou de violations constitutionnelles. Le lien que la révision ou le changement peut avoir avec les règles du constitutionnalisme a aussi été parmi les préoccupations que cette étude s'est forcée d'analyser. À cette occasion, outre les hypothèses qui ont été prévues à titre provisoire, la lecture ne peut être que celle selon laquelle ce n'est pas par le simple fait d'être prévue que la révision constitutionnelle respecte la procédure et les règles qui lui sont permises. Si tel était le cas, aucun problème ne pouvait se poser chaque fois que se présente le besoin de réviser la Constitution.

Les autorités, à qui est confié, le soin de modifier la constitution, ne sont pas souvent animées par la volonté du respect des règles qu'elles ont toujours utilisées des astuces pour leur permettre de rester le plus longtemps possible au pouvoir. La révision du 11 janvier 2011 est identifiée dans le cadre de cette étude comme une manœuvre ayant permis au Président de la République alors en fonction d'avoir plus de pouvoirs que d'autres institutions, puisqu'il a été révélé que celui-ci pouvait dissoudre une assemblée nationale ou provinciale, voire faire partir un gouverneur de province. Alors que les provinces doivent s'administrer librement, une règle importante du constitutionnalisme est énervée par cette révision. Car il s'agit là non pas d'une augmentation des prérogatives des provinces, mais bien d'un amoindrissement jusque-là interdit par le constitutionnalisme. Cette révision semble avoir, si pas en tout, mais en partie, le même rythme que les quatre autres identifiées, sous le régime de la Constitution du 29 juin 1967, dont toutes sont qualifiées de changements constitutionnels.

Le changement constitutionnel ne vient pas pour se démarquer de la révision, ni d'une voie juridique, mais plutôt par celle dite politique. Il suit une logique selon que l'on est dans un État démocratique ou dans celui non démocratique et n'entretient des rapports avec le constitutionnalisme que lorsqu'il a pour ambition d'instaurer un État démocratique car il n'y a pas de démocratie sans constitutionnalisme. Il faut aussi avouer que les changements qui viennent par biais d'une violation des règles n'ont toujours pas eu pour effet l'instauration d'un régime démocratique. L'objectif souvent poursuivi est celui de rester longtemps possible au pouvoir.

L'absolutisme que visent souvent les dirigeants africains, en général et congolais, en particulier, n'est pas un principe constructif du constitutionnalisme. Ce dernier veut que les règles relatives à la limitation des mandats et aux droits fondamentaux soient rigoureusement respectées, encore faut-il reconnaître non seulement les droits de la première génération sinon, il serait négatif, mais aussi ceux de la deuxième et troisième génération, pour être cette fois-ci positif.

A partir des idées précédentes, nous suggérons que la révision constitutionnelle soit une contribution au renforcement du processus démocratique et à la promotion des droits et libertés fondamentaux des citoyens, au renforcement de la paix et de la cohésion sociale. Il faut, par conséquent, éviter toute initiative de révision susceptible d'engendrer l'instabilité institutionnelle. Il faut cependant éviter toute révision constitutionnelle qui ne reflète que l'intérêt des acteurs politiques animateurs des institutions de la République.

Pour répondre aux pareilles orientations, la Cour constitutionnelle est le premier pilier mis en place par le constituant pour ne permettre que la révision conforme aux règles du jeu surtout à celles qui limitent les mandats et protègent les droits humains. Quant au changement de Constitution, le peuple doit trancher dans la même optique, car c'est à lui que revient le soin d'élaborer une nouvelle Constitution.

Soutenant l'idée de durabilité, la Constitution, entendue comme la norme des normes, doit bénéficier d'une protection plus accrue pour ne pas rompre assez facilement les équilibres fondamentaux qui ont concouru à dégager le consensus politique sur lequel s'accordait majorité-opposition sur la gestion de l'État.

En effet, on n'élabore pas une Constitution pour l'anéantir le lendemain de son adoption. La Constitution est faite pour la durée.

Pour notre part, nous souhaitons que pour sa révision, la Constitution ne soit peut être amendée qu'après 4 mandats successifs pour voir dans quelle mesure, il y aurait eu quelques failles. C'est à cette condition qu'une commission ad hoc peut déjà s'y mettre pour l'amender.

La rigidité de la procédure de révision constitutionnelle favorise une gouvernance qui pèse, à l'avance, ses actes et anticipe le danger que ceux-ci comportent afin d'agir de manière à éviter toute erreur. Toute Constitution est-elle appelée telle par la volonté du constituant ou parce qu'elle serait entourée d'une certaine protection la plaçant au-dessus d'une loi ordinaire ? Selon Babacart Kanté, la banalisation de la Constitution est une première tare presque congénitale qui caractérise aujourd'hui les Constitutions africaines.

Bibliographie

I. Textes juridiques

Constitution du 18 février 2006 telle que modifiée et complétée par la loi n°11/002 du 20 janvier 2011 portant révision de certains articles de la Constitution de la République Démocratique du Congo in Journal Officiel de RD Congo, 52ème année, n° spécial, Kinshasa, 05 février 2011.

Loi n°90-002 du 05 juillet 1990 portant révision de certaines dispositions de la Constitution du 24 juin 1967.

Loi organique n° 08/016 du 07 octobre 2008 portant composition, organisation et fonctionnement des entités territoriales décentralisées et leurs rapports avec l'État et les provinces, Journal Officiel, 49ème année, numéro spécial, 10 octobre 2008.

La Déclaration française de Droits de l'Homme et du citoyen du 26 août 1789.

Loi n° 06/006 du 09 mars 2006 portant organisation des élections présidentielle, législatives, provinciales, urbaines, municipales et locales, telle que modifiée et complétée par la loi n° 11/003 du 25 juin 2011.

Loi n° 13/014 portant ratification de l'Ordonnance-loi n°013/001 du 23 février 2013 fixant la nomenclature des impôts, droits, taxes et redevances des Provinces et des entités territoriales décentralisées ainsi que leurs modalités de répartition, in Journal Officiel de RD Congo, 54eme année, n° 14 du 15 juillet 2013.

Loi n°13/015 du 26 juin 2013 portant ratification de l'Ordonnance-loi n° 013/002 du 23 février 2013 fixant la nomenclature des droits, taxes et redevances du pouvoir central, JORDC, 54eme année, n° 14 du 15 juillet 2013.

Loi n° 13/016 du 26 juin 2013 portant ratification de l'Ordonnance-loi n° 013/003 du 23 février 2013 portant réforme des procédures relatives à l'assiette, au contrôle et aux modalités de recouvrement des recettes non fiscales, in Journal Officiel de RD Congo, 54ème année, n° 14 du 15 juillet 2013.

Loi n°13/017 du 26 juin 2013 portant ratification de l'Ordonnance-loi n°013/004 du 23 février 2013 portant abrogation de certaines dispositions de la Loi n°006/03 du 13 mars 2003 fixant les modalités de calcul et de perception des acomptes et précomptes de l'impôt sur les bénéfices et profits, in Journal Officiel de RD Congo, 54ème année, n° 14 du 15 juillet 2013.

Loi n°13/018 du 26 juin 2013 portant ratification de l'Ordonnance-loi n°013/005 du 23 février 2013 modifiant et complétant certaines dispositions de la Loi n°004/2003 du 13 mars 2003 portant réforme des procédures fiscales, in Journal Officiel de RD Congo, 54ème année, n° 14 du 15 juillet 2013.

Loi n°13/019 du 26 juin 2013 portant ratification de l'Ordonnance-loi n°013/006 du 23 février 2013 portant régime fiscal applicable aux entreprises de petite taille en matière d'impôt sur les bénéfices et profits, JORDC, 54ème année, n° 14 du 15 juillet 2013.

Loi n° 13/020 du 26 juin 2013 portant ratification de l'Ordonnance-loi n°013/007 du 23 février 2013 modifiant et complétant certaines dispositions de l'Ordonnance-loi n° 10/001 du 20 août 2010 portant institution de la taxe sur la valeur ajoutée, in Journal Officiel de RD Congo, 54ème année, n° 14 du 15 juillet 2013.

Loi n°013/021 du 26 juin 2013 portant ratification de l'Ordonnance-loi n°013/008 du 23 février 2013 modifiant et complétant certaines dispositions de l'Ordonnance-loi n°69/009 du 10 février 1969 relative aux impôts cédulaires sur les revenus, in Journal Officiel de RD Congo, 54ème année, n° 14 du 15 juillet 2013.

Loi n°013/022 du 26 juin 2013 portant ratification de l'Ordonnance-loi n°013/009 du 23 février 2013 modifiant et complétant certaines dispositions de l'Ordonnance-loi n°90/046 du 08 août 1990 portant réglementation du petit commerce, JORDC, 54ème année, n° 14 du 15 juillet 2013.

Décret-loi n°82 du 02 juillet 1998 portant statut des autorités chargées de l'administration des circonscriptions territoriales.

II. Doctrine

1. Ouvrages et Chapitres d'ouvrages

ACQUAVIVA, J.-C., Droit constitutionnel et institutions politiques, Paris, 8ème édition, Gualino, 2005.

AUER, A., MALINVERNI, G., et HOTTELIER, M., Droit constitutionnel suisse, Volume I, L'Etat, Berne, Staempfli Editions, 2000.

AUER, Droit constitutionnel Suisse. Les droits fondamentaux, Berne, Stampfli, 2000.

BAKANDEJA wa MPUNGU, G., « Les enjeux de l'adhésion de la République Démocratique du Congo à l'organisation pour l'harmonisation en Afrique du droit des affaires », in NDESHYO RURIHOSE (dir.), Mélanges Céleslin Nguya-Ndila. La République Démocratique du Congo : les défis récurrents de la décolonisation, de l'État de droit et du développement économique et social, Kinshasa, CEDESURK, 2012.

BAKANDEJA wa MPUNGU, G., MBATA BETUKUMESU MANGU, A., et KIENGE KIENGE INTUDI, R., Participation et responsabilité des acteurs dans un contexte d'émergence démocratique en République Démocratique du Congo. Actes des journées scientifiques de la Faculté de Droit de l'Université de Kinshasa, 18-19 juin 2007, Kinshasa, PUK, 2007.

BALAGUER CALLEJON, F., PINON, S. et VIALA, A., (dir), Le pouvoir constituant au 21ème siècle, Paris, Institut Universitaire Varenne, 2017.

BALANDA MIKUIN LELIEN, G., Les accords de paix en République Démocratique du Congo, Kinshasa, Cheche, 2003.

BALINGENE KAHOMBO, Fondements de la révision congolaise du 18 février 2006, Academia-Bruylant, 2018.

BANEGAS, R., « Retour sur une transition modèle. Les dynamiques du dedans et du dehors de la démocratisation béninoise » in Dalloz, J-P et QUANTUM, P., (dir), Transitions démocratiques africaines. Dynamiques et contraintes (1990-1994), Paris, Karthala, 1997.

BARANGER, D., Le droit constitutionnel, Paris, PUF, 2003.

BECCARIA, C., Des délits et des peines, Paris, Flammarion, Ed. Champs, 1979.

BIDEGARAY, C., « Election », Dictionnaire constitutionnel, Paris, PUF, 1987.

BOLLE, S., Les révisions dangereuses sur l'insécurité constitutionnelle en Afrique, in MABAKA (dir), Constitutions risquées, Paris, l'Harmattan, 2010.

BORRELLA, F., Eléments du droit constitutionnel, Paris, Science politique, 2008.

BOSHAB, E., Entre la révision de la constitution et l'inanition de la Nation, Bruxelles, Larcier, 2013.

BOTTINI, E., HARCOURT, B., PASQUINO, P., et PFERSMANN, O., (dir), Nouveaux regards sur des modèles classiques de démocratie constitutionnelle. Etats-Unis, Europe, Paris, Ed. Mare et Martin, 2018.

BRAUD, Ph., La démocratie politique, Paris, Seuil, 1997.

BULA BULA SAYEMAN (dir.), Pour l'épanouissement de la pensée juridique congolaise. Liber amicorum Marcel Antoine LIHAU, Kinshasa, Bruxelles, PUK, Academia-Bruylant, 2006.

BURDEAU, G., HAMON, F., et TROPER, M., Droit constitutionnel, Paris, LGDJ, 1991.

CAYLA, O. et HALPERIN, J.L.(dir.), Néo ou rétro constitutionnalismes ? Mises en perspective de la démocratie constitutionnelle contemporaine, Paris, Ed. Mare et Martin, 2018.

CHANTEBOUT, B., Droit constitutionnel, Paris, 21ème éd, Armand colin, 2001.

CHEVALIER, J., L'Etat de droit, 5ème édition, Paris, Montchrestien, 2010.

CHEVALLIER, J., L'Etal de droit, 3ème édition, Paris, Montchrestien, 1999.

CORNU, G., Droit constitutionnel, Paris, Economica, 1993.

CORTEN, O., Méthodologie di droit international public, Bruxelles, Ed. de l'Université de Bruxelles, 2009.

De VILLER M. et Le DIVELLE D., Dictionnaire du droit constitutionnel. Notions essentielles. Institution jurisprudence et doctrine, Campus LMD, Sirey, 1984.

DELMONS, M., Libertés et droits fondamentaux, Paris, édition du seuil, 1996.

DELPEREE, F., Administration et fonctionnement de la justice en Belgique. Rapport, Annuaire Européen d'administration publique, 1991.

DIOP, E.H.O., L'instrumentalisation de la Constitution dans les régimes politiques africains, Dakar, Crédila-Ovipa, 2017.

DJOLI ESENG'EKELI, J., Droit constitutionnel : l'expérience congolais, RDC, Paris, l'Harmattan, 2013.

DJOLI ESENG'EKELI, J., Droit constitutionnel, Tome 1 : Principes structuraux, Kinshasa, EUA, 2010.

DJOLI ESENG'EKELI, J., Le constitutionnalisme africain : entre la gestion des héritages et l'invention du future. Contribution à l'émergence d'une théorie africaine de l'État, Paris, Consciences et Savoirs, 2006.

DUPUIS, J., Droit administratif, Paris, 6èmeéd, l'Harmattan, 1999.

DUVERGER, M., Les constitutions de la France, Paris, PUF, 2004.

EISENMANN, C., L'esprit des lois et la séparation des pouvoirs, Mélanges Carré de Malberg, 1993.

ESAMBO KANGASHE, J.L., Le droit constitutionnel, Bruxelles, Louvain-la-Neuve, Academia-L'Harmattan, 2013.

ESAMBO KANGASHE, J.L., Traité de droit constitutionnel congolais, Paris, l'Harmattan, 2017.

ESAMBO KANGASHE, J.L., La Constitution congolaise du 18 février 2006 à l'épreuve du constitutionnalisme. Contraintes pratiques et perspectives. Academia- Bruylant, 2010.

FALL, I-M., Elections et résolution des conflits en Afrique de l'Ouest, communication présentée au congrès du Réseau africain de droit constitutionnel, African Security, Dakar, octobre, 2003.

FALL, I-M., Les révisions constitutionnelles au Sénégal. Révisions consolidantes et déconsolidantes de la démocratie Sénégalaise, Dakar, CREDILA, 2011.

FRIEDRICH, C.J., La démocratie constitutionnelle, Paris, PUF, 1958.

GERARD LIBOIS, L'avant-projet de Constitution pour la République Démocratique du Congo, Kinshasa, 1962.

GRAWITZ, M., Méthodes des sciences sociales, Paris, Dalloz, 1970.

GRIMM, D., « La souveraineté », in TROPER, M. et CHAGNOLLAUD, D.(dir), Traité international de droit constitutionnel, Tome I, Théorie de la Constitution, Paris, Dalloz, 2012.

GUASTINI, R., Leçons de théorie constitutionnelle, Paris, Dalloz, 2010.

GUINCHARD, S., et MONTAGNIER, G., Lexique des termes juridiques, Paris, Dalloz, 2007.

HABERLE, P., L'Etat constitutionnel, Paris, Economica, 2004.

HABERMAS, J., « Citoyenneté et identité nationale. Réflexions sur l'avenir de l'Europe », in LENOBLE, J. et DEWANDRE, N.(dir), L'Europe au soir du siècle. Identité et démocratie, Paris, Esprit, 1992.

HEUSCHLING, L., Etat de droit, Rechtsstaat, Rule of Law, Paris, Dalloz, 2002.

HOBBES, T., "Léviathan", in La politique. Les plus grands textes de xénophon à Machiavel et Rawls, Paris, CNRS Editions, 2011.

IHONVBERE, J.O MAMDANI, M., Social Movements and Constitutionalism in the Africa Context, in SHIVJI, I.G., (ed), State and Constitutionalism: An African Debate on Democracy, Harare: SAPES, 1ère Edition, 1991.

ILAYEK, F.A., Droit, législation, liberté, Tome 3, Paris, PUF, 1983.

IYELEZA MOJU-MBEY (dir), Recueil des textes constitutionnels de la République du Zaïre. Du 19 mai au 28 Avril 1991 avec, en annexe la charte coloniale du 18 oct. 1908, Kinshasa, éd. 1SE-CONSULT. Avril, 1991.

KABILA, J., L'Etat de la Nation 2007-2008-2009, Kinshasa, Edition de la Presse présidentielle, 2010.

KALUBA DIBWA, D., La justice constitutionnelle en RDC. Fondement et modalité d'exercice, Louvain-la-Neuve, Paris, Academia-l'Harmattan, 2010.

KAMUKUNY MUKINAY, A., Contribution à l'étude de la fraude en droit constitutionnel congolais, Paris, l'Harmattan, 2007.

KAMUKUNY MUKINAY, A., Droit constitutionnel congolais, Kinshasa, EUA, 2010.

LE DIVELLEC, A. et DE VILLIERS, M., Dictionnaire du droit constitutionnel, 11ème éd., Paris, Sirey, 2017.

LE PILLOUER, A.(dir), La protection de la Constitution. Finalités, Mécanismes, Justifications, Poitiers, Presses Universitaires Juridiques, 2018.

LEBRETON, G., Libertés publiques et droits de l'Homme, 6ème éd., Paris, Dalloz, 2003.

MABAKA MUKWABUHIKA, P. et SEFU THSI-B'EM WADDJIBOU, D., La Constitution de la République Démocratique du Congo du 18/02/2006. Risques et prospectives, Paris, Editions Publisud, 2016.

MABANGA MONGA MABANGA, Le contentieux constitutionnel congolais, Kinshasa, Kinshasa, EUA, 1999.

MABIALA MANTUBA-NGOMA P. (dir.), Le processus de décentralisation en République Démocratique du Congo. Kinshasa, Publication de la Fondation Konrad Adenauer, 2009.

MADIOR FALL, S., Les révisions constitutionnelles. Révisions consolidantes et révisions déconsolidantes de la démocratie sénégalaise, Dakar, Crédila, 2011.

MAMPUYA KANUNK'a TSHIABO, A., Espoirs et déceptions de la quête constitutionnelle congolaise. Clés pour comprendre le processus constitutionnel du Congo-Kinshasa, Kinshasa-Nancy, AMA-BNC, 2005.

MAMPUYA KANUNK'a-THIABO, A., Traité de Droit international public, Kinshasa, Médiaspaul, 2016.

MASSERON, J.-P., Le pouvoir et la justice en Afrique noire Francophone et à Madagascar, Paris, Ed. Pedone, 1996.

MATADI NENGA GAMANGA, Droit judicaire privé, éd. Droit et idées nouvelles, Academia-Bruylant, Kinshasa, 2006.

MBATA B. MANGU, A., « Constitutionnalisme, Constitutions et limitation des pouvoirs et des mandats présidentiels en Afrique », in AIVO, F.J.(dir), La

Constitution béninoise : un modèle pour l'Afrique ? Mélanges en l'honneur de Maurice Ahanhanzo-Glélé, Paris, L'Harmattan, 2014.

MBATA BETUKUMESU MANGU, A., Barack Obama et les défis du changement global, Paris, l'Harmattan, 2012.

MBATA BETUKUMESU MANGU A., Introduction générale à l'étude du droit public, Kinshasa, (s.éd.), 2009.

MBATA BETUKUMESU MANGU, A., « Perspectives du constitutionnalisme et de la démocratie en République Démocratique du Congo sous l'empire de la Constitution du 18 février 2006 », in BULA BULA SAYEMAN (dir.), Pour l'épanouissement de la pensée juridique congolaise. Liber amicorum Marcel Antoine LIHAU, Kinshasa, Bruxelles, PUK, Academia-Bruylant, 2006.

MBATA BETUKUMESU MANGU, A., Abolition de la peine de mort et constitutionalisme en Afrique, Paris, l'Harmattan, 2011.

MBATA BETUKUMESU MANGU, A., Education à la citoyenneté. Manuel d'enseignement, Kinshasa, Galimage, 2010.

MBOKO DJ'ANDIMA, J.-M., Principes et usages en matière de rédaction d'un travail universitaire, Kinshasa, Editions CADICEC-UNIAPAC/CONGO, 2004.

MBOKO DJ'ANDIMA JM., Droit constitutionnel du Congo. Textes et documents fondamentaux, Vol. 2, Bruxelles, Académia - L'Harmattan, 2013.

MONTESQUIEU, De l'esprit des lois. Les grands thèmes, Paris, Gallimard, 1970.

MPONGO-BOKAKO BAUTOLINGA E., Institutions politiques et droit constitutionnel, Tome 1 : Théorie générale des institutions politiques de l'État, Kinshasa, EUA, 2001.

MULUMA MUNANGA, G., TIZI, A., Le guide du chercheur en sciences sociales et humaines, Kinshasa, Editions SOGEDES, 2003.

MULUMBATI NGASHA A., Introduction à la science politique, 2ème édition, Lubumbashi, Editions Africa, 2006.

NDAYWEL é NZIEM, I., La Constitution de la 3ème République du Congo-Zaïre adoptée par la CNS, Volume 1, Paris, l'Harmattan, 2001.

NDIAYE, A., Les décisions et Avis du conseil constitutionnel du Sénégal, Dakar, CREDILA, 2008.

NGOMA-BINDA (dir), La République Démocratique du Congo, démocratie et participation à la vie politique : une évaluation des premiers pas dans la 3ème République, AFRIMAP, Johannesburg, 2010.

NKULU KILOMBO, Congo-Zaïre de la Charte coloniale à la constitution de la 3ème République, Kinshasa, Ed. SECCO, 1991.

NTUMBA LUABA LUMU, Droit constitutionnel général, Kinshasa, EUA, 2007.

NYEMBO-ya-LUMBU, M. O., La Constitution de la Troisième République est fédérale. Regard critique sur la décentralisation, Kinshasa, Editions Universitaires Africaines, 2009.

POTIER, J-M., Les Constitutions de la France, Paris, Dalloz, 1996.

QUESNEL, M, La protection de l'identité constitutionnelle de la France, Paris, Dalloz, 2015.

RIVERO, J., Libertés publiques. Tome 1 : Les droits de l'homme, Paris, 1996.

SCHOCHET, G.J., Introduction : Constitutionalism, Liberalism and the Study of Politics, in PENNOCK, J.R. & CHAPMAN, J.W., Constitutionalism, New York, New York University Press, 1979.

SHOMBA KINYAMBA, S., Méthodologie de la recherche scientifique. Les ficelle de captage et les logiques d'analyse des données, Kinshasa, PUK, 2012.

SICILIANOS, L.A., L'ONU et la démocratisation de l'Etat. Systèmes régionaux et ordre juridique universel, Paris, Pedone, 2000.

SOULIER, G., L'Europe. Histoire, civilisation, institutions, Paris, Armand Colin, 1994.

TAILLON, P., Le référendum expression directe de la souveraineté du peuple ? Essai critique sur la rationalisation de l'expression référendaire en droit comparé, Paris, Dalloz, 2012.

TOENGAHO LOKUNDO, F., Les constitutions de la République Démocratique du Congo. De Kasa-Vubu à Joseph Kabila, Kinshasa, PUC, 2008.

TUORI, K., « L'Etat de droit », in TROPER, M. et CHAGNOLLAUD, D.(dir), Traité international de droit constitutionnel, tome I, Théorie de la Constitution, Paris, Dalloz, 2012.

VERDUSSEM, M., La Constitution Belge. Lignes et interlignes, Bruxelles, Nivelles, 2004.

GUSY, C., « Juge constitutionnel et gardien de la constitution », in GREWE, C., (dir), La notion de justice constitutionnelle, Paris, Dalloz, 2005.

CONAC, G., « L'insertion des processus constitutionnels dans les stratégies de paix, cinq exemples de Constitutions post-conflictuelles », Etudes en l'honneur de G. Timsit, Bruxelles, Bruylant, 2004.

VUNDUAWE te PEMAKO, F., A l'ombre du léopard. Vérités sur le régime de Mobutu Sese Seko, Bruxelles, Edition Zaïre Libre, 2000.

VUNDUAWE te PEMAKO, F., Traité de droit administratif, Bruxelles, Afrique Editions- Larcier, 2007.

KUMBU ki NGIMBI, J.M., « Bonne gouvernance comme condition d'un développement participatif en République Démocratique du Congo », in BAKANDEJA wa MPUNGU, MBATA BETUKUMESU MANGU, A., et KIENGE-KIENGE INTUDI, R., (dir), Participation et responsabilité dans un contexte d'émergence démocratique en RDC. Actes des journées scientifiques de la Faculté de Droit de l'Université de Kinshasa, 18-19 juin 2007.

KUMBU ki NGIMBI, J.M., KABAMBA, B. et ESAMBO KANGASHE, J.L., « La Constitution de la République Démocratique du Congo », in NIANE I., MAZYAMBO A. et al., La consolidation du cadre démocratique en République Démocratique du Congo, Kinshasa, PNUD, 2012.

MBATA BETUKUMESU MANGU, A., « Mandat présidentiels et révision constitutionnelle en Afrique: cas de République Démocratique du Congo », Kinshasa, IDGPA, 2013.

MBATA BETUKUMESU MANGU, A., « Suprématie de la Constitution, indépendance du pouvoir judiciaire et gouvernance démocratique en République Démocratique du Congo », in BAKANDEJA wa MPUNGU, G., MBATA BETUKUMESU MANGU, A., KIENGE KIENGE INTUDI, R., (Dir), Participation et responsabilité des acteurs dans un contexte d'émergence démocratique en République Démocratique du Congo, (Actes des journées scientifiques de la Faculté de Droit du 18 et 19 juin), Kinshasa, PUK, 2007.

MVITA KALUBI, R., « La décentralisation territoriale en République Démocratique du Congo sous le régime de la Constitution du 18 février 2006 », in KUMBU ki NGIMBI (dir), La décentralisation territoriale en République Démocratique du Congo sous le régime de la Constitution du 18 février 2006. Bilan et perspectives, Kinshasa, Editions de la Campagne des droits de l'homme au Congo, 2014.

N'GBANDA NZAMBO ko ATUMBA, H., Ainsi sonne le glas ! Les derniers jours du maréchal Mobutu, Paris, Editions GIDEPPE, 1998.

OKOTH OGENDO, H.W.O. ''Constitutions without constitutionalism: Reflections on an African Political Paradox'' in SHIVJI, I.G., State and Constitutionalism: An African Debate on Democracy, Harare, SAPES, 1991.

VUNDUAWE te PEMAKO, F., « Réflexion sur le régionalisme politique ou la nouvelle décentralisation territoriale », in PNUD, Mandais, rôles et fonctions des pouvoirs constitués dans le nouveau système politique de la République Démocratique du Congo. Journées d'information et déformation organisées à l'intention des parlementaires, des députés provinciaux et de hauts cadres de l'administration (février-juin 2007), Kinshasa, s.éd.. 2007.

WETSH'OKONDA KOSO SENGA M., Les perspectives des droits de l'homme dans la Constitution congolaise du 18 févier 2006, Kinshasa, CDHC, 2006.

ZOLLER, E., Droit constitutionnel, 2ème éd., Paris, PUF, 1999.

2. Thèses et Mémoires

BEDARRIDES, E., Réviser la constitution. Une histoire constitutionnelle française, Thèse de doctorat, Université de Bourgogne, 2014.

EKOTO LOLEKE, C., Le constitutionnalisme sous la constitution de la troisième République en République Démocratique du Congo : Une étude critique, Mémoire de D.E.S, Université de Kinshasa, 2013.

KALALA MUPINGANI, F., Contribution à l'étude des conditions de l'effectivité des normes protectrices de la Constitution contre la fraude en Afrique, Thèse de doctorat, Université de Kinshasa, 2019.

KALUBA DIBWA D., Du contentieux constitutionnel en République Démocratique du Congo : une contribution à l'étude des fondements et des modalités d'exercice de la justice constitutionnelle, Thèse de doctorat, 2010.

KALUBO NSIMBA, Les motions de censure et de défiance dans la jurisprudence congolaise, Mémoire de D.E.S. en Droit, Faculté de Droit, Université de Kinshasa, 2013.

KITETE KIKUMBA, Autonomie politique et institutionnelle au Zaïre : Essai de solution à l'inadéquation institutionnelle, Thèse de Doctorat en Droit, Paris I Panthéon, 1988.

KOSSI SOMALI, Le parlement dans le nouveau constitutionnalisme en Afrique. Essai d'analyse comparée à partir des exemples du Bénin, du Burkina Faso et du Togo, Thèse de doctorat, Université de Lille, 2008.

MAKIASHI, W., L'Etat en Afrique, de la crise à la refondation. Cas de la République Démocratique du Congo, Thèse de doctorat en droit, Université de Kinshasa, Faculté de droit, 2014.

MBANGALA BIMBU, F., Le constitutionnalisme en Afrique : Entre mimétisme institutionnel et autonomie constitutionnelle. Cas de la République Démocratique du Congo. Quête africaine d'un Etat de droit démocratique, Thèse de doctorat, Université de Kinshasa, 2013.

MBAU SUKISA, D., Contribution à la construction d'un cadre de protection pénale de la Constitution en République Démocratique du Congo : Etude positive et prospective, Thèse de doctorat, Université de Kinshasa, 2020.

MBOKO DJ'ANDIMA, J-M., l'État de droit constitutionnel en RDC, Mémoire DES, Université de Kinshasa, Faculté de droit, 2005.

MENDE OLENGA, P., De la justiciabilité des lois de révision constitutionnelle en Afrique francophone. Etat de la question et prospective congolaise, Thèse de doctorat, Université de Kinshasa, 2019.

OMEONGA TONGOMO, B., Le contrôle juridictionnel de l'administration en droit congolais, Thèse de doctorat, Université de Kinshasa, Faculté de droit, Kinshasa, 2012.

OUEDRAOGO, S.M., La lutte contre la fraude à la Constitution en Afrique noire francophone, Thèse de doctorat, Université Montesquieu-Bordeaux IV, 2011.

PUNGA KUMAKINGA, P., Constitutions et constitutionnalisme en Afrique. Cas de la République Démocratique du Congo, Mémoire de Licence, Faculté de Droit, Université de Kinshasa, 2005.

3. Articles de Revues

AKELE ADAU, P., « Réponses pénales au discours du désordre constitutionnel ou au désordre du discours constitutionnel en République Démocratique du Congo : La Cour constitutionnelle à l'épreuve », Revue africaine de la démocratie et de la gouvernance. Vol. 1, n° 2&3, 2014.

BABACAR GUEYE, « La démocratie en Afrique: succès et résistances », Revue française d'études constitutionnelles et politiques, n° 129, 2012.

BAKANDEJA wa MPUNGU, G., « Constitutionnalisme, État de droit et Démocratie. La nouvelle Constitution de la République Démocratique du Congo : sources et innovations », Annales de la Faculté de Droit. Edition spéciale Droits de l'Homme. Commémoration du 59ème anniversaire de la Déclaration universelle, Kinshasa, 2007.

BALINGENE KAHOMBO, « L'adhésion de la RDC à l'OHADA : vers la prospérité nationale par l'unification du droit ? », Librairie africaine d'études juridiques, Volume 2, BEAUD, O., « Les mutations de la 5ème République. Ou comment se modifie une constitution écrite ? », Revue pouvoir, n°99, 2001.

BOLA NTOTELE, « De la rupture et de la continuité de l'État », Afrique et Développement, n° 14, 2003.

BOSHAB E., « République Démocratique du Congo : État unitaire à régionalisation constitutionnelle ou fédéralisme assourdi ? », Revue de Droit Africain, n° 7 juillet 1998.

BOSHAB, E., « La misère de la justice et justice de la misère en République Démocratique du Congo », Revue de la recherche juridique Droit prospectif, 74eme numéro, 23ème année, Presses universitaire d'Aix-Marseille, 2013.

BOSHAB, E., « Quelles institutions pour la troisième République ? », le Diagnostic, vol. I, n°01, Kinshasa, 1992.

CIHUNDA HENGELELA, J., « Acteurs de la bonne gouvernance en RD Congo post-électorale », Congo-Afrique (Mars 2008) n° 423.

CIHUNDA HENGELELA, J., « Forme de l'Eta dans la Constitution du 18 février 2006 en République Démocratique du Congo. Réflexions critiques sur les choix des options fondamentales et évaluation de leur mise en œuvre », Congo-Afrique, n° 480, 52eme année, novembre-décembre 2013.

DE SAINT MOULIN, L., « Instabilité constitutionnelle, un viol trompeur pour les vrais problèmes de la RD. Congo », Congo-Afrique, n°48S, octobre 2014.

DJOLI ESENG'EKELI, J., La mobilité constitutionnelle en Afrique post coloniale. Dimension structurelle et opportunisme conjoncturel, « Congo-Afrique », n°488, octobre 2014.

DJOLI ESENGEKELI, E., « La mobilité constitutionnelle en Afrique en Afrique postcolonial : dimension structurelle et opportunisme conjoncturel », Congo-Afrique, n°488, octobre, 2014.

DJOLI ESENG'EKELI, J. « Problématique de l'identité du projet constitutionnel », Congo-Afrique (Septembre 2005) n° 397.

ESAMBO KANGASHE J.-L., « Le Président de la République et le Premier ministre sous l'acte constitutionnel de la transition : duo ou duel ? » Africa-Focus, vol. 15, n°126, Bruxelles, 1997.

ESAMBO KANGASHE, J.-L., « La protection du projet de Constitution de la République Démocratique du Congo », Congo-Afrique, (septembre 2005), n°397.

FAVOREU, L., « L'injusticiabilité des lois constitutionnelles », Revue française de droit constitutionnel, n°4, 2003.

KALALA MUPINGANI, F., « La constitution congolaise du 18 février 2006 et la responsabilité pénale du Chef de l'État : un édifice constitutionnel fictif », RADG, volume I, n°2 et 3.

KALALA, M.M., « Parité homme-femme dans la période post-électorale », Congo-Afrique (Février-Mars 2006), n° 402-403.

KALALA, M.M., « Projet de Constitution et droits humains », Congo-Afrique (septembre 2005), n° 397.

KALUBA DIBWA, D., « Le constitutionnalisme africain : De la domestication du pouvoir constituant dérivé en droit constitutionnel congolais », Annuaire congolais de justice constitutionnelle, Volume 2, 2017.

KALUBA DIBWA, D., « Le constitutionnalisme congolais. De la démocratie électorale à la démocratie constitutionnelle », Cahiers africains des droits de l'homme et de la démocratie, n° 037, Volume 2, Octobre-décembre 2012.

KAMUKUNY MUKINAY A. & CIHUNDA HENGELELA J., « Régionalisation, décentralisation et naissance effective des vingt-cinq nouvelles provinces en RD Congo : défis et perspectives de prévention des conflits », Congo-Afrique (Avril 2009), n° 2009.

KELSEN, H., « Qu'est-ce que la théorie pure du droit ? », Droit et société, n°22, 1992.

KENGO wa DONDO, L., « Le leadership dans un État de droit », Congo-Afrique (Décembre 2008), n°430.

LAVROFF, D.G, "De l'abus des réformes : réflexions sur le révisionnisme constitutionnel", Revue française de droit constitutionnel, n°hors-série, 2008.

MAMPUYA KANUNK'A-TSHIABO, A., « Non, Messieurs : une motion de défiance n'est pas un acte législatif », Le Potentiel, n°4179, mardi 20 novembre 2007.

MBATA B. MANGU, A., « La République Démocratique du Congo en péril : responsabilité sociale des universitaires et d'autres intellectuels congolais », Revue africaine de la Démocratie et de la gouvernance (RADG), Volume 4, n°3 et 4, 2017.

MBATA B. MANGU, A., « Monarchies présidentielles et révisions constitutionnelles : le syndrome du troisième mandat ou d'une présidence à vie dans les Etats membres de l'Union Africaine », Revue africaine de la Démocratie et de la Gouvernance, vol. I, n°1, 2014.

MBATA BETUKUMESU MANGU, A., « Inconstitutionnalité d'un troisième mandat présidentiel : Leçon de la Cour constitutionnelle du Bénin à d'autres cours constitutionnelles », Revue Africaine de la Démocratie et de la Gouvernance, vol 1, n°4.

MBATA BETUKUMESU MANGU, A., "The conflict in the Democratic Republic of Congo and the protection of rights under the African Charter", African Human Rights Law Journal, Vol. 3, n°2.

MBATA BETUKUMESU MANGU, A., « Multipartisme et élections : vers une consolidation de la démocratie en Afrique », Revue Africaine de la démocratie et de la Gouvernance, vol. 2, n°3&4, 2015.

MBATA BETUKUMESU MANGU, A., « Nomination du Premier ministre sous la Constitution du 18 février 2006 », Kinshasa, IDGPA, 2014.

MBATA BETUKUMESU MANGU, A., « Perspectives du constitutionnalisme et de la démocratie en République Démocratique du Congo sous l'empire de la Constitution du 18 février 2006 », Revue Africaine de la démocratie et de la Gouvernance, Vol. 3, n°2.

METENA M'NTEBA, S.P., « Une Constitution, c'est qui constitue : le sens politique d'une tautologie », Congo-Afrique, n°488, octobre 2014.

MULUMBA LUKOJI, C., « Le pouvoir législatif dans la Constitution du 24 juin 1967 », Cahiers économiques et sociaux, Vol. VII, n°1, mars 1969.

MUYABO K. N'KULU, A., « La bonne gouvernance participative : le rôle de la femme », Congo-Afrique (Février-Mars 2006), n° 402-403.

MWAYILA TSHIYEMBE, « Le constitutionnalisme et la démocratie en Afrique Centrale et dans les pays des Grands Lacs. Problèmes et perspectives », Communication faite au symposium international de Bamako (Mali), in http://www.publiclaw.uct.ac.za, consulté le 15 août 2014.

NGOMA-BINDA, P., « Hommes et femmes en démocratie. Question d'égalité, de parité, d'équité ou de justice ? », Congo-Afrique (Avril 2006), n° 404.

OTEMIKONGO MANDEFU YAHISULE, J., « L'accord de cessez-le-feu de Lusaka et la paix en République Démocratique du Congo », Congo-Afrique, (Mai 2000), n°345.

PERROT, S., « Les nouveaux interventionnismes militaires africains. Une redéfinition des conditions de la puissance du Sud du Sahara », Politique africaine, n°98 (Juin 2005).

SITA MUILA, A., « Nouvelle gouvernance et participation paritaire de la femme dans le Projet de Constitution de la RDC », Congo-Afrique (Septembre 2005) n° 397.

TOENGAHO LOKUNDO F., « La réforme sur la décentralisation et le découpage territorial : portée, forces et faiblesses», Congo-Afrique (Mars 2009) n° 433.

VEDEL, G., « Schengen et Maastricht », RFDA, 1992.

VUNDUAWE te PEMAKO F., « La dynamique de la décentralisation territoriale en RD Congo : La nouvelle décentralisation territoriale (le régionalisme congolais) et les mécanismes de sa mise en œuvre », Congo-Afrique (Mars 2009), n° 433.

III. Communication et autres publications

« RDC : le gouvernement suspend les activités de l'Assemblée Provinciale de l'Equateur», http://www.radiookapi.net/actualites, consulté le 15 novembre 2014.

BALINGENE KAHOMBO, « Les fondements de la révision de la Constitution congolaise du 18 février 2006 », http://www.nomos-elibrary.de , consulté le 20 juin 2016.

Cabinet du Président de la République, L'état de la Nation 2007, 2008, 2009, Edition de la Présidence de la République, Kinshasa.

Cour des Comptes, Rapport général sur le contrôle de l'exécution de la loi de finances n° 12/002 du 20 juillet 2012 en vue de la reddition des comptes du budget du pouvoir central pour l'exercice 2012, Kinshasa, 2013.

https://cameroun_mon_pays-over_blog.com/article-20471748, consulté le 02 février 2021.

KABILA KABANGE, J., Discours sur l'état de la nation, Kinshasa, 7 décembre 2009.

La décision du Conseil constitutionnel sénégalais du 18 juin 2009.

MBATA BETUKUMESU MANGU, A., « Vers un nouveau contrat social en République Démocratique du Congo ? Une réflexion sur le constitutionnalisme et la démocratie au regard de la Constitution post-transitoire », Communication à la 11ème Assemblée Générale du CODESRIA, Maputo, Mozambique, 6-10 Décembre 2005.

LE PILLOUER, A., « De la révision à l'abrogation de la Constitution : les termes du débat », Jus politicum, n° 3, in http://www.juspoliticum.com, consulté le 10 septembre 2016.

Le rapport de Mission nationale d'observation, Rapport à mi-parcours de l'observation des élections du 28 novembre 2011, Kinshasa, décembre 2011.

MOBUTU J.-D., Discours prononcé à l'occasion de l'ouverture de la session ordinaire du Parlement, Léopoldville, le 7 mai 1966.

Rapport de la rencontre d'experts sur le constitutionnalisme en Afrique de l'Ouest, Dakar, 27-28 novembre 2006.

Rapport final de l'Observation électorale de l'Union européenne aux élections présidentielle et législatives du 28 novembre 2011, in Cahiers africains des droits de l'homme et de la démocratie, 16ème année, n°035, vol. III, 2012.

www.amismondediplomatique.fr/art2477.htm, consulté le 1er juin 2016.

Table des matières

Structures éditoriales du groupe L'Harmattan

L'Harmattan Italie
Via degli Artisti, 15
10124 Torino
harmattan.italia@gmail.com

L'Harmattan Hongrie
Kossuth l. u. 14-16.
1053 Budapest
harmattan@harmattan.hu

L'Harmattan Sénégal
10 VDN en face Mermoz
BP 45034 Dakar-Fann
senharmattan@gmail.com

L'Harmattan Cameroun
TSINGA/FECAFOOT
BP 11486 Yaoundé
inkoukam@gmail.com

L'Harmattan Burkina Faso
Achille Somé – tengnule@hotmail.fr

L'Harmattan Guinée
Almamya, rue KA 028 OKB Agency
BP 3470 Conakry
harmattanguinee@yahoo.fr

L'Harmattan RDC
185, avenue Nyangwe
Commune de Lingwala – Kinshasa
matangilamusadila@yahoo.fr

L'Harmattan Congo
219, avenue Nelson Mandela
BP 2874 Brazzaville
harmattan.congo@yahoo.fr

L'Harmattan Mali
ACI 2000 - Immeuble Mgr Jean Marie Cisse
Bureau 10
BP 145 Bamako-Mali
mali@harmattan.fr

L'Harmattan Togo
Djidjole – Lomé
Maison Amela
face EPP BATOME
ddamela@aol.com

L'Harmattan Côte d'Ivoire
Résidence Karl – Cité des Arts
Abidjan-Cocody
03 BP 1588 Abidjan
espace_harmattan.ci@hotmail.fr

Nos librairies en France

Librairie internationale
16, rue des Écoles
75005 Paris
librairie.internationale@harmattan.fr
01 40 46 79 11
www.librairieharmattan.com

Librairie des savoirs
21, rue des Écoles
75005 Paris
librairie.sh@harmattan.fr
01 46 34 13 71
www.librairieharmattansh.com

Librairie Le Lucernaire
53, rue Notre-Dame-des-Champs
75006 Paris
librairie@lucernaire.fr
01 42 22 67 13

www.ingramcontent.com/pod-product-compliance
Lightning Source LLC
LaVergne TN
LVHW011256061026
849535LV00005B/1278
9782336415499